아동권리와 복지

아동권리와 복지

The Rights and Welfare of the Child

박언하, 조미숙, 하경표 공저

동 문 사

머리말

가족이 아동을 보살피는 노력은 과거에 비해 약화된 반면, 성장하면서 성인의 보살핌을 필요로 하는 아동의 욕구는 오히려 복잡하고 다양해졌다. 이렇게 아동의 욕구가 복잡하고 다양해진 사회적 조건으로부터 아동을 보호함으로써 모든 아동이 건전하게 성장할 수 있도록 하는 예방적 차원의 아동복지정책이 오늘날 매우 중요해지고 있다.

과거의 아동복지는 시설 위주의 서비스에 중점을 두어 왔지만, 전 세계적으로 사회변동 추이에 따라 지역사회를 기반으로 하는 재가복지서비스 혹은 탈시설화가 추진되고 있는 상황이다. 특히 아동복지의 실현을 위한 접근은 복지국가적 접근으로 모든 보편적인 서비스를 제공해야 한다는 의무를 강조하고 있다. 즉, 모든 아동은 이러한 서비스를 제공받을 권리를 가지고 있으며, 공적 자원에서의 서비스가 더욱 우선되어야 함을 강조하고 있다는 점이다. 이때 국가가 서비스의 제공자이어야 한다는 점과 이 서비스 혜택을 누구나 받을 수 있어야 한다는 점을 의미하며, 국가 주도의 자원 관리와 공적 책임성이 강조된다. 그러나 최선의 아동복지는 최선의 가족복지를 통해서 이루어질 수 있다는 점이 아동복지서비스의 기본 원칙이므로, 모든 아동이 영구적인 가정에서 성장할 수 있는 복지서비스가 진행되어야 한다는 점을 잊지 말아야 할 것이다.

최근 아동복지정책의 위상을 정립하기 위하여 아동복지 패러다임(paradigm)을 명확히 설정해야 하는데, 이를 위해 아동복지의 기본적 인식, 가치, 존재에 대한 새로운 관점이 필요한 시점이다. 이러한 시점에서 이 책에서는 아동권리와 복지가 계속해서 과학적이고 역동적으로 수용될 수 있다는 개념과 준거 틀을 찾고자 시도하였으며, 좀 더 과학적이 되기 위해 아동복지와 권리에 대한 가설을 검증하려 노력하고 있다는 점에 기반을 두고 출발하였다.

이 책은 총 15장으로 구성되어 있다. 1장 아동과 아동복지의 기초에 대한 이해, 2장 아동의 욕구와 환경의 역할, 3장 아동의 권리, 4장 아동복지의 역사, 5장 아동복지 실천원리, 6장 아동복지서비스의 유형, 7장 아동복지의 실천방법과 기술, 8장 아동정책과 전달체계, 9장 아동학대와 아동보호, 10장 아동보육, 11장 위기아동과 지역사회보호, 12장 가정위탁과 입양, 13장 시설보호, 14장 아동실종과 아동안전, 15장 아동복지의 과제와 전망으로 구성되어 있다. 이와 같은 총 15장의 구성을 통하여 모든 아동의 삶의 질을 향상시킬 수 있는 제도, 문화, 물질적 조건을 갖춤으로써 생활에서 만족감을 누릴 수 있고, 삶의 질이 향상될 수 있다는 근거에 기반한 자료를 토대로 제시하였다. 그리고 이를 위한 사회적 노력으로 아동권리에 관한 국제협약 및 국제적 기준에 합당한 아동복지를 실천하는 것에 대한 이해를 짜임새 있게 설명하였다.

따라서 독자들은 이 책에서 보호를 필요로 하는 선별된 아동에게 제공되는 서비스에서 전체 아동에게 제공되는 포괄적인 서비스로 발전하고 있다는 점 그리고 보호를 필요로 하는 아동에게 시설보호 위주의 서비스에서 지역사회를 기반으로 하는 가정 중심, 지역사회 중심의 커뮤니티 케어 서비스 등을 매우 쉽게 총망라하였으며, 재조직되었다는 점을 체감하게 될 것이다.

이상과 같은 내용으로 이 책은 다양한 교육과정에서 활용될 수 있을 것이며, 아동권리와 복지 실천현장에서도 유용하게 쓰일 수 있을 것으로 기대된다. 그러나 이 책을 발간하는 시점에서 이것이 완성본이라고 절대로 생각하지 않는다. 앞으로 다양한 연구를 통하여 부족한 부분을 계속 보완해가면서 이 분야에 조금이나마 실질적인 기여를 할 수 있는 전공서로 발전시키겠다는 약속을 드린다.

마지막으로 이 책이 나오기까지 적극적인 지원을 아끼지 않으신 동문사의 이중수 사장님과 직원 여러분께 진심으로 감사드린다.

2019년 2월

저자 일동

차 례

Chapter 10 보육아동

Chapter 11 위기아동과 지역사회보호

Chapter 12 가정위탁과 입양

Chapter 13 시설보호

Chapter

14 아동실종과 아동안전

Chapter

15 아동복지의 과제와 전망

Chapter 1

아동복지의 기초에 대한 이해

1. 아동복지의 개념과 목적

과거 아동은 성인의 소유물이나 축소물로 인식되었으나 20세기에 이르러 아동은 고유한 욕구와 존엄성을 가진 독립된 인격체로서 인식되었다. 그러나 지난 1세기에 걸쳐 아동을 둘러싼 환경의 변화와 더불어 아동의 사회적·법적 지위의 향상 및 복지사회에 대한 관심이 증가되기 시작하였다.

따라서 이 장에서는 아동의 기본적인 욕구를 보장하고 그들의 잠재능력을 최대한 발휘할 수 있도록 하며, 건전한 성장과 발달을 이룰 수 있도록 하는 아동복지의 실체로서 아동복지의 개념과 그 목적에 대하여 접근해 보고자 한다.

1) 아동복지의 개념

우리나라의 총인구는 1980년 3,812만 명에서 1990년 4,286만 명, 2000년 4,727만 명으로 완만하지만 지속적으로 증가하였으며, 2010년 5,061만 명, 2015년에는 5,167만 명에 이르는 것으로 조사되었다. 이에 비해 19세 이하의 인구로 본 아동인구수는 1980년 1,747만 명(전체 인구대비 45.83%)을 차지하였다가 1990년대에는 1,531만 명(전체 인구대비 45.96%), 1995년 1,443만 명(전체 인구대비 32.01%), 2000년 1,403만 명(29.69%)으로 계속 감소하였다. 이러한 감소 추세는 2010년 1,356만 명(전체 인구대비 26.8%), 2015년 1,301만 명(전체 인구대비 25.19%)으로 이어질 것으로 추정되고 있다(통계청, 2015).

현대사회에서 인간이 생명체로 태어나 미성숙한 단계에서 하나의 독립된 인간으로서 성숙되기까지는 신체적으로 20년, 정신적·사회적으로는 25년의 세월이 필요하다고 한다. 이러한 미성숙 또는 성숙하는 과정에 있는 사람을 아동이라고 부를 수 있다.

아동의 연령 구분에 있어 기준이 되는 법률적 규정에 의한 아동의 정의는 법률에 다라 다소 차이가 있다. 우선 우리나라 아동복지의 기초가 되는 아동복지법에서는 “아동이라 함은 18세 미만의 자”라고 규정하고 있으며, 특수

상황에 있는 아동에게 교육이나 보호가 계속 필요할 때에는 20세까지 계속 서비스를 받을 수 있는 권리가 부여되기도 한다. 입양 촉진 및 절차에 관한 특례법에서도 아동이란 "18세 미만의 자"를 말한다고 규정하고 있다. 또한 영유아보육법에서는 "6세 미만의 취학 전 아동"을 영유아라고 정의하고 있다. 민법에서는 "만 20세 미만의 자"를 미성년이라 하고 있고, 소년법에서는 "20세 미만의 자를 소년"이라고 규정하고 있으며, 근로기준법에서는 "18세 미만의 자"는 도덕상 또는 보건상 위험한 사업에 사용치 못한다고 규정되어 있다. 그리고 청소년기본법에서는 청소년을 "9세 이상 24세 이하의 자"로 청소년보호법에서는 "18세 미만의 자"를 말한다고 규정하고 있다.

이와 같이 아동복지법이나 영유아보육법, 민법상의 아동의 연령, 청소년기본법과 청소년보호법상의 청소년의 연령은 대부분의 연령 기간이 중복되어 있을 뿐 아니라, 아동과 청소년의 요구와 문제도 공통성을 갖고 있는 부분이 많아 사회복지 차원에서는 동질적인 접근과 대책이 요구되고 있다.

따라서 아동복지의 개념을 이해하기 위해서는 아동복지가 사회복지의 한 분야로서 그 대상이 아동에게 초점을 둔다는 점에서 출발해야 한다.

아동복지 문헌에 나타난 아동복지에 관한 정의는 매우 다양하며 각 정의는 강조점이 조금씩 다르다. 외국학자들의 정의를 보면 프리드랜더(Friedlander, 1974)는 "아동복지란 단지 빈곤, 방치, 유기, 질병, 결손 등을 지닌 아동 또는 환경에 적응하지 못하는 비행아동에만 관심을 두는 것이 아니라 모든 아동이 신체적·지적·정서적 발달에 있어서 안전하고 행복할 수 있도록 위험으로부터 보호하기 위하여 공적·사적 제반 기관에서 실시하는 사회적·경제적·보건적인 모든 활동을 포함한다"고 정의하고 있다(Friedlander, 1974). 카두신(Kadushin, 1988)은 아동복지를 넓은 의미와 좁은 의미로 구분하여 정의하였는데, 넓은 의미란 모든 아동들의 행복을 위해서 그들의 신체적·사회적·심리적 발달을 보호하고 촉진하기 위한 모든 대책을 말하며, 좁은 의미는 특수한 욕구를 가진 아동과 가족을 대상으로 사회복지기관을 비롯한 특정 기관에서 제공하는 서비스를 말한다.

이상의 정의들을 종합해 보면 아동복지는 협의의 개념과 광의의 개념이 있다. 협의의 개념은 아동이 특별한 장애가 있거나 가족이 아동을 보호하고 양육하는 기능을 제대로 이행하지 못할 때 특수 욕구를 가진 아동과 가족을 위해서 전문기관이 행하는 조직적인 활동을 말한다. 광의의 개념은 모든 아동이 건전하게 성장하고 발달할 수 있도록 아동과 관련된 경제, 교육, 보건, 노동 등의 여러 분야에 걸쳐 국가와 사회단체 및 개인에 의해서 이루어지는 입법, 프로그램, 서비스 등을 포함한 모든 노력을 말한다.

2) 아동복지의 목적

앞에서 언급했듯이 아동의 개념은 아동과 청소년의 연령을 포함하는 포괄적인 의미로 사용하고자 하며, 다음과 같은 세 가지 관점에서 그 목적을 찾아보고자 한다.

(1) 아동의 기본적 생활의 보장

인간이 자립하여 사회적 인간으로서 생활하기까지에는 장기간에 걸친 보호와 양육을 필요로 한다. 출생에서 2세 정도까지의 영아기에는 가장 기본적인 음식물 섭취와 배설물의 통제를 혼자 힘으로 하기 어려워 타인의 도움 없이는 생존이 거의 불가능하다. 유아기와 학령기에는 이런 기초적인 생활은 가능하지만 외부의 위험에서 벗어날 수 없고 노동력도 없어서 의존적일 수밖에 없다. 청소년기의 아동은 신체적 지적 발달이 성인에 가까워지거나 심리적으로 불안정하고 사회적으로 책임 있는 역할을 기대하기에는 아직 미숙하여 사회의 보호와 지도가 여전히 필요하다. 이와 같이 모든 아동이 그가 처한 환경에 상관없이 건강하게 성장하고 발달할 수 있도록 사회적 체계를 마련하여 아동의 기본적 생활을 보장하는 것은 무엇보다 중요하다. 따라서 부모나 가족이 어떤 사유로 아동 보호와 양육의 책임을 다하지 못할 때 그 부모와 가족을 도와서 아동이 기본적인 생활을 영위할 수 있도록 사회가 보장하는 것이 아동복지의 의의이다.

(2) 국가의 미래 인력 보호와 육성

아동은 한 국가의 미래를 결정한다. 그러므로 이들을 어떻게 보호하고 양육하는가는 우리 사회의 장래와 밀접한 관련이 있다.

오늘날 우리 사회는 출산율이 급격히 줄어들고 있어서 앞으로 증가하는 노령인구를 고려하면 수적으로도 미래의 인적 자원이 부족할 수 있는 상황에 놓여 있다. 뿐만 아니라 산업화와 도시화가 심화되는 현대사회의 특성은 아동의 건강한 발달에 결코 우호적이지 만은 않다. 특히 빈곤으로 인해 교육, 의료, 문화 등에서 박탈을 경험하는 아동 청소년은 국가의 적절한 복지대책이 없이는 인적 자원의 질이 향상되기 어렵다. 예를 들어, 1996년부터 미국에서 추진되었던 헤드스타트(Head Start)운동은 문화 실조를 경험하고 있는 빈곤가정의 자녀에게 정부가 교육 혜택을 제도적으로 보장함으로써 구조적인 빈곤의 악순환 고리를 끊고 미래의 인력의 질을 향상시킨 모범적인 아동복지정책으로 알려져 있다. 그 이후 스타트(Start)운동은 빈곤층아동 지원사업의 대명사가 되었으며, 우리나라도 2004년 위스타트(We Start)운동을 전개해 민간단체가 협력하고 있다. 따라서 우리나라에서 경제적 어려움을 겪는 아동에 대한 공적부조나 영유아에 대한 보호와 교육에 관한 제도는 아동을 미래사회의 주역으로 인식하고, 이들을 보호 육성하려는 노력의 일환이라고 볼 수 있다. 따라서 아동복지는 아동을 유능한 사회성원으로 성장하도록 하는 사회제도로서의 의의가 있다.

(3) 사회문제의 예방

아동의 욕구 좌절로 인한 어려움은 아동기에만 끝나는 것이 아니라 성인기에 이르기까지 영향을 미치는 것으로 알려져 있다. 아동기의 경험이 성인기의 정신건강에도 영향을 줄뿐만 아니라 욕구 좌절로 인한 부정적인 행동의 반복은 성인으로서 사회에 적응할 수 있는 기회를 제한하고 이는 또 다른 문제를 발생시키게 한다. 따라서 아동의 욕구를 충족시키려는 사회적 노력이 아동복지는 아동이 야기할지 모르는 사회문제를 미연에 방지하기 위해서 필요하며 또한 중요하다.

2. 아동복지의 기본 전제

아동의 욕구가 충족되어 건전하게 성장하고 발달하며, 자신이 지니고 있는 잠재능력을 최대한 발휘하기 위해서는 기본 요소가 갖추어져야 한다. 즉, 아동복지가 실현되기 위해서는 전제 조건이 필요하다. 아동복지의 전제 조건이 되는 기본 요소는 아동권리에 관한 선언이나 법에 의해 또 여러 학자들에 의해 제시되고 있다. 많은 학자들은 아동복지의 전제조건으로 경제적 안정, 안정된 부모와 가정, 보건과 의료보호, 놀이와 문화, 노동, 특수 욕구를 가진 아동에 대한 보호를 공통적으로 제시하고 있다.

1) 경제적 안정

빈곤은 아동의 복지에 직접적인 위험을 의미할 수 있다. 실질적으로 빈곤은 아동이 있는 미국 가정의 5분의 1에 영향을 미친다(Downs, 2000)고 한다. 빈곤은 부모의 정신적·신체적 질병에서 연유할 수도 있고, 부모의 낮은 교육수준과 직업적 기술 및 접근성의 부족에 기인할 수 있다. 이유를 불문하고 가정의 경제적 상황은 아동의 성장과 발달에 상당히 영향을 미친다. 빈곤아동은 영아 사망, 사고, 영양실조, 비위생적 환경, 질병 등으로 사망의 위험에 노출될 확률이 높다. 또한 경제적 불안정으로 가족이 해체되기도 하며, 부모의 교육에 대한 관심의 부족과 교육 기회의 박탈로 아동의 지능발달이나 학업성취도가 저조할 수 있고, 욕구충족의 좌절로 우울 증상이나 비행이 나타나기도 한다. 오늘날 빈곤의 개념은 최저생계비 이하의 상태를 의미하는 것뿐 아니라, 교육, 건강, 기회 등의 사회적 여건 또는 자원의 결핍 상태를 의미한다. 그러므로 절대적 빈곤과 상대적 빈곤의 상태에 처한 가정의 요구와 필요에 부응할 수 있는 각종 복지대책이 마련되어야 한다. 이를 위하여 국가는 공적부조, 사회보험, 아동수당제도 등을 실시하고 부모에게 취업훈련과 취업알선을 통한 고용의 기회를 제공하여야 한다.

2) 안정된 부모와 가정

안정된 부모와 가정은 아동복지에 일차적 책임을 지며 직접적인 영향을 미친다. 아동은 안정된 가정에서 생존에 필요한 생리적 욕구를 충족시키며 정서적인 인간관계를 경험하고 사회화의 기초를 형성한다. 오늘날 가족은 과거에 비해서 구조와 기능면에서 많은 변화를 겪고 있으며 가족 내 아동양육 체계는 약화되고 있다. 현대의 부모와 가정은 전통 가정에 비해 아동을 양육하고 교육하기 위한 인적 자원 및 연계가 부족하므로 안정된 부모 및 가정은 아동복지의 우선적 전제가 된다. 최근 2004년 제정된 건강가정기본법에서는 '가정'이란 '가족구성원이 생계 또는 주거를 함께 하는 생활공동체로서 구성원의 일상적인 부양, 양육, 보호, 교육 등이 이루어지는 생활단위'로 정의하고 있다. 동시에 법의 목적은 건강가정의 구현에 있다고 하면서 '건강가정'이란 '가정 속 구성원의 욕구가 충족되고 인간다운 삶이 보장되는 가정'으로 정의함으로써 건강한 가정이 아동복지의 우선 조건임을 강조하고 있다(건강가정기본법 제3조).

따라서 아동의 복지를 위해서는 가정생활을 보호하고 보장하며, 강화하고 가족구성원들이 저마다 사회적 기능을 원활하게 수행할 수 있도록 주택정책과 가족정책 및 가족복지 서비스가 기본적으로 제공되는 가족중심적(Family-centered) 아동복지가 되어야 한다. 예방적 접근으로 제도적·거시적 환경적 차원에서 주택공급, 가족수당, 공적부조, 취업모에 지원 대책 등이 마련되어야 하며, 직접적 가족복지 서비스로는 부모 역할 훈련, 자녀와의 대화기법, 가족상담, 가족치료, 가족보존 서비스 등이 제공되어야 한다. 가정과 부모가 없는 아동에 대한 서비스로는 그룹홈이나 가정위탁보호 서비스, 입양제도 등이 마련되어야 한다.

3) 보건 및 의료보호

아동의 건강은 아동복지의 기본이다. 아동의 건강은 모체의 건강과 직결된다. 모체의 건강은 태아의 건강에 직접적 영향을 미치므로 모체가 영양을 충분히 공급받고 심리적 안정을 유지하며 약물 등에 노출되지 않아야 한다. 이를 위하여 청소년 대상의 임신과 출산에 대한 교육, 결혼 전 준비교육, 출산 전후 아동의 양육 및 발달에 대한 부모교육 등을 포함한 모자보건교육이 실시되어야 한다. 특히 경제적 어려움, 산모의 연령, 미혼모, 약물오용 등과 같은 임산부의 경제적·사회적 상황은 높은 영아 사망률, 저체중아 및 장애아 출산 등의 위험을 초래할 가능성이 높으므로 이에 대한 대책이 필요하다. 아동의 성장발육 증진과 질병의 조기발견을 위하여 충분한 음식공급과 아울러 적시의 건강검진 및 예방접종이 이루어져야 하며, 학교나 보육시설에는 영양공급을 위한 시설과 위생 및 보건시설을 갖추도록 하여야 한다. 아동의 건강유지와 영양공급은 부모가 어떤 상황에 처해 있든 아동에게 보장되어야 할 기본 전제이며, 건강한 사회성원으로 자라나도록 하기 위한 필요조건이다. 그러나 우리나라의 경우 예방적 차원의 의료보건 서비스를 제대로 받지 못하고 있는 실정이다. 아동에게 있어서 신체적 건강 못지않게 정신적 건강도 대단히 중요하다. 아동이 자신에 대한 긍정적인 자아개념을 형성하고 자신의 능력에 대해 자신감을 가지며, 자신과 타인을 있는 그대로 수용하고 자율성과 통합성을 가지고 살아갈 수 있도록 도와주어야 한다. 오늘날 아동은 가족해체를 비롯한 여러 가지 가정문제 속에서 스트레스를 겪고 있다. 이로 인해 아동은 불안, 우울, 위축, 외로움 등의 내재화 문제 행동과 공격성, 폭력, 파괴적 행동, 도벽 등의 외현화 문제 행동을 보인다. 아동기의 이러한 정서적, 행동적 문제는 청소년 비행으로 진행되거나 성인기에도 지속되는 경우가 많으므로 조기 발견과 적절한 전문적 개입을 통하여 도움을 주어야 한다.

4) 교육

모든 아동에게는 자신의 타고난 잠재력을 최대한 신장시키고 계발할 수 있도록 교육적 기회가 주어져야 한다. 교육받을 권리는 중요한 생존권 중의 하나이다. 생존권이란 국민이 인간다운 생활을 하기 위하여 국가에서 적극적인 급여와 배려를 요구할 수 있는 권리를 말하며 생활권적 기본권, 사회권적 기본권이라고 한다. 우리나라 헌법은 모든 국민은 그 보호하는 자녀에게 적어도 초등교육과 법률이 정하는 교육을 받게 할 의무를 진다고(제31조 2항)

명시하고 있다. 우리나라는 2002년부터 의무교육 기간을 중학교육까지 9년으로 연장 실시함으로써 아동의 교육받을 권리를 실현하기 위한 기본 여건을 마련하고 있다. 또한 급격하게 변화하는 사회와 가족의 요구에 따라 조기교육의 중요성이 대두되면서 초등학교 이전의 유아교육에 대한 여건을 마련하고 제공해야 할 필요가 있다. 하지만 유아들은 가정의 경제적 상황에 따라 다양한 사적 영역의 유아교육에 맡겨져 있다. 유아교육이 사적 영역 위주로 운영될 경우 빈곤 계층에게는 교육에 대한 접근 기회가 제한될 뿐만 아니라 교육의 기회를 가진 경우도 교육 내용과 질에 차이가 있다. 특히 특수한 장애를 가진 유아나 아동의 경우 조기교육과 특수교육의 기회를 부여해야 한다. 국가나 사회는 신체적·정신적·언어적·지적 장애를 지닌 유아에 대한 조기 개입을 통해 장애를 가진 아동 역시 자신이 가진 잠재력을 최대한 발달시켜 사회 속에서 통합되고 자신의 행복을 추구할 수 있도록 교육적 기반을 마련해 주어야 한다.

5) 놀이 및 문화

놀이는 아동에게 훌륭한 학습과 발달의 기회를 제공한다. 놀이는 아동의 인지적·신체적·사회적·생리적 발달에 영향을 미친다. 구체적으로 살펴보면 다음과 같이 아동의 발달을 촉진시킨다.

① 성인기에 필요한 지식과 기술을 연마시킨다.
② 주위 세계에 대한 통제력을 발달시킨다.
③ 무의식적 충동을 표현함으로써 억압된 감정을 해소하고 불안감을 감소시킨다.
④ 새로운 학습 가능성을 수용하면서 이미 습득한 학습을 통합하는 인지적 발달을 촉진시킨다.
⑤ 협상하기, 협동하기, 타인의 생각과 감정을 이해하기 등 주요한 사회적 기술을 습득할 기회를 제공한다.
⑥ 아동의 정서적 관심이나 문제를 탐색하고 극복하도록 해준다.

아동의 권리에 관한 협약(1989) 제31조에도 국가는 "휴식과 여가를 즐기고 자신의 연령에 적합한 놀이를 오락 활동에 참여하며 문화생활과 예술에 자유롭게 참여할 수 있는 아동의 권리를 인정"하고 국가는 "문화적·예술적 생활에 참여할 수 있는 아동의 권리를 존중하고 촉진하며 문화, 예술, 오락 및 여가활동을 위한 적절하고 균등한 기회를 제공해야 한다"고 명시하고 있다. 따라서 아동들이 놀이를 통하여 즐기면서 자신의 신체적·정신적·인지적·사회적 발달을 할 수 있도록 놀이의 기회를 제공하여야 하며, 건정하게 여가활동을 할 수 있도록 전문적 지도를 받아야 한다. 놀이기회의 제공도 중요하지만 놀잇감이나 놀이기구 및 놀이시설과 놀이환경에 대한 안전도 아동복지의 중요한 조건이 된다. 이를 위하여 우리나라도 아동복지법에 아동복지시설과 아동용품에 대한 안전기준을 정하고 아동용품 제작, 설치, 관리하는 자에게 이를 준수하도록 하고 있다(아동복지법 제9조).

6) 노동

모든 아동은 연소 노동이나 유해 노동으로부터 보호받아야 한다. 아동의 권리에 관한 협약(1989)에도 아동은 경제적 착취 및 위험, 아동의 신체적·지적·정신적·도덕적·사회적 발전에 유해한 노동으로부터 보호받을 권리가 있음을 국가가 인정해야 한다고 규정하고 있다(제32조). 그러나 산업혁명 이후 많은 근로아동들은 장시간 노동, 저임금, 비위생적인 작업환경 속에서 노동을 착취당해 온 것이 사실이다. 우리나라 근로기준법은 15세 미만인 자는 근로자로 사용하지 못하며(제62조), 18세 미만인 자는 도덕상 또는 보건상 유해 위험한 사업에 사용하지 못하고(제63조), 15세 이상 18세 미만자의 근로시간을 1일 7시간, 1주일에 40시간을 초과하지 못한다(제67조)로 규정하고 있다. 또 아동복지법 제29조에도 아동에게 구걸을 시키거나 아동을 이용한 구걸행위 등을 금지한다고 규정하고 있다. 이와 같이 아동을 연소노동으로부터 법률로 보호하는 것은 아동이 아직도 성장하고 보호받아야 하는 대상이라는 아동발달적 관점에 근거한 것이다. 그러나 아동이 불가피하게 취업할 경우 아동의 연령과 능력을 충분히 고려해야 하며, 취업과 함께 아동의 욕구를 충족시킬 수 있는 제반교육과 복지대책이 수반되어야 할 것이다. 근로청소년을 위해서는 사업장에 교육시설 및 기술교육제도를 마련하여 그들의 욕구와 기회를 제공해야 하며, 연소노동의 임금에 대해서는 적정 수준을 지급함으로써 최소한의 생활을 보장하고 좌절감을 극복하고 미래의 생활을 계획할 수 있도록 개별상담 서비스도 제공해야 한다.

7) 특수한 욕구를 가진 아동에 대한 보호

특수한 욕구를 가진 아동에 대해서는 사회적으로 특별한 보호가 마련되어야 한다. 신체적·정신적·정서적·발달적·행동적 장애를 가진 아동들에게 조기발견과 함께 특수한 보호와 치료의 기회를 부요하고, 최소 제한적 환경(Least Restrictive Environment)을 마련하여 이들이 사회적 기능을 보다 잘 수행할 수 있도록 대안적 조치를 마련해 주어야 한다. 따라서 최소 제한적 대안(Least Restrictive Alternative) 원칙에 따라 서비스의 욕구를 가진 아동과 가정은 자신들의 권리에 대한 제한이 최소인 상태에서 서비스를 받아야 한다. 또한 저소득 지역의 아동들에게 정상적인 교육, 보건, 오락 및 문화설비를 마련해 주어야 한다. 특히 사회적·문화적으로 소수 집단에 속하는 외국인 노동자 자녀와 탈북자 가족의 자녀들에게는 저소득, 열악한 주변 환경 및 불충분한 교육환경, 문화적 부적응 등에 대해 특별히 고려하여 이들이 겪을 수 있는 사회·심리적 문제에 대한 대책이 마련되어야 한다.

3. 아동복지의 원칙

아동기는 부모와 사회의 특별한 보호와 지도 속에서 성장발달을 해야 하는 시기이다. 아동복지를 위한 정책과 서비스를 마련하고 수행할 때에는 아동복지의 전제조건이 확보되도록 노력해야 하며, 이를 위해서는 다음의 다섯 가지 기본 원칙에 입각하여 아동복지정책 및 서비스가 마련되어야 할 것이다. 이 다섯 가지 원칙은 권리와 책임의 원칙, 보편성과 선별성의 원칙, 개발적 기능의 원칙, 포괄성의 원칙, 전문성의 원칙이다(장인협, 2002).

1) 권리와 책임의 원칙

아동의 주체는 모든 국민이다. 모든 국민을 구체적으로 언급하면 아동, 부모 또는 아동의 보호자, 국가와 지방자치단체 등의 사회인데, 아동복지는 이 세 주체가 각자의 권리와 책임의 확립을 바탕으로 상호작용과 협력 속에서 수행되어야 바람직한 방향으로 나아가게 된다.

(1) 아동의 권리와 책임

모든 아동은 한 인간으로서 독자적 권리를 가지고 태어났다. 아동은 부모와 사회로부터 의식주를 제공받아 생존하고 신체적·정신적으로 건강하고 위생적인 삶을 보장받아야 하며, 적절한 교육과 문화적 혜택을 받으면서 성장하고 발달할 권리가 있다. 이러한 아동의 권리는 아동권리에 관한 제네바 선언(1924)에서 비롯하여 UN 아동의 권리에 관한 협약(1989), 우리나라의 어린이헌장에 이르기까지 아동에 관한 모든 권리선언에 천명되어 있으며 제반 법적 규명으로 명시되어 있다. 이 권리에 대한 규정들은 아동복지의 이념적 기반이 되고 있다. 하지만 아동들은 권리를 가지고 있는 것과 동시에 책임도 있다. 그들은 자신에게 부과되는 합리적 요구를 받아들여 자신의 책임감을 발전시켜야 하며, 능동적으로 자신의 발달을 촉진시키도록 노력해야 한다.

(2) 부모의 권리와 책임

아동의 보호와 양육에 대한 일차적인 권리와 책임은 부모에게 있다. 부모는 아동의 발달에 제반 환경을 마련하고 긍정적인 상호작용을 통하여 아동의 발달에 직접적인 영향을 미친다. 부모는 아동을 세상에 태어나게 했다는 사실로 인해 아동의 후견인으로서의 권리를 갖는다. 부모는 아동에게 생활방식과 행동기준을 결정할 권리를 가지며 동시에 아동을 사회에 필요한 인간으로 성장시켜야 할 의무와 책임이 있다. 부모의 책임은 재정적 지원, 신체적 보호, 정서적 보호 등이다. 이와 같은 책임을 부모가 제대로 수행하지 못하면 아동에게 많은 갈등과 부적절함을 일으키게 되므로 아동의 최상의 이익을 위하여 부모의 권리가 제한당할 수도 있다. 또한 급속한 사회 변화의 현실 속에서 부모가 아동의 복지를 위한 책임을 다하지 못하게 될 때 부모들을 위한 교육과 지원이 제공되어야 한다.

(3) 국가와 사회의 권리와 책임

사회는 아동의 권리를 증진시키기 위한 권리와 책임을 가지고 있다. 아동을 보호하고 건전하게 육성하기 위하여 국가는 제반 권한을 행사하여 입법조치와 실질적 대책을 마련하여야 한다. 예를 들어, 의무교육을 통하여 아동의 교육권을 보장하고 아동을 유해환경으로부터 보호하는 법률을 제정하고 시행함으로써 아동을 보호하여야 한다. 또 부모의 아동에 대한 양육보호가 법률에 의해 규정하는 수준에 미치지 못할 때, 부모에 대해 강제력을 행사하여 아동을 강제보호하거나 위탁가정이나 아동복지시설의 보호를 받도록 해야 한다.

2) 보편성과 선별성의 원칙

아동복지의 수급 자격 선정에는 보편주의 원칙과 선별주의 원칙이 동시에 적용될 수 있다. 보편주의는 전체 아동을 대상으로 급여나 서비스를 제공하는 원칙이다. 이 원칙은 사회문제란 불완전하고 불공평한 사회체계에서 개인의 결함이나 잘못에 의해 발생하는 것이 아니라는 기본 관점에서 출발한다. 이 원칙에 입각한 아동복지에는 아동수당, 가족수당, 무상의무화교육 등이 포함된다. 반면 선별주의는 빈곤 계층의 아동이나 기본적 욕구가 충족되지 않은 아동에게 급여나 서비스를 제공하는 것이다. 이 원칙에 의하여 제공되는 급여나 서비스는 문제의 원인이 자발적이든 비자발적이든간에 개인적인 결함에 있다는 전제하에 문제를 보완하거나 해소하기 위한 최소한의 보호이다. 선별주의에 의해 제공되는 급여와 서비스는 일시적·보완적·잔여적 성격이 강하며, 시혜적이고 범주적이며 열등처우(Less Eligibility)의 원칙에 의한 것이어서 낙인에 의한 수치심을 초래할 가능성이 있다. 수용시설 중심의 전통을 가진 우리나라 아동복지사업은 선별주의에 대한 대책 위주로 이루어져 왔다. 그러나 아동의 권리를 보장하고 아동복지를 위한 전제조건을 마련하기 위해서는 선별주의적 접근만으로는 어렵다. 앞으로 아동복지는 요보호아동을 대상으로 일시적이고 시혜적인 성격에서 벗어나 전체 아동을 대상으로 예방 중심으로 이루어져야 할 것이다.

3) 개별적 기능의 원칙

아동복지에서 개별적 기능의 원칙이란 문제 발생 후 대응하는 복지체계에서 벗어나, 예방적이며 의도적 변화를 가져올 수 있는 사회복지체계의 구축을 의미한다. 켄달(Kendal)은 사회복지의 개발적 기능이란 "목적에서 적극성을 띠고 접근 방법에서 포괄성을 가지며 대상 인구의 각 부문에 관련해야 하며, 종전의 순수한 치료적 혹은 미시적 수준에서 거시적 수준까지로 제 복지기능이 관여하는 것"이라고 하였다(Kendal, 1973). 개발적 기능의 원칙은 사회문제들이 사회 구조 또는 사회적·경제적 변천과정에서 일어난다는 인식을 기반으로 한다. 따라서 다부문적 접근을 통하여 사회문제를 촉진하여야 한다. 개발적 과제에는 경제적 성장, 욕구의 발견, 사회계획, 지도자 개발, 시민참여, 기관과 지방 간의 조정과 협조, 인력의 훈련과 감독 등에 관여하는 일 등이 포함된다. 우리나라 아동복지는 구호적이며 사후대책적인 기능이 주가 되어왔고 시설보호가 지배적이었다. 하지만 앞으로는 사회 전체적 개발체계와 보조를 맞추어 가면서 다부문적인 접근을 통하여 아동복지의 전제조건이 되는 사회구조와 아동복지체계를 형성하는 데 주력해야 할 것이다.

4) 포괄성의 원칙

아동복지에는 포괄성의 원칙이 고려되어야 한다. 아동의 발달은 신체, 정서, 인지, 사회발달이 분리되어 나타나는 것이 아니라 상호관련성 안에서 역동적으로 발달하는 것이므로 아동의 욕구에 대하여 통합적인 관점으로 접근해야 한다. 아동복지에 있어서 아동의 건강한 발달을 돕고 복지를 달성하기 위해서는 아동복지 관련 정책과 서비스에 경제, 교육, 보건, 노동, 주택, 오락 등의 포괄적인 대책이 수반되어야 한다. 아동의 발달을 돕기 위한 각 관계부처 또는 기관들은 아동문제의 해당 영역만을 중점적으로 다루어 상호관련성 속에서 해결해야 하는 문제를 다른 부서로 전가함으로써, 아동의 중요한 욕구가 적절하게 다루어지지 않고 있거나, 중복되어 처리되거나, 심지어 누락되는 경우가 있으므로 관계 부처 간의 유기적인 연계 및 협력 체계와 포괄적인 상호조정 체계가 확립되어야 한다.

5) 전문성의 원칙

전문성의 원칙은 아동복지의 성과를 좌우한다. 아동의 건전한 발달을 위해서 아동복지사업은 전문기구와 전문적 인력에 의해서 이루어져야 한다. 아동은 발달에 따라 욕구와 사고 행동문제 등을 보일뿐 아니라, 최근 급격한 사회와 가족의 변화 속에서 복잡하고 다양한 어려움과 반응 양상을 보이고 있다. 그러므로 아동에 대한 전문적인 지식과 기술을 갖춘 전문가들이 아동의 문제를 바르게 이해하고 효과적으로 해결하는 데 도움을 줄 수 있다. 따라서 아동복지정책 개발 분야와 아동복지실천 현장에 아동 대상의 프로그램을 기획하고 실천할 수 있는 전문가의 기용과 양성이 필요하다.

2

Chapter

아동의 욕구와 환경의 역할

1. 사회변화와 아동
2. 아동복지의 기본 원리
3. 아동복지의 이념
4. 아동복지와 국가의 역할

아동은 상당한 기간 동안 독립적으로 활동할 수 있는 능력을 갖추지 못한다. 일차적으로 부모를 포함한 다른 가족구성원들에게 장기간 의존하는 존재이다. 특히 인간의 발달단계 동안 아동기는 인생의 전 과정 동안에 많은 변화가 일어나는 시기이다. 그러므로 양육 환경, 특히 아동을 둘러싼 가정 및 사회환경이 아동에게 긍정적 또는 부정적으로 영향을 미칠 수 있다. 많은 환경 중에서도 특히 가족의 영향력이 중요한 역할을 하는데, 부모는 일차적 보호 체계로서 아동이 훌륭하게 사회에 적응하고 충족된 사회인으로 성장할 수 있도록 지대한 애정과 사랑으로 돌보며 아동을 사회화시키는 책임감을 가져야 한다.

아동은 부모로부터 생물학적 특성을 물려받지만 개인적인 경험과 그가 살아가고 있는 외부환경으로부터 중요한 요소들을 배우게 된다. 아동에게 있어서 부모를 포함한 가족과 그를 둘러싼 사회 환경은 아동의 지위 변화에 영향을 미치게 된다. 즉, 아동은 가족과 사회의 변화를 민감하게 받아들이게 된다. 그러므로 아동을 둘러싸고 있는 부모를 포함한 환경은 아동의 건강한 성장을 위하여 기본 환경과 자원이 될 수 있는 중요한 원동력이라 할 수 있다. 따라서 가정환경은 아동이 잠재적으로 갖고 있는 문제의 원인이나 촉매자 역할을 할 수 있다.

최근 우리나라뿐만 아니라 세계적인 추세로서 가족의 변화 속도와 변화 양상이 다양화되고 있다. 이는 기대되었던 가족의 기능에 장애가 있을 뿐만 아니라 아동의 삶에도 많은 영향을 미치고 있다. 가족 문제는 포괄적으로 볼 때 사회문제의 일부분이라고 할 수 있다. 즉, 사회문제는 곧 닥쳐올 미래사회를 예견하여 대비할 준비 작업과도 같다. 그러므로 사회문제 중 하나인 가족문제를 파악함으로써 미래사회의 아동을 위한 복지 방향이 어떻게 나아갈 것인지, 또 아동문제의 새로운 치료 방법 및 대안은 어떠한 것이 있는지 등의 구체적인 내용들을 생각해 보아야 한다.

아동에게는 정신적·육체적으로 건강하고 그들이 잘 지낼 수 있는 생활 조건이 갖추어져야 할 필요가 있으며, 성숙의 모든 단계를 자유롭게 발달할 수 있는 조건이 주어져야 한다는 의미에서 아동복지에 많은 의미를 두고 있다. 아동의 문제는 단순히 한 아동을 대상으로만 한 문제라고 볼 수 없다. 한 아동만을 대상으로 하는 것은 아동의 문제 해결에 도움이 되지 못한다. 즉, 아동의 문제는 아동을 둘러싼 가정과 사회 환경과 연관성이 있다. 예를 들어, 가정에서 부모로서 아동에 대한 부모의 역할이 상실되었거나 무능력해졌거나 역할의 수행이 어려워졌을 경우, 아동에게 부정적으로 영향을 미칠 수 있다. 또한 가정의 사소한 문제들이 사회의 문제가 되었을 때 아동에게도 긍정적 또는 부정적으로 영향을 미칠 수 있다. 저출산과 노령과, 결혼과 가족에 대한 가치관 변화에 따른 가족 해체, 양성 평등의 문제 등이 아동들에게도 영향을 주고 있다. 그러므로 아동에게 부모와 가정 그리고 가족구성원의 역할이 매우 중요하다고 할 수 있다.

이러한 관점에서 아동복지와 가족복지는 분리될 수 없는 분야라 할 수 있다. 그러므로 미시적으로 가정의 문제가 해결되어야 하고, 거시적으로 사회의 문제가 해결되어야 아동의 문제도 궁극적으로 해결될 수 있다. 또한 아동을 돕기 위해서는 아동 개인과 그의 가족, 그가 속해 있는 학교 및 지역사회를 포함한 근접 환경까지도 살펴보아야 한다. 즉, 사회와 문화를 포함하는 더욱 거시적인 환경에 대한 이해가 필요하다. 이 장에서는 거시적 환경에 대한 이해에 초점을 맞추어 급변하는 사회에 따른 아동복지의 중요성을 인식하고 아동복지의 기본 이념을 중심으로 아동복지의 발전과제를 제시하고자 한다.

1. 사회변화와 아동

아동을 이해하고 바르게 지도하기 위해서는 아동이 처해있는 환경적 요인을 먼저 살펴보아야 한다. 아동 개인과 아동을 둘러싸고 있는 가족 및 환경적 요인이 별 문제가 없다는 것만으로 아동복지를 논할 수 없다. 인간은 타고난 기질과 개인적인 경험 그리고 문화적 요인들의 다양하고 복합적인 산물이기 때문이다.

브론펜브레너(Bronfenbrenner, 1983)는 아동과 환경 간의 관계를 생태학적 관점으로 설명하였다. 즉, 인간은 인간이 이미 가지고 태어난 특질과 생리학적 요소와 사회 환경과의 복합적이고 갈등적인 요소들 간의 상호작용에 의하여 교류하며, 사회적 교환의 역학에 종속되어 있다고 보고 있다. 아동의 생태계는 상호 의존적인 다양한 수준의 체계, 즉 미시체계-중간체계-거시체계로 개념화된다. 아동은 가족이라는 체계 내에서 살고 있고, 가족은 지역사회에 기반을 두고 있다. 그러므로 아동들은 성장하면서 학교 체계와 관련되고 지역사회에서 사회로 나가게 된다. 이들 각각이 하나의 큰 체계로서 조직화된 집합체라고 할 수 있다.

사회적·경제적·정치적·체제의 변화는 아동과 가족의 관계에 재정립을 가져왔다. 아동의 자율적이고 독립적인 인격성을 인정하고 그에 따른 아동의 권리에 대한 논의는 제네바 아동권리협약에서 1989년 각국의 조인을 계기로 이전보다 구체적이고 체계적인 수준의 아동복지제도로 발전하였다. 그러나 아동복지제도는 시대적 영향을 받는다. 즉, 그 사회의 정치적·경제적 지향과 지배적 가치에 영향을 받으면서 발전하게 되며, 그에 따라서 각 나라들의 체계에 맞게 구축되어 졌다. 여기에 아동권리협약은 각 나라들마다 아동복지가 아동의 권리라는 공통적 가치에 기반을 두어 발달할 수 있도록 여건을 제공하였다.

이와 더불어 현재 대부분의 산업화된 국가들은 정보화에 따른 여러 가지 사회변화를 겪고 있다. 아동의 지위와 복지 상태에 가장 큰 기본적 변화를 가져온 것은 기혼여성의 노동 시장 참여 증가와 더불어 전통적인 가족 기능의 저하를 들 수 있다. 또한 가족 기능의 약화에 따른 이혼율의 증가와 혼인율의 약화, 출산율 감소 등의 가족과 관련된 현상 등을 들 수 있다. 이러한 사회적 변화가 아동들에게 어떻게 영향을 미치는지 살펴보면 다음과 같다.

1) 가족관계의 변화

우리나라의 경우 1960년대 이후 고도의 성장을 하였다. 즉, 서구의 다양한 문화를 빠른 속도로 받아들였고, 국가 경제가 급성장하게 되었지만, 물질만능주의가 팽배하게 되었다. 따라서 사회는 점차 다양화되었으며, 사람들의 가치관도 빠른 속도로 변화하게 되었다. 또한 여성의 교육 수준의 확대로 인한 사회 진출의 증가가 기존의 가족 변화에 많은 영향을 미쳤다. 즉, 기존의 결혼 관계, 부모-자녀 관계, 형제자매 관계 등의 가족관계가 과거와는 다른 양상으로 변화를 거듭하게 되었다.

기존의 권위적이고 일방적인 관계에서 민주적이고 평등한 관계로 변화하게 되었고, 부부 관계 또한 남편 주도형에서 부부 의논형으로 변화하였으며, 권위적인 지배와 복종의 관계에서 민주적인 상호 의존 관계로 그리고 부모자녀의 중심에서 부부 중심의 우애적 관계로 변화화게 되었다. 현대사회의 가족의 양상을 살펴보면 오히려 “역수직관계”로 부모의 권위는 낮아지고, 부모가 자녀의 눈치를 보는 경향이 커졌다. 또한 부모와 자녀의 관계도 이젠 서로에게 소외감과 부담을 가중시키는 관계로 변화하였다.

2) 출산율 저하

우리나라의 경우 1960년대부터 정부의 강력한 가족계획사업으로 인하여 인구 구조에 많은 변화가 있었다. 또한 1990년 중반 IMF로 인하여 대량 발생한 기업의 도산, 파산, 구조 조정 등의 영향으로 실업자의 급증, 소득의 감소, 불투명한 미래 등으로 연령층의 결혼 연기와 기혼 부부의 출산 지연 등의 사회적 문제를 초래하게 되었다. 2000년대 들어서는 합계 출산율이 1.15로 OECD 국가의 평균인 1.6보다 낮아 큰 충격을 안겨 주었다. 여기서 합계 출산율이란 한 여성이 가임기간(15~49세)동안 평균 몇 명의 자녀를 낳는지를 나타내는 지표로서, 출산력 비교를 위하여 사용되는 대표적인 지표를 말한다. 이러한 사회적 변화에 따라서 최근에는 정부로 하여금 아동복지정책에 더욱 더 관심을 갖도록 하는 계기가 되었다.

우리나라의 출산율은 서구 선진국과 비교하였을 때 급격하게 감소하고 있다는 점이다. 여기에 따라서 가족 구조의 급격한 변화에 대응한 종합적 가족복지정책이 아직 미흡하다는 점이다. 정부에서는 육아 휴업법, 출산수당 등의 일련의 대책을 제시하였지만, 저출산의 원인 분석 및 그에 대한 정책적으로 어떠한 접근법이 실현 가능한지 또는 아동과 가족의 복지 관점에서 실천적·행정적·정책적으로 얼마나 출산율 향상에 효과가 있을지는 검토되어야 할 부분이다.

자녀의 출산 문제는 아동 및 가족 개개인의 문제라고 볼 수 있지만, 국가 차원에서 간과할 수 없는 문제이다. 왜냐하면, 자녀의 출산이 각 가족의 개인 차원에서 선택하는 문제이기 때문에 그 자체로 독립적 형태로 진행되는 것으로 보이지만, 실질적으로 국가 차원에서 경제과정이나 사회과정과 밀접한 관계가 있으므로 국가의 존속, 발전에 중요한 영향을 미치게 되기 때문이다. 최근의 이혼율의 급격한 증가와 여성의 경제활동의 참여 증가로 인해 아동 양육에 있어서 많은 갈등을 야기하고 있다.

3) 아동발달의 특성

아동발달의 특성을 보면 성인과는 다른 특성을 볼 수 있는데, 이러한 아동의 특성은 아동을 올바르게 이해하고 지도하는 데 중요하다. 아동은 의존, 성숙, 민감성, 욕구, 적응 등의 특성을 지닌 존재이며, 이러한 특성에 대해 구체적으로 살펴보면 다음과 같다.

첫째, 아동의 의존성이다. 아동은 출생 때부터 신체적·지적·정서적·사회적으로 발달에 있어서 타인의 보살핌에 의존하게 된다. 특히 일차적으로 부모 또는 양육자에게 출생 때부터 보살핌을 받게 되며 의존하게 된다. 또한 안정적이고 따뜻한 사랑과 보살핌은 아동의 신체적·지적·정서적·사회적 발달에 중요한 영향을 미치게 된다. 따라서 아동기에는 부모의 역할 및 돌보는 성인과 아동과의 긍정적인 관계가 중요하며 특히 부모의 아동 양육 방식 및 과정에 따라서 다양하게 이루어 질 수 있다. 궁극적으로 아동기에 아동이 의존적인 존재로서 가족 및 타인으로부터 사랑을 받고 누군가에게 소속되거나 의존하는 감정을 갖고 이를 통하여 독립적인 한 인간으로 성장하게 된다.

둘째, 아동의 또 다른 특징 중의 하나는 성숙이다. 아동은 끊임없이 발달하는 존재이다. 발달은 신체적인 발달도 포함하지만, 성숙이라는 과정을 통하여도 이루어지는 자연스러운 변화의 과정이다. 아동의 발달 순서는 일정하며, 모든 아동은 순서대로 거치게 된다. 즉, 아동이 걷는 과정, 말하는 과정,

사춘기가 되어 2차 성징이 나타나는 과정 등의 변화과정을 거치게 된다. 그러나 발달 과정상에 있어서 다소 개인 차이는 존재한다. 좀 더 빠른 성장을 겪는 아동 및 느리게 진행되는 아동 또는 아동의 유전적 요인 및 환경적인 요인에 의하여 개인차는 발생하게 된다. 그러므로 아동의 발달단계 및 순서를 올바르게 이해하여야 아동을 올바르게 지도할 수 있으므로 아동에게 지나친 학습에 관한 압력 행사로 인하여 스트레스를 주는 것은 바람직하지 못하다. 아동의 발달에 무관심과 방치하는 양육자의 태도 또한 아동의 발달에 방해 요인이 된다. 그러므로 아동의 발달을 더 성숙하게 돕기 위해서는 아동의 발달 수준, 발달 능력에 관심을 갖고 아동 스스로 변화할 수 있는 주체자가 되도록 환경을 제공해 주는 일이 무엇보다도 중요하다.

셋째, 아동기는 민감성을 띠는 관계이다. 아동은 욕구에 대한 만족을 위하여 즉각적으로 표현하며 얻고자 하는 것을 원하기 위하여 감정을 표출한다. 또한 부모나 양육자로부터 사랑과 관심을 갖기 위하여 매우 예민하고 강렬하게 감정과 환경적 상황을 받아들인다. 아동이 민감하게 받아들이는 환경적 상황으로는 아동이 접하는 주위 사람들, 즉 부모, 형제자매, 또래, 교사 등으로부터 직접적으로 영향을 받으며, 아동이 직접보고 만지고 드는 모든 사물을 통하여 발달이 이루어지게 된다. 그러므로 긍정적으로 민감성을 발달시키기 위한 적절한 자극과 충족은 아동의 정서 및 지적 발달을 촉진시킬 수 있다. 이때 지속적인 실패와 좌절 및 욕구 충족의 지연 및 불안과 불신 혹인 적대심, 무관심과 통행 현상은 아동의 정서 및 정적으로 극복하고 다음 단계로 나아갈 수 있게 도움이 된다.

아동은 스스로 모든 욕구를 충족할 수 있는 단계는 아니다. 사회적으로 볼 때 아동이 스스로 모든 욕구를 충족하기에는 발달적 측면이나 연령상으로 볼 때 불가능하다. 인간은 누구나 욕구를 갖고 있지만 아동은 기본적으로 식욕, 수면, 휴식, 배설, 호흡 등과 같은 인간의 기본적인 생리적 욕구를 갖고 있다. 그 외에도 심리적 안정, 신체적 안전을 느끼고 싶은 욕구 및 한 인간으로서 한 집단에 소속감을 갖고 싶은 욕구, 누군가로부터 사랑을 받고 인정받고 싶은 욕구, 아동 자기 자신을 사랑하고 존중하는 욕구, 자아실현을 이루고자 하는 욕구 등 정서적이고 인간적인 욕구들을 갖고 있다. 그러므로 부모 및 교사는 아동의 이러한 욕구를 이해하고 관심을 갖고 그들의 이러한 욕구를 적절히 충족하게 하는 다양한 지도가 필요하다.

아동은 태어나면서 주어진 환경에 적응하고자 하며 사회화하는 경향이 있다. 모든 인간은 주어진 환경 및 사회나 문화의 지배를 받고 이에 적응해 나가고자 한다. 이러한 적응과 과정을 아동도 겪게 된다. 아동기에 아동이 적절하게 주어진 환경이나 사회 및 문화에 적응하기 위하여 적절한 사회화 교육 및 학습이 이루어져야 한다. 생물학적 성장과 발달만으로는 완전한 하나의 인간으로 제대로 기능할 수 없다고 보고 아동을 둘러싼 가정, 학교, 또래, 이웃 등의 사회화집단을 통해 적응력과 사회화를 교육 및 지도 받는 것은 중요한 일이다.

이러한 사회화와 적응력은 아동이 더욱 적극적인 삶의 주체자가 되고 창의적인 인간으로 성장하는데 기초가 된다. 아동은 적응력과 사회화의 교육 및 지도가 성공적이지 못할 경우 비행 및 문제 아동으로, 학교 부적응 아동으로 또는 반사회적 아동 및 범죄 소년 등으로 나타날 수 있다. 그러므로 아동기의 적응과정은 아동뿐만이 아니라 아동을 교육시키는 부모 및 교사가 동시에 적절하게 대처할 수 있을 때 아동이 긍정적으로 발달을 할 수 있다.

2. 아동복지의 기본 원리

1) 아동복지의 중요성

인간발달의 여러 단계에는 매 단계마다 이루어져야 하는 발달 과업과 발달 원리가 있다. 그러므로 유아기, 아동기, 청소년기에 아동을 중심으로 발달과정을 성공적으로 이루어나가기 위하여 복지가 필요하다. 인간은 어느 동물보다도 오랜 기간 동안 보호와 양육을 필요로 하는 존재로서 처음 태어났을 때부터 아주 무기력한 존재이다. 한 인간으로서 사회적으로 성장 성숙하기 위해서 타인의 도움이 일정 기간 동안 절대적으로 필요하다. 영아기에는 가장 기본적인 욕구 충족 및 통제를 스스로 해결하기 어렵다. 뿐만 아니라 의

사소통도 거의 불가능하다. 그러나 유아기에는 영아기에 비하여 기초적인 생활이 가능하지만 아직도 혼자 지낼 수 없고 외부의 위험에서 벗어날 수 있는 힘도 없고 인간 발달단계에서 가장 의존적인 시기라고 할 수 있다.

일반적으로 아동이란 성인이나 노인에 대비할 수 있는 말로 몸과 마음이 미성숙한 상태에 있는 존재로, 인간의 전 생애 가운데 여러 가지 성장 발달 단계로 거쳐 성숙한다. 따라서 모든 아동들이 가족과 사회의 일원으로 육체적으로나 정신적으로 건전하게 성장하고 발달할 수 있도록 지역사회나 사회복지 분야에 있는 공사단체와 기관들이 협력해서 아동의 복지에 필요한 사업을 계획하고 실행할 필요가 있다.

전통사회에서는 기본적인 생활이 가정에서 가족이나 부모로부터 아동에게 보장되어왔다. 그러나 현대 산업사회는 전통 사회와는 달리 여러 가지 사회적 구조의 변화 및 가치관의 변화에 따라 부모 및 가족이 아동을 전적으로 양육하기 어려운 실정이다. 그러므로 아동을 포함한 가족이 직면한 신체적·정서적·사회적인 어려움으로 인하여 아동 양육의 기능을 못할 경우 이들의 기본적인 생활을 유지할 수 있도록 도와주며, 아동이 보다 건전하게 성장 발달할 수 있도록 하는 국가적 차원의 노력이 아동복지 중요성의 첫 번째이다.

사회적 관점으로 국가의 발전과 미래를 위하여 아동의 육성과 보호는 아동복지의 관정에서 중요하다. 아동은 한 국가의 장래이며 세계의 장래로도 길게 이어진다. 어린이는 한 나라의 새싹이며 기둥이라고 할 수 있다. 한 아동이 성숙한 한 인간으로 성장할 수 있도록 사회는 아동 애호 사상뿐만 아니라 아동복지 증진을 위하여 여러 가지 교육 프로그램, 문화 및 의료시설을 설치하고 아동이 건전하게 육성할 수 있도록 도모하여야 한다. 미국의 경우 1960년 중반부터 빈곤가정과 아동을 돕기 위하여 헤드스타트(Head Start)라는 프로그램을 운영하는 것이나 우리나라의 경우 유아교육에 깊은 관심을 갖게 된 계기는 아동이 곧 국가의 미래라는 관점에서 아동을 지속적으로 보호하고 육성하려는 데 있다고 할 수 있다.

사회문제 발생 예방의 관점에서 아동을 위한 복지는 중요하다. 여기서 복지란 인간의 욕구를 충족시킬 수 있으며, 사회문제를 해결할 수 있는 제도 및 서비스를 말한다. 즉, 아동도 성인과 동등하게 기본적인 생리적 욕구와 함께 문화적인 욕구를 병행하여야 한다. 아동은 가족과 함께 기본적인 욕구를 충족시킬 수 있는 환경에 노출되어 있어야 한다. 이러한 충족은 가족의 적절한 소득으로부터 시작된다. 뿐만 아니라 필요한 의료 조치는 아동에게 필수적이다. 질병이나 고통으로 보호받을 수 있는 욕구도 가지고 있다.

또한 문화시설 및 놀이시설을 이용하고 즐길 수 있는 욕구도 가져야 한다. 만약 이러한 2차적인 문화적 욕구가 적절하게 충족되지 못한다면 아동은 궁극적으로 건전하고 밝게 자랄 수 없다. 심할 경우 신체적으로 질병에 걸리거나 정서적으로 긍정적으로 성장하지 못하고 비행과 가출의 행동을 표출할 수도 있다.

결론적으로 일차적인 기본적이고 생리적인 욕구도 중요하지만 이차적인 문화적인 욕구가 충족되지 못한 아동의 경우, 여러 가지 사회문제를 유발할 수 있고 바람직하지 못한 사건 발생의 원인을 제공한다. 그러므로 사회문제 발생 예방의 관점에서 아동복지는 아동이 미래에 더욱 건전하고 건강하게 성장 발달할 수 있기 위해서 중요하며, 아동이 자라서 형성할 수 있는 사회문제의 발생을 미리방지한다는 점에서 중요하다.

2) 아동복지의 이론 체계

아동복지는 응용학문이며 실천과학으로서 다양한 아동 관련 학문과의 교류를 통하여 이론 체계를 형성해 왔다. 아동복지에서 언급된 이론들로는 아동심리발달 이론으로 정신분석 이론, 행동주의 이론, 인지발달 이론 등이 있다. 또한 아동을 둘러싼 중요한 환경적 요인이 되는 부모 역할관련 이론, 가족관계 이론 및 가족체계 이론이 있다.

아동복지의 이론 체계로는 아동을 다른 대상 및 범위에 따라 관련 이론들을 구체적이고 체계화할 수 있다. 아동복지의 기초, 아동복지의 실천방법, 아동복지 서비스 및 그 외의 광의의 아동복지 등을 몇 가지 기준에 따라 구분하였다. 이를 통해서 볼 때 아동을 이론 체계에만 제한하지 않고 보다 포괄적으로 대상과 범위를 넓힐 수 있음을 알 수 있다.

표 2-1 아동복지의 이론 체계

대상 및 범위	이론 체계
아동복지법	아동발달 및 심리 이론: 정신분석 이론, 행동주의 이론, 인지발달 이론, 인본주의 이론, 발달 영역별 관련 이론, 체계 이론 등
가족 및 가족관계의 이해	가족 및 가족관계 이론: 가족체계 이론, 가족구조의 기능과 주기 이론 등
아동을 둘러싼 사회의 이해	아동을 둘러싼 사회의 이해: 학교, 지역사회 관련 이론, 복지국가 및 사회 이론 등
사회문제로서의 아동 문제 이해	사회적 결함, 일탈행위, 낙인 이론 등 사회문제 관련 이론, 아동관련 문제 이론
아동복지의 기초 이론	아동복지의 기초 이론: 아동복지의 개념, 이념, 가치, 역사관련 이론, 아동복지 서비스 모델 이론
아동복지의 연구방법	통계적 방법, 현상학, 해석학 등 질적연구방법, 아동연구 방법
아동 및 가족상담 및 치료방법	아동 및 가족상담 및 치료 방법: 아동 및 가족 일반 이론, 놀이치료, 미술치료, 음악치료 등
집단상담 및 활동의 방법	아동, 부모 및 가족 대상의 집단상담과 이에 관련된 활동
지역사회의 아동복지	지역사회 아동복지관련 이론: 아동복지관 및 서비스 관련 이론, 아동복지 관련 사회운동 및 자원봉사 등
아동복지의 정책 및 행정 체계	정책과정 및 분석론, 비교 아동복지론
아동복지의 법률 체계	아동복지의 법률 해석, 비교법 체계연구 등
아동복지 분야	지지적, 보충적, 대리적 서비스 관련 이론, 아동학대, 학교사회복지관련 이론
아동복지 프로그램	아동복지 프로그램 개발 및 평가: 아동복지의 각종 프로그램의 개발 및 평가관련 이론
여성과 아동	여성과 아동: 여성학 관련 이론, 여성관련 정책 및 서비스 관련 이론

3. 아동복지의 이념

산업혁명 이후 결혼한 여성들이 직업 활동에 진출하게 되면서 가정 안에서는 자녀를 돌보는 일에 대한 문제가 발생하여 사회 개입을 필요로 하는 가정과 아동이 증가하게 되었다. 인간은 오랜 세월동안 가족이 중심이 되어 특히 모성 중심으로 자녀 양육을 해왔다.

그러나 산업화, 가족제도의 변천, 가족계획, 도시 집중 및 인구 과밀 현상이 아동양육에 대한 가정 기능의 약화 내지 결함의 원인으로 이에 가정이 책임지고 기르던 자녀들을 이제는 국가나 사회가 공통으로 책임지고 잘 길러보자는 것이 아동복지의 기본 이념이다. 이러한 아동복지의 기본 이념으로 자유방임주의와 가부장제, 국가부권주의와 아동보호, 가족중심주의와 부모의 권리 그리고 아동의 권리와 해방의 관점에 대해 살펴보면 다음과 같다.

1) 자유방임주의와 가부장제(Laissez-Faire and Patriarchy)

자유방임주의와 가부장제 관점은 국가의 역할을 최소화하되 개인 및 가족의 역할을 최대화하는 것을 주장하고 있다. 특히 아동복지의 관점에서 부모와 아동과의 관계를 중요시하고 있다. 자유방임주의와 가부장제의 관점은 국가에 대한 불신과 정부 권력의 위험성에 의한 인식으로 정부가 침해해서는 안 되는 영역과 침해해도 되는 영역으로 나누고 있다. 특히 아동을 포함한 가족과 가족의 생활에 관련된 부분은 상대적으로 사적인 장소로 간주하여 정부가 침해해서는 안 되는 영역으로 보고자 하였다.

또 다른 관점으로 가정의 권력이 남편 또는 아버지로서 남성에게 주어져야 한다고 보고 있다. 가부장제를 주장하며, 이는 가정에서 남성이 여성, 아내, 자녀의 어머니와 아동, 자녀에게 권력을 가질 수 있는 것을 의미한다. 즉, 가부장제라는 제도에 의하여 여성과 아동에 대한 남성의 권력이 필수적으로 수반되는 것을 말해주고 있다. 그러므로 자유방임주의의 관점에서는 최소화된 국가의 개입이 전통 사회에서 남성에게 큰 권한을 부여하여 가부장제도를 실제로 더 강화시키고 가치 있는 개념으로 중요시 하고 있다.

이상과 같이 자유방임주의의 관점은 아동을 포함한 가족의 문제에 있어서 국가의 최소한의 개입으로 작은 정부는 가족을 더 자유롭고 강하게 한다고 주장하고 있다. 그러므로 정부가 약할수록 가족은 더 강해지므로 가족 및 아동에게 약한 정부, 작은 정부가 더 유리하다. 부모와 자녀 관계와 아동의 심리는 생물학적 유대도 중요하지만 심리적인 유대를 더 강조하고 있다. 아동이 정상적으로 가정에서 한 구성원으로서 존재하고 아동의 최상의 이익이 되며 생물학적 유대가 아닌 심리학적 유대로서 보호되지만, 아동의 기본적인 보호 조건이 성립이 안 될 경우에만 정부가 개입된다는 것을 의미한다.

이처럼 자유방임주의에서는 국가의 최대의 개입은 아동을 포함한 가족을 억압한다는 입장을 취하고 있다. 즉, 개인 및 아동을 포함한 가족의 자유를 위하여 국가는 최소의 개입을 요구한다. 국가의 어떠한 조치도 구속이나 통제로 간주하고 원하지 않는 입장이다. 그러므로 국가는 가족 및 부모의 역할을 대신 할 수 없으며, 가족이나 부모의 역할로서 아동을 보호할 수 없는 문제가 발생하였을 때, 즉 상황이 부모 및 가족의 심리적 결함이나 가족의 경제적 어려움으로 아동을 보호할 수 없는 조건일 경우에만 국가가 개입하여 문제를 해결하고자 노력을 해야 한다. 자유방임주의와 가부장제는 권리의 관점에서는 부모의 권리가 중시되며, 자녀양육의 책임자로서 국가는 가족을 존중해 주어야 한다는 입장이다. 특히 남성에게 큰 권한을 부여함으로써 여성과 아동을 가부장제라는 제도에서 보호해야 한다고 주장하고 있다.

2) 국가부권주의와 아동보호

이 관점은 자유방임주의와 가부장제 관점과는 달리 복지에 대한 국가 개입의 성장과 더불어 형성된 입장이다. 이는 아동보호에 관한 광범위한 국가의 개입을 인정하며, 부모의 아동에 대한 보호가 부적절할 때 국가는 때로 개입 자체가 권위주의적이라 하더라도 아동과 아동을 둘러싼 가족에게 개입할 수 있다고 보고 있다.

또한 가족이나 부모보다는 아동에게 더 초점을 맞추고 관심을 두고 있다. 국가적 차원에서 가족으로부터 부적절한 보호를 받는 아동의 경우 더욱 건강하고 양질의 보호가 제공되는 새로운 가족에게 아동이 양육되는 것을 선호한다. 자유방임주의의 관점에서 강조되는 부모의 권리와 자유가 아닌 아동이 주체가 되는 것을 가장 중요하게 여기고 있다. 더욱 구체적이고 체계적으로 아동의 양육과 보호에 관한 아동의 권리가 보장되어야 한다고 주장하고 있다.

부모와 자녀와의 관계에서 아동이 부모와 분리되었을 경우나 또 다른 형태의 심리적 결속이 형성되었을 경우, 국가차원에서 좀 더 나은 보호를 아동에게 제공함으로써 아동에게 복지를 좀 더 일찍 준비하고 문제 있는 보호를 더욱 신속히 예방하고자 한다. 즉, 입양이나 위탁보호를 통한 대리보호에 더 긍정적인 입장을 보인다. 특히 입양에 있어서는 아동의 보호를 최우선으로 생각하고 아동의 복지로서 최선의 해결책이라고 강조하고 있다.

아동의 양육에 있어서 국가적 차원에서 감시와 개입을 강조하기를 기대하는 국가부권주의적 관점은 국가의 역할을 너무 강조한 나머지 시민의 자유를 무시하는 경향이 있다. 또한 불필요한 부모와 아동 간의 분리를 초래하는 문제점을 갖고 있다. 이러한 점에서 국가부권주의적 관점은 국가 독점 권위주의적 특성을 내포하고 있다. 이 관점은 다른 용어로 아동구제주의(Child Salvationist 또는 Child Rescue)라고 불린다.

또한 이 관점은 국가의 미래는 사회를 나타내는 아동에 관심을 갖는다는 도구주의적인 관점을 반영하고 있으며, 동시에 아동과 성인의 관계에 있어서 부모이기에 관한 자격 부여의 개념도 갖고 있다. 즉, 아동은 아동이 주체적으로 무언가를 선택할 수 있지 아니하며 자신을 방어하기에는 너무나 약한 존재이기 때문에 성인이 부모로서 자녀인 아동을 보호할 특별하고 도덕적인 의무를 국가가 갖고 있다는 입장이다. 이 관점은 앞서 살펴본 자유방임주의적 관점의 입장처럼 부모는 신성불가침의 영역이며 부모가 되는 것 자체가 특별한 권리를 부여하는 관점과는 달리, 부모가 자녀인 아동에게 얼마나 적절한 의무를 수행하는가를 물으며 얼마나 적절한 양질의 아동보호를 공급하는가에 달렸다. 그러므로 이는 성인의 자유가 아동의 존재에 의해 제한된다고 보고 있다.

3) 가족중심주의와 부모의 권리

가족중심주의적 관점은 자유방임주의적 관점과 같이 국가의 불간섭주의적 관점도 아니며, 국가부권주의적 관점과 같이 국가의 간섭주의적 관점도 주장하지 않는다. 국가가 생물학적 가족인 부모와 자녀 관계의 가치가 유지되어야 하고, 이를 위하여 다양한 아동과 가족을 위한 서비스가 제공되어야 한다고 보고 있다. 동시에 가족과 아동을 지지해 주는 역할을 중요시 하였다.

이 관점은 심리적 부모와 자녀의 관계를 간과하지 않고 위기에 처한 가족이나 문제가 있는 아동을 그러한 부모나 가족으로부터 분리하여 대리적 보호를 제공하는 국가부권주의적 관점과는 달리, 국가가 그러한 가족을 지지할 수 있도록 다양한 서비스를 제공하는 점을 강조하고 있다. 또한 자유방임주의적 관점과 같이 국가의 역할을 최소화하는 관점과는 매우 다르다. 국가는 아동을 포함한 가족을 위한 적극적이고 체계적인 서비스를 제공하여야 하지만, 국가부권주의적 관점에 비하여 두 관점이 비슷하나 상대적으로 약한 경향이 있다. 즉, 가족중심주의적 관점은 덜 권위주의적이고 예방적인 차원이며 지지적인 역할을 강조하고 있다.

아동의 상황이 국가의 보호를 받아야 할 경우라고 할지라도 가족중심주의적 관점은 입양이나 위탁을 강조하고, 부모와 아동을 분리하기를 기대하는 국가부권주의적 관점과는 달리 문제아동을 포함한 가족을 돕고 유지하는데 초점을 두고 있다. 즉, 아동은 자신의 가정으로 가기를 기대하지 입양이나 위탁을 받기를 기대하지 않는다. 가족중심주의적 관점은 아동이 친부모와 함께 있어야 한다고 주장하고 있다.

이 관점은 또한 부모의 관심과 욕구는 중요하며 부모는 곧 아동복지의 목적으로 간주되는 중요한 수단으로 보고 있다. 그러므로 가족의 역할이 기능을 제대로 하지 못하거나 부모 개인의 심리적 결함은 개인이나 가족의 문제로 보지 않고 사회적 또는 환경적 문제로 본다. 취약한 부모, 한부모, 빈곤부모 및 그 외의 불행한 환경적 조건에 처한 아동과 그를 포함한 가족들을 위하여 폭넓은 역할을 수행할 수 있도록 도와주어야 한다는 관점을 주장하고 있다. 국가부권주의적 관점과 같이 강제적이지도 않고 자유방임주의적 관점처럼 자유를 강조하지 않고 있으며, 가족중심주의적인 관점에서는 가족을 지지하고 복지국가의 개념을 강조하고 있다. 그리고 국가는 궁극적으로 아동과 가족을 효과적으로 도울 수 있는 서비스를 지원해야 된다고 주장하고 있다.

그러나 아동과 가족에게 국가적 차원에서 더욱 효과적이고 체계적인 서비스를 증가시켜야 한다는 부담감이 있다. 예를 들어, 국가는 사회보장 체제를 통하여 가족수당을 가족에게 제공하여야 한다. 또는 아동이 보호기관에 입소하는 것을 예방하기 위하여 취약한 부모, 한부모, 빈곤 부모 및 그 외의 불행한 환경적 조건에 처한 아동 및 가족을 위하여 정부의 지급을 확대하여야 한다. 아동 보육에 있어서도 이에 관한 공여를 확대시켜야 한다. 그러나 이를 지지하기 위해서는 많은 비용이 들고 이에 따른 효과성이 검증되지 않을 경우 비난을 받을 수 있다. 뿐만 아니라 모든 부모와 자녀의 관계가 긍정적이지 않다.

또한 가족중심주의적 관점은 혈연관계를 중요시하며 생물학적 부모의 중요성을 강조한다. 그런 의미에서 부모의 친권이 우선시 된다. 그러나 아동들도 부모와 마찬가지로 부모를 거부할 수 있어야 한다. 그러나 그런 의미에서 아동이 적절한 보호를 받을 권리는 있지만 선택할 권리는 없다고 보고 있다. 즉, 아동의 이익을 위하여 보모의 절대적인 능력을 근거로 하며 부모에 대한 지나친 신뢰가 전제된다고 주장하고 있다.

4) 아동의 권리와 해방

아동의 권리와 해방적 관점은 아동 자체와 희망의 중요성을 강조하고 있다. 또한 성인과 같은 자유와 자율을 지닌 하나의 독립된 존재로 아동을 보고 있다. 그러므로 아동의 권리와 해방을 주장하는 관점은 성인과 국가가 아동을 통제하는 생각에 대해 반대한다. 이 관점은 아동이 성인과 같은 지위를 허락하여야 하며 그렇게 될 때 아동이 성인의 억압으로부터 자유로워진다고 보고 있다. 따라서 이 입장은 아동의 자율과 자유 그리고 자기 결정권이 중요시 되는 개념이다. 이는 아동의 행동, 감성, 사고, 지식, 기술적 측면 모두에 적용되어야 한다고 주장하고 있다.

오차드(Archard, 1993)는 아동에게 투표권, 근로 등 성인과 같이 시민의 모든 권리를 부여해야 하며, 아동이 성인으로부터 자유를 얻을 수 있도록 국가가 보장해주어야 한다고 하였다. 또한 국가는 연령으로 구분하지 말고 성인이 법적으로 할 수 있는 모든 권리를 아동에게도 허용하여야 한다고 주장하고 있다. 즉, 국가나 성인이 아동을 통제하고 제하는 경우 아동의 사고 및 감정은 진지하게 받아들여지지 않으며 아동이라는 이유로 간과되는 경향이 있다. 그러므로 성인의 의무는 아동의 말과 행동을 받아들이고자 하고 의견을 존중해주는 노력이 필요하다.

여기서 아동의 권리는 아동의 보호나 아동복지의 의미가 아니라 아동에게 자유와 자기결정권을 부여하며 동시에 자율성도 함께 적용되는 것을 의미한다. 즉, 시민의 권리란 누구든지 어떤 연령이든지 관계없이 모두에게 부여되어야 한다고 주장하고 있다. 그러나 이 관점은 심리학적 연구를 바탕으로 아동의 의사결정 능력이 성인과 같을 수 없다는 점에 이의를 제기하고 있다. 즉, 실제적으로 아동은 성인과 동등한 인지, 감정, 행동의 패턴과 다른 특별한 단계가 있다.

앞에서 살펴본 세 가지 아동에 대한 관점과 비교해 볼 때, 아동의 권리와 해방적 관점은 국가적 차원에서 아동에 대한 복지정책을 다루지 않고 있음을 알 수 있다. 즉, 자유방임주의적 관점과 국가부권주의적 관점은 국가적 차원의 개입을 최소화하거나 최대화하는 점을 강조하는 반면 가족중심주의적 관점은 가족 및 부모의 역할을 중요시하고 국가의 책임을 강조하기보다 아동과 가족을 지지하는 서비스 제공을 강조하고 있음을 알 수 있다. 그러나 아동의 권리와 해방적 관점은 아동의 권리를 강조하고 극대화하는 것이 아동의 복지라고 주장하고 있다. 그러므로 이는 아동에 대한 부모의 권리 비중이 낮으며 오히려 아동에게 성인과 같은 권리를 부여하는 것을 우선으로 보고 있다. 따라서 부모로서 성인이나 국가의 개입은 오히려 아동의 복지에 방해 요인이 된다고 주장하며, 아동이 성인의 구속으로부터 자유로워진다면 국가 및 가족의 역할이 소멸된다고 보고 있다.

4. 아동복지와 국가의 역할

각 국가들마다 아동복지정책이 존재하고, 각 국가들마다 아동복지정책의 목적은 아동의 복지 증진에 있다고 할 수 있다. 오늘날 많은 국가들은 아동복지는 곧 아동을 둘러싼 가족을 통하여 가장 효과적으로 이루어질 수 있다고 보고 있다. 그러므로 아동을 위한 정책은 가족생활을 강화하여야 한다는 관점에서 가족정책을 펴고 있다. 즉, 아동의 양육에 가족의 책임이 일차적이라고 보고 국가는 가족 다음인 이차적으로 개입을 할 수 있는 주체임을 암시한다(Harding, 1996). 여기서 가족복지정책이란 아동의 양육 및 교육에 있어서 가족의 책임을 어느 정도까지 보는지에 대한 국가의 입장이다. 여기서 국가는 통제와 원조의 두 가지 방법으로 가족에 대하여 적절한 제한을 가할 수 있고 가족의 책임을 강화하거나 약화하게 된다. 정부에 따라 가족의 부양책임에 대한 기준이 다르게 나타날 수 있다.

국가는 가족복지의 정책에서 가족형성, 가족에 대한 경제적 지원, 임신과 출산, 가족의 보호기능(Caregiving) 등의 문제에 영향을 미칠 수 있다. 즉, 국가가 결혼을 장려하여 개개인이 가정을 형성하도록 도와주거나 또는 이혼 가정에 불이익을 줌으로써 가족 해체를 저지하도록 국가 차원에서 정책을 펼친다. 독신자보다는 가족에게 더욱 유리한 세금 혜택을 주거나 자녀 출산과 관련된 수당을 여성에게 주기도 하고, 더욱 광범위한 모성 보호 혜택을 준다거나 아동양육 및 보육비용, 아픈 아동의 간호를 위한 유급휴가 등의 정책을 선택함으로써 국가 차원에서 가족 형성을 강화하는 가치를 가족복지정책에서 나타낸다. 그러나 문제는 현재의 많은 아동 및 가족복지정책들은 변화하는 사회적 구조에 대응하여 결함을 가지고 있다고 할 수 있다.

오늘날의 가족 구조는 이전과는 판이하게 다른 양상을 보이고 있다는 사실을 간과하고, 국가의 가족 관련 정책들은 지난 세대의 행동 유형이 지속된다는 가정하에 만들어졌다. 기존의 국가 가족복지정책은 가족의 일상적 삶과 동떨어진 내용을 갖게 되어 현재의 문제들에 대한 대안이 되지 못함을 의미한다. 그러므로 국가적 차원에서 아동 및 가족에 대한 문제들에 대한 대책이 끊임없이 변화하는 가족환경과 사회환경에 민첩하게 대응하면서 아동이나 가족이 더욱 안전하고 효과적인 환경에서 자랄 수 있도록 민감하게 반응하여야 한다. 그러나 많은 경우 아동은 가족에 종속되어 있어 아동 자신의 권리를 독립적이고 자주적으로 기대하기 어려울 뿐만 아니라, 가족의 사생활 보호의 관점에서도 아동과 관련된 활발한 정책 마련에 많은 제한점을 발견할 수 있다.

앞에서 언급된 문제점 및 제한점들을 보완하며 아동과 가족을 유지하고 강화하기 위해 국가의 역할을 생각해 보아야 한다. 현대사회의 두 가지 측면에서 국가의 역할을 볼 수 있다. 첫째, 국가는 아동 및 가족을 위하여 그들이 지닌 심각한 문제를 더욱 직접적이고 전문적인 측면의 사회복지 서비스를 제공하는 것을 말한다. 둘째, 모든 아동을 대상으로 그들의 생활 향상을 위하여 국가 차원의 정책을 제공하는 것이다.

짐머만(Zimmerman, 1995)에 따르면 국가 차원에서 아동 및 가족을 대상으로 한 정책으로 아동양육, 입양, 위탁보호, 가족 생활교육, 가족계획, 가정봉사 서비스, 사회보장, AFDC, 아동발달 프로그램, 고용 프로그램, 가족보호 서비스, 아동지원강화 서비스, 가족건강 서비스, 부권결정 서비스, 연방주·시 조직 단위에서의 건강, 교육, 사회 서비스, 소득 유지, 주택, 권한 강화 등을 예로 들었다. 이러한 서비스들은 아동의 안전과 아동의 정서적 유대감과 가족의 욕구 및 가족의 강점에 대한 충분한 이해와 고려가 필요하다.

또한 공적 및 사적 기관의 조화 및 전달 체계의 발전이 요구된다. 아동복지의 사업 성격이나 경향에 따라 공적인 것과 사적인 것이 서로 구분이 되는데, 이들은 서로 조화를 이루고 분담을 하여 발전해야 할 것이다. 이 관계 속에서 아동복지 전달체계에 전문요원을 배치하고, 공적 기관과 사적 기관이 협력할 수 있도록 제도적 장치가 지원되어야 한다.

앞으로 우리 사회는 도시화와 산업화에 따라 더더욱 복잡해지고 아동의 성장발달에 위험 요인으로 작용하는 요소들이 지속해서 증가하게 된다. 또한 가족 유형은 이전과는 다르게 다양화 변모하고 있으며, 가족의 기능 및 역할은 매우 약화되고 있다. 그러므로 현대사회는 국가 차원에서 가족을 지원하고 가족생활을 유지하고, 아동이 더욱 건전하고 건강하게 가족 내에서 성장할 수 있도록 국가가 그 역할을 충실히 해야 할 것이다. 또한 가족이 일차적으로 역할을 못할 경우 아동을 국가 차원에서 보호할 수 있는 안전망으로서의 역할 또한 기대한다.

3

Chapter

아동의 권리

1. 우리나라의 아동권리와 도입
2. 아동권리의 의의
3. 아동권리의 내용과 유형
4. 아동권리의 발달
5. 법제상과 권리선언에 나타난 아동권리

1. 우리나라의 아동권리와 도입

우리나라는 조선시대 500년 동안 신분과 계급 및 서열 그리고 남녀차별과 연령차별로 대변되는 가부장적 유습이 주도하던 봉건주의 시대를 겪었으며, 그 이후 30년 동안 군사 문화적 시대를 경험하였다. 따라서 우리 사회와 가정에는 아직도 가부장적이고 권위주의적인 관행이 우리의 행동을 결정하는 데 상당한 영향력을 행사하고 있다. 이러한 가부장적이고 권위주의적인 관행은 그동안 우리나라의 사회질서와 가정의 안정을 유지하는 근간으로 활용되어 왔다.

그러나 질서와 안정은 여성과 아동의 실로 엄청난 희생 위에서 전개되어 왔다는 사실을 부인하기 어렵다. 또한 일부 소수의 편안함을 위하여 다수의 엄청난 고통과 인내를 강요하는 불평등적이며 비정의적이고 반민주적인 처사임은 두말할 나위도 없다. 그중에서도 아동은 세계사적 관점에서나 국가 역사를 통해서 볼 때 오랜 세월동안 인구조절정책이나 식량수급정책의 수단으로 간주되어 왔었다. 아동이 존엄성 있는 한 인간으로서 간주되고, 권리의 주체로서 인식되는 이와 같은 관심은 매우 최근의 일이나, 그 수준에 있어서는 아주 초보적인 단계로 사료된다.

현대사회는 빠른 산업화와 도시화로 인하여 핵가족화가 정착되었으며, 경제발전과 적은 수의 아동 출산으로 인하여 지나치게 아동을 과보호하는 경향을 우려하며, 오히려 아동의 권리와 관련하여 부정적인 견해를 나타내는 경우도 있다. 즉, 아동은 물질적 풍요와 넉넉한 사랑으로 보호해야 하는 대상으로만 간주하고 독립적인 인격체로서 자기결정권과 같은 권리의 주체로 인식되지 못하고 있는 것이 현실이다. 따라서 우리나라의 아동은 기본적으로는 보호의 대상이지만 상당 부분 가정에서는 아동학대의 대상으로, 학교에서는 체벌의 대상으로 그리고 사회에서는 각종 규제의 대상으로만 간주될 뿐 권리의 주체로서 자신들의 중요한 일에 대한 결정에 참여하고 현재와 미래를 선택할 수 있는 주체적 삶에 관한 보장이나 기회가 거의 주어지지 않고 있다고 보여진다.

우리나라는 1920년대에 소파 방정환을 중심으로 한 아동 애호사상이 활성화되기 시작하였다. 어린이날과 어린이헌장 제정, 아동복지법 등 관련법의 입법화 과정을 통해 아동 구호와 아동 보호를 넘어 아동복지의 시대를 맞았다. 그러나 아직도 아동을 권리의 주체로 인정하며 그 권리를 보장하려는 아동 권리 사상은 서구사회에 비해 매우 미흡한 점이 많은 편이다. 또한 헌법 제10조는 아동의 인간으로서의 존엄성과 행복을 추구할 권리를 보장하고 있으며, 아동에 대한 국가와 사회의 약속인 대한민국 어린이헌장이 미래사회의 주역으로서의 아동의 존귀성과 건정한 성장발달을 명시하고 있다. 그러나 우리나라와 같이 부모에 대한 순종과 스승에 대한 존경이 일방적으로 강요되어 온 유교적 문화에서 아동의 권리에 대한 국민적 이해는 상대적으로 미약한 것이 현실이다.

우리나라의 경우 권리의 개념이 자유와 평등의 가치가 존중되는 서구 사회와는 달리, 기존의 조화나 사회관계를 파괴하는 이익의 대립적 차원에서 이해되었기 때문에 아동의 권리 자체가 생소하며 법적으로 수용되기 어려운 문화적 특성을 지니고 있다. 가까운 미래에는 모든 인간의 권리와 주체적 삶이 현재보다 훨씬 강조되는 사회가 되리라는 것이 명백하다. 거기에 아동이 예외가 될 수 없다. 따라서 우리 사회는 아동의 권리에 대한 인식을 제고하고 아동들이 권리의 주체로서 행동하고 그에 대한 책임도 스스로 본인의 몫으로 받아들이는 주체적인 삶을 살아갈 수 있도록 적극 지원하여야 한다.

2. 아동권리의 의의

아동권리라는 용어는 일반인에게는 다소 생소한 용어이고, 그 내용도 학술적으로 심도 있게 논의되고 있는 주제라고 보기 어렵다. 우리 사회가 그동안 성장일변도의 경제에 치중되었던 관계로 전반적으로 국민의 권리와 관련된 부분은 상대적으로 소홀히 해왔다고 할 수 있다. 또한 아동의 권리는 가부장적 사회구조의 영향이 더해져 사회적 관심을 끌지 못하였다.

아동의 권리는 성인 혹은 국민의 권리와 같은 차원에서 논의되지 않는 경우가 많다. 잘 돌보고 보살피면 되었지 세 살배기 아이에게 무슨 권리냐는 사고방식도 한편에 자리 잡고 있다. 더구나 우리의 법문화에서 권리에 대한 주장은 기존의 조화로운 사회관계를 깨뜨리는 것으로 여겨질 수도 있다. 아동의 권리론이 수용된다고 해도, 그 권리의 범주 및 성격에 대해서는 일률적으로 논의되기 어려운 요소들이 다분히 있다.

아동권리의 내용을 3P의 개념으로 설명할 수 있다. 첫째, 제공(Provision)이란 개념으로 아동이 필요로 하는 인적·물적 자원의 제공과 이것을 사용할 권리이다. 예를 들면, 이름, 국적, 보건교육, 여가 및 놀이를 즐길 권리와 고아, 장애자 보호 등이 포함된다. 둘째, 보호(Protection)의 개념으로서 아동은 위해한 행위로부터 보호를 받아야 한다는 것이다. 예를 들면, 문제를 지닌 부모로부터 격리, 성적 착취, 육체적·정신적 학대로부터 보호받을 권리 등이 포함된다. 셋째, 참여(Participation)의 개념이다. 아동이 자신의 인생에 중요한 영향을 미치는 결정에 대하여 알권리이다. 아동은 성장과 더불어 책임 있는 성년기에 대한 준비로서 사회활동에 참여할 기회를 많이 가져야 한다. 이와 같이 아동의 권리 개념에는 아동의 생리적·인격적 욕구충족과 보장으로서의 권리와 제공, 보호, 참여의 수단을 활용해야 한다는 권리의 개념을 특성으로 지니고 있다.

3. 아동권리의 내용과 유형

아동권리의 유형은 네 가지로 정리해 보면 다음과 같다. 첫째, 복지권(Welfare Rights)을 갖는 것으로 모든 아동은 의식주를 제공받고 건강하고 더 위생적인 삶을 누릴 수 있어야 한다. 또한 교육적이고 문화적인 생활을 할 권리를 갖는다. 이러한 아동의 건강과 의식주를 제공받는 일은 아동의 생존과 발달에 관련된 절대적이고 중요한 부분이다. 그러므로 아동이 현실적이고 적절한 영양과 쾌적한 주거환경, 의료적·복지적 급부를 받는 것은 무엇보다 중요한 권리이다.

둘째, 보호를 받을 권리(Protective Rights)는 아동이 아직 성장 및 발달 단계에 있는 미성숙한 존재이기 때문에 유해하거나 위험한 환경으로부터 사회, 국가 및 부모가 아동을 보호하여 아동이 이러한 폭력 및 공포로부터 자유로워야 한다는 것이다. 즉, 아동에 대한 학대 및 유기를 방지하여 아동이 육체적·정서적·성적으로 고통받지 않을 적절한 환경이 제공되어야 아동이 더욱 건강하고 건전하게 성장 및 발달할 수 있다.

셋째, 현행 법제 항에서 성인에게만 적용되던 성인으로서의 권리(Adult Rights)를 아동들도 향유할 수 있어야 한다. 이는 성인에게만 적용되는 권리들이 어떤 면에서는 연령 기준이 합리적이지 못하다는 점에서 아동에게서 선거권, 피선거권, 독립적으로 결혼할 수 있는 권리, 증언할 수 있는 연령 등을 제한하였지만, 아동에게도 성인으로서의 권리를 누릴 수 있도록 하자는 권리이다.

마지막으로 부모에 대한 권리(Rights against parents)로서 부모와 자녀의 관계가 항상 일치하지는 않는다는 점을 고려하여 아동들이 부모와 어떠한 이익이 대립될 때 다른 제3자가 개입될 수 있고 호소할 수 있는 권리를 말한다. 이는 아동의 요구, 욕망, 관심사, 이익을 아동 스스로 결정할 수 있는 자기결정권을 확보할 수 있음을 의미한다.

4. 아동권리의 발달

아동의 권리발달은 아동권리 주장의 주체적 문제와 밀접한 관련을 맺으면서 발달해 왔다. 즉, 시민의 인권이 확인 및 선언된 것은 18세기 후반의 일이지만, 당시의 시민은 납세의 의무를 가질 수 있는 일정한 소득이 있는 성인으로 인식되었기 때문에, 아동이 권리의 주체로 인식되기 위해서는 더 많은 노력과 시간이 필요하였다. 근세사는 인간의 권리가 신장되는 중이었기 때문에 다른 연령층과 비교하여 시간과 정도의 차이였다. 그러나 고대와 중세시대의 아동은 권리 이전에 아동 존재의 인정에 관한 사회적 인식도 미비하였던 시기였다.

종족이나 부족 중심의 사회로 형성되었던 고대사회에서 아동은 종족의 보존이나 보호 또는 생산수단으로 간주되었으며, 기준에 미달한 허약한 아동이나 장애아동을 포함한 영아 유기나 영아 살해가 공공연히 성행하였고, 그릇된 사회 관습이나 미신에 의해 희생의 제물이 되는 등 생존의 위협을 받는 무력한 존재일 수밖에 없었다.

봉건제도하의 엄격한 신분사회였던 중세시대에서 아동은 군사력이나 경제력의 확보 수단으로서의 의미를 부여받았으며, 상하 질서의 계층사회에서 신분에 따라 아동의 권리는 차별화되었다. 이 시기에 가톨릭을 중심으로 한 종교단체는 아동의 생명을 귀중히 여기고 도움을 필요로 하는 아동들을 보호하는 시설을 설립하기 시작하였으나, 이는 동정적인 자신 행위였으며 아동의 이익이나 권리를 바탕으로 하지 않았다. 산업혁명으로 봉건제도가 붕괴되고 자본주의가 탄생한 근대사회는 구빈법에 의해 아동보호에 대한 국가 개입이 시작되었고, 민간단체의 자발적인 참여가 시작된 시기였다. 그러나 산업혁명에 따른 자본가들의 무리한 이윤 추구는 임금이 싼 연소자들을 대상으로 한 아동의 노동력 착취를 초래하게 되었다.

1959년 국제연합은 아동의 최선의 이익을 보장하기 위해 10개조로 이루어진 유엔아동권리선언(Declaration on the Rights of the Child)을 채택하였으며, 1959년 유엔아동권리선언 채택 20주년 기념의 해인 1979년을 UN이 정한 '세계 아동의 해'로 선포함으로써 아동에 관한 지구촌의 관심을 불러일으켰다. 1959년 UN에서 아동권리선언문이 채택된 이래 우리나라는 UN아동권리협약을 실천해야 하는 협약 당사국이 되었고, 1994년에는 아동권리에 관한 국가보고서를 UN에 제출하였다. 그러나 그동안 한국 아동복지는 한국동란으로 발생한 수많은 전쟁고아들을 수용·보호해야 했기 때문에 시설 보호를 최선의 아동복지로 선택하였고, 이것이 한국 아동복지사업의 전형으로 여겨져 왔다. 그리고 한국동란이 일어 난지 70년이 다 가는 시기에도 많은 아동이 시설에서 보호되고 있다. 이제 우리사회는 아동양육에 대한 사회적 책임이 더욱 강조되어 아동복지 서비스에 대한 질적 수준이 보장되는 법적·사회적 개입의 필요성과 그에 대한 국민들의 욕구도 점점 높아지고 있는 실정이다. 아직도 많은 아동들이 가정이 아닌 시설에서 집단 보호되고 있다는 사실에 주목하면서 아동들이 가능한 가정에서 생활할 수 있도록 지원하는 노력이 정부와 민간기관에 의해 적극적으로 추진되어야 하며, 요보호아동을 위한 새로운 대안으로서 가정위탁 보호사업과 그룹홈제도의 강화가 절실한 상황이다.

5. 법제상과 권리선언에 나타난 아동권리

1) 국제협약

(1) 국제협약의 주요 원칙

아동을 보호의 대상뿐만 아니라 적극적인 권리의 주체로 인식하고 있는 아동의 권리에 관한 국제협약은 무차별의 원칙, 아동의 최선의 이익 우선, 아동의 생존, 보호, 발달 및 아동의 참여라고 하는 4개의 주요 원칙을 중심으로 아동의 권리를 다음과 같이 구분하여 명시하고 있다.

① **생존의 권리**: 적절한 생활수준을 누릴 권리, 의료 서비스를 받을 수 있는 권리
② **발달의 권리**: 교육, 놀이, 여가, 정보를 누릴 권리, 문화 활동, 사상, 양심, 종교의 자유를 누릴 권리
③ **보호의 권리**: 각종 착취와 학대, 가족과의 인위적인 분리, 형법 등의 폐습으로부터 보호받을 권리
④ **참여의 권리**: 자신의 의사를 표현할 자유와 자기 생활에 영향을 주는 일에 대하여 말할 수 있는 권리, 책임감 있는 어른이 되기 위해 아동 자신의 능력에 부응하여 적절한 사회 활동에 참여할 기회를 가질 권리

(2) 국제협약의 주요 내용

아동의 권리에 관한 국제협약은 전문과 본문 54개조로 되어 있고, 본문 54개조는 제1부(1~41조), 제2부(42~45조), 제3부(46~54조)로 구성되어 있다.

① 협약의 대상인 아동을 18세 이하의 자(1조)로 정의하고, 출신이나 성별을 포함한 무차별의 원칙(2조), 아동의 최선의 이익 우선(3조)

② 아동을 보호의 대상뿐 아니라 적극적인 권리의 주체로 규정하며 아동의 생명권(5조), 아동이 국적을 가질 권리(7조), 표현, 종교, 집회의 자유(3~15조), 고문이나 사형 또는 무기형 금지(37조) 등 시민의 권리에 관한 적극적 보장.

③ 부모로부터의 분리 제한(9조), 불법 해외 이송 금지(11조), 부모나 보호자의 양육책임(18조), 아동학대로부터의 보호(19조), 요보호아동에 대한 국가 보호(20조), 입양에 있어서의 아동의 최선의 이익 우선(21조) 등 가정환경 보호

④ 아동의 생존과 발달의 보장(6조), 장애아 보호(23조), 건강관리, 질병과 영양실조 퇴치, 산모 보호, 가족계획, 유해한 전통 관습의 폐지(24조), 사회보장권(24조), 탁아 서비스 제공(18조) 등 제반 아동 복리 보장

⑤ 의무 교육(28조), 여가 및 문화적 활동 보장(32조)

⑥ 난민아동(22조), 전쟁 시의 아동(32조) 등 위급한 상황에 처한 아동보호, 체포나 구금(37조) 및 형사 피의자(40조)가 된 아동의 권리보호, 아동의 노동력 착취금지(32조), 성적학대(34조), 마약으로부터의 보호(32조) 등 아동학대로부터 보호받을 권리를 규정하고 있다.

제2부는 42~45조로 구성되었고 국가의 시민사회에 대한 협약 홍보의 의무(42조), 가입 후 2년 이내 그리고 그 후 매 5년마다 협약의 이행 여부에 대한 국가 보고서 제출 의무(44조), 4년 임기의 10인의 위원으로 구성되는 유엔아동권리위원회 설치 운영(43조) 등을 규정하고 있다. 제3부는 46~54조로 구성된 보충 성격의 내용으로 협약의 비준, 공개, 유보사항, 협약의 폐기 등에 대한 보충 설명을 규정하고 있다.

(3) 국제협약의 특징

아동의 권리에 관한 국제협약의 특징은 첫째, 종래의 아동이 권리에 관한

선언적 내용과는 달리 국제협약으로서의 국제법의 효력을 갖게 됨으로써 협약 당사국에 있어서는 국내법과 동일한 법적 구속력이 있는 아동의 권리를 구체적으로 제시하였다는 데 있다. 둘째, 협약은 아동을 소극적 보호의 대상으로만 규정하던 과거의 아동권리에서 탈피하여 적극적인 권리의 주체로 규정하고 있다. 셋째, 협약은 정부 및 민간 차원에서의 아동이 최선의 이익을 우선하는 원칙을 규정하고 있으며, 넷째, 아동의 적극적 권리로서의 시민적 자유권, 즉 의사표시권과 자기결정권, 정보접근권 등을 보장하고 있다. 끝으로 유엔아동권리위원회의 설치와 당사국의 국가보고서 제출의 규정 등 협약 당사국의 협약 준수를 의무화하였다는데 있다.

2) 제네바선언

1922년 아동복리회의 창설자인 젭(Eglantyne Jebb)은 아동권리선언(Declaration of the Rights of the Child)을 성문화하였다. 이 선언은 '인류는 아동들에게 주어야 할 최선의 것을 돌려주어야 한다'는 주장을 담고 있으며, 1924년 9월 26일 국제연맹에 의하여 아동권리에 관한 제네바선언으로 발전하였다. 이 선언은 최초의 세계적 아동권리선언이라 할 수 있으며, 그 내용은 다음과 같다.

제1조 어린이는 신체적으로 정신적으로 정상적인 발달을 위해 요구되는 모든 수단을 강구해야 한다.

제2조 굶주린 어린이에게 먹을 것을, 병든 어린이에게 치료의 혜택을, 지능발달이 뒤늦은 어린이에게 도움을, 불량한 어린이에게는 감화를, 고아와 부랑아에게는 주거를 마련하여 보호해 주어야 한다.

제3조 위기에 직면하였을 때 최우선으로 어린이를 구해야 한다.

제4조 어린이에게 장래 설계를 세울 수 있는 지위로 이끌며, 모든 종류의 착취에서 보호를 받을 수 있어야 한다.

제5조 어린이에게 자기의 능력은 인류 동포에게 봉사하기 위한 것이라는 자각을 주며 교육을 해야 한다.

3) 유엔아동권리선언

1959년 11월 20일, 국제연합 제14차 총회에서는 아동의 최선의 이익을 보장하기 위해 '유엔아동권리선언(UN Declaration of the Rights of the Child)'을 만장일치로 채택하였다. 이 선언은 전문 6개 단락과 본문 10개조로 이루어져 있다.

전문에서는 유엔 헌장의 기본원칙(제1단락), 세계인권선언의 정신확인(제2단락), 신체적, 정신적으로 미숙한 아동의 법률상 특별 보호(제3단락), 특별보호는 국제적인 선언과 국제기구 규약으로 인정(제4단락), 아동에 대한 최선의 의무(제5단락), 모든 개인과 집단은 아동의 권리의 인식과 준수를 위한 의무(제6단락), 모든 개인과 집단은 아동의 권리의 인식과 준수를 위한 노력(제6단락)등의 내용을 담고 있다.

본문은 아동의 차별 금지(제1조), 아동의 최선의 이익(제2조), 성명과 국적을 가질 권리(제3조), 사회보장의 혜택을 받을 권리(제4조), 장애아동의 특별한 치료, 교육 보호(제5조), 가정 보호와 가정이 없는 아동의 특별 보호(제6조), 교육을 받을 권리(제7조), 우선적으로 보호와 제재를 받을 권리(제8조), 모든 형태의 학대와 연소자 고용의 금지(제9조), 평화롭게 살 권리(제10조) 등을 규정하고 있다.

4) 세계인권선언

세계인권선언을 국제연합이 제2차 세계대전의 참혹상에서 인류의 공존과 평화의 이상을 실현하기 위해 1948년에 채택한 것으로 인권에 관하여 온 세계에 천명한 최초의 것이다. 이 선언은 추상적이고 일반적인 내용을 구체화하여 평범한 인권의 국제적 보장을 위한 보편적 규범을 명시하고 있으며, 전문과 본문 30조로 되어 있다.

전문에서는 인간의 존엄과 권리를 강조하고 있으며, 본문 제30조에서는 자유권적 인권 조항 21개와 사회권적 조항 9개를 다루고 있다. 세계인권선언에서 아동의 권리에 관한 직접적인 조항은 제25조와 26조이다.

제25조는 생활 보호 모자 보호에 관한 규정으로 모든 사람은 '자기와 가

족의 건강과 복지에 충분한 생활수준을 보장할 권리'(제1항)를 가진다는 것과 '불가항력에 의하여 생활능력이 없는 경우에는 보장받을 권리가 있다'고 선언하였고, '어머니와 아동은 특별한 보호와 원조를 받을 권리를 가진다. 모든 아동은 적자 출신이건 아니건 가리지 않고 같은 사회적 보호를 받는다'(제2항)고 권고하여 복지권을 뒷받침하고 있다.

제26조는 교육에 관한 권리를 규정하고 있다. 제1항에서는 모든 사람은 교육을 받을 권리를 가진다는 규정과 교육은 적어도 초등과 기초 단계에서는 무상으로 해야 한다는 것, 고등교육은 능력에 따라 모든 사람에게 균등하게 개방되어야 한다는 등의 규정을 하고 있다. 제2항에서는 교육은 인격의 완전한 발전과 아울러 인권과 기본적 자유의 존중을 강화하는 것을 목적으로 명시하고 있으며, 제3항에서는 부모는 아동에게 제공할 교육의 종류를 선택할 우선적인 권리를 가진다고 규정하고 있다.

5) 비엔나인권선언

비엔나인권선언은 1953년 6월 14일부터 6월 25일까지 비엔나에서 열린 세계인권선언회의에서 채택되었다. 전문 39개조로 구성된 인권선언의 구체적인 내용은 일체의 차별 행위에 대하여 모든 국가가 져야 할 책임과 의무를 권고하고 있다. 또한 모든 민족의 자결권을 강조함으로써 모든 민족의 정치적 위치와 경제·사회·문화적 발전을 추구할 권리를 천명하고 있다.

비엔나인권선언에서 가장 중요한 것은 발달권의 강조라 할 수 있다. 이 발달권은 보편적이고 양도할 수 없는 권리이며 권리의 가장 핵심임을 강조하고 있다. 발달권의 강조는 인간이 발달의 주체임과 동시에 발달이 인권의 향유를 촉진시켜야 함을 강조하고 있다. 또한 비엔나인권선언은 권리의 침해에 열악한 위치에 놓여 있는 여성과 아동의 권리를 강조하고 있다. 여성이 가지고 있는 권리는 남성의 그것과 마찬가지로 양도분할할 수 없는 보편적 권리임을 강조한 것이다. 이 선언은 아동권리협약과 여성 차별 철폐협약의 내용을 선언적 차원에서 보강하고 있다고 볼 수 있다.

6) 국내법 관련에 나타난 아동의 권리

(1) 헌법

우리나라 헌법은 국가 최고의 법으로서 권리 보장에 포괄적인 선언을 담고 있다. 현행 헌법 제10조는 “모든 국민은 인간으로서의 존엄과 가치를 가지며, 행복을 추구할 권리를 가진다. 국가는 개인이 가지는 불가침의 기본적인 인권을 확인하고 이를 보장할 이무를 진다”고 규정하고 있다. 이 조항은 인간으로서의 존엄과 가치를 핵심으로 하고 있다.

또한 헌법 제10조는 모든 기본권 보장의 종국적인 목적이라고 할 수 있는 인간의 본질이며 고유한 가치인 개인의 인격권을 보장하고 있다. 동법 제34조는 “모든 국민은 인간다운 생활을 할 권리를 가진다”고 규정되어 있으며, 개별적 기본권 각각의 조항들은 “모든 국민은”과 “누구든지”로 시작하는 문언을 규정하고, 개개인의 국민 모두는 헌법이 보장하는 기본적인 인권의 주체가 됨을 명백하게 밝히고 있다. 헌법상 기본적 인권의 주체인 국민의 개념 속에는 아동도 포함되는 것은 당연하다. 따라서 원칙적으로 한국 국적을 가지고 우리나라 초등학교에 다니고 있는 아동들은 한국 헌법상 기본적인 권리의 주체성이 인정되는 것이다. 동법 제11조 제1항은 “모든 국민은 법 앞으로 평등하다. 누구든지 성별, 종교, 또는 사회적 신분에 의하여 정치적, 경제적, 사회적, 문화적 생활의 모든 영역에서 차별을 받지 아니한다”고 천명하고 있다.

(2) 아동복지법

현재 국내법 중에서 아동 인권과 가장 규정을 많이 두고 있는 법이 아동복지법이다. 주요 내용은 다음과 같다.

① 목적(제1조)

아동이 건강하게 출생하여 행복하고 안전하게 자라나도록 그 복지를 보장함을 목적으로 한다.

② 기본 이념(제3조)

아동은 자신 또는 부모의 성별, 연령, 종교, 사회적 신분, 재산, 장애 유무, 출생 지역, 인종 등에 따른 어떠한 종류의 차별도 받지 아니하고 자라나야 한다. 아동은 완전하고 조화로운 인격발달을 위하여 안정된 가정환경에서 행복하게 자라나야 한다. 아동에 관한 모든 활동에 있어서 아동의 이익이 최우선적으로 고려되어야 한다.

③ 책임(제4조)

국가와 지방자치단체는 아동의 건강과 복지 증진에 노력하여야 하며 이를 위한 시책을 시행하여야 한다. 아동의 보호자는 아동을 가정 안에서 그의 성장 시기에 맞추어 건강하고 안전하게 양육하여야 한다. 모든 국민은 아동의 권익과 안전을 존중하여야 하며, 아동을 건강하게 양육하여야 한다. 국가와 지방자치단체는 장애아동의 권익을 보호하기 위하여 필요한 시책을 강구하여야 한다. 국가와 지방자치단체는 아동이 자신 또는 부모의 성별, 연령, 종교, 사회적 신분, 재산, 장애 유무, 출생 지역 또는 인종 등에 따른 어떠한 종류의 차별도 받지 아니하도록 필요한 시책을 강구하여야 한다.

이와 같이 우리나라의 아동의 복지, 안전 및 권리 증진을 위하여 유엔아동권리협약 비준국으로서의 책임 사항을 담고 있다. 특히 아동을 위하여 제정된 법으로 아동의 권리 보호 및 증진 차원에서 국가가 공식적으로 개입하는 보호 체계가 마련되었다는데 큰 의미를 지닌다.

(3) 아동의 권리공약 3장

우리나라의 아동의 권리공약 3장은 1923년 발표되었다. 당시 우리나라는 일본의 식민지 시절이었지만, 민족의 새싹인 어린이를 사랑하고 씩씩하게 키우기 위하여 '어린이날'을 제정하였다. 같은 해 5월 1일 어린이날 기념식장에서 소년운동협회가 소년운동선언에서 아동의 권리공약 3장을 선포하였다. 아동의 권리공약 3장은 다음과 같다.

① 어린이를 재래의 윤리적 압박으로부터 해방하여 그들에 대한 완전한 인격적 예우를 허하라.
② 어린이를 재래의 경제적 압박으로부터 해방하여 만 14세 이하의 그들에 대한 무상 또는 유상의 노동을 폐하라.
③ 어린이에게 그들이 고요히 배우고 즐거이 놀만한 각양의 가정 또는 사회적 시설을 행하라.

(4) 대한민국 어린이헌장

대한민국 어린이헌장은 어린이나라의 참뜻을 바탕으로 하여, 모든 어린이가 차별없이 인간으로서의 존엄성을 지니고 나라의 앞날을 이어나갈 새사람으로 존중되며 바르고 아름다고 씩씩하게 자라나가도록 함을 길잡이로 삼는다.

① 어린이는 건전하게 태어나 따뜻한 가정에서 길러져야 하며, 가정이 없는 어린이게는 이를 대신할 수 있는 적절한 환경에서 길러져야 한다.
② 어린이는 몸과 마음이 튼튼하게 자라도록 필요한 영양을 공급하고 질병의 예방과 치료를 받으며 공해 없는 깨끗한 환경에서 길러져야 한다.
③ 어린이는 누구나 존중을 받을 수 있어야 하고 어린이를 위한 교육시설이 우선적으로 마련되어야 하며, 개인의 능력과 소질에 따라 교육이 이루어져야 한다.
④ 어린이는 빛나는 우리 문화를 이어 받아 미래를 가꾸는 새로운 문화를 발전시키도록 이끌어야 한다.
⑤ 어린이는 즐겁고 유익한 놀이와 오락을 위한 시설과 환경을 제공받아야 한다.
⑥ 어린이는 예절과 질서를 지키며 스스로 책임을 다하는 민주시민으로 길러저야 한다.
⑦ 어린이는 자연과 예술을 사랑하고 과학을 탐구하는 마음과 태도를 길러야 한다.
⑧ 어린이는 위협으로부터 먼저 보호되어야 하고 안전을 지킬 수 있는 훈련을 받아야 한다.

⑨ 어린이는 학대를 받거나 버림을 받아서는 안되고 나쁜 일과 힘겨운 노동에 이용되지 말아야 한다.

⑩ 몸이나 마음의 장애를 가진 어린이는 재활되어야 하고 빗나간 어린이는 선도되어야 한다.

⑪ 어린이는 우리의 내일이며 희망이다. 한겨레의 앞날을 짊어질 한국인으로 또한 인류의 평화에 이바지할 수 있는 세계인으로 키워야 한다.

4

Chapter

아동복지의 역사

1. 아동복지의 역사적 배경
2. 한국의 아동복지 변천과정

1. 아동복지의 역사적 배경

산업화 이전의 고대사회와 중세사회에서는 아동복지와 관련하여 일차적인 책임은 부모에게 있었으며, 요보호아동은 대부분 종교단체를 통하여 보호되었다. 그러나 산업화 이후에는 국가 또는 사회가 개입함으로써 부모 및 민간단체의 한계성을 극복하게 되었다. 1930~1940년대 유럽에서는 아동보호차원에서 가족에 대한 국가의 지원이 사회복지정책의 주요한 흐름으로 발전되면서 아동을 보호, 양육하고 있는 가족에 대한 관심이 정책으로 나타나기 시작하였다. 아동양육에 소요되는 비용을 지원하거나 또는 감소시켰고, 가구의 소득 증대 측면에서 여성의 노동시장 참여를 확대시켰다(Kaufmann, 1997). 이러한 내용을 기초로 먼저 산업사회 이전인 고대사회와 중세사회를 살펴보고, 다음으로 산업화 이후의 근대 산업사회와 현대 산업사회의 아동복지 변천과정을 살펴보고자 한다.

1) 산업화 이전의 아동복지

고대사회에서 아동은 인격적인 존재가 아닌 종족이나 부족의 생존과 보호에 기여할 수 있는 존재 여부에 따라 인정받았으며, 아동의 생명은 종족 보존의 수단적 가치로만 인정되었다. 따라서 허약하거나 질병 또는 장애를 가진 아동은 희생을 당할 수밖에 없었다. 중세사회는 종교의 사회적 영향이 강했던 시대로 교회를 중심으로 한 종교단체에서 아동을 보호하였다. 즉, 기독교적 관점에서 자선사업의 일환으로 아동복지가 전개되었으며, 부모가 없는 아동과 유기된 아동들을 보호하는 일을 주로 담당하였다. 또한 엄격한 신분사회로서 부모의 지위에 따라 보호의 차원이 달랐기 때문에, 계급이 낮은 아동은 노동력을 착취당하는 경우가 많았으며, 심한 경우 유해한 환경으로 인해 생명을 잃는 일이 발생하기도 하였다. 그리고 아동은 장원을 유지하기 위한 경제적이고 군사적인 수단으로도 여겨졌다. 따라서 중세사회의 아동복지는 종교단체를 중심으로 자선사업이 이루어졌으나, 궁극적으로 아동의 권리나 욕구 및 아동 자체의 존엄성에 입각한 서비스는 발달되지 않았다.

2) 산업화 이후의 아동복지

산업혁명의 시작과 함께 농노제도와 장원제도로 대표되던 중세 봉건제도가 붕괴되면서 대부분의 농노들은 공장의 노동자가 되었고, 아동들 역시 산업현장의 노동자로서 중요한 자원이 될 수밖에 없었다. 이는 자본가 계층과 노동자 계층이 새롭게 형성되어 또 다른 계층 현상을 만들게 되었다.

그 결과 산업화 이전의 사회구조에서 찾아보기 힘들었던 빈곤, 실업, 노사문제, 주택문제 및 아동, 청소년, 노인 등 다양한 사회문제가 나타나기 시작하였다. 이 시대에는 빈곤을 비롯한 모든 사회문제는 개인적·사회 구조적 원인에 의해서 발생한다는 인식과 개인 또는 종교단체의 자선에서 벗어난 사회적·국가적 책임으로 아동 문제를 해결하기 위한 차원으로 발전하였다.

3) 근대사회

근대사회로 접어들면서 봉건제도가 점차 붕괴되고 자본주의제도로 들어서게 되었다. 동시에 산업혁명으로 인한 대규모의 빈곤, 실업, 노사문제, 주택문제 등의 다양한 사회문제가 등장하기 시작했고, 이에 대한 책임은 국가적인 차원으로 확대되었다.

이에 따라 영국은 국가가 빈곤 계층을 책임지는 구빈법(Poor Law)을 제정하여 아동들을 법에 의하여 보호하기 시작하였다. 1601년 영국의 엘리자베스 구빈법(Poor Law)은 사회문제, 즉 아동의 문제들을 국가가 개입하여 해결하기 위한 최초의 시도였다. 이 법에 의해 요보호아동들이 위탁보호와 거택보호를 받았으며, 미국과 유럽 여러 나라에 영향을 주게 되었고, 오늘날 아동복지의 기원을 이루었다고 할 수 있다.

또한 산업혁명으로 대량 발생한 실업자에 대한 보호대책으로 민간주도의 탁아시설도 설립되었으며, 1816년 영국 오웬(Owen)의 공장 내에 세운 유아학교에서 보호와 교육을 담당하였다. 뿐만 아니라, 장애아동에 대한 인식이 바뀌면서 맹아학교가 이 시기에 설립되기도 하였다.

4) 현대사회

20세기에 이르러 아동은 인격적 존재로서 받아들여지게 되었고, 이들의 다양한 문제와 욕구에 대해 사회적인 예방과 관리를 위한 체계적인 제도가 마련되었다. 아동복지와 관련하여 국가 책임이 강조되기 시작하였던 대표적인 것이 1909년 미국의 백악관회의이다. 당시 루즈벨트 대통령은 아동을 위한 부모의 역할과 가족생활의 중요성을 언급하였다.

또한 아동복지의 대상이 요보호아동에 국한되지 않고 모든 아동으로 확대되는 보편주의적 아동복지가 도입되었으며, 1933년에 아동청소년법이 제정되었다. 그리고 20세기 중반 이후 위탁보호와 아동시설은 아동의 개별적 욕구에 맞게 효과적으로 대처할 수 있도록 발전하였다.

즉, 대규모 아동 시설에서 가정 형태의 소규모 시설로 발전하였고, 위탁가정과 시설의 특성을 동시에 갖춘 소규모 가정 시설이 나타나게 되었으며, 특수아동의 욕구충족을 위한 특별 위탁가정이 개발되었다(공계순, 2005).

그러나 21세기가 시작된 현재 아동복지와 관련된 부문은 관심과 노력이 지속적으로 실천되고 있으나 많은 새로운 문제들이 발생되고 있다. 따라서 아동학자들은 아동을 대상으로 한 다양한 복지제도들을 확립하기 위해 계속적인 노력을 하여야 할 것이다.

2. 한국의 아동복지 변천과정

우리나라의 아동복지는 시대적·사회적 상황에 의해 아동관, 사상(이념), 직접적 서비스의 형태, 내용 등이 변화되어 왔다. 여기서는 우리나라의 아동복지 전개과정을 조선시대 이전까지의 아동과 관련된 전통적인 아동복지사업과 조선시대 이후부터 광복 전까지의 근대적 아동복지사업 그리고 광복 이후 현재까지 실시된 아동복지사업으로 구분하여 살펴보고자 한다.

1) 전통사회의 아동복지

(1) 삼국시대

삼국시대에 아동은 아동 자체로서의 인격체가 아닌 가계를 계승시키기 위한 수단으로써 보호 대상이었다. 삼국사기에 의하면 신라 2대 남선왕 15년에 백성들의 굶주림을 해결하기 위해 국고를 열어 이들을 구휼했으며, 3대 유리왕 5년 환과고독노병(홀아비, 과부, 고아, 자식 없는 사람, 늙은이, 병든 이)을 요보호대상자로 정하여 무료급식과 양육을 국가 차원에서 시행하였다.

당시의 구제사업은 전문적 담당부서나 기관이 없었으나 사회적 환경에 따라 왕명에 의해 구제사업이 행해졌다(한성심 외, 2003).

(2) 고려시대

불교가 국교였던 고려시대에는 자비사사에 입각하여 전쟁과 흉년으로 생긴 구걸하는 아동, 버려진 아동들을 사찰에서 수용, 양육하여 승려 또는 사역승으로 양성하는 일이 성행하게 되었다. 제6대 성종 13년(994) 고아에게 10세까지 식량을 지급하였고, 그 이후에는 원하는 곳에 거주하게 하였다(표갑수, 2000).

충목왕 3년(1347)에 관립의 영아원이라 할 수 있는 해아도감을 설치하여 유아들을 보호 양육하였다. 또한 민간에서도 고아를 양육하여 양자녀 또는 노비로 삼았다. 하지만 고아의 민가 수양을 빌미로 인신매매, 유괴, 약탈 등이 성행하는 폐단도 나타났다(김성경, 2005).

(3) 조선시대

엄격한 신분사회였던 조선시대에는 고려시대보다 한층 발전하여 현종 2년(1561)에 요보호아동 보호에 관한 법령이 제정되었다. 이에 의거해 한성 각부에서는 유기아에 대해 관의 허가에 따른 민간 입양이 실시되었으며, 이들에 대한 옷값도 지급되었다. 그리하여 10세가 되면 양육한 사람에게 이들을 사역할 권리가 부여되었다. 그 후에도 숙종 22년(1696)에 수양임시사목과 영조 20년(1774)에 속대전 속에 동사목이 편찬되었다. 이후 정조 7년(1783)에 이를 확대·통합하여 친족 부양, 수양관계의 보호, 집단 수용의 보호를 원칙으로 하는 자휼전칙을 편찬하여 부랑 및 유기아동 보호법령의 체계를 갖추었다. 자휼전칙은 흉년을 당하여 걸식하거나 버림받아 굶주리는 아동이 많아지자 정조가 특별히 윤음을 내리고 사목을 정하여 시행 방법을 규정하였다. 모두 9개 절목으로 구성되어 있는 자휼전칙은 부모나 친척 또는 상전이 없이 의탁할 곳이 없는 어린이를 3세 이하의 유기아와 4~6세, 7~10세의 행걸아로 나누어 구호대상으로 하였다. 행걸아는 진휼청에서 보호하고 유기아에게는 유모를 정해 쌀, 간장, 미역을 지급하였으며, 진휼청의 입안을 받아 이들을 자녀나 노비로 삼을 수 있었다. 구휼 대상 아동에게는 민간의 자식 또는 노비로 수양되는 민가 수양과 진휼청 외 창문 밖에 간이 주거시설로 움집을 마련해 수용 보호하는 진휼청 유양의 제도가 시행되었다. 이러한 제도의 실시는 아동 구제사업에 대한 국가의 책임과 역할을 일정 부분 인정하였다는 점에서 의의가 있으며, 그 근본정신인 영국의 구빈법(1601)과도 상통하는 우리나라 전근대의 대표적 아동복지법령이라 할 수 있다(공계순, 2003).

2) 근대의 아동복지

국가 개혁을 도모하고자 했던 조선시대 말 갑오경장 이후 외국 종교단체가 대거 입국하여 포교를 위해 구호와 육아사업을 실시했다. 이때 서양인 선교사에 의해 수용시설에 의한 아동보호 방법이 최초로 도입되었는데, 근대적 육아사업은 1855년 프랑스 메스트로 신부에 의한 고아 구제사업이 효시가 되었다. 이후 고아원의 역사를 보면, 파리외방선교회가 설립한 조선영해회는 1854년에 고아원을 설립하였으며, 1880년에는 프랑스 장블랑(Jean Blanc) 신부가 양로원과 고아원을 한양에 설립했다. 1886년 미국 북장로교의 언더우드(Underwood)는 고아들을 모아 예수학당과 구세학당을 시작하였고, 1888년에는 조선영해회가 종로의 수녀원 부속건물로 고아원을 설립하여 아동을 양육하였다. 1892년 영국성공회 선교사 랜디스(Randis)는 인천에 고아학원을 설립하였고, 이어 1905년에는 이필화가 경성고아원을 설립하였다. 이처럼 서양 선교사들에 의한 시설보호제도의 도입은 이후 우리나라의 아동보호에 있어 수용시설 중심으로 발전하는 데 영향을 미쳤다.

일제강점기인 1921년 총독부는 제생원이라는 수용시설을 설립하고, 사회과를 신설하여 각종 구호사업의 지휘·감독을 담당하도록 하였다. 1930년에는 각 지방에 보육원을 필두로 사회복지시설을 건립하여 1939년까지 전국적으로 60개 시설을 설치하였다. 1944년에는 생활이 빈곤한 임산부와 13세 이하 아동을 대상으로 가택 구호를 원칙으로 하는 조선총독부 구호령이 제정되었는데, 가택 구호가 적절치 못한 경우에는 개인가정에 위탁하거나 구호시설에 수용할 수 있도록 하였다. 그러나 전쟁으로 극심한 재정적 어려움에 봉착한 일본은 구호활동을 제대로 수행하지 않았고, 따라서 조선총독부의 구호령은 명목적인 것에 지나지 않았다(이순형, 2005).

한편 이 시기에는 아동의 건강한 발달과 복지에 관심을 갖는 인물들이 출현해 현대적 의미의 아동애호 사상으로 발전하는 데 큰 기여를 했다.

3) 현대의 아동복지

(1) 사회구호적 차원의 아동복지(1945~1960년)

사회구호적 차원의 아동복지사업은 1945년부터 1960년까지의 기간으로 해방 이후 한국전쟁을 거치면서 수많은 전쟁고아, 기아 및 부랑아들이 발생하였다. 이에 이들을 위해 국가 및 국내외 민간단체에서 많은 아동보호시설을 설립하여 응급구호를 하였다. 이러한 수용시설 중심의 아동보호사업은 1950년대 급속하게 증가하여, 1960년도 전국에 472개소로 전체 사회복지시설 592개소의 약 80%를 차지할 정도였다. 따라서 1960년 이전까지 아동복지는 국가 책임의 원칙이나 전문화된 서비스를 제공받을 수 없었으며, 빈곤계층의 아동을 대상으로 민간과 해외 원조에 의존해 운영되는 사회구호사업이 대부분이었다(표갑수, 2000).

또한 전쟁고아 등 긴급구호 대상자의 증가에 따라 정부는 아동시설을 인가시설로 하고, 지원과 감독을 강화하였다. 이로 인하여 아동시설이 영아원, 육아원, 감화원 등으로 구분되어 정체감을 형성하게 되었다. 아울러 18세 미만 아동노동을 보호하였다. 미군정의 아동노동법규(1946)의 제정에 따라 상공업체 고용금지(14세 미만), 중공업체 또는 유해업체 종사금지(16세 미만), 위험 직종 또는 유해 직종 종사금지(18세 미만) 그리고 1일 노동시간의 제한(16세 미만 8시간 이내) 등이 규정되었다.

아울러 20세 미만 비행소년의 보호를 위한 법률이 제정되었다. 반사회적 성향을 가진 20세 미만 소년의 생활환경 조성과 성행 교정을 위한 보호처분을 행하고, 형사처분에 있어 특별조치를 하기 위한 소년법이 제정되었다.

1950년대 말까지 계속된 요보호아동 대책은 민간 자원의 활용을 강조한 응급적 시설수용 중심의 아동구호정책이었다. 이 시기는 이전의 일제 식민지와 전쟁을 경험하면서 고아와 기아, 미아의 발생이 매우 심각하였지만, 요보호자에 대한 사회의 지원여력은 턱없이 부족한 상태였다. 따라서 아동복지는 고아, 기아, 미아로 그 대상을 한정하고, 이들에 대한 응급적 시설구호를 주요 전략으로 채택할 수밖에 없었다. 또한 아동보호를 위한 자원도 정부의 재정적 능력이 부족하였기에 대부분을 민간에 의존하고 있었다(공계순, 2005).

(2) 잔여적 아동복지정책기(1960년대 초~1970년대)

1960년대 초 생활보호법과 아동복리법이 제정되어 요보호아동에 대한 국가 책임의 원칙이 처음으로 법제화되었다. 당시 복지입법의 대부분은 정권의 정당성을 확보하기 위한 것으로 경제성장에 부정적인 영향을 주지 않도록 그 한계를 두고 있었다(장인협, 2001).

아동복지의 경우도 공비 부담의 극소화와 요보호아동의 발생 예방을 정책의 기조로 하였다. 이러한 목적을 달성하기 위하여 가정보호가 강조되었는데, 가정보호는 비용이 덜 들고 아동 양육에 가정이 훌륭한 환경이라는 점에서 기인한 것이었다. 좀 더 실질적인 측면에서 보호를 강화하고 가정의 책임을 강조함으로써 정부의 아동보호에 대한 부담을 줄이고, 경제성장을 위한 투자의 장애를 방지하기 위한 노력으로 해석되는 것이다.

아동복리법의 내용에는 성장론에 기초한 잔여적 아동복지관과 가정보호의 강조가 표현되고 있다(이혜경, 1993). 아동복리법의 보호 대상은 '보호자로부터 유실, 유기 또는 이탈되었을 경우, 보호자가 아동을 양육하기에 부적당하거나 양육할 수 없는 경우'로 명확히 한정하여 이 법에 의한 아동복지제도는 사후조치적이고 잔여적인 성격을 갖고 있음을 명시하고 있다.

이 시기의 아동복지정책은 요보호아동을 대상으로 한 매우 제한적인 보호대책이었다. 당초 법안에 있었던 모든 아동의 건전 육성이란 규정이 국가재정의 어려움을 이유로 제외되어 버리고, 그 대신 법의 대상이 요보호아동으로만 제한되어 입법되었다(장동일, 1996). 이러한 사실도 당시의 아동복지정책이 국가의 책임을 줄이고자 하였음을 알게 한다. 1970년대 말까지는 법적으로나 실제 행정에 있어 요보호아동만을 대상으로 하면서, 개인의 책임을 강조하는 잔여적 아동복지정책의 시기로 볼 수 있을 것이다.

1970년대까지 국가개입을 최소화하는 잔여적 복지정책이 지속되었으나, 외원기관의 철수 및 사업축소는 아동보호에 대한 국가 개입을 불가피하게 만들었다. 재정적 측면에서는 1960년대까지 외원이 여전히 아동복지시설 운영 재원 중 50%를 넘고 있었으나, 1970년대부터는 외원단체의 점진적 철수에 따라 상대적으로 국가보조는 증가하기 시작하였다. 1960년대와 1970년대에는 국내와 해외입양사업이 확대되었지만, 국내입양 아동의 증가는 정체된 반면 해외입양은 계속 증가하였다. 또한 산업화와 경제성장으로 인한 여성취업인구의 증가는 보육 서비스의 증가를 가져왔다. 그러나 1970년대까지 우리나라 아동복지는 일반 아동을 대상으로 한 보편적 서비스로는 발전하지 못하였고, 대체로 보호를 필요로 하는 아동을 중심으로 선별주의 원칙에 기초한 잔여적 형태의 서비스였다(공계순, 2005).

(3) 통합적 아동복지정책기(1980년대~)

1970년대 후반 산업화, 도시화, 핵가족화, 가치관의 변화로 소년소녀가장문제, 가출아동, 부랑아동, 비행아동, 정서장애아동, 신체장애아동의 문제뿐만 아니라 저소득층 또는 일반가정에 방치된 아동문제 등 광범위하고 다양한 아동문제가 등장하게 되었다. 뿐만 아니라 여성의 사회 참여가 증가하고 보편주의 원칙에 입각한 전국민의 의료보장과 소득보장이 국가 정책의 중요영역이 되면서 아동복지의 대상이 요보호아동뿐 아니라 일반 가정의 아동에게까지 보편화되어야 한다는 새로운 아동복지관이 대두되었다. 도시로 이주한 가정, 핵가족, 취업모가정 등 일반가정 아동을 위한 발전적이고 예방적인 복지 프로그램의 필요성이 주장되었다.

한편 우리나라의 경제력 신장을 의식한 외국의 원조가 1970년대 중반부터 줄어들어 국가가 더 이상 아동복지의 책임을 민간으로 미루기 어려운 상황이 되었다. 실제 국가 경제력으로도 아동복지에 대한 국가의 책임을 수행할 수 있는 기반이 마련되기 시작하였다.

변화된 가정과 욕구에 부응하여 아동복리법을 전면 개정하여 1981년 4월 13일 아동복지법을 제정하였다. 1960년대 초의 아동복리법은 시대적 요청에 따라 빈곤아동, 보호자가 없는 아동 등의 요보호아동을 주된 대상으로 하였으나, 아동복지법은 적극적인 사회복지법으로서 요보호아동을 포함하여 모든 아동을 대상으로 아동이 가진 문제해결과 동시에 건전하게 자랄 수 있도록 하는 지원을 목적으로 반영하고 있다(현외성, 2001).

아동복지법 시행규칙도 1990년 1월 9일에 보건사회부령 제839호로 제정되었는데, 여기에는 시설탁아 및 가정탁아시설의 시설기준을 정했다. 그러나 1991년 1월 영유아보육법의 제정으로 탁아와 관련된 내용은 아동복지법에서 분리되었으며, 시설탁아 및 가정탁아시설은 아동복지시설에서 제외되었다.

이 시기는 외원의 감소와 국가의 지원 강화 그리고 일반 아동의 복지까지 도모하는 아동복지의 변모를 시도한 시기로 정리할 수 있다. 실제 국가의 아동복지에 대한 절대적 지원의 수준은 꾸준히 상승하였으며, 아동복지법에 일반 아동의 복지를 위한 내용들이 포함되어 있었다.

이상의 변화과정을 정리해 볼 때 분명 우리나라의 아동복지는 점차 새로운 모습으로 발전하기 위해 다양한 노력과 시도가 이루어지고 있다고 볼 수 있다. 그러나 이러한 시도 또는 노력이 구체적인 사업과 성과로 이루어지고 있는가에 대해서는 쉽게 동의를 얻지는 못하는 것 같다. 아동복지법을 위시한 다양한 관련 법안의 제정을 통한 변화의 시도에도 불구하고 실제 아동복지는 여전히 요보호아동 문제에 대응하는 사후적이고 잔여적인 성격의 사업을 중심으로 이루어져 있기 때문이다. 이에 국가의 아동복지에 대한 인식의 전환과 요보호아동에 국한되지 않는 보편적이며 포괄적인 아동복지 정책의 수립이 필요하다. 아울러 점차 복합적이고 동시발생적인 아동의 문제에 대응하기 위한 전문적인 아동복지 서비스의 개발이 요구된다.

5

Chapter

아동복지의 실천원리

1. 아동발달의 특징

아동이 자라난다 또는 발달한다는 의미는 무엇이며 발달에는 일정한 원칙이 있는지 또는 개인마다 차이가 있을 때 이것은 어디에 기인하는 것인지 등은 아동의 발달을 이해하는 데 주요한 관심사가 된다. 이 장에서는 아동발달의 특징을 연령에 따른 발달 내용과 아동발달의 원칙으로 살펴본다.

1. 아동발달의 특징

1) 연령에 따른 발달 내용

아동의 발달단계는 연령에 따라 영아기(0~2세), 걸음마기(만 2~4세), 학령전기(만 4~6세), 학령기(만 6~11세), 청소년기(만 11~18세)로 구분할 수 있다. 특히 아동기가 시작되는 연령층은 초등학교 1학년부터 초등학교를 졸업하는 나이로 시기를 정할 수 있으며 약 12세까지를 말한다. 이 시기에 아동의 생활중심은 가정에서 학교 및 이웃으로 옮겨져 활동범위가 넓어지게 된다. 아동의 환경 범위의 확대로 가족에서 친구, 이웃, 책과 매스미디어와 같은 간접 경험의 폭도 넓어지게 된다. 그리하여 이 시기를 아동기, 학령기 또는 학동기라고 말한다. 이 시기를 다시 아동 전기와 후기, 즉 초등학교 1~3학년과 초등학교 4~6년으로 나누거나, 아동 전기를 1~2학년과 초등학교 3~4학년으로 그리고 아동 후기를 초등학교 5~6학년으로 나누기도 한다.

아동기의 발달에는 신체적 발달, 사회적 또는 정서적 발달, 인지발달과 도덕성 발달로 나누어서 살펴볼 수 있다. 이 시기에 많은 간접 경험을 통하여 사회적·도덕적 발달이 두드러지게 차이가 나며, 정서적으로도 새로운 지식을 습득하는데, 무엇이든지 주저하지 않고 알려고 하는 지적 활동을 왕성하게 하게 된다. 사회적으로도 사회가 중요시하는 기술을 습득하고 활용하고자 하며, 획득한 지식을 보다 넓은 의미에서 지역사회에서 쓰일 수 있도록 노력하게 된다.

2) 아동발달의 원칙

아동의 발달에는 보편적이고 일반적인 발달 원리가 있다. 물론 문화에 따른 예외가 있기도 하다. 우선 발달은 순서적이고 누적적으로 이루어진다. 즉, 에릭슨(Erickson)의 점성원리에 따르면 인간의 발달은 8단계의 단계별 성격이 앞서 전개된 발달단계의 결과를 통하여 발달한다고 말한다. 예를 들면, 장미꽃 봉오리와 각 꽃잎이 일정한 시간과 일정한 순서에 따라 그 유전적 특질에 따른 본질이 정해놓은 대로 피어나는 것과 같다. 그러므로 각 단계 또는 일정한 시기(Optimal Time)에 아동을 성인기로 재촉하려는 노력은 필요가 없다. 또한 아동을 삶의 요구사항들로부터 보호하거나 그 속도를 늦추어서도 안 된다.

발달이 순서적이라는 의미는 논리적이며 보다 체계적으로 질서 정연한 순서로 변화하는 것을 말하며, 처음 단계에서 다음 단계로 나가는데 있어서도 이전에 이루어졌던 내용에 기초하여 이루어진다는 것을 말한다. 누적적이라는 의미는 처음의 단계에서 다음 단계로 나아가는데 있어서 이전의 행동 내용과 함께 또 다른 새로운 내용을 포함한다는 것을 의미한다. 예를 들면, 영아는 6주 정도에는 모음만으로 이루어진 소리를 내지만 6개월경의 아동은 자음을 덧붙여 옹알이를 할 수 있으며, 1년경에는 단어를 사용할 수 있는 능력이 발달된다. 이후 18개월 아동의 경우 한 단어 이상의 문장을 만들 수 있으며, 3세가 되면 단수 복수형이나 시제를 자유자재로 응용할 수 있을 만큼 발달하게 된다. 이는 아동의 언어발달에 있어서 일정한 순서로 논리적·체계적으로 질서 정연하게 변화하며, 기존의 발달에서 새로운 내용이 새로운 형태로 변형되면서 나아간다는 것을 알 수 있다.

아동의 발달에는 일정한 방향이 있다. 그 방향성에는 상부에서 하부로의 발달, 중심에서 말초로의 발달, 단순한 것에서 복잡한 것으로 발달된다. 특히 상부에서 하부로의 발달(Top-to-Bottom)과 중심에서 말초로의 발달(Inner-to-Outer)은 아동의 발달 모습, 특히 신체 및 운동 발달에서 볼 수 있다. 예를 들면, 아기가 목을 가누게 된 후에야 엎드린 상태에서 가슴을 들 수 있으며, 앉을 수 있게 된 후에야 걸을 수 있다는 예는 상부에서 하부로의 발달을 나타낸다. 또한 태내기 동안 태아의 발달 중에서 심장 부분이 먼저 발달하고 그 다음 단계로 손가락이나 발가락이 생기는 예는 중심에서 말초로의 발달을 나타내는 예이다. 마지막으로 발달이 항상 단순한 것에서 복잡한 것으로 나아가는 원리는 신체와 운동기술 발달에서 뿐만 아니라 지적·사회적·정서적 발달 등 모든 발달 영역에서 나타나는 원리라고 할 수 있다. 즉, 아동은 분화와 통합의 과정을 끊임없이 경험하면서 각각의 영역이 밀접하게 상호 연관되어 있다.

발달에는 항상 개인차가 있다. 예를 들면, 9개월에 걷기 시작하는 아기가 있는 반면 15개월에도 걷지 못하는 아기가 있다. 또한 낯가림이 아주 심한 아기가 있는 반면 낯가림을 거의 하지 않는 아기도 있다. 같은 환경에서 자라더라도 각 아동이 도달하게 된 발달적인 결과는 유전적이고 환경적인 요인에 따라 다른 결과를 도출한다. 이것은 유전적 요인과 환경적 요인의 역동적인 상호작용으로 인해 상당한 차이가 발생하는 것이다.

발달 속도는 발달 내용이나 발달 시기, 연령에 따라서 다르다. 예를 들면, 두뇌의 발달은 태내기와 출생 후 2년 동안 가장 급속하게 발달한다. 각 신체 기관의 형성은 태내기에 이루어지지만 언어적 측면이나 신체적 이동능력(Locomotion) 등은 발달 영역이나 발달 시기에 따라 성장속도에 개인차가 있다.

발달에는 결정적인 시기(Critical Period)가 존재한다. 이것은 특정 시기에 성취되어야 할 발달 과제가 있고, 그 시기나 단계에서 이루어지는 것이 좋다. 예를 들어, 태내기 초기에 모체의 질병이나 영양 상태에 따라 태아의 발달에 심각한 영향을 미친다는 점에서도 알 수 있다.

마지막으로 발달의 여러 측면들은 서로 밀접한 관련이 있으며 모든 영역들이 독립적으로 이루어지지 않는다. 아동의 연령 단계에 따라서 신체적·지적·정서적·사회적 발달 등은 각각 영역별로 독립적으로 다루어지지만, 실질적으로 각각의 영역들은 서로 영향을 주고받는 복합적인 관계임을 알 수 있다. 예를 들면, 아동의 신체발달은 신체, 두뇌 감각능력 또는 운동기술과 관련이 있고, 이는 지적이고 인성적인 발달에도 상당한 영향을 준다. 또한 아동의 지적 발달의 측면이 사회성, 신체 및 운동발달에도 지대한 영향을 미친다.

그러므로 이 모든 영역들은 독립적으로 분리된 영역이라고 볼 수 없고, 각 영역이 서로 밀접하게 관련되어 있다.

아동의 발달은 지적·정서적·사회적·신체적 측면 등의 전인적인 측면에서 변화하게 되는데, 출생에서부터 사망에 이르기까지 전 생애에 걸쳐 연속적으로 일어나는 변화의 양상과 과정을 보인다. 인간행동의 발달과 더불어 각 연령계층의 발달단계별로 문제가 되는 발달장애는 아동복지실천의 초점이 된다. 예를 들면, 태아기의 유전적 결함, 영아기의 정신지체와 자폐증, 아동기의 행동장애와 아동학대 등은 사회복지의 측면, 특히 아동복지실천의 주요한 이슈들이 된다.

인간의 발달에는 개인차가 존재하지만 어느 정도의 규칙과 원칙은 존재한다. 예를 들면, 생후 12개월인 아이가 걷지 못하는 경우는 염려할 필요가 없다. 그러나 생후 42개월이 되어도 여전히 걷지 못하면 개입이 필요하다. 상대적으로 노인의 경우 나이가 들면서 숙면을 취하지 못하는 것을 지나치게 걱정할 필요가 없다. 또한 잠재적 발달지체나 장애를 조기에 사정함으로써 미래의 어려운 상황을 최소화하여 예방할 수 있으며, 특히 언어 문제를 조기에 진단하면 사회복지사는 유아에게 좀 더 특별한 개입을 할 수 있으므로 더 나은 성장의 기회를 갖게 된다. 인간 발달은 일생 동안 연속적으로 일어나지만 중요하고 의미 있는 변화를 보이는 영역은 단계별로 달라진다. 예를 들어, 언어발달은 노년기보다는 유아기와 아동기 이후에 더욱 발달하는 양상을 띠는 반면 도덕성은 아동기와 청년기에 더 중요하게 부각됨을 알 수 있다.

인간발달의 원리로는 일정한 순서와 방향성이 있다. 여기서 일정한 순서와 방향은 상부에서 하부로 발달하며, 중심 부위에서 말초 부위로 진행되고 머리 부분이 팔다리보다 먼저 발달하는 것을 알 수 있다. 인간발달의 과정 또한 속도가 빠르거나 느릴 수는 있지만 멈추는 일이 없이 연속적으로 진행된다. 발달은 전 생애를 거쳐서 진행된다. 아동의 발달은 연속적이라는 관점과 비연속적이라는 관점의 두 가지 입장이 있다. 연속적 변화란 원래의 행동 유형이 점차 더 양적으로 증가하고 동시에 복잡해지는 것을 말한다. 비연속적 변화의 관점은 특정 시기마다 새로운 방법으로 이해하고 반응하는 것을 말한다. 밀러(Miller, 1993)에 따르면 연속적 과정은 양적인 변화에서 양이나 빈도, 정도, 크기에 따른 발달이라면, 비연속적 과정은 질적인 변화로서 종류나 유형에서의 변화를 말한다.

유전과 환경에 따르면 학자들마다 중요시 여기는 입장이 다소 다르지만 유전을 환경에 비해 더 중요시 여기는 입장에 따르면, 아동의 행동이 유전적인 요인, 생리적 성숙, 신경적인 기능에 의해 지배를 받는다는 입장을 펼친다. 그런 반면 환경을 더 강조한 입장으로는 아동의 발달에 있어서 물리적 또는 사회적 환경이 더 중요하다고 본다. 그러나 유전적 요인과 환경적 요인은 독립적으로 기여를 하지는 않는다. 유전과 환경의 상호작용이 중요하다고 보며, 특히 부모로부터 받은 유전적 영향과 외부로부터 받은 환경 간의 상호작용으로 진행된다. 발달은 성숙과 학습에 의해서 지속된다고 할 수 있다.

아동의 발달단계에서 아동을 환경적인 경험을 수동적으로 받아들이는 유기체로 보는 입장이 있는 반면 아동을 환경을 조직하고 구성하며 창출하는 능동적인 유기체로 보기도 한다. 수동적인 아동의 경우 아동의 행동은 외부나 자극에 의하여 형성된다고 본다. 반면 능동적인 아동의 경우 환경을 구성하고 체계화함으로써 자신의 발달을 스스로 주도한다고 본다.

6

Chapter

아동복지 서비스의 유형 및 실천방법

1. 아동복지 서비스의 유형

아동복지 서비스는 아동이 받게 되는 서비스의 기능이 가정에서 이루어지느냐 아니냐에 따라 분류할 수 있다(성영혜 외, 2003). 아동복지 서비스를 제공해야 할 아동, 즉 문제 아동의 발생은 아동이 속해 있는 가정에서의 문제이며, 아동과 부모의 역할 수행이 원만하게 이루어지지 못할 경우 발생하게 된다.

아동복지 서비스의 유형은 관점에 따라 달리 분류되고 있다. 먼저, 서비스의 목적에 따라 예방적 목적 혹은 치료적 목적으로 나누어 볼 수 있다. 두 번째, 부모-자녀 간 역기능 대처 중심의 서비스 유형인 카두신의 3S모델이 있다. 세 번째, 방어선 위치에 의한 아동복지 서비스 유형으로 주커만의 유형이 있다.

1) 예방 서비스와 치료 및 재활 서비스

과거 복지의 특징은 치료적 목적의 특수성이라고 할 수 있다. 즉, 문제가 발생한 후 혹은 명확해진 문제가 더욱 심각해져 치료를 목적으로 이루어지는 서비스를 말한다. 그러나 현대 복지의 특성은 예방적 목적의 보편성에 무게를 둔다. 문제가 발생한 후의 치료나 재활 서비스는 근본적인 문제해결이 될 수 없기 때문이다. 그러나 모든 사람들이 예방적·보편적 복지를 찬성하는 것은 아니다. 비용적인 측면에서 막대한 비용을 지불하지만 효과를 경제적으로 측정하기는 쉽지 않기 때문이다. 그러나 선진국에서는 예방적·보편적인 복지의 효과성이 나타나기 시작하면서 적극적으로 받아들이고 있다.

2) 카두신(Kadushin)의 3S 분류

카두신과 마틴(Kadushin & Martin)은 아동복지 서비스의 유형을 지지적(지원적) 서비스(Supportive Service), 보충적 서비스(Supplementary Service), 대리적 서비스(Substitute Service)로 구분하였다. 이러한 구분은 부모와 자녀 간의 역기능 대처 중심의 유형 분류이다.

(1) 지지적 서비스(supportive service)

지지적 서비스는 부모와 아동이 그들 각자의 책임을 효율적으로 수행할 수 있도록 그들의 능력을 지원하고 강화시켜 주는 서비스를 말하며, 아동들이 자신의 가정에 머물러 생활하면서 받을 수 있는 서비스이다(김주아 외, 2012). 지지적 서비스의 전제는 아동이 속한 가정에서 안전하게 보호받을 수 있는 것이 가장 좋은 환경이라는 점에서 출발한다.

지지적 서비스의 특징은 심리적 안정을 찾아주기 위한 서비스를 제공한다는 점이다. 그러므로 이 서비스의 목적은 아동이 속한 가정의 갈등을 줄이고 부모-자녀 간의 역할 수행을 원활하게 지원하는 것이다.

즉, 지지적 서비스는 부모와 자녀의 역할수행에 문제를 가진 경우에 제공되는 서비스로 자녀양육에 어려움을 가진 부모 또는 자녀 양육에 적극적으로 임하지 못하거나, 가족 간의 불화 등으로 인하여 아동에게 문제가 발생한 경우에 제공되는 개별(개인), 집단(가족) 프로그램 등이 해당된다. 개별 및 집단 프로그램에 대해서는 제2절에서 보다 상세하게 다루어본다.

(2) 보충적 서비스(supplementary service)

일반적으로 보충적 서비스는 친가정 내에서 아동이 안정된 환경에서 양육될 수 있도록 아동과 친가정에 제공되는 서비스를 의미한다. 보충적 서비스에서는 가족, 아동 또는 아동과 가족 모두에게 심리적으로 도움을 줄 뿐만 아니라 자원도 일부 제공하고 있다(노병일, 2018).

보충적 서비스의 방법으로는 경제적 지원을 위한 사회보험과 공공부조, 가사조력 서비스 등이 있다(김성경 외, 2005). 가장 대표적인 것은 보육아동에 대한 서비스로 보육아동에 대해서는 제10장 보육아동에서 자세히 설명할 예정이다.

(3) 대리적 서비스(substitute service)

대리적 서비스는 아동이 속한 친가정의 기능이 회복에 많은 시간을 필요로 하거나, 가정이 해체 되거나 존재하지 않을 경우 아동에게 대체가정을 제공하거나 시설에서 보호하는 것을 의미한다. 대리적 서비스의 유형에는 가정위탁 서비스, 입양 서비스(제12장), 시설보호(제13장) 서비스 등이 포함된다.

그림 6-1 카두신의 아동 · 청소년복지 서비스의 유형 분류

출처: 김성경 외(2005).

3) 주커만(Zuckerman)의 방어선(line of defence) 위치에 의한 유형

주커만은 카두신의 분류에서 지지적 서비스와 보충적 서비스의 대부분을 1차 방어선으로 보았고, 대리적 서비스를 제공하는 가정위탁과 입양을 2차 방어선으로, 집단시설보호를 3차 방어선으로 분류하였다(Zuckerman, 1983; 장인협 외, 2000).

(1) 제1차 방어선(The First Line of Defence)

주커만은 제1차 방어선의 개념을 가정 내 서비스로 제한하였다. 가정은 아동에게 1차적인 방어선으로서의 기능을 수행한다. 그러나 가정이 아동의 기본적인 욕구를 충족하지 못하거나 부모-자녀 간의 역할관계에 갈등이 발생할 경우에는 가정의 사회적 기능을 회복, 유지, 강화시켜 제1차 방어선으로서의 역할을 수행해야 한다(장인협 외, 1999).

(2) 제2차 방어선(The Second Line of Defence)

제2차 방어선의 개념은 대리적 서비스의 입양과 가정위탁이라 할 수 있다. 아동이 속한 가정이 정상적인 기능을 수행하지 못하거나 가족관계가 일시적 혹은 영구적으로 해체된 경우 제공되는 서비스를 말한다. 시설보호보다 가정환경이 비슷하고 지역사회와 교류하면서 서비스를 제공할 수 있다.

(3) 제3차 방어선(The Third Line of Defence)

제3차 방어선의 개념은 시설보호를 의미한다. 그룹홈이나 생활시설에 의한 서비스로 아동의 욕구가 친가정이나 대리가정에 의하여 충족될 수 없을 경우 집단적인 보호를 제공하는 것이다. 또래 집단과의 관계가 중요한 요소인 집단적인 생활환경이 필요한 아동이나, 특수한 욕구를 가진 장애아동에게 집단적 주거형태의 서비스가 제공된다. 시설보호에 대해서는 제13장(시설보호)에서 자세히 살펴볼 것이다.

2. 아동복지 서비스의 실천방법

아동복지는 사회복지의 한 분야이자 하위 영역으로 볼 수 있을 것이다. 그러므로 아동복지 서비스의 실천방법은 큰 틀에서 사회복지 서비스의 실천방법과 일맥상통한다. 사회복지 서비스의 실천방법은 크게 정책적인 실천방법과 전문적인 실천방법으로 나누어 살펴볼 수 있다. 정책적인 실천방법에는 사회보험, 공적(공공)부조로 나누어 살펴볼 수 있고, 전문적인 실천방법으로는 개별, 집단 아동복지 서비스 등으로 나누어 볼 수 있다.

1) 정책적인 실천방법

정책적인 실천방법은 국가가 정책적으로 사회구성원의 생활을 보장하기 위하여 제도적으로 실시하는 사회보장제도를 의미한다. 정책을 통하여 제도적으로 실시하고 있는 사회보장제도에는 공공부조(public assistance)와 사회보험(social insurance)으로 나누어 볼 수 있다.

(1) 공공부조(public assistance)

국민의 최저생활을 보장하기 위해 빈곤자, 장애자, 노령자 등 사회적으로 보호해야 할 구성원에게 국가나 공공기관이 제공하는 지원을 말한다. 공공부조는 공적인 최저생활보장의 경제부조제도이며, 소득 재분배의 의미를 가진다. 우리나라의 공공부조제도는 1961년 생활보호법의 제정으로 시작한다.

공공부조라는 용어는 미국에서 '공적부조'라는 용어로, 영국에서는 '국민부조', 서독과 프랑스에서는 '사회부조'로 사용되고 있으나, 우리나라는 1995년 12월 30일 제정된 사회보장기본법에서 이전에 사용한 '공적부조'에서 '공공부조'라는 용어로 변경되었다. 2018년 9월부터 실시되는 아동수당이 공공부조의 대표적인 예이다.

(2) 사회보험(social insurance)

공공부조가 국가의 책임으로 이루어지는 사회보장제도는 자조의 원칙과 집합적인 책임의 원칙을 절충하고 있다(장인협 외, 1999). 사회보험은 사회구성원의 질병, 장애, 노령, 실업 등에 의한 경제적인 어려움을 구제하기 위하여 보험의 성격을 갖추고 국가가 실행하는 사회보장제도이다. 공적부조는 저소득계층을 대상으로 최저 생활을 보장하는 제도인 것에 비해 사회보험은 소득이 있는 구성원을 대상으로 강제성을 가진다. 대표적인 사회보험으로는 국민연금, 국민건강보험, 산업재해보상보험, 노인장기요양보험 등이 포함된다.

표 6-1 사회보험과 공공부조의 비교

구분	사회보험(social insurance)	공공부조(public assistance)
목적	소득상실의 불안 해소	생활보호(최정생활보장)
대상	부담능력이 있는 자	부담능력이 없는 자
종류	재해, 실업, 의료, 요양 보험 등	구호 대상자에 대한 각종 보호사업
부담	피보험자, 고용주, 국가	국가
특징	강제 가입, 능력별 부담, 상호부조의 성격	소득 재분배

2) 전문적인 실천방법

(1) 개별아동복지 서비스

아동을 대상으로 하는 개별아동복지 서비스 제공의 과정은 아동상담이라고 불리기도 한다. 아동에 대한 서비스의 실천과정은 아동학대, 성폭력, 실종 등의 유형별 그리고 문제해결모델, 생활모델 등의 모델 유형에 따라 다소 차이는 있지만 일반적인 서비스 제공의 과정은 초기(접수), 조사, 진단, 치료, 종결단계로 구분한다.

① 초기(접수)단계

초기단계는 접수단계로서 사회복지사와 아동 혹은 부모와의 첫 접촉의 단계이다. 초기단계에서는 아동과 부모와의 면접을 통하여 아동 혹은 부모, 아동이 속한 가정 내의 문제를 정확하게 파악하고 확인하는 단계이다. 아동 혹은 부모가 요구하는 서비스에 따라 상담기관에서 서비스를 제공하거나 혹은 문제의 성격이나 요구가 상담기관의 업무내용과 다를 경우 타 기관으로 의뢰하게 된다.

② 조사단계

문제에 개입하기 위한 자료를 수집, 분석하는 단계를 의미한다. 아동의 발달단계, 문제행동, 가족의 상황 등에 대하여 조사한다. 조사 내용은 아동이 출생하여 성장하는 과정에서 각 발달단계별, 현재의 발달상태 등에 대하여 성격형성, 지능, 건강, 가족관계, 생활환경, 주거환경, 교우관계, 교육수준 등에 관하여 조사한다. 수집한 자료에 따라 보다 정확한 판단을 위하여 2차 상담을 진행하거나 주변인들에 대한 상담 등이 필요하다.

③ 진단단계

수집된 자료를 분석하여 문제의 원인과 치료의 방법을 제시하는 단계이다. 또한 치료의 방법이 적절하며, 가장 효과적인 전략인가를 확인하고 결정하는 단계라고 말할 수 있다. 진단단계의 작업이 얼마나 잘 수행되었느냐에 따라 치료의 효과 및 가능성이 높아질 수 있다.

④ 치료단계

치료의 방법으로는 일반적으로 아동 대상의 직접 실천에 활용되는 놀이, 미술, 음악, 게임치료 등이 있다.

⑤ 종결단계

치료의 결과에 대하여 최종적으로 만족한 평가가 내려지게 되면 아동 혹은 부모와 사회복지사 간의 관계를 종결하게 된다. 그러나 서비스를 종결한다는 것은 더 이상 문제 상황이 발생하지 않거나 발생의 가능성이 낮다고 판단되어야 가능하다.

아동 혹은 부모와 사회복지사는 종결의 시기를 결정하고 문제가 재발되면 어떻게 행동할 것인가에 대해 계획을 세우고 준비하는 것이 필요하다. 사회복지사는 아동 혹은 부모에게 아직 관심을 갖고 있으며, 필요하면 언제든 도움을 줄 수 있음을 알리는 것이 좋다(공계순 외, 2006; 김성경 외, 2005 재인용).

(2) 집단아동복지 서비스

아동복지의 실천방법은 서비스의 요구에 따라 매우 다양하며, 실천의 과정은 매우 전문적이고 체계적으로 이루어져야 한다. 특히 유아기, 아동기는 가족 외에 또래들과의 관계를 맺는 시기이며 친구들과의 상호작용을 통해 사회성을 발전시켜나가는 중요한 시기이다. 아동들이 집단 경험을 효과적으로 하기 위해서는 전문가의 지도하에 집단경험을 제공함으로써 자주적·민주적인 인간으로 성장 발달시켜야 한다(성혜영 외, 2003).

아동을 위한 집단복지 서비스는 유치원, 어린이집(제10장 아동보육), 각종 보호시설(제13장 시설보호) 등을 들 수 있다.

7

Chapter

아동복지의 실천과정과 기술

1. 아동대상의 개별상담
2. 아동대상의 집단상담

아동복지의 실천과정이란 아동과 가족 또는 그들의 집단을 대상으로 하는 사회복지실천과정으로서 사회복지실천의 원리와 가치가 그대로 적용된다. 단 아동의 발달단계별 특성과 부모체계의 특성, 해당 가족의 발달주기 등을 세심하게 고려하여야 할 것이다. 따라서 이 장에서는 아동 및 가족을 대상으로 하는 사회복지사의 개입 시, 실천과정별로 강조되는 사회복지사의 활동과 기술을 설명하고자 한다. 이를 위해 초기 접수상담부터 종결까지 실천과정 전반에서 다루어지는 주요 과업을 단계별로 설명하고, 해당 단계에서 유용하게 사용할 수 있는 실천기술을 소개하였다. 그리고 아동을 대상으로 하는 집단 개입의 종류를 소개하고, 아동대상 집단 사회복지실천 시 고려해야 할 지침과 집단 발달단계별 과업을 논의하고자 한다.

1. 아동대상의 개별상담

1) 초기 접수상담

초기 접수상담과정은 클라이언트와 사회복지사 간에 이루어지는 최초의 대면 접촉이므로 이 단계에서 초기 저항을 효과적으로 다루면 이후의 실천과정에도 도움이 될 수 있다. 또한 이 시기에 가장 중요한 과업은 일차적으로 클라이언트의 문제와 욕구를 파악하고, 아동과 부모의 기대가 기관의 목적과 기능에 부합하는지를 확인하는 것이다. 따라서 이 단계에서는 서비스 제공여부와 형태 등을 결정하는 것이 가장 중요한 과업이다(공계순 외, 2008).

(1) 문제 및 욕구 파악

대부분의 아동의 경우 스스로 문제를 파악해서 오는 경우보다는 부모의 강권에 못 이겨 따라나서거나 아예 부모만 방문하는 경우가 많다. 이러한 경우 부모를 대상으로 면접이 이루어지는 경우가 많으며, 부모의 방문동기와 기대 등을 명료화하는 것이 중요하다.

초기 접수상담과정에서는 부모에게 어떠한 이유로 기관에 왔는지(문제),

무엇을 기대하는지(욕구)를 질문하는 것이 좋다. 이러한 질문을 통해서 부모의 아동에 대한 걱정이 적절한 내용과 수준인지, 기관을 통해서 해결될 수 있는지를 가늠할 수 있다. 예를 들어, 어떤 부모들은 걱정이 지나치거나 아동발달에 대한 지식이 부족해서 문제시하는 경우도 있다. 배변훈련을 잘 끝내고, 그 이후 한 번도 실수한 적이 없는 아동이 동생이 태어난 후에 소변 가리기를 계속 실수한다면 이는 놀랄 만한 사건이 아니다. 이것은 새로 태어난 아기에 대한 질투의 표현이며 아기가 받고 있는 부모의 관심을 자신에게 모으려는 시도일 것이다. 그러나 이러한 행동이 4~5주 계속될 때에는 전문가와의 상담이 필요할 수도 있다.

즉, 문제가 비롯된 외부의 스트레스원이 분명하고 포괄적인 발달기준에 근거할 때 충분히 있을 수 있는 정도의 퇴행행동일 경우는 병리적인 관점보다 무엇이 그런 행동을 야기했는지에 초점을 둘 필요가 있다.

한편 클라이언트가 보는 문제와 사회복지사가 보는 문제가 불일치하는 경우가 있다. 예를 들어, 여러 기관의 판정에도 불구하고 아동의 장애를 받아들이지 못하는 부모가 장애인 복지관에 내원해서 아동의 발달검사만을 원하는 경우, 사회복지사는 너무나 자명한 장애를 두고 반복해서 발달검사를 하기보다 가족상담, 부모 교육 등이 필요하다고 판단할 수 있다. 그러나 이러한 경우에도 개입하는 것은 클라이언트가 제기하는 문제나 욕구에서 시작해 전문가가 필요하다고 생각하는 문제로 초점을 점진적으로 이동하는 것이 바람직하다.

(2) 서비스 제공과 개입 형태

기관에 따라서는 초기 접수상담만을 담당하는 사회복지사가 별도로 있는 경우도 있다. 이러한 경우는 대략적인 욕구와 문제 파악이 간단하게 이루어져서 이후 실제로 개입할 사회복지사와 연결해 주는 다리 역할만 한다. 그러나 한국의 사회복지기관에서는 초기 접수부터 개입, 종결에 이르기까지 동일한 사회복지사가 하는 것이 일반적이다. 이러한 경우 초기 접수상담과정이 사회조사과정으로 자연스럽게 연결된다.

만일 해당 기관이 아동상담소와 같이 임상적인 상담기관이고 아동에게 그러한 상담치료가 필요한 경우라면, 이 과정에서 치료의 형태와 방법들이 결정되기도 한다. 물론 이 시기의 결정은 아동에 대한 평가가 정교화되면서 얼마든지 변화할 수 있는 융통성 있는 결정이다.

그러나 문제의 성격이나 제공받고자 하는 서비스의 내용이 기관의 목적이나 기능에 부합하지 않는 경우도 있다. 이러한 경우는 그 이유를 설명해주고, 관련된 다른 기관에 대한 정보를 제공하거나 의뢰를 하게 된다. 의뢰가 형식적으로 이루어지지 않기 위해서는 가능한 구체적이고 적극적으로 정보를 제공해 주는 것이 바람직하다. 예를 들어, 단순히 기관명만을 알려주기보다는 기관의 위치나 연락처, 클라이언트가 받을 수 있는 서비스 내용 등을 구체적으로 알려 주는 것이 좋다. 이와 같이 초기과정에서는 문제와 욕구를 파악하고, 지속적으로 전문적인 개입이 필요한지 아니면 일회적으로 부모에게 아동발달에 대한 정보를 제공해 주어야 하는지 등을 판단해야 할 것이다.

(3) 초기 저항 다루기

아동의 초기 저항을 효과적으로 다루기 위해서는 아동이 저항하는 의미와 양상을 이해하고, 우호적인 상담분위기를 제공하며, 아동이 상담과정에 대해 좀 더 이해할 수 있도록 도와주는 것이 필요하다.

① 아동 저항의 표출 양상

일단 해당 서비스가 제공될 수 있다는 전문적인 판단이 내려지고, 초기 실천 국면으로 들어서게 되면 가장 중요하게 대두되는 문제가 아동의 저항이다. 아동의 불안과 저항이 어떻게 표출되고 어떻게 다루어지는 것이 바람직한지가 초기단계에서 가장 중요한 실천적 문제이다. 아동대상 실천에서 보이는 아동들의 저항 표출 방법은 성인과 다소 다르다. 아동의 저항은 말하기를 거부하고, 문제가 없다고 부정하며, 쓸데없는 주제를 말하는 것으로 표현되기도 한다. 때로 눈을 마주치지 않고, 약속 시간을 어기고, 부정적인 몸짓이나 적대적인 표정이나 행동을 보이기도 하며 책상 뒤에 숨기도 한다. 이 외에도 아동들은 매우 다양한 방식으로 자신의 저항을 표현하게 된다.

유능한 사회복지사라면 아동이 처음 기관을 방문할 때 갖게 되는 두려움, 걱정 및 질문 등을 전적으로 이해해야 한다. 상담과정에 아동을 참여시키기 위해서는 무엇보다 아동 스스로의 동기와 흥미를 유발하고 유지하는 노력이 필수적이며, 해당 아동의 발달수준도 반드시 고려해야 할 것이다.

② 우호적인 상담분위기 제공

상담장소를 우호적이고 안락하며 편안하게 만들어야 한다. 아동들은 상담과정에서 일관성 있는 규칙을 경험함으로써 행동의 결과를 예측할 수 있고, 이는 편안함을 조성하는 기반이 된다. 동일한 시간과 날짜를 정하여 규칙적으로 상담약속을 하여야 한다. 상담시간에는 전화나 노크 소리 등으로 방해받아서는 안 된다. 또한 약속 시간에 기다리게 해서도 안 된다. 이렇게 세심한 주의를 기울일 때 아동은 자신이 가치 있고 중요하다고 여기게 된다.

③ 상담과정에 대한 설명

아동에게 상담이란 무엇인지와 상담으로부터 무엇을 기대해야 할지를 이해시키는 일은 매우 중요하다. 초기 면접 시 사회복지사는 아동에게 상담과정 및 사회복지사의 기대를 설명해 주어야 한다. 상담에 대한 설명은 아동의 발달수준에 따라 짧고 간단하게 설명해 준다. "네가 전학 온 뒤로 기분이 매우 좋지 않아졌다는 말을 엄마에게 들었어"와 같이 시작할 수도 있다. 이러한 예에서 사회복지사는 아동에게 아동의 문제를 이미 알고 있고, 이야기를 들을 준비가 되어 있음을 알릴 수 있다. 또한 사회복지사는 도우려는 사람이지 벌주려는 사람이 아니라는 것도 알려 주고, 부모나 선생님의 관심사를 알려 준다. 예를 들어, "엄마가 걱정하시더라. 네가 학교에 계속 가지 않으려는 이유를 알아야 널 도와줄 수 있을 것 같아서 나에게 부탁을 하신 것 같아. 상담은 네가 속상하거나 힘든 일을 이야기할 수 있는 시간이야. 선생님과 이야기를 하면서 마음도 편해지고, 좋은 해결방법도 함께 생각해 볼 수 있단다"고 할 수 있다(천성문 외, 2001).

④ 행동 제한과 선택 기회의 균형

사회복지사는 아동을 다룰 때 상담시간에 필수적인 규칙, 즉 행동의 한계를 정하고 그래야 하는 이유와 그렇게 하지 않았을 때의 결과를 아동에게 알려줘야 한다. 잘못된 행동은 적절하게 제지함으로써 바로잡는 것이 바람직하다(천성문 외, 2001).

그러나 아동이 받아들이기 힘든 제한과 규칙 등을 무리하게 적용하여 아동이 상담을 통해 너무 많은 것을 포기하고 잃어버려야 한다는 오해를 하지 않도록 해야 한다. 오해 예방을 위해서는 아동이 선택할 수 있는 기회를 주는 것이 바람직하다. 예를 들어, 초기에 상담실에 자신의 장난감을 가지고 와서 노는 아동에게 집에서 가지고 놀던 장난감을 가져오지 말도록 무조건 제한하기보다 그 장난감이 아동에게 주는 의미를 이해하고 공감해 주는 것이 필요하다.

⑤ 비밀보장

아동들은 상담내용의 비밀보장에 대해 알고 싶어 한다. 비밀보장이 지켜지기 힘든 예외적인 경우, 예를 들어 사회복지사가 상담 중 학대를 발견하여 보고하거나 위기 개입을 위한 외부 전문가를 요청할 수도 있지만, 이러한 경우에도 아동이나 부모에게 설명해서 동의를 구하는 것이 좋다. 이러한 경우를 제외하고는 상담내용이 확실히 비밀보장이 된다는 것을 아동에게 말해주어야 한다. 예를 들어, '네가 말해도 좋다고 하지 않는 한 어떠한 것도 다른 사람에게 말하지 않겠다'고 안심시킬 필요가 있다(이부덕 외, 1996).

2) 사회조사

사회조사는 아동문제와 관련된 다양한 사실들을 수집하는 단계이다. 이후의 사정평가의 기초가 되는 구체적인 사실들을 수집하는 것이다. 주로 아동의 생육사에 관련된 내용과 아동문제와 관련된 가족정보를 수집하는 것으로 요약된다. 이러한 생육사에 대한 정보는 부모나 조부모 등의 주양육자로부터 얻기 때문에 이들의 협조가 필수적이다. 특히 부모가 기관의 서비스에 대해 어떠한 태도를 갖느냐가 아동에게도 결정적인 영향을 미치며, 실제로 많은 정보를 제공하는 필수적인 정보원이다. 따라서 이들의 심리적 상태나 반응을 이해해 주어야 타당하고 신뢰할 만한 정보를 수집할 수 있다(공계순 외, 2008).

(1) 생육사 조사

① 생육사 정보수집의 기본적인 태도

아동들은 자신의 어려움이나 욕구, 문제의 발달력 등을 효과적으로 표현하기 어려우므로 부모가 가장 중요한 정보원 중의 하나가 된다. 부모로부터 정보를 수집할 때는 가능한 명확하고 구체적으로 하되, 부모에게 비위협적으로 정보를 수집하는 것이 중요하다. 예를 들어, 자녀를 '통제하기 어렵다' 혹은 '불끈하는 성질이 있다'와 같이 단순히 설명하기보다는 부모에게 선행사건과 그 행동의 결과를 포함한 구체적 행동의 예를 물어보아야 한다. 또한 부모가 아동의 행동을 다루기 위해 어떤 노력을 했는가에 대한 정보를 수집해야 한다. 완벽한 발달력에 대한 정보 수집은 발달 영역에서 중요한 정보를 제공할 뿐만 아니라, 아동의 문제에 대한 부모의 기대와 지각을 알 수 있게 한다 (Braswell & Kendall, 1988).

② 생육사 조사 내용

양쪽 부모 각각의 원가족 내 성장배경을 조사하고 만남에서 결혼하기까지의 과정이 어떠했는지를 질문한다. 아동을 임신했을 때 원하는 임신이었는지, 임신기간 중에 신체적·정신적 어려움은 없었는지 등 임신과 관련된 내용, 조산은 아니었는지, 자연분만이었는지, 출생 시 건강상태는 어떠했는지 등 아동의 출생에 대한 정보를 질문한다. 때때로 몇 번 임신했는가와 같은 간단한 질문을 통해 사산이나 유산의 경험을 밝히기도 한다. 아동의 출생 이전에 그러한 사실이 있었던 것은 아동에 대한 과잉보호나 거부의 가능성을 탐색하는 실마리를 제공한다. "아무개가 아기였을 때 어땠나요?"라는 질문은 아동의 수면이나 식사습관에 관한 정보 및 이에 대한 부모들의 반응을 알게 한다. 또한 처음으로 부모와 떨어져 지냈던 캠프나 입학 첫날 경험, 애완동물이나 조부모의 죽음 등 아동의 분리나 상실경험에 대해 자세한 정보를 탐색해야 한다. 아동을 돌봐 준 사람에 대한 정보는 아동이 이런 사람들과 어떤 친밀한 관계를 가졌는지를 알려 줄 뿐만 아니라, 아동이 괴롭힘을 당한 경험에 대한 정보를 제공해 줄 수 있다. 그 밖에 문제행동, 감정표현방식, 질병 유무와 종류 등에 대해서도 살펴보아야 한다(이부덕 외, 1996).

(2) 가족관계 및 역동 조사

아동문제를 보다 체계적이고 맥락적으로 파악하고 원조하기 위해 가계도가 활용된다. 가계도를 통해 세대 간 전승되는 독특한 양육방식이나 가족문제를 확인하는 것은 현재의 문제역동을 이해하는 데 도움이 된다. 부모들은 자신의 양육방식이나 원가족으로부터 전승받은 문제에 대한 통찰을 얻을 수도 있고, 아동문제에 부모 자신이 어떻게 기여하고 있는지를 인식할 수 있기 때문이다.

토마스(Thomas, 1992)는 가계도 면담을 통해서 자료를 어떻게 분석하고 구조화할 것인가와 관련하여 다음의 질문을 제안한다(천성문 외, 2001).

- 건강: 가족원에게 나타나는 가장 빈번한 건강문제는 무엇이었나? 이 건강문제를 예방하거나 다루기 위해 어떻게 했는가?
- 구조: 한부모, 확대가족, 핵가족, 혼합가족 등과 같이 특정 유형의 가족구조가 가계도에서 반복되었는가?
- 직업: 가족 내 어떤 직업들이 가장 많았는가?
- 단계: 가장 다루기 힘들었던 생활주기단계는 무엇이었는가?
- 사건: 어떤 인생 사건들이 세대를 통하여 가족 기능에 영향을 미쳤는가?
- 삼각관계: 가계도에서 삼각관계가 존재하는가? 누구와의 관계가 가깝고, 어떤 관계가 소원하며, 누구와 갈등이 있는가? 정서적 단절은 누구와의 관계에서 나타나는가?
- 유형: 교육이나 직업적 성공, 종교, 정치활동, 알코올이나 마약사용과 같은 패턴이 반복되는가?
- 크기: 가족의 크기가 어떠한가? 가족크기나 불균형 때문에 어떤 스트레스들이 있었는가?

이 외에도 아이와 함께 찍은 가족들의 사진을 가지고 오게 하는 것도 가족 내 상호작용이나 역동을 사정하는 흥미로운 방법 중 하나이다. 자연스럽게 찍은 사진에서 누가 누구 옆에 있는가, 누가 누구의 어깨에 팔을 두르고 있는가, 그들의 접촉은 친밀한가, 누가 누구에게 기대고 있고 누구를 멀리하고 있는가, 누가 행복해 보이고 누가 그렇지 않은가 등을 살펴볼 수도 있다(이부덕 외, 1996).

(3) 다양한 정보원에 대한 조사

정확한 사정을 위해서는 다양한 정보원으로부터 정보를 수집해야 한다. 무엇보다 부모의 정보가 중요하겠지만, 아동은 환경과 사람에 따라 다르게 행동할 수 있음을 간과해서는 안 된다.

정보는 부모뿐 아니라 아동으로부터도 반드시 수집되어야 한다. 일반적으로 아동들은 자신의 문제를 설명하는 능력에 어려움이 있기 때문에 별로 유용하지 않다고 생각할 수 있다. 그러나 아동으로부터 수집한 정보는 그 내용의 정확성이나 신뢰성 여부를 떠나 임상적으로 중요한 의미를 갖는다. 아동의 입장에서 문제를 어떻게 지각하는가는 궁극적으로 아동행동을 이해하는 기초가 되고, 결과적으로 개입효과에도 영향을 미치기 때문에 계획을 수립할 때부터도 고려되어야 한다(Bierman, 1983).

따라서 아동에 대한 정보를 오직 한 정보원에게만 의존한다면 그 아동이 보이는 현재의 행동과 다른 장소에서 보이는 행동을 제대로 이해할 수 없게 된다. 만약 아동이 부모가 아닌 다른 양육자, 예를 들어 조부모나 보모에게 얻는 것이 바람직하고, 추가적으로 부모 면담을 수행해야 할 것이다(박영애 외, 2001).

만약 다양한 정보원으로부터의 정보가 일치하지 않을 경우 불일치 자체가 중요한 임상적 단서가 되며, 누구의 정보가 보다 일관되며 타당한지를 판단하는 것이 변화의 원동력이나 문제해결의 실마리가 되기도 한다. 특히 아동의 정보가 지속적이고 일관되게 주장된다면 5~6세 정도의 학령 전 아동의 정보라 할지라도 그 신뢰성에 큰 비중을 두어야 한다.

3) 사정 및 계획

사정 및 계획단계에서는 이상에서 수집된 사실들을 조직화하여 구체적인 개입의 우선순위를 결정한다. 이러한 자료의 조직화는 다음과 같은 원칙들을 염두에 두고 이루어져야 한다.

(1) 아동발달 관점에 근거한 사정

개입을 위한 아동문제의 사정은 발달의 시각에서 접근해야 한다. 급격한 발달을 경험하는 아동들을 평가할 때 연령에 근거한 포괄적인 발달 기준도 중요하지만, 아동발달에서의 개인차를 인정하는 융통성도 필요하다. 예를 들어, 한 살짜리 아이가 걷지 못하는 것은 걱정할 필요가 없다. 이 연령에서는 걷지 못하는 아이가 많기 때문이다. 그러나 만 두 살이 넘은 아이가 혼자 앉을 수 없다면 그건 문제이다. 대부분의 아이들이 이 연령이 되면 혼자 앉을 수 있기 때문이다.

또래와 비교해서 뒤떨어지는 것뿐 아니라 나이에 맞게 행동하지만 더 이상의 진전을 못하는 경우도 문제가 될 수 있다. 예를 들어, '심하게 떼부리기(temper tantrum)'는 세 살짜리 아이에게는 문제가 아닐 수 있지만, 12살에도 지속된다면 한 번 고려해 봐야 한다. 연령기준에 맞는 행동이라고 해도 너무 자주 또는 너무 드물게 일어나거나 너무 강하거나 너무 약할 때, 너무 오래 또는 너무 짧게 지속되는 것은 문제가 될 수 있다. 예를 들어, 겁을 내는 것은 문제가 아니지만 너무 자주 지나치게 겁을 내면 문제일 수 있다(정명숙 외, 2001).

사정뿐 아니라 개입 계획의 수립 또한 아동발달론적인 관점에 근거해야 한다. 사회복지실천이 효과가 있으려면 구체적인 기법이나 방법의 선택이 아동의 인지능력이나 발달단계에 근거해야 하기 때문이다. 예를 들어, 발달단계상 자아중심성을 극복하기에 너무 어린 아동은 다른 사람의 상황을 공감하는 데 어려움이 있다. 따라서 다른 사람의 입장을 이해하거나 그 관점에서 역할을 취할 수 없기 때문에 역할극을 하는 것 자체가 매우 어려울 수 있다(Wadsworth, 1989).

이와 같이 아동발달에 대한 지식은 아동의 초기 사정단계뿐 아니라 개입의 방향과 방법을 구체적으로 계획하고 실천하는 데도 필수적이라고 할 수 있다.

(2) '환경 속에 아동' 관점에 근거한 사정

사회복지실천의 사정은 대상을 막론하고 '환경 속에 인간'이라는 이중적 관점에 근거해서 이루어져야 한다. 아동대상 실천도 예외가 아니다. 아동 개인의 발달에 대한 사정과 더불어 아동이 속해 있는 가정환경, 학교환경, 사회환경에 대한 사정이 동시에 이루어져야 한다.

이와 같이 환경 속에 아동을 사정할 때 주의할 것은 개인과 환경에 대한 위험 사정뿐 아니라, 자원과 같은 보호적 요소에 대한 사정도 함께 포함되어야 한다는 것이다. 이를 통해 사정의 내용을 보다 구체적인 계획으로 연결할 수 있고, 병리적인 관점으로부터도 탈피할 수 있기 때문이다.

① 아동사정

일반적으로 아동의 개인적 발달과 관련하여 사정할 위험요소들은 첫째, 선천적인 기형이나 장애가 있어서 의료적 지원이나 특수교육 서비스, 수술지원 등이 조기에 필요한지, 둘째, 사회적·정서적·행동적 문제 징후가 보여서 주의 깊은 관찰이나 심층적인 진단평가가 필요한지, 마지막으로 신체적, 언어적, 운동적 발달이 기대되는 수준보다 지나치게 늦어서 관찰과 평가가 필요한 경우인지 등이다.

한편 아동의 개인적 자원과 관련해서는 신체적인 건강, 아동의 높은 지능수준, 성공적인 학업성취 유능감, 삶에 대한 낙관적인 태도, 책임감, 학교에 대한 흥미 등이 포함될 수 있다.

② 환경사정

아동이 속해 있는 가장 대표적인 환경으로는 가정과 학교환경을 들 수 있다. 초기에는 가정이 절대적으로 중요한 환경이지만, 점차 아동이 발달하면서 또래 및 학교환경의 중요성이 강조된다.

우선 가정환경사정에 포함되어야 할 항목들은 첫째, 가정폭력이나 보호자의 정신건강 문제로 건전한 양육이 불가능해서 즉각적인 격리나 의료적 지원이 필요한 경우인지, 둘째, 가정환경이 안전이나 위생상태가 불량해서 물리적 환경에 대한 지원이 필요한지, 셋째, 보호자의 신체질환, 간병 부담 등으로 양육환경에 대한 지원이 필요한지, 마지막으로 가족의 구조적 결손이나 실직, 빈곤 등과 같은 만성적인 위험요소가 있는지 등을 살펴보아야 한다.

다음 학교환경 사정에 포함될 내용으로는 첫째, 학교 내 대인관계적인 측면으로서 교사나 또래 관계에 대한 사정, 둘째, 학업활동을 적절하게 수행하고 있는가에 대한 사정, 셋째, 학교의 규범을 수용하고 내재화하고 있는지에 대한 사정, 마지막으로 아동이 학교라는 제도에 대해 애착과 흥미를 가지고 있는지에 대한 것 등이 포괄적으로 사정되어야 한다.

아동과 관련된 환경적 자원 또한 그 범위가 매우 넓고 다양하다. 부모의 동기화나 태도, 성격, 교육수준, 경제적인 능력이나 가족 내의 심리적 지원과 같은 가족자원과, 지역사회 내의 상호교류나 자조집단 참여, 장애아동 수당 등과 같은 지역사회 내 자원에 이르기까지 공식적·비공식적 자원이 모두 포함된다.

이와 같이 사정 및 계획단계에서는 현재 아동이 보이는 문제나 환경적 위험요소에 대한 평가뿐 아니라 아동의 개별적 자원은 물론 부모의 심리적·사회적·경제적 자원, 지역사회의 가용한 물적·인적 자원까지도 포괄적으로 고려해야 한다. 개입을 계획하고 실행할 때부터 이러한 사정 원칙을 고려한다면 유용한 정보를 수집하는 기회가 극대화될 것이다.

(3) 실천 이론에 근거한 사정

사정단계에서는 수집된 자료에 의미를 부여하는 과업을 수행한다. 즉, 초기과정에서 다양한 방법으로 수집된 자료를 이론적 배경에 따라 분석하고 평가하는 것이다. 사회복지사의 이론적 지향에 따라 보다 관심을 두어야 할 중요한 자료와 부차적인 자료로 우선순위를 결정하게 되며, 문제해결의 실마리와 개입방법을 계획하는 것이다.

따라서 이 단계에서는 사회복지사의 '훈련된 관심사(이론적 지향)', 즉 인간의 행위 및 원조과정에 대한 관점에 의존하여 실천이 이루어진다. 사회복지사에 따라 개인의 변화에 관심을 갖기도 하고, 가족과 같은 해당 체계의 맥락에서 문제를 이해하고 해결하려는 시도를 보이기도 한다. 즉, 놀이치료 등을 통해 아동의 심리사회적 발달을 원조하는 사회복지사도 있고, 가족치료나 부부치료를 함으로써 주어진 체계 내에서 역기능적인 상호작용과 아동문제와의 관련성에 보다 관심을 두고 원조하는 사회복지사도 있다.

한편 아동이나 부모의 감정에 초점을 맞추는 반면 사고나 행동을 강조하는 사회복지사들도 있다. 이들은 사고나 감정, 행동의 세 가지 영역 중에서 하나가 변화되면 다른 두 개의 영역도 변화된다고 믿는 점에서는 같지만, 변화의 최초 실마리가 세 가지 영역 중에 어디에 있는가에 따라 의견을 달리하며 실제적인 개입 양상도 달라진다.

아동을 대상으로 하는 사회복지기관에서는 상담가가 어떠한 훈련배경을 가지고 있고, 어떠한 이론적 지향과 관점을 지니는가도 중요하다. 그러나 만병통치약인 것처럼 특정 실천 이론 추구, 즉 한 특정 이론의 관점에서 모든 아동의 문제를 평가하는 오류를 범해서는 안 된다. 최근에는 해당 아동의 문제를 설명할 수 있는 보다 최적의 관점과 개입방법을 선택하고, 절충할 수 있는 전문가적 판단이 더욱 중시된다고 하겠다(이상균 외, 2000).

(4) 구조화된 평가도구에 근거한 사정

아동의 문제를 평가하기 위한 많은 측정도구가 있지만 이러한 도구의 대부분은 자기보고에 의존하므로 자신의 정서를 언어적으로 좀 더 잘 표현할 수 있는 학령기의 아동에게만 사용된다. 자기보고식 도구 수행이 어려운 학령 전의 유아에게는 관찰이나 추론적이고 투사적인 사정을 수행해야 한다. 예를 들어, 놀이를 통한 상호작용평가, 발달적으로 민감한 면접, 얼굴표정 그림, 그 외의 구체적인 참조물을 사용한 사정도구를 사용해야 한다. 기관에 따라서는 이러한 검사는 아동발달 심리전문가나 검사전문가에게 의뢰하여 이루어진다.

현재 가장 흔히 쓰이고 있는 진단 분류체계인 DSM-IV는 나이 어린 아동의 행동문제에 적절한 지침을 제공하지 못한다. 이러한 진단체계는 극단적인 사례, 즉 정신지체 혹은 자폐증과 같은 중증발달 및 정서적 결함을 지닌 아동을 제외하고는 취학적 아동에게 사용하기에 상당한 한계가 있다. 따라서 5세 이하 아동에게 예후, 변인 혹은 치료까지도 단정적으로 정의하고 있는 DSV-IV 진단명을 엄격하게 적용하는 것은 적절하지 않다(Campbell, 1990). 그러한 진단체계는 문제가 되는 행동이 특정진단의 기준에 부합하는 증상인지를 판단할 만한 명확한 근거가 거의 없기 때문이다. 따라서 이것이 정상발달 범위 내의 일시 일탈인지 아니면 지속적인 병리의 시발인지를 이해하기 위한 지침이 없기 때문에 과잉진단의 가능성 또한 높다(박영애 외, 2001).

4) 개입

다음은 개입단계에서 활용할 수 있는 구체적인 방법들이다. 아동의 증상이나 문제를 다루기 위해 놀이, 미술, 음악 등의 활동을 치료적으로 활용하는 방법, 복합적 욕구를 가진 아동을 위한 사례관리, 가족 환경을 수정하고 개입하는 방법, 성인역할모델을 활용한 개입방법에 이르기까지 아동 원조를 위한 다양한 방법을 살펴보면 다음과 같다(공계순 외, 2008).

(1) 아동의 증상과 다양한 치료 개입

언어적인 상호작용에 미숙하고, 학대와 같은 심각한 외상을 경험한 어린아동들에게는 놀이나 다른 매개체를 활용한 치료가 유용할 수 있다.

물론 놀이치료나 음악치료 같은 전문적인 훈련을 필요로 하는 치료기법을 사회복지사가 현장에서 반드시 활용해야 하는가에 대해 회의적인 사람들도 있다. 그러나 최근 아동복지 현장에서는 아동치료 관련 스페셜리스트에 대한 수요가 많아지고 있고, 실제 사회복지사들의 상당수가 필요에 따라 이와 같은 훈련을 받거나 받고자 하는 경우도 늘고 있다. 또한 자신이 직접 치료를 수행하지 않더라도 아동관련 기관 내에서의 효과적인 팀협력을 위해서 놀이치료, 음악치료, 미술치료에 대한 이해가 필요하다.

(2) 가족에 대한 개입

아동의 발달에 영향을 미치는 개인적·환경적 요소가 많음에도 대인관계 이론을 비롯한 상당히 많은 이론들이 아동의 문제를 주로 부모 특히 주양육자인 어머니의 영향으로 돌리는 경향이 있어 왔다. 부모들은 이 같은 사실에 대해 죄책감과 책임감을 느끼게 된다. 아동을 다루는 그들의 방식이 잘못되었다고 하더라도 결코 악의로 한 것이 아니라는 점을 인정해 줄 필요가 있다. 나아가 아동의 문제가 보다 복잡하고 다양한 원인으로 발생한 것임을 설명해 줌으로써 부모의 죄책감을 줄여 줄 수 있다.

아동상담을 위해 필요한 경우 부모와의 별도 면담을 정기적으로 병행해야 할 수도 있다. 환경을 중시하는 사회복지 현장에서는 부모와의 면담이 더욱 강조된다. 단, 부모면담의 병행은 문제의 성격과 아동상담과정에 따라 융통성 있게 이루어지는 것이 바람직하다.

부모면담을 하는 사회복지사는 부모들이 상처받기 쉽다는 것을 염두에 두면서 공감적으로 면담을 수행하는 것이 좋다. 또한 아동문제의 근본적인 원인 자체를 밝히는 것에 관심을 갖는 것보다, 현재 그러한 문제를 어떻게 이해하고 어떻게 대처할 것인지를 더 강조해 주어야 한다. 부모들에게 죄책감과 수치심을 자극하는 것은 별 의미가 없을 뿐 아니라, 아동을 위한 부모의 치료적인 협조를 얻는 데도 효과적이지 못하다(이부덕 외, 1996).

(3) 가족 외 성인 역할모델을 활용한 개입

아동기에는 발달단계의 특성상 의존적 욕구가 충족되어야만 이후의 성인기를 위한 독립적 기반을 마련할 수 있다. 따라서 부모와 교사 같은 가까운 성인의 역할이 아동의 발달이나 진로에 매우 중요한 영향을 미치게 된다. 그러나 문제를 가진 아동이나 청소년들은 가족 내에 건전한 성인 역할모델이 부재한 경우가 많다. 이러한 경우는 가족 외에서라도 건전한 성인 역할모델과 정서적 결연을 해 줄 필요가 있다.

이러한 문제의식에서 출발한 것이 미국의 빅브라더 빅시스터(Big Brother, Big Sister program)나 우리나라 청소년위원회에서 시범사업 중인 청소년 동반자 프로그램과 같은 멘토링 프로그램이다. 멘토링 프로그램(Mentoring Program)이란 건전한 역할모델과 아동의 친밀하고 상호적인 관계를 통해 저소득층가정이나 실직가정 자녀와 같은 고위험 아동과 청소년에게 정서적·사회적 지지와 격려를 제공하는 것이다. 이러한 멘토링 프로그램은 최근 우리나라에서도 후기 아동기나 청소년기의 고위험 클라이언트를 대상으로 활발하게 이루어지고 있다.

멘토링 프로그램에는 직접적 수혜자인 요보호청소년과 직접적 제공자인 성인 역할모델, 마지막으로 프로그램을 총괄 지원하고 기획하는 전문가집단이 관여하게 된다. 결연관계를 통해 건강한 성인으로서의 역할모델을 제시해 주고, 청소년들과 정기적 만남을 통재 지지와 격려를 제공해 주는 역할모델을 멘토(Mentor)라고 부른다. 또한 멘토와의 관계를 통해 자신의 고민과 관심사에 대해 위로, 지지, 격려를 받아 궁극적으로는 자신의 잠재력을 개발하고, 건강한 사회인으로 성장해 나가는 청소년들을 멘티(Metee)라고 부르고 있다. 그리고 멘토링 프로그램을 개발하고 기획하는 결연관리자는 도움이 필요한 청소년들과 도움을 주고자 하는 사람들을 맺어 주는 매개 역할 수행과 이후 맺어진 결연관계를 지속할 수 있도록 지원하고 관리하는 역할을 수행한다. 집단 멘토링의 유형도 있지만 멘토링 프로그램의 본래의 개념에 보다 부합하는 것은 일대일 멘토링이라고 하겠다.

(4) 사례관리적 개입

사례관리는 복합적인 욕구나 문제를 가진 클라이언트에게 필요한 다양한 사회적 자원을 연결하고, 연결된 자원을 지속적으로 관리하는 개입방법이다.

장애아동, 학대나 유기를 당해 가족해체에 직면한 아동, 가출이나 비행을 반복하는 청소년 등을 대상으로 사례관리가 이루어질 수 있다. 특히 가정폭력, 보호자의 알코올문제나 정신질환, 가족해체나 빈곤 등이 복합적으로 존재하는 고위험가정의 아동에 대해서는 현재 특별한 문제가 가시화되지 않은 상황이라고 할지라도 예방적인 관점에서 사례관리가 지속적으로 수행될 필요가 있다.

사례관리자는 생태도 등을 활용하여 욕구와 자원을 지속적으로 사정하고 연결해 주어야 하고, 자원 연결에 저해가 되는 요소를 찾아 제거해야 한다. 실제 필요한 자원이 존재하지 않는 경우 보다 적극적으로 자원을 개발하는 역할을 수행한다.

노인이나 장애인 등의 분야에 비해 아동복지 분야에서는 사례관리 기법이 상대적으로 적게 활용되고 있다. 그러나 사례관리는 사회복지적인 정체성이 분명하게 드러나는 개입 방안이고, 요보호아동 중 상당수가 복합문제가정의 아동이므로 보다 적극적으로 활용될 필요가 있다.

5) 종결

(1) 종결 시점

종결은 의도적이고 계획적으로 이루어지기도 하고 다양한 원인으로 갑작스럽게 이루어지기도 한다. 예를 들어, 아동의 이사나 사회복지사의 전직 등 다양한 요인이 의도하지 않은 종결을 초래할 수 있다. 그러나 일반적으로 의도된 종결은 문제가 해결된 시점이다. 즉, 사회복지사와 클라이언트가 상담을 통해 성취해야 할 목표를 분명히 정했다면 종결의 시점은 목표가 달성된 때라고 할 수 있다.

(2) 종결에 대한 준비와 개입

의도여부와 무관하게 아동들에게는 종결이 어려울 수 있다. 아동은 자신에게 관심을 갖고 따뜻한 태도를 보이는 성인에게 애착을 빨리 형성하기 때문이다. 사회복지사와 아동 간의 깊은 신뢰와 우정이 형성되면 어떠한 이유에서건 아동은 자신이 경험한 좋은 관계를 끝내고 싶어 하지 않을 것이다.

따라서 아동에게는 종결이 버려지는 경험이 아니라 아동 자신의 성장과 변화를 의미하는 경험으로 받아들여지도록 재조명해 주어야 한다. 이를 용이하게 하기 위해 아동과 사회복지사는 몇 주 앞서서 종결 날짜에 대해 논의하는 것이 바람직하다. 예를 들어, 마지막 3회기 전 정도에 미리 종결을 알려 주고, 사회복지사 스스로는 물론 아동에게 충분히 준비시키는 것이 좋다.

아동에게 안전한 환경에서 자신의 슬픔을 표현하고 나누도록 허락하는 것이 필요하기 때문이다.

문제가 재발하면 아동이 어떻게 행동할 것인지에 대해 계획을 세우고 미리 연습해 볼 수도 있다. 사회복지사는 아동에게 아직도 관심을 갖고 있으며, 필요하면 언제든 도움을 줄 수 있음을 알리는 것이 좋다. 그러나 가능성도 고려해 보지 않고, 꼭 다시 만날 수 있다고 섣불리 약속하는 것은 바람직하지 않다. 예를 들어, 아동이 멀리 이사를 가야 한다거나 다른 이유 등으로 만날 수 없을 경우 아동을 당장 안심시키기 위해 거짓말을 하는 것은 좋지 않다. 솔직하게 이야기해 주고, 상담과정에서 좋았던 것, 즐거웠던 것, 변화했던 것 등을 되새기게 하며, 파티나 간단한 수료식 등을 통해 성취감을 제고해 주는 것이 좋다.

2. 아동대상의 집단상담

1) 아동대상 집단의 유형

타인과 성장과 변화를 원조하는 목적을 가진 집단들의 유형에 대한 논란은 상당히 많았다. 심지어 교육 및 정신건강 전문가들조차도 지지집단(support group), 집단치료(group therapy), 집단상담(group counseling), 집단지도(group guidance) 등을 불분명하게 논의해 왔다.

미국상담학회의 분과인 집단사회사업전문가 협회(The Association for Specialists in Group Work: ASGW)는 4가지 중요한 집단 유형에 대해 다음과 같이 설명하고 있는데(ASGW, 1989), 아동대상 집단도 이에 근거하여 구분될 수 있다. 아동과 일하는 사회복지사는 전문적인 경험과 훈련 정도, 기관의 목적과 기능에 따라 차이가 있으나 다음의 4가지 유형의 집단을 모두 활용한다. 특히 학교에서 활동하는 사회복지사의 경우 과업 및 작업집단부터 심리치료에 이르기까지 다양한 수준에서 집단을 활용하게 된다(Smead, 1995).

(1) 과업/작업진단

과업 및 작업진단(task/work group)은 조직이나 지역사회의 집단에서 특정 유형의 목적, 예를 들어 학습 집단이나 위원회 등과 같이 해당 목적의 과업을 효과적으로 달성하기 위해 집단 역학을 활용하는 것이다. 방학 중 과학 과제를 자체적으로 학습하고 수행하기 위해 모인 청소년 집단, 학교 내 학생 대표로 이루어진 임원회의 등이 이러한 집단이라 할 수 있다.

(2) 지도/심리교육집단

지도집단(guidance group)은 학교세팅에서 자주 활용되고, 심리교육집단(psychoeducation group)은 임상 현장이나 병원 등의 현장에서 볼 수 있다. 진단된 인구집단이나 고위험집단을 대상으로 재발 방지나 예방을 위한 목적으로 집단 역학을 활용하는 것을 의미한다. 지도집단이나 심리교육집단을 운영하는 사회복지사들은 인간의 성장이나 발달 지침, 환경 사정, 구성원의 역량강화와 같은 개념들을 활용한다. 고등학생을 대상으로 한 성교육집단, 소아당뇨환자들을 위한 식이요법 훈련집단 등이 그 예이다.

(3) 상담/대인관계 문제해결집단

상담 또는 대인관계 문제해결집단(counseling/interpersonal problem-solving group)은 소위 집단상담이라고도 한다. 과업집단이나 지도/심리교육집단이 내용지향적인 데 반하여 집단상담은 과정지향적이다. 인간이 살아가면서 부딪히는 생활사적인 문제들을 해결하기 위해 사회복지사와 집단성원 간의 관계와 과정을 활용하는 것이다. 집단상담에서 자주 다루어지는 생활사적인 문제는 이혼, 분노, 슬픔과 상실, 대인관계, 자존감 등이다. 학교나 아동·청소년 기관에서 자주 활용되는 집단이다.

(4) 심리치료/성격재구조화 집단

심리치료(psychotherapy)와 성격재구조화 집단(personality reconstruction group)은 심각한 심리적인 문제의 치료 또는 성격이나 행동의 주요 변화에 초점을 둔다. 다수의 죽음이나 불안정한 가족사로 심각한 심리적 외상을 반복적으로 경험한 아동들을 위한 집단치료가 그 예라고 할 수 있다. 이 유형의 집단은 학교와 같은 세팅보다는 임상장면에서 자주 활용된다. 따라서 이러한 집단을 수행하기 전에 사회복지사는 정신건강에 대한 교육과 심도 깊은 슈퍼비전 교육을 받아야 한다.

2) 아동대상 집단상담의 실천과정

(1) 준비단계

준비단계는 집단이 형성되기 전 단계로, 집단을 준비하고 계획하며 예비성원에게 개별적인 홍보와 오리엔테이션을 제공하는 시기이다(김명권 외, 2001; 김혜란 외, 2001; Smead, 1995).

① 집단에 대한 계획

집단에 대한 계획서를 준비하고 홍보하며, 집단구성원의 선별과 집단구성원에 대한 최종결정을 내리는 시기이다. 아동이 대상이므로 필요하면 부모의 동의서를 받는 것이 좋다(AGSW, 1989).

집단의 크기와 시간, 장소 등과 관련된 결정도 이 시기에 이루어진다. 집단의 크기와 시간은 아동들의 연령에 따라 달라질 수 있다. 일반적으로 아동이 어릴수록 집단은 더 작아지고 회기시간은 더 짧아진다. 어린 클라이언트를 대상으로 집단을 하기 위해서는 굳이 조용히 해야 할 필요가 없고, 자유롭게 돌아다닐 수 있는 장소인지, 장소 안에 파손되거나 위험한 물건은 없는지, 비밀보장을 할 수 있는 구조인지 등을 살펴야 한다(김명권 외, 2001).

준비단계에서는 총체적인 준비가 이루어지지만 이후의 각 회기에서도 철저하게 준비해야 한다. 아동이나 청소년을 대상으로 하는 집단상담은 성인집단보다도 면밀하고 세심하게 준비하여야 한다. 부주의한 준비로 자칫 산만하게 진행되지 않도록 조심해야 한다. 그러나 집단의 과정에서는 '지금, 여기'에서 일어나는 자연스러운 상황에 맞게 집단형식과 주제를 융통성 있게 조정해야 한다. 어떤 일이 발생해도 미리 준비된 계획대로 무조건 추진하는 것은 피하도록 한다. 철저하게 계획하고 준비하되, 창의적이고 융통성 있게 진행해야 하는 것이다.

② 오리엔테이션과 정보제공

성인집단과 마찬가지로 아동집단에서도 아동들은 집단의 목적과 의도가 무엇인가, 집단에서 무엇이 일어날 것인가, 구성원과 리더에게 무엇을 기대하는가를 알아야 한다. 이러한 정보는 이후의 집단과정에서도 적극적으로 참여할 수 있게 도와준다.

아동의 발달적인 한계 때문에 충분한 정보를 아동의 눈높이에서 이해시킨다는 것은 상당히 어려운 일이지만, 이를 위해 노력하는 것이 중요하다. 예를 들어, 글을 읽을 줄 아는 학령기의 아동들에게는 흥미를 끌 수 있는 형태의 유인물을 만들어서 집단 오리엔테이션을 해도 좋다. 학령전 아동과 같이 집중도가 떨어지고, 글을 읽지 못하는 아동들은 아동들이 좋아하는 캐릭터가 나오는 시청각 자료나 인형 등을 만들어서 설명해도 좋다.

이러한 정보제공과정에서는 아동뿐 아니라 보호자의 집단참여에 대한 동의가 필요하다.

(2) 초기단계

집단구성원의 참여가 결정되고 최초로 집단이 형성되는 시기이므로 아직 집단으로서의 속성보다 구성원 개개인의 목적과 느낌이 강한 단계이다. 사회복지사는 집단의 응집력과 매력을 증진시키기 위해 기본적인 구조화를 하고, 안전한 집단 분위기를 만들며, 개인 목표와 집단 목표를 연결할 수 있도록 적극적으로 개입하게 된다(김명원 외, 2001; 김혜란 외, 2001).

① 집단 구조화하기

아동들이 집단에서 반드시 지켜야 할 기본 규칙이 있음을 이해시키고, 실제 집단 규칙을 정하고 강화하는 데 아동들을 참여시켜야 한다. 어떤 규칙을 정할 때 독단적인 방법이 아닌 상호적인 협의를 통해 하는 것이 바람직하나, 때때로 전문가는 일정한 정도의 단호함을 보이는 것도 필요하다. 예를 들어,

집단 회기를 떠난 집단구성원에게 돌아오는 것을 허락하지 않는 규칙이 있는 경우 '한 번만 더' 기회를 달라는 집단구성원의 요구를 수용하지 않도록 조심한다. 아동이나 청소년들은 전문가가 말하는 것이 무엇을 의미하는지를 빨리 간파한다. 집단 내 구성원으로부터 전문가로서의 권위를 얻고 존경을 얻는 것은 신뢰하는 관계에서도 중요한 의미를 지닌다.

② 안전한 분위기 형성하기

자기개방의 수위를 적절하게 조정하여 안전한 분위기를 형성해야 한다. 가족과 연관되는 다양한 사적인 문제에 대해서 얼마나 자기개방을 하도록 할 것인지를 결정하기 위해서는 집단의 목적과 목표를 고려해야 한다. 어느 정도의 개방이 바람직한지 단언적으로 말하기는 매우 어렵다. 사회복지사는 아동들이 집단에서 개방한 것을 다른 아이들에게 말할지 모르기 때문에 조심할 필요가 있다. 특히 학교 현장에서 이루어지는 상담일수록 비밀을 보장하는 것이 매우 어렵다. 이러한 경우 아동들로 하여금 집단 내에서 부모의 사적인 문제나 갈등 등을 자세히 표현하도록 격려하는 것은 바람직하지 않다. 예를 들어, 부모의 부부갈등과 싸움에 대해 자세히 이야기하도록 하는 것보다 아동 자신이 어떻게 느꼈고 영향을 받았는지 이야기하도록 해야 한다. 자기개방의 초점은 부모가 아니라 아동이어야 하기 때문이다(천성문 외, 2001).

③ 개인목표 설정을 격려하기

아동들은 자신이 집단에 기대하는 것이 무엇인지, 자신이 집단을 통해 무엇을 성취할 수 있는지를 잘 모르는 경우가 많다. 자신의 행동이나 문제 중에서 무엇이 변화하기를 바라는지 막연하게나마 이야기할 수 있다면, 그러한 내용을 보다 구체화할 수 있도록 원조하는 것이 필요하다. 동질적인 문제를 가진 아동집단에서는 집단 전체의 목표가 개인적인 목표와 명확하게 구분되지 않을 수도 있다. 이러한 경우는 아동들에게 집단의 목표를 직접 이야기해 줄 수도 있다. 그리고 목표를 위해 지금 자신이 여기에서 할 수 있는 일 또는 하고 싶은 일이 무엇인지를 물어봄으로써 개인적인 기대나 목표를 발달시킬 수 있도록 원조한다. 이 과정에서 무엇보다 중요한 것은 아동으로 하여금 집단상담에서 무엇을 기대하고, 무엇을 얻을 수 있는지를 알게 하는 것임을 잊지 말아야 한다.

(3) 갈등단계

집단이 어느 정도 형성되고 발전하면서 집단성원 내 갈등이 생길 수 있다. 갈등의 존재는 집단이 발달한 증거이기도 하므로, 갈등 자체를 지나치게 문제시하는 것보다 어떻게 다룰 것인지가 중요하다고 할 것이다. 이 단계에서 다루게 되는 실천적 이슈는 갈등, 문제행동, 침묵 등이다(김명권 외, 2001; Smead, 1995).

① 갈등 다루기

성원 간의 사소한 갈등은 집단을 성장시키는 데 촉진적으로 기여할 수 있으나, 대부분의 경우 집단 내 갈등은 응집력과 집단에의 매력을 저해한다. 일대일 성원 간의 갈등이 있을 때 일방적으로 상담자가 지시하거나 해결을 주도하는 것보다 집단과정 중에 자연스럽게 다루어질 수 있도록 격려하는 것이 좋고, 사회복지사는 중립적인 위치에서 갈등 해결을 지원할 수 있도록 해야 한다.

집단 내에서 부모나 학교와 같이 특정 기관에 반항적인 아동이나 청소년을 무조건 편드는 것은 바람직하지 않다. 이런 행동은 아동으로 하여금 부모보다 사회복지사에게 더 많이 의지하게 하고, 부모나 교사와의 관계에서 문제가 증폭될 수 있다. 그보다 아동이 부모나 교사에게 느끼는 불만을 토로할 수 있는 기회를 주되, 이를 현실적으로 다루어 주고, 아동들이 역할연기를 통해 상대방을 이해하고 공감할 수 있도록 돕는 것이 바람직하다.

중요한 것은 아동들에게 부적응적인 행동을 알려 주고, 자신이나 타인을 상처 주지 않으면서 자신의 감정을 표현하는 법을 가르치며, 그러한 감정을 표현할 수 있는 분위기를 제공하는 것임을 잊지 말아야 한다.

② 문제행동 다루기

문제행동을 보이는 아동이 있으면 그 아동이 집단에서 보이는 다양한 행동이나 단서에 주의를 기울이고 관심을 보여야 한다. 실제 참여를 주저하거나 집단을 방해하려는 의도인지, 관심을 원하고 적극적인 참여를 위한 기회를 찾고 있는 것인지 판단하기 위해서는 아동 각각의 감정 표현의 방식과 성격 집단 내에서의 행동 등에 주의를 기울이고, 그들의 언어를 경청해야 한다.

특정 진단을 받은 아동들에 대해 전문가들이 갖는 편견은 아동들의 장점이나 특성, 관심 등을 발견하는 데 저해요소가 되기 쉽다. 이러한 전문적 편견으로 아동들의 변화 가능성과 능력에 제한을 두어서는 안 된다.

또한 어떤 활동에는 아동들이 참여하지 않을 권리가 있다는 점을 알아야 한다. 아동들이 참여하기를 주저하는 것은 대부분 활동에 대한 이해가 부족해서지만, 때로는 활동의 내용이 자신들에게 맞지 않는다고 느끼기 때문이다. 예를 들어, 6세 아동에게 이성과 짝이 되어 손을 잡으라고 하면 저항이 없지만, 12세 아동들에게 시키면 저항에 부딪히기 쉽다.

③ 침묵 다루기

아동을 대상으로 하는 집단상담에서는 침묵하거나 잘 참여하지 않는 구성원을 다루는 방법을 습득해야 한다. 침묵하거나 소극적인 집단구성원은 집단의 흐름을 언어적으로 방해하지는 않지만, 집단구성원 개인이나 집단 전체에 많은 문제를 초래한다.

침묵하는 집단구성원이 있을 때 중요한 것은 그 집단구성원을 공격하지 않고 참여하도록 하는 것이다. 그러나 지나치게 반복적으로 참여를 독려하거나 지목해서는 안 된다. 잘못하면 다른 성원과 침묵하는 성원 간에 혐오감만 생길 수도 있고, 사회복지사 스스로도 좌절하기 쉽기 때문이다. 그보다는 침묵의 의미를 탐색하고 조심스럽게 접근하는 태도가 필요하다.

이들의 침묵의 의미는 다양할 수 있다. 너무 내성적이어서 먼저 나서기를 꺼리는 것과 같이 비교적 가벼운 이유일 수도 있지만 이야기할 가치가 없다고 저항하는 것일 수도 있고, 적절한 행동이나 말을 몰라서 두려워하는 것일 수도 있다. 또는 비밀이 누설될까 봐 걱정하는 것일 수도 있다.

처음에는 소극적인 수준에서 참여할 수 있도록 보다 덜 힘든 기회를 제공한다. 예를 들어, 집단의 제일 마지막에 느낀 점 같은 것을 이야기하도록 역할을 줄 수 있다. 이 외에도 집단이 시작되면 적어도 한 번씩은 돌아가면서 이야기하는 것을 내부적인 규칙으로 만들 수도 있다. 뭔가 말하고 싶은 것이 있는데 시간이 부족해서 말을 못한 성원이 있거나 주저해서 말을 못한 성원이 있으면, 다음 시간에 연결해서 준비해 온 말을 할 기회를 줄 수도 있다(Smead, 1995).

(4) 문제해결단계

집단이 문제해결단계에 도달하면 신뢰와 응집력이 높아지고, 의사소통이 개방적으로 되며, 집단 내 상호작용과 피드백이 건전하고 충분하게 이루어진다. 변화에 대한 의지와 희망을 갖고 집단 밖에서도 변화를 시도하고 유지하려는 행동을 보인다(김명권 외, 2001; Smead, 1995).

① 모델링하기

사회복지사는 적절한 행동모델을 보여 줘야 한다. 모델링을 성원, 즉 아동들 중에서 할 수 있으면 바람직하다. 그러나 아동대상 집단에서는 사회복지사가 원하는 바람직한 행동이 출현하지 않을 가능성이 높다. 필요에 따라 사회복지사는 집단의 내용과 관련하여 모델링할 수도 있지만 집단과정에 참여하는 방법을 모델링할 수도 있다. 즉, 어떻게 다른 성원의 장점을 파악해서 지지해 주는지, 조심스러운 직면은 어떻게 하는 것이 좋은지, 자신의 의견은 어떻게 말하는 것이 좋은지 등과 같이 집단과정에 참여하는 방법과 태도에 대해서도 모델링하게 된다.

② 지지와 직면의 균형 이루기

사회복지사는 집단성원 간에 적절한 지지와 직면이 이루어질 수 있도록 원조한다. 효과적인 직면은 활발한 집단 활동의 기본적 요소이다. 직면은 성원 간에 이루어질 수도 있고, 사회복지사가 성원에게 할 수도 있다. 말과 행동 또는 이야기한 내용 중에 모순과 불일치가 있음을 보여 줌으로써 스스로 자신의 내적 욕구를 깨닫게 하고, 궁극적으로 자아대면 능력을 향상시키는 것이다. 효과적인 직면이 되기 위해서는 충분한 지지가 전제되어 서로 간에 일정 정도의 신뢰가 구축되어 있어야 한다. 아동들 간의 직면이 비난이나 책망이 되지 않도록 주의해야 하며, 특히 내성적인 아동에 대해서는 지지적인 기법으로 충분히 집단 분위기를 편안하게 느끼도록 조성하는 것이 중요하다.

③ 응집력 향상을 위해 노력하기

문제해결단계의 성원들은 자신들의 공통점을 통해서 문제가 너무 유사하다는 사실에 놀라게 된다. 구체적인 사건이 다를지 몰라도 공통적인 정서를 발견할 수 있기 때문에 사회복지사는 이러한 정서의 보편성과 공통성에 초점을 두어 성원들의 문제가 서로 연관되어 있음을 강조해 줄 수 있다. 이때 성원들은 그런 감정을 느끼는 것이 자신만이 아니라는 사실을 깨닫게 되는데, 그러한 연대감은 집단이 앞으로 나갈 수 있는 원동력이 된다. 예를 들어, 이혼가정 자녀들을 위한 집단상담에서 다른 성원의 말이나 그림을 통해 부모의 이혼에 대해 서로 유사한 감정이 있다는 것을 알게 되고, 이는 집단을 유지하고 앞으로 나아가게 하는 응집력의 토대가 된다.

(5) 종결단계

종결단계가 되면 집단성원들은 헤어진다는 사실에 대해 다소의 불안과 우울을 경험하고, 집단 밖에서 자신이 배운 것을 적용할 수 있을지 두려워한다.

따라서 아동 집단상담을 종결하는 사회복지사는 특별히 염려되는 성원이 없는지, 상담이 끝나기 전에 다른 성원과 함께 나누고 싶은 느낌이나 생각이 있는지, 헤어짐과 관련된 감정을 어떻게 다루고 있는지 등을 면밀하게 살펴야 한다. 사회복지사는 상담이 끝나는 데서 오는 감정을 표현할 기회를 아동들에게 충분히 주고, 어떠한 변화가 있었고 그러한 변화의 의미는 무엇인지 확인시켜 줘야 한다. 그리고 상담이 끝나고 집단에서 있었던 일들에 대해 비밀을 유지할 것을 당부해야 한다(김명권 외, 2001).

일반적으로 아동들은 종결에 저항하고, 계속할 것을 조르거나 애원한다. 따라서 무엇인가 끝이 났다는 것을 서로 간에 수용하고, 지금까지의 변화를 성취로 인식할 수 있도록 수료식이나 파티를 통해 종결을 준비하며, 사진 등을 찍어서 기념할 수 있도록 하는 것이 좋다.

8

Chapter

아동정책과 전달체계

1. 아동복지정책과 제도
2. 아동복지 서비스 전달체계
3. 아동복지 관련 법률
4. 아동복지 프로그램 현황

아동의 건전한 양육은 아동이나 그 가족의 과제로 한정되는 것은 아니다. 산업화와 현대화를 경험하면서 가정의 존재와 기능으로만 아동의 보호를 보장할 수 없는 변화들이 나타났다. 왜냐하면 아동의 생활은 아동과 가족뿐 아니라 전 사회의 역할로부터 점점 더 크게 영향을 받게 되었기 때문이다.

아동은 한 사회의 미래이다. 아동의 불행은 아동과 가족뿐 아니라 그 사회의 미래에 적지 않은 악영향을 미치게 된다. 아동의 건강한 성장이 있어야만 사회의 발전을 기대할 수 있게 된다. 따라서 대부분의 국가는 아동의 건강하고 인간다운 성장을 보장하기 위한 법적·제도적인 노력을 기울이고 있다. 초저출산의 문제가 심각하게 부상하고 가족의 기능은 약화되고 있는 현재의 우리나라의 상황에서 아동복지정책은 그 중요성이 더욱 커지고 있다.

1. 아동복지정책과 제도

1) 아동복지정책의 개념

정책은 특정한 목적을 이루기 위해 필요한 행동에 관한 원칙(Titmuss, 1979), 지침, 일정한 계획(Kahn, 1979) 혹은 조직화된 노력(Bums, 1961) 등으로 정의된다. 사회복지정책은 '사회복지의 목표를 이루기 위하여 필요한 행동들에 관한 원칙'으로 정의할 수 있다(송근원·김태성, 1998: 21-22). 하지만 정책은 정부의 정책으로 좁혀 이해할 수 있는데, 마샬(Marshall, 1965)은 '사회정책은 서비스나 혹은 소득을 제공함으로써 시민들의 복지에 직접적인 영향을 주는 행위와 관련된 정부의 정책을 의미한다'고 정의한바 있다.

아동복지정책은 아동의 복지를 위한 정부의 원칙이나 지침, 또는 조직화된 노력으로 정의할 수 있다. 더 구체적으로는 아동의 물질적·비물질적 욕구를 충족시키기 위한 법 그리고 법에 기초한 정부의 급여 및 서비스로 제한하여 볼 수 있다. 아동복지정책은 아동복지를 위한 노력 중 정부의 조직화된 노력으로 정의할 수 있으나 아동복지와 동일한 개념으로 혼용되기도 한다. 장동일은 아동복지를 아동복지법과 그와 관련된 법 규정에 의해 제공하는 아동을 위한 서비스로 정의한바 있다(정동일, 1997: 338). 이러한 혼용은 아동복지정책이 아동복지의 주요 근간이 되기 때문으로 보인다.

아동복지정책에서 그 궁극적인 표적은 아동이지만 아동복지는 가족복지와 깊은 관련을 갖는다. 즉, 아동의 복지증진을 위한 정책의 수행은 가족이라는 단위를 매개로 하는 경우가 일반적이다. 이러한 배경에서 아동복지는 아동을 보호하는 가족에 대한 복지를 포함한다. 아동의 복지를 증진시키는 데 있어 가족의 적정한 기능수행이 가장 중요하며 일차적이기 때문에 가족복지정책이 아동복지의 핵심일 수도 있다. 그러나 이러한 논리는 아동복지에 대한 책임이 가족에 한정됨을 의미하는 것은 아니며, 가족의 기능을 강조하여 아동의 복지를 보장할 사회적 책임 및 의무를 도외시하는 맥락도 아니다. 다만 아동복지정책은 가족복지를 위한 제반 정책과 함께 논의되어야 한다는 점을 강조한다. 재부분의 복지국가들은 아동을 양육하는 가정을 대상으로 하는 소득보장 등의 사회보장이 아동복지의 주요 축을 형성하고 있다. 우리나라의 아동복지정책의 성격과 한계 등에 대한 검토와 아동과 아동을 보호하는 가족에 정책을 검토함으로써 분명해질 수 있다.

2) 아동복지정책의 구성

사회복지정책 구분은 학자에 따라 매우 다양하다. 그러나 사회복지정책은 그 특성을 기준으로 사회보험과 공공부조, 데모그란트(Demogrant)로 구성되는 사회보장과 사회복지 서비스로 구분할 수 있다. 각각은 재원마련과 대상 사회보장, 사회복지 서비스로 구분할 수 있고, 재원마련과 대상의 선정 그리고 급여형태와 주체 등이 상이하다.

표 8-1 복지정책의 구성과 특성

범주	사회보험	공공부조	데모그란트	사회복지 서비스
재원	기여	비기여/세입	비기여/세입	비기여, 기여/세입, 민간
대상선정 기준	비자산조사	자산조사	비자산조사	자산조사 또는 비자산조사
	비인구학적	비인구학적	인구학적	인구학적

(계속)

급여형태	현금, 현물	현금, 현물	현금	주로 현물(서비스)
시장원리	시장에서의 위치 반영	비반영	비반영	공급에서 일부 반영 가능
관리주체	중앙정부	중앙, 지방정부	대체로 중앙정부	중앙 · 지방정부 · 민간

대부분의 나라에서는 아동복지정책의 아동을 대상으로 하는 데모그란트(Demogrant)와 서비스 그리고 아동보호가정을 포함하는 가회보험 및 공공부조로 구성된다.

사회보험제도는 비교적 시장의 논리가 강한 경향이 있다. 아동과 그 가족을 표적으로 하는 별도의 사회보험은 드물다. 그러나 대부분의 사회보험은 소득보장이나 의료보장의 형태로 보험가입자의 가족 내 아동의 복지를 도모한다. 스웨덴의 경우 아동을 양육하는 부모를 대상으로 부모보험제도를 시행하고 있는 점이 하나의 예이다. 부모보험제도는 기여를 전제로 하는 사회보험이지만 저소득자에게는 일정 수준 최저보장을 병행하고 있다. 영국에서도 출산수당과 미망인 연금이 사회보험으로 포함되어 아동복지의 기능을 하고 있다. 우리나라의 경우 아동이 있는 가족만을 대상으로 특화된 사회보험은 발달하지 않았으나, 국민연금이나 고용보험은 모든 가구를 대상으로 하므로 아동가구에도 영향을 준다고 할 수 있다.

데모그란트(Demogrant)는 인구학적 조건이 충족되면 지급되는 일정액의 급여로 기여를 하지 않아도 수급할 수 있으며, 대개 자산조사를 통한 선별과정을 거치지 않는 보편적인 특성을 갖는다. 데모그란트(Demogrant)는 보편적인 급여로 비교적 큰 규모의 재원을 필요로 하는 반면 비용효과성이 낮아서 사회의 경제적 수준과 세제, 비기여 보편 급여에 대한 사회적 합의·수용수준으로부터 크게 영향을 받는다. 아동복지와 관련하여 유럽의 복지국가들은 아동수당제도를 두고 있어 아동복지의 일차적인 안전망이 되고 있다. 영국의 경우 아동수당과 후견인수당이 있으며, 스웨덴은 아동을 보호하는 가족을 대상으로 하는 가족수당이 있다. 일본의 경우는 아동수당, 아동부양수당, 특별아동부양수당이 있으나, 이 제도들은 실제 자산조사에 기초하여 일정소득이하 계층의 아동을 대상으로 하고 있어 공공부조의 성격을 갖고 있다. 우리나라는 아직 아동수당이 도입되지 않았으며, 가장 큰 이유는 재원 마련의 어려움이다.

공공부조제도는 일반적으로 최후의 사회적 안전망 역할을 하는 제도로 자산조사를 기초로 일정 소득(자산) 이하의 사람들에게만 급여를 제공한다. 공공부조제도에 의한 급여는 데모그란트(Demogrant)와 마찬가지로 기여를 하지 않아도 지급되나 자산조사를 통한 선별과정을 거치는 선별적인 급여이다. 따라서 공공부조제도는 비용효과성이 높은 장점을 가지는 반면 수급자에 대해 낙인을 부과하는 단점을 갖는다. 미국 및 유럽 복지국가에서는 아동을 양육하는 가구의 빈곤문제를 일차적인 소득보장의 대상으로 삼고 있다. 영국의 공공부조제도인 소득지원(Income Support)제도도 아동을 양육하는 가정을 주 대상으로 하고 있다. 미국의 TANF는 아동이 있는 저소득가구를 대상으로 하는 대표적인 공공부조제도이고, 의료부조(Medicaid)도 아동이 있는 저소득가구를 대상으로 포함하고 있다. 아동가구를 별도의 공공부조 대상으로 하는 국가가 아니어도 대부분의 국가는 공공부조제도로 빈곤아동가구의 기초소득보장을 도모한다. 우리나라의 경우도 일반적 공공부조제도인 국민기초생활보장제도를 통하여 빈곤아동가구의 기초 생계를 지원하고 있으며, 저소득 모부자 가정지원으로 빈곤아동가구를 재 범주화하고 추가적인 지원을 하기도 한다. 하지만 빈곤아동가구로 초점화하는 경향은 아직 약하다.

국민기초생활보장제도는 최저생계비를 기준으로 급여의 수준을 결정하고 있는데, 최저생계비는 표준 4인 가구를 기준으로 계측된다. 표준 4인 가구에는 아동이 2인 포함되어 있으나, 아동의 생계비가 성인보다 낮아 아동에 대한 별도의 부가급여 지급 근거가 약하다. 외국의 경우도 아동은 성인에 비하여 최저생계비가 낮은 수준에서 결정되고 있다. 국민기초생활보장제도의 수급률이 전 인구의 3% 정도에 머물고 있으며 비수급빈곤층, 빈곤아동가구가 적지 않다는 점이 이러한 지적의 배경이다.

아동복지 서비스는 시설보호를 포함하여 아동 및 가족에 대한 상담, 아동문제 예방을 위한 조사, 교육, 취약아동가구의 재가지원 등 현금과 각종 현물지원이 주를 이루고 있으며, 우리나라 아동복지법은 대부분 아동복지 서비스와 관련되어있다. 아동복지 서비스의 구체적인 내용은 아동복지 프로그램에서 다루기로 한다.

우리나라는 아직 아동수당을 도입하지 않고 있으며 아동복지 서비스도 대개 저소득층 아동을 일차 표적으로 하고 있어 잔여적 성격의 아동복지정책을 운영하고 있다. 단, 보육 서비스만 사회여건을 반영하여 특화됨으로써 그 대상을 크게 확대하고 있는 정도이다. 수당과 공공부조 그리고 사회복지 서비스와 같은 다양한 정책을 통하여 아동복지정책이 구성되어야만 아동의 여러 가지 문제에 적절하게 대응할 수 있을 것이며, 이러한 정책구성을 마련하는 것이 선진적 아동복지정책으로 가는 길이라 본다.

2. 아동복지 서비스 전달체계

우리나라 사회복지 전달체계는 크게 정책결정단위로서의 중앙행정기관과 급여 및 서비스 전달체계로서 지방자치단체를 중심으로 운영되고 있는 사회복지집행체계로 구분할 수 있다. 정책결정단위로서 중앙행정기관은 보건복지부와 여성가족부, 고용노동부를 포함해 대부분의 정부부처가 관여하고 있으며, 이 중 주무부처라 할 수 있는 보건복지부가 전체 복지사업의 45% 가량을 담당하고 있다. 그 외에도 여성가족부와 고용노동부, 국토교통부 등이 복지사업 관련 주요한 중앙정부 부처에 해당하며, 아동청소년 복지와 관련하여 교육부 또한 주요한 역할을 담당하고 있다.

사회복지 영역에서 가장 많은 종류의 제도와 프로그램이 포함되는 복지서비스 영역의 경우 제도별로 다양한 복지전달체계가 운용되고 있다. 노인, 장애인, 아동 등 취약계층에 대한 돌봄 서비스의 경우 주무부처인 보건복지부가 정책결정을 내리고, 정책의 집행은 주로 지방자치단체 특히 기초지방자치단체가 담당하고 있다. 이와 같은 경향은 보건의료의 영역에서도 동일한 양상이다. 하지만 실질적으로 사회 서비스와 관련하여 수혜자에 해당하는 노인, 장애인, 아동들을 만나서 직접 서비스를 전달하는 제공자는 주로 민간영역의 사회복지 시설에 맡겨져 있는 것이 우리나라 서비스 전달체계의 특징이라고 할 수 있다. 다음으로 주거와 금융 영역은 중앙정부의 국토교통부와 기획재정부, 그 산하기관을 거쳐 민간기관으로 연결되는 전달체계를 운용하고 있다.

1) 아동복지 서비스 전달체계의 개념

아동복지 서비스 전달체계란 다양한 아동복지정책과 제도가 당사자인 아동들에게 구체적인 서비스의 형태로 제공되기까지의 과정에 해당한다. 이와 같은 아동복지 서비스 전달체계는 우리나라의 경우 일반적으로 중앙정부로부터 시작해서 광역 및 기초 지방자치단체를 거치고, 경우에 따라 민간 및 공공의 형태로 구성되는 일선 서비스 제공기관을 통해 아동에게 서비스로 전달되는 구조이다.

일반적인 수준에서 위와 같이 정의할 수 있는 아동복지 서비스 전달체계의 개념은 좀 더 엄밀하게 고찰하면, 다양한 의미로 해석이 가능하며 학자에 따라 다른 접근을 보이고 있다. 사회복지 전달체계를 사회복지 관련 급여와 서비스를 공급하는 공급자들 사이의 조직적 연결 혹은 공급자와 수혜자 사이의 조직적 연결로 정의하는가 하면(Gilbert & Terrell, 2012), 복지 수혜자를 중심에 두고 수혜자를 둘러싼 일체의 공공 및 민간기관과 이들 기관의 서비스 전달망으로 이해하기도 한다. 경우에 따라서 전달체계는 관련 조직이나 기관 그 자체로 해석되거나 서비스 전달의 경로 및 과정 그리고 절차로 정의하기도 한다. 또한 프리드랜더와 앱트(Freidlander & Apte, 1980)는 사회복지 전달체계란 중앙정부에서 지방자치단체에 이르는 모는 공·사적 복지 기간과 이들 기관의 서비스 전달망 체계로 정의하고 있다.

이러한 사회복지 전달체계는 사회복지 대상자의 선정, 자격요건의 판정, 급여내용의 성격에 관한 정책적 결정들이 실질적으로 이루어지는 통로의 역할을 하며, 이때 다수의 조직과 행위자들은 서로 연계되어 있다고 하였다(김미숙, 2006).

따라서 복지전달체계에 대한 다양한 개념 정의들은 개별 복지정책 및 제도에 대응하는 다양한 서비스 공급기관과 수혜자를 연결하는 조직적 체계에 관심을 가지는 경향이 있다. 특히 복지제도 및 정책 그리고 그에 기반한 다양한 복지 서비스 및 프로그램의 제공이 지역 분권화되어 있는 현 상황에서 복지전달체계에 대한 논의는 지역사회 차원에서 진행되는 복지 서비스 전달 전략 및 과정에 초점을 두고 진행된다. 결국 복지분권화 시대에 복지전달체계에 대한 논의는 복지급여와 서비스 제공을 둘러싸고 지방자치단체 복지담당 기구의 조직, 인력규모 그리고 민간 및 공공 사회복지서비스 제공기관 및 시설의 역할 등을 중심으로 전개된다.

우리나라 아동복지 서비스 전달체계의 원칙은 일반적으로 통합성, 전문성, 포괄성, 적절성, 지속성, 접근용이성 그리고 책임성의 원칙 등이 적용된다(윤매자·신혜경·주정현, 2012). 이들 원칙들을 살펴보면(이은주 외, 2013) 첫째, 통합성의 원칙은 대상자 선정부터 서비스 제공에 이르기까지 공급주체 간의 유기적인 통합관리가 요구된다. 둘째, 전문성의 원칙은 공급자의 입장에서만 이루어지는 일방적 전달과정이 아닌 복지수요자의 요구와 반응 속에 최적의 서비스를 만들어 내는 복잡하고도 전문적인 영역이기에 전문성을 갖춘 전문가가 요구된다. 셋째, 포괄성의 원칙은 복지수요자의 욕구에 부응하기 위해 다양한 복지 서비스가 포괄적으로 제공되어야 한다. 넷째, 적절성의 원칙은 복지수요자가 필요로 하는 서비스의 종류와 양이 적시에 제공됨으로써 복지 서비스가 달성하고자 하는 목표를 얼마나 적절하게 이룰 수 있느냐를 포함한다. 다섯째, 지속성의 원칙은 복지 서비스 제공이 소기의 목표를 달성하기 위해서는 복지 서비스가 일회성에 그치지 말고, 투입과 산출효과를 분석하여 달성하고자 하는 목표가 이루어질 때까지 지속적인 서비스 제공이 뒷받침되어야 함을 말한다. 여섯째, 접근용이성의 원칙은 수요대상자가 자신이 해당자가 될 수 있음을 용이하게 알 수 있을 뿐만 아니라, 일정한 절차와 요건을 갖추면 편리하게 신청하여 신속하게 혜택을 받을 수 있도록 접근용이성이 보장되어야 한다는 것이다. 마지막으로 책임성의 원칙은 서비스에 대한 1차적인 책임은 당연히 국가에게 있다는 것이다.

따라서 아동복지 서비스 전달체계는 중앙정부에서 지방정부로 그리고 일선의 서비스 전달로 이어진다. 아동복지정책을 담당하는 중앙정부의 해당 부처는 보건복지부와 여성가족부 그리고 교육인적자원부이다. 보건복지부는 아동의 권리증진, 아동건강 및 안전보호, 아동복지상담·홍보·교육, 아동복지단체 및 시설, 요보호아동 보호, 모자보건 등의 정책을 담당하고 있다. 그 밖에도 소년소녀가장세대 및 저소득 모·부자가구에 대한 기초생활 보장정책도 담당한다. 여성가족부는 모부자지원 및 시설지원, 자녀양육지원 그리고 보육정책을 담당한다. 교육인적자원부는 교육격차해소 등 교육복지정책을 담당한다. 여성가족부와 교육인적자원부의 정책이 아동복지정책에서 차지하는 비중은 과거에 비하여 커지고 있다. 그럼에도 아동복지정책의 상당 부분은 보건복지부의 정책으로 남겨져 있다.

일선의 아동복지 서비스의 제공은 행정자치부의 조직을 통하여 이루어져 왔다. 각 시·도 및 시·군·구에 따라 아동복지 담당부서의 구성과 명칭은 다양하다. 중앙정부, 시·도, 시·군·구를 거친 대부분의 아동복지 서비스를 일선 읍·면·동사무소의 사회복지 전담공무원과 민간 사회복지시설에 의해 아동 및 아동의 가정에 전달된다. 민간 아동복지시설은 아동양육시설을 비롯하여 아동상담소, 아동학대예방센터, 보육시설 등 여러 종류의 시설들이 있으며, 각 시설들은 중앙 부처와 각 지방자치단체의 사업 운영 지침에 따라 시설을 관리하고 서비스를 제공하고 있다.

사회복지 전담공무원의 업무는 보건복지부 훈령에 근거하여 정리할 수 있는데, 보건복지부 훈령에 따르면 사회복지 전담공무원은 기초생활보장업무, 아동복지업무, 노인복지업무, 장애인복지업무, 모자복지업무, 기타 보건복지부장관이 필요하다고 인정하는 업무를 수행하도록 규정하고 있다. 아동복지업무는 요보호아동에 대한 조사 및 보호의 결정에 관한 사항, 아동상담 지도 등 업무, 후원자개발 등을 위한 업무와, 관련 업무로는 모자가정의 실태조사, 모자가정의 상담지도 업무, 모자가정보호에 관한 지원업무 등이 있다.

그럼에도 건강·복지·교육의 영역을 망라하여 저소득층 아동들이 공정한 기회를 갖도록 한다는 취지에서 위스타트(We Start) 사업이 진행되고 있다. 이 사업은 지역사회에 위스타트(We Start) 팀을 두고 빈곤아동가구에게 필요한 서비스를 종합적으로 연계·제공하는 설계에 기초하고 있다.

먼저 아동복지 관련 주무부처라 할 수 있는 보건복지부의 경우 주로 요보호아동에 대한 사업에 집중되어있으며, 아동학대 예방 및 조사, 가정위탁, 입양, 지역아동센터, 디딤씨앗통장, 드림스타트 등의 사업을 수행하고 있다.

전달체계의 측면에서 지역아동센터, 디딤씨앗통장, 드림스타트 사업의 경우 보건복지부를 시작점으로 해서, 시·군·구를 거쳐 각 사업의 중앙센터를 통하여 서비스가 전달되고 있다. 한편으로 가정위탁 사업의 경우 중앙가정위탁지원센터와 시·군·구에 각각의 주체에게 전달된 사업에 대해 협력하여 서비스를 전달하는 체계를 운영하고 있다. 주요 사업별 전달체계의 개념도를 제시하면 다음과 같다.

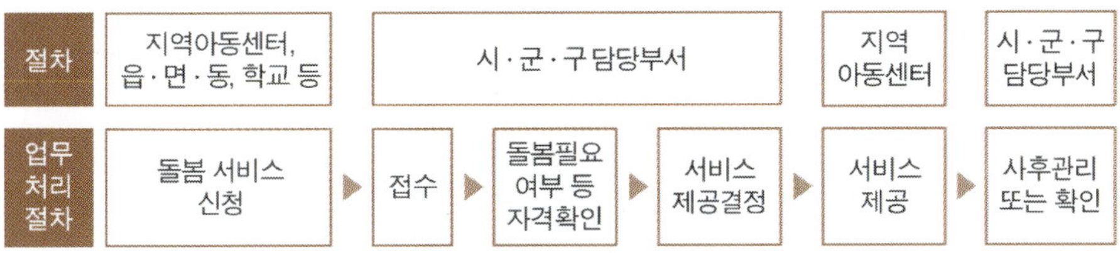

그림 8-1 지역아동센터 전달체계 개념도

출처: 보건복지부(2016). 2016 아동복지사업안내.

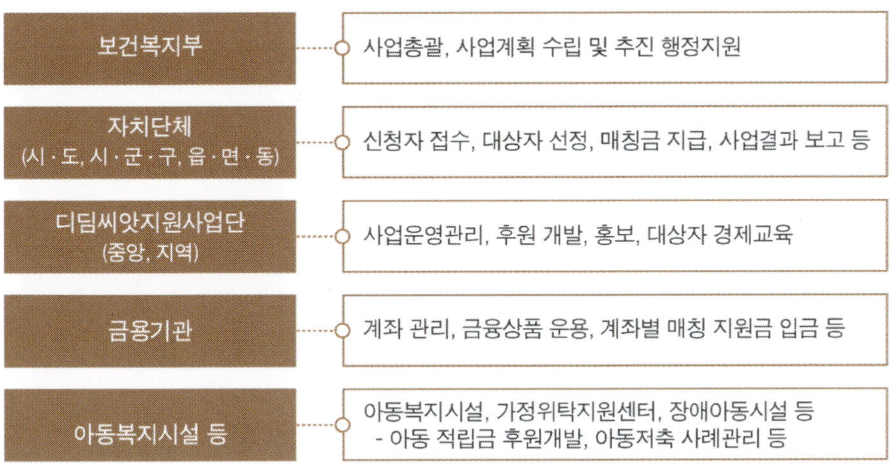

그림 8-2 디딤씨앗통장 전달체계 개념

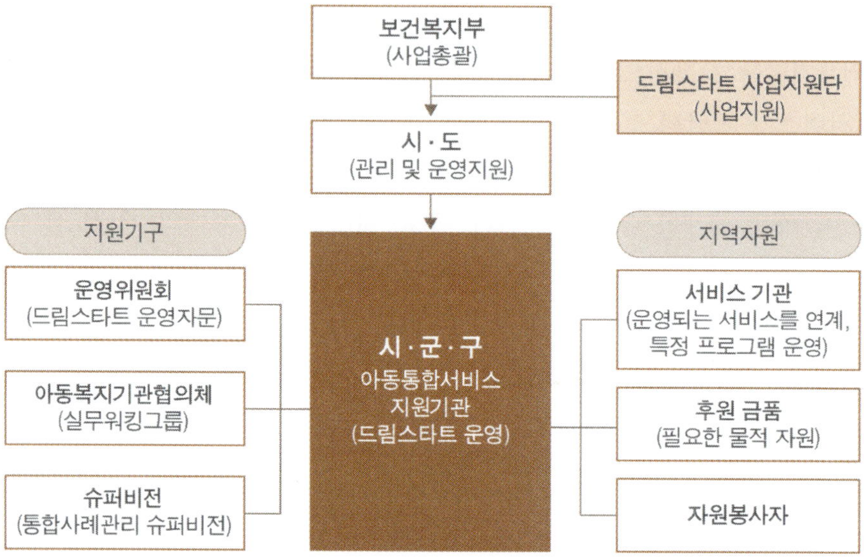

그림 8-3 드림스타트 사업추진체계도

출처: 보건복지부(2016). 2016 아동복지사업안내.

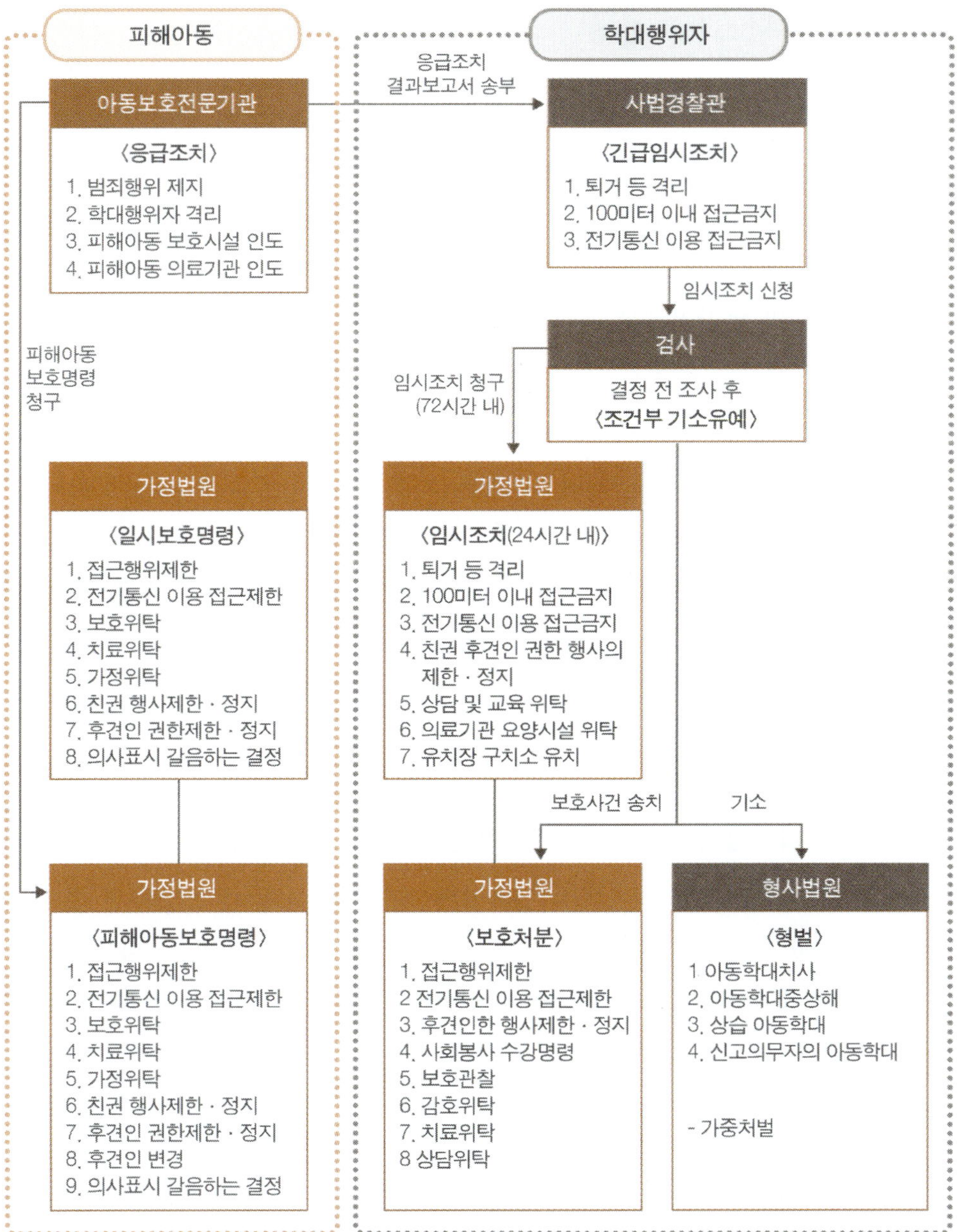

그림 8-4 아동학대 범죄의 처벌 등에 대한 특례법 시행 이후 아동학대 관련 업무 진행도

출처: 보건복지부(2016). 2016 아동복지사업안내.

3. 아동복지 관련 법률

아동복지정책 및 프로그램을 수행하기 위해서는 근거법이 있어야 한다. 우리나라의 아동복지를 위한 법은 아동복지법과, 관련법으로 영유아보육법, 모·부자복지법, 입양특례법, 청소년기본법, 청소년보호법 등이 있다. 각 법은 그 목적에 따라 대상으로 하는 아동과 포괄하는 정책 내용이 상이하다. 다음은 아동복지의 근간이 되는 아동복지법에 대하여 간략히 살펴보고자 한다.

1) 아동복지법

아동복지법은 사회복지 서비스법으로 사회복지사업법에 기초하는 특별법으로 볼 수 있다. 아동복지법은 현대 아동복지와 관련하여 기본이 되는 주요 법이다. 동법의 내용은 주로 아동복지 서비스를 초점으로 하고 있다. 엄밀하게 이야기하여 아동복지 서비스법이 더 적절한 법명이 된다. 해당 영역에 대해서만큼은 아동복지법의 기본 내용이 우리나라 아동복지정책의 방향을 대변한다고 보아야 할 것이다. 아동복지법의 주요 내용은 다음과 같다.

(1) 아동복지법의 목적, 대상 및 책임주체

아동복지법 제1조에 따르면 아동복지법의 목적은 아동이 건강하게 출생하여 행복하고 안전하게 자라나도록 그 복지를 보장하는 것이다. 아동복지법 제2조의 대상을 보면 요보호아동뿐 아니라 모든 아동을 대상으로 하고 있다. 법의 목적과 대상으로 볼 때, 아동복지법이 아동의 문제해결과 아동이 건전하게 자랄 수 있도록 지원하는 것을 목적으로 하는 적극적인 성격을 갖고 있음을 알 수 있다.

아동복지법상 아동복지의 책임주체는 국가와 지방자치단체, 아동의 보호자 그리고 국민을 모두 포괄하고 있으며 각 주체에 대한 책임을 법에 밝히고 있다. 국가와 지방자치단체는 아동의 건강과 복지증진에 노력하여야 하며 이를 위한 시책을 시행하여야 한다. 아동의 보호자는 아동을 가정 내에서 그의 성장 시기에 맞추어 건강하고 안전하게 양육하여야 한다. 그리고 모든 국민은 아동의 권익과 안전을 위해 건강하게 양육하여야 한다. 아동의 건전한 육성과 행복의 보장이 이제 더 이상 사정의 책임으로 한정되는 것이 아니라, 국가와 지역사회 그리고 국민이 함께 노력하여 하는 것임을 명시하고 있다.

(2) 아동의 보호

아동의 보호와 관련된 내용으로는 아동보호를 위한 절대적 금지행위 규정과 요보호아동에 대한 보호조치 규정이 있다.

아동복지법 제29조에는 아동의 건전한 보호와 육성을 위하여 해서는 안 되는 행위에 대하여 규정하고 있다. 아동보호를 위한 절대적 금지행위는 다음과 같다.

① 아동의 신체에 손상을 주는 학대행위
② 아동에게 성격 수치심을 주는 성희롱, 성폭행 등의 학대행위
③ 아동의 정신건강 및 발달에 해를 끼치는 정서적 학대행위
④ 자신의 보호, 감독을 받는 아동을 유기하거나 의식주를 포함한 기본적 보호, 양육 및 치료를 소홀히 하는 방임행위
⑤ 아동을 타인에게 매매하는 행위
⑥ 아동에게 음행을 시키거나 음행을 매개하는 행위
⑦ 장애를 가진 아동을 공중에 관람시키는 행위
⑧ 아동에게 구걸을 시키거나 아동을 이용하여 구걸하는 행위
⑨ 공중의 오락 또는 흥행 목적으로 아동 건강 또는 안전에 유해한 곡예를 시키는 행위
⑩ 정당한 권한을 가진 알선기관 외의 자가 아동의 양육을 알선하고 금품을 취득하는 행위
⑪ 아동을 위하여 증여 또는 급여된 금품을 그 목적 외의 용도에 사용하는 행위

아동에 대한 보호조치는 보호를 필요로 하는 아동에 대한 것으로, 시·도지사 또는 시장·군수·구청장은 그 관할 구역 안에서 보호를 필요로 하는 아동

을 발견하거나, 보호를 필요로 하는 아동을 발견하거나, 보호자의 의뢰를 받은 때에는 아동의 최상의 이익을 위하여 대통령이 정하는 바에 따라 다음과 같은 보호조치를 하여야 한다고 규정하고 있다(아동복지법 제10조).

① 아동복지지도원은 또는 아동위원에게 보호를 하는 아동 또는 그 보호자에 대한 상담, 지도를 행하는 것
② 보호자 또는 대리양육을 원하는 연고자에 대하여 그 가정에서 보호 양육할 수 있도록 필요한 조치를 하는 것
③ 아동의 보호를 희망하는 자에게 보호를 필요로 하는 아동의 보호를 위탁하는 것
④ 보호를 필요로 하는 아동에 적합한 아동복지시설에 입소시키는 것
⑤ 약물 및 알코올중독, 정서장애, 발달장애 등으로 특수한 치료나 요양 등의 보호를 필요로 하는 아동에 대하여 전문치료기관 또는 요양소에 입원 또는 입소시키는 것

아동에 대한 보호조치는 아동복지를 위한 문제 예방의 내용도 일부 함께 포함하고 있으나, 이미 요보호상태의 아동에 대한 일련의 보호조치가 주를 이루고 있다. 단, 시설보호의 경우는 아동 보호자의 의견 존중도 규정하고 있다.

(3) 아동의 복지를 위한 위원 및 기관

2003년 12월 22일 개정된 아동복지법에 의하면 국무총리를 위원장으로 하는 아동정책조정위원회를 두게 되었다. 아동정책조정위원회는 아동의 권리증진과 건강한 출생 및 성장을 위해 종합적인 아동정책을 수립하고 관계부처의 의견을 조정하며, 그 정책의 이행을 감독하고 평가하는 것을 목적으로 한다. 상기 위원회를 설치하게 된 구체적인 계기는 국제조약인 아동권리협약의 이행을 점검할 필요성이었다.

그 밖에 일선의 아동복지의 수행을 위하여 시·도, 시·군·구에 아동복지지도원을 시·군·구에 아동위원을 두도록 하고 있다(아동복지법 제6조, 제7조).

아동복지지도원은 공무원으로, 아동과 그 가족에 대한 상담, 보호조치, 조사, 지역의 학교부적응아 및 비행청소년에 대한 예방, 지도 및 원조 등의 업무를 수행한다. 아동위원은 일종의 명예직 혹은 자원봉사자로 지역의 아동복지를 위하여 아동복지지도원 및 행정기관과 협력하면서 아동의 생활상태 파악, 아동복지에 필요한 원조 및 지도를 행한다. 아동의 건강 유지를 위하여 보건소, 아동의 안전을 위한 학교의 장 등의 역할에 대해서도 규정하고 있다.

(4) 아동복지시설

아동복지시설은 국가 또는 지방자치단체가 아동의 시설보호조치 및 기타의 아동복지사업을 수행하기 위하여 설치한다. 또한 국가 또는 지방자치단체 이외에 따로 관할 시장, 군수, 구청장에게 신고하여 아동복지시설을 설치할 수 있다(아동복지법 제14조).

아동복지법상 아동복지시설은 다음과 같다(아동복지법 제16조 제1항).

① **아동양육시설**: 보호를 필요로 하는 아동을 입소시켜 보호, 양육하는 것을 목적으로 하는 시설
② **아동일시보호시설**: 보호를 필요로 하는 아동을 일시보호하고 아동에 대한 향후의 양육 대책 수립 및 보호조치를 행하는 것을 목적으로 하는 시설
③ **아동보호조치시설**: 불량행위를 하거나 불량행위를 할 우려가 있는 아동으로서 보호자가 없거나 친권자나 후견인이 입소를 신청한 아동 또는 가정법원, 지방법원, 소년부지원에서 보호 위탁한 아동을 입소시켜 그들을 선도하여 건전한 사회인으로 육성하는 것을 목적으로 하는 시설
④ **아동직업훈련시설**: 아동복지시설에 입소되어 있는 만 15세 이상의 아동과 생활이 어려운 가정의 아동에 대하여 자활에 필요한 지식과 기능을 습득시키는 것을 목적으로 하는 시설
⑤ **자립지원보호시설**: 아동복지시설에서 퇴소한 자에게 취업준비기간 또는 취업 후 일정 기간 보호함으로써 자립을 지원하는 것을 목적으로 하는 시설

⑥ **아동단기보호시설**: 일반가정에 아동을 보호하기 곤란한 일시적 사정이 있는 경우 아동을 단기간 보호하며, 가정의 복지에 필요한 지원조치를 하는 것을 목적으로 하는 시설

⑦ **아동상담소**: 아동과 그 가족의 문제에 관한 상담, 치료, 예방 및 연구들을 목적으로 하는 시설

⑧ **아동전용시설**: 어린이공원, 어린이놀이터, 아동회관, 체육, 연극, 영화, 과학실험전시실, 아동휴게숙박시설, 야영장 등 아동에게 건전한 놀이, 오락 기타 각종의 편의를 제공하여 심신의 건강 유지와 복지증진에 필요한 서비스를 제공하는 것을 목적으로 하는 시설

⑨ **아동복지관**: 지역사회 아동의 건전한 육성을 위하여 심신의 건강 유지와 복지 증진에 필요한 서비스를 제공하는 것을 목적으로 하는 시설

⑩ **공동생활가정**: 보호를 필요로 하는 아동에게 가정과 같은 주거 여건과 보호를 제공하는 것을 목적으로 하는 시설

⑪ **지역아동센터**: 지역사회 아동의 보호·교육, 건전한 놀이와 오락의 제공, 보호자와 지역사회의 연계 등 아동의 건전육성을 위하여 종합적인 아동복지 서비스를 제공하는 시설

아동복지시설은 아동의 복지를 위한 구체적인 장이 되고 있으며, 필요한 전문 인력의 배치와 관련하여 시설종사자의 직종과 수, 그 자격 및 배치기준은 대통령으로 규정되고 있다.

(5) 아동복지 관련 비용

아동복지법에 국가와 지방지치단체가 전부 또는 일부를 보호할 수 있는 비용을 규정하고 있다(아동복지법 제31조). 비용을 보조하는 경우 보조비율은 관계 시행령을 따르게 되어 있다. 비용보조는 아동복지시설, 대리양육 또는 위탁보호, 아동보호전문기관, 아동복지단체의 지도 및 육성, 아동복지사업의 지도, 감독 및 선전 등과 관련된 필요 경비 등이다. 그 밖에 비용과 관련하여 국유재산의 무상 대여 관련 임의조항과 아동복지시설의 일부 비용에

대한 면세 관련 임의조항이 명시되어 있다.

비용보조는 국가의 아동복지에 대한 책임의 정도를 가장 분명하게 보여주는 단서가 되는 데, 현재 비용보조에 대하여 아동복지법은 임의규정으로 하고 있어 국가 책임에 대한 미온적인 태도를 보여주고 있다.

아동복지법에는 이 밖에 아동전용시설의 설치 관련 구정과 아동학대 관련 전문기관 설치 및 운영, 긴급전화, 학대신고 관련 규정 등이 포함되어 있다.

2) 아동복지 관련법의 구성과 내용

아동을 대상으로 하는 아동복지 관련법으로는 영유아보육법, 모·부자복지법, 입양특례법, 소년원법, 청소년기본법, 청소년보호법 등이 있다.

영유아보육법은 보호자가 근로 또는 질병, 기타 시정으로 인하여 보호하기 어려운 영아 및 유아를 심신의 보호와 건전한 교육을 통하여 건강한 사회구성원으로 육성함과 아울러 보호자의 경제적·사회적 활동을 원활하게 하여 가정복지증진에 기여함을 목적으로 하고 있다. 6세 미만의 취학 전 아동을 대상으로 하는 이 법은 취업모의 증가에 따른 가정 내 아동양육의 취약성을 보완하여 아동의 건전한 양육을 지원하는 것으로 보육위원회, 보육정보센터, 보육시설 등에 관한 규정을 담고 있다.

모·부자복지법은 모·부자가정의 생활안정과 복지증진을 목적으로 하는 법으로 모·부자상담실, 상담원, 단체 관련 규정과 생계비, 아동교육지원비, 직업훈련비 및 훈련기간 중 생계비, 아동양육비 등으로 구성되는 복지급여, 모·부자복지시설 등에 관한 규정을 담고 있다. 모자가정과 부자가정을 함께 강조하는 방향으로 변화하고 있으며, 모·부자가정으로 미혼자를 포함하는 등 모·부자가정에 대한 좀 더 현실적인 접근을 하고 있다. 모·부자복지법은 모·부자가정에 대한 지원을 통하여 가정 내 아동들을 지원하는 근거법이다.

입양촉진 및 절차에 관한 특례법은 요보호아동의 입양을 촉진하고 양자로 되는 자의 보호와 복지증진을 도모하기 위하여 필요한 사항을 규정함을 목적으로 하고 있다. 입양조건, 입양절차, 입양기관, 양육보조금지급과 같은 입양아동에 대한 복지시책 등을 담고 있다.

9세 이상 24세 이하를 대상으로 하는 청소년 관련법은 아동과 청소년의 정의가 상당 부분 연령상 중복되어 있으므로 아동의 복지와 밀접한 관련을 갖고 있다. 청소년기본법은 청소년육성정책에 관한 기본법으로 청소년육성위원회, 청소년기본계획수립, 청소년수련활동지운, 청소년수련실, 청소년유해요인금지와 청소년비행예장 등을 담은 청소년복지, 청소년육성기금과 관련된 내용을 규정하고 있다.

청소년보호법은 청소년에게 유해한 매체물과 약물 등이 청소년에게 유통되는 것과 청소년이 유해한 업소에 출입하는 것 등을 규제하고, 청소년을 청소년 폭력·학대 등 청소년유해행위를 포함한 각종 유해한 환경으로부터 보호·구체화함으로써 청소년이 건전한 인격체로 성장할 수 있도록 함을 목적으로 하고 있다. 구체적으로 청소년유해매체물, 청소년유해업소, 약물, 청소년유해행위규제, 청소년보호위원회 등과 관련된 내용을 규정하고 있다.

소년원법은 청소년은 범죄에 대한 처벌에서도 청소년의 특성과 장래 등을 고려하여 성인과 별도의 조치를 받을 필요가 있다는 전제에서 출발한 법으로, 소년원과 소년분류심사원의 조직과 기능, 기타 소년의 교정교육 등에 관하여 필요한 사항을 규정함을 목적으로 하고 있다. 소년원법은 소년원의 청소년 수용보호, 분류심사, 교정교육 출원 등과 관련된 규정을 담고 있다.

이 밖에도 아동복지와 직·간접적으로 관련을 갖고 있는 법들이 있다. 아동복지법 외 관련법은 비교적 아동복지의 특정 영역을 협의로 다루고 있으며 보다 전문화, 구체화, 다양화되는 경향을 보인다. 2005년에도 실종아동등의 보호 및 지원에 관한법률이 제정되기도 하였다. 현대의 아동복지는 법에 근거하고 있으므로 아동복지 관련법의 변화 및 내용은 우리나라 아동복지의 현 주소를 대변한다(조미숙 외, 2014, 아동복지실천과 사례관리, 한국보건복지인력개발원).

우리나라 아동복지사업과 관련되는 법들은 크게 아동, 청소년, 가족 관련법으로 분류할 수 있으며, 구체적으로 아동복지법, 청소년기본법, 청소년복지지원법, 청소년활동진흥법, 청소년보호법 등이 있다. 이와 별도로 입양특례법 등 구체적인 대상 및 이와 연관된 정책과 관련된 특례법들이 다양하게 존재한다. 보건복지부에서 담당하고 있는 아동복지사업은 대부분 아동복지법에 근거하여 이루어지고 있다. 이외에도 입양사업, 실종아동의 보호 및 지원 등 특정한 대상과 사업의 근거가 되는 입양특례법, 실종아동 등의 보호 및 지원에 관한 법률 등이 각각 제정되어 적용되고 있다. 청소년 관련 업무를 담당하고 있는 여성가족부의 경우는 청소년기본법, 청소년복지지원법, 청소년보호법, 청소년활동진흥법 등 각 사업별로 근거 법령이 제정되어 그에 따라 운영되고 있다. **표 8-2**에 그 내용을 정리하였다(조미숙 외, 2014; 아동복지실천과 사례관리, 한국보건복지인력개발원).

표 8-2 주요 아동청소년 복지사업의 근거법

사업명	근거법
입양	입양특례법 및 동법 시행령 · 시행규칙
가정위탁지원	• 아동복지법 제3조, 제15조, 제48조, 제49조, 제59조 • 국민기초생활보장법 제4조 제3항, 제5조 제3항, 제7조, 제10조 및 동법 시행령 제5조 • 의료급여법 제3조
방과후 활동지원(지역아동센터)	아동복지법 제52조
그룹홈 운영	아동복지법 제50조, 제15조, 아동복지법 시행령 제22조
자립지원시설	아동복지법 제38조, 제39조, 제40조, 제41조
드림스타트	아동복지법 제37조, 아동복지법 시행령 제37조
디딤씨앗통장	아동복지법 제42조, 제43조, 제44조
실종아동 등의 보호 및 지원	실종아동등의 보호 및 지원에 관한 법률
청소년 방과후 활동지원	청소년기본법 제48조 2항, 청소년기본법 시행령 제33조 3~5항
청소년 수련시설지원	청소년활동진흥법 제11조
자원봉사활동지원	청소년활동진흥법 제65조
청소년증 운영	청소년복지지원법 제3조, 제4조
청소년 지도사 배치지원	청소년기본법 제23조 및 동법 시행령 제25조
청소년 교류사업	청소년활동진흥법 제54조 제2항
청소년 상담복지센터 운영	청소년복지지원법 제29조 및 동법 시행령 제14조
지역사회청소년통합지원체계 (CYS-Net)	청소년복지지원법 제9조, 동법 시행령 제4조
청소년 동반자(YC) 프로그램	• 청소년기본법 제49조 제2항, 제3항 • 청소년복지지원법 제12조

(계속)

학업중단 청소년 자립 및 학업지원사업(두드림·해밀)	• 청소년기본법 제49조 • 청소년복지지원법 제17조
청소년 특별지원사업	청소년복지지원법 제14조, 제15조
청소년 쉼터 운영	청소년복지지원법 제16조, 제31조
청소년 유해환경 감시단 운영 관리	청소년보호법 제5조 및 제48조
청소년 인터넷 중독 예방 및 해소 지원사업	• 청소년기본법 제8조, 제51조, 제52조 • 청소년보호법 제4조, 제5조, 제27조

출처: 보건복지부(2013). 2013년 아동분야 사업안내. 여성가족부(2013). 2013년도 청소년 사업안내; 이은주 등(2013). 아동청소년 복지사업 심층분석. 보건복지부 연구용역보고서 재인용.

표 8-2와 같이 해당 사업별로 다양하게 적용되고 있는 관련 법령들은 사업의 성격에 따라 아동, 청소년, 연소자, 미성년 등 다양한 호칭으로 대상아동들을 규정하고 있고, 그에 따라 연령의 기준도 상이하다. 대표적으로 우리나라 아동복지의 기본법에 해당하는 아동복지법은 그 대상을 만 18세 미만의 아동으로 규정하고 있는 반면 청소년기본법의 경우 만 9세 이상 24세 이하로 그 대상을 규정하고 있다. 표 8-3에 아동복지 관련 개별 법령에서 규정하고 있는 대상의 호칭과 연령기준을 정리하여 제시하였다(조미숙 외, 2014, 아동복지실천과 사례관리, 한국보건복지인력개발원).

표 8-3 아동청소년 관련 법규에서 규정된 호칭과 연령 기준

관련 법규	호칭	연령 기준
헌법	아동	18세 미만의 자
	형사 미성년	14세 미만의 자
민법	미성년	만20세 미만의 자
근로기준법	연소자	18세 미만의 자
아동복지법	아동	18세 미만의 자
청소년보호법	청소년	만19세 미만의 자
청소년기본법	청소년	9세 이상 24세 이하의 자
영유아보육법	영유아	6세 미만의 취학 전 아동
소년법	소년	19세 미만의 자

(계속)

초·중등 교육법	청소년/연소자	18세 미만의 자
한부모가족지원법	아동	18세 미만의 자
국민기초생활보장법	아동	18세 미만의 자
모자보건법	영유아	출생 후 6세 미만의 자
미성년자보호법	미성년	20세 미만의 자

출처: 법제처 홈페이지(2013). 이은주 등(2013). 아동청소년복지사업 심층분석. 보건복지부 연구용역보고서 재인용.

4. 아동복지 프로그램 현황

아동복지 프로그램은 아동복지법과 아동복지 관련법에 기초하여 실제 시행되고 있는 구체적인 제도의 내용들이다. 아동복지는 사회복지분야에서 그 비중이 크지 않았다. 단적으로 예산을 보더라도 아동복지예산은 다른 영역-기초생활보장, 장애인복지, 노인복지, 인구가정, 기타-의 예산보다 사회복지예산에서 차지하는 비중이 가장 작았다. 물론 최근 들어 사회복지예산 중에서 아동복지예산이 차지하는 비중이 빠른 속도로 증가하고 있지만 아직 구성비는 낮다.

아동복지정책에서 공공부조와 보험 등을 제하고 주로 아동복지 서비스 프로그램을 중심으로 내용을 정리하여 보고자 한다. 아동복지 서비스 프로그램은 매년 발간되어 온 보건복지부의 '아동복지사업안내'를 통하여 파악할 수 있다.

1) 목표와 추진방향

아동복지의 최근 목표는 가정중심, 지역사회중심의 아동보호로 변화되고 있으며, 요보호아동뿐 아니라 일반아동의 건전육성을 위한 예방적 서비스 강화에도 주력하여 아동이 그들의 권리를 존중받으며 성장할 수 있도록 지원하는 것을 강조한다.

이러한 목표를 달성하기 위한 추진방향은 ① 아동의 안전하고 건강한 성장 여건을 조성하고, ② 예방적 서비스 강화로 사후적 서비스 수요를 감소시키며, ③ 가정친화적 아동보호기능을 강화하고, ④ 지역사회 저소득층 아동을 위한 지원체계를 강화하는 것이다(보건복지부, 아동복지사업안내 2006).

아동복지 추진방향을 보면 과거에 비하여 일반아동을 대상으로 예방적 서비스를 강조하고, 가정과 유사한 환경을 조성하는 보호가 중심이 되는 변화를 보이고 있다. 그러나 아직까지 아동복지 서비스의 실질적 내용은 요보호아동을 대상으로 하는 것이 대부분을 차지하고 있으며, 이러한 특성은 우리나라 아동복지정책의 현주소를 대변하고 있다.

2) 아동복지 프로그램 내용

정부가 추진하는 아동복지 프로그램은 크게 일반아동을 대상으로 하는 예방적·보편적 서비스와 요보호아동을 대상으로 하는 사후적·선별적 서비스로 구분된다.

(1) 예방적 · 보편적 서비스

예방적·보편적 서비스로는 가정 내 안전사고 예방사고, 실종 아동 찾아주기 사업, 아동의 권리 보장을 위한 지속적 모니터링과 아동위원 활동 지원 등이 포함된다. 아동의 안전사고에 대응하기 위하여 안전통계작성, 원인 파악과 대책마련, 교육 및 홍보가 이루어지고 있으며, 실종아동찾아주기사업으로 실종아동찾기 공익광고, 실종아동 발견 가능성이 높은 시설에 대한 주기적 점검을 실시하고 있다. 또한 지역사회에서 아동안전환경의 조성이 가능하도록 아동위원의 활동을 활성화하는 설명회 개최, 포상 등이 이루어지고 있다.

(2) 사후적 · 선별적 서비스

사후적·선별적 서비스로는 빈곤아동을 주 대상으로 하는 아동급식지원, 지역아동센터 운영 지원, 결연사업, 소년소녀가정지원과 아동보호를 목적으로 하는 아동학대예방 및 보호 서비스, 국내입양활성화 및 입양사후관리 서비스, 가정위탁 서비스, 그룹홈 운영의 확대 지원, 아동시설 지원, 시설 퇴소 아동 지원 등이 있다. 예방적인 성격과 더불어 아직 그 대상이 고위험군 아동으로 표적화되고 있는 아동보호통합 서비스 체계 구축도 시도되고 있다. 이는 취약지역의 아동을 대상으로 보호 서비스, 방문간호 서비스 등을 연계하여 통합 서비스를 제공하는 틀로 구성된다.

과거와 비교하여 아동에 대한 보편적인 예방적 서비스가 강조되고 있으며, 이러한 변화는 우선 정책방향의 설정 등에서 더욱 선명하게 드러난다. 그러나 아직도 요보호아동에 대한 서비스가 절대적으로 큰 비중을 차지하고 있다. 앞으로 예방적·보편적 서비스의 개발이 좀 더 확충되어야 한다.

사후적·선별적인 서비스로 한정하여도 그 특성의 변화가 보인다. 시설아동의 보호환경을 개선하고, 대안적인 아동보호 형태인 가정위탁 및 그룹홈을 활성화하기 위한 노력이 강화되는 등 요보호아동에 대한 보호의 질을 제고하는 발전적 측면이 있다.

9
Chapter

아동학대와 아동보호

1. 아동학대의 정의 및 유형
2. 아동학대의 실태
3. 아동학대의 발생원인 및 개입절차
4. 아동학대 예방지원
5. 학대아동을 위한 서비스 개선의 방향

2017년 아동학대로 인하여 사망한 아동의 수는 46명이다. 매년 수많은 아동들이 학대로 인하여 생존과 발달에 위협을 받고 있다. 훈육과 체벌이 허용되는 우리나라 전통의 관습과 가정 내에서 일어나는 일에 대한 외부개입의 어려움 등으로 우리 사회의 아동학대는 쉽게 노출되지 않았다. 그러나 최근 아동학대에 대한 인식을 개선하기 위하여 정부는 많은 노력을 경주하고 있다.

이 장에서는 아동학대에 대한 정의 및 유형에 대하여 살펴보고, 아동학대의 실태를 설명할 것이다. 아동학대의 발생원인과 아동학대에 대한 개입절차에 대하여, 아동학대의 방지를 설명하고, 학대아동을 위한 서비스의 개선 방향을 제시한다.

1 아동학대의 정의 및 유형

1) 아동학대의 정의

아동학대에 대한 다양한 정의가 있지만 아동복지법(제3조)에서의 아동학대라 함은 보호자를 포함한 성인이 아동의 건강 또는 복지를 해치거나 정상적 발달을 저해할 수 있는 신체적·정신적·성적 폭력이나 가혹행위를 하는 것과 아동의 보호자가 아동을 유기하거나 방임하는 것을 말한다. 이 규정은 적극적인 가해행위 뿐만 아니라 소극적인 의미의 단순 체벌 및 훈육까지 아동학대의 정의에 포함하고 있다.

즉, 아동의 복지나 아동의 잠정적인 발달을 위협하는 보다 넓은 범위의 행동을 아동학대로 규정하고, 신체적 학대뿐만 아니라 정서적학대나 방임, 아동의 발달을 저해하는 행위나 환경, 더 나아가 아동의 권리보호에 이르는 매우 포괄적인 경우를 규정하고 있다.

2) 아동학대의 유형

아동학대의 유형은 크게 신체학대, 정서학대, 성학대, 방임으로 나누어 살펴볼 수 있다. 아동복지법 제3조의 규정과 보건복지부 산하 중앙 아동보호전문기관에서 발표한 학대의 유형은 다음과 같다.

(1) 신체학대(Physical Abuse)

보호자를 포함한 성인이 아동에게 우발적인 사고가 아닌 상황에서 신체적 손상을 입히거나 또는 신체손상을 입도록 한 모든 행위를 말하며, 생후 12개월 이하의 영아에게 가해진 체벌은 어떠한 상황에서도 심각한 신체학대이다.

신체적 손상을 입히는 학대는 떠밀고 움켜잡는 행위, 뺨을 때리는 행위, 벨트 등 도구를 사용하여 때리는 행위, 발로 차거나 물어뜯고 주먹으로 치는 행위, 팔, 다리 등을 심하게 비틀어 쥐어짜는 행위, 뜨거운 물이나 물체, 담뱃불 등으로 화상을 입히는 행위 등을 말한다.

(2) 정서학대(Emotional Abuse)

아동의 인격이나 존재를 말과 행동으로 멸시하거나 부당한 대우를 하는 행위를 말하는 것으로 다른 학대 유형에 반드시 동반해서 나타난다.

정서적 학대로는 아동에게 욕설을 퍼붓는 행위, 감금 행위, 집 밖으로 내쫓겠다고 하거나 원망적, 거부적인 언어를 사용하는 행위, 아동발달 수준에 적절하지 않은 비현실적인 기대로 아동을 괴롭히는 행위, 삭발시키는, 행위, 아동이 보는 앞에서 부부싸움을 하거나 다른 아동과 부정적으로 비교하는 행위 등을 말한다.

(3) 성학대(Sexual Abuse)

성인이 성적인 충족을 위해 미성숙한 아동과 함께하는 모든 성적 행위를 말한다. 성학대는 아동의 보호관계에 있는 사람들이 저지른 행위를 말하며, 타인에 의해 저질러진 행위는 성폭력이라고 한다.

성학대로는 성인이 아동에게 자신의 성기나 신체를 접촉하게 하거나 아동의 성기를 만지는 행위, 아동 앞에서 옷을 벗으며 자신의 성기를 만지는 행위, 아동의 옷을 강제로 벗기거나 키스를 하는 행위, 포르노비디오를 아동에게 보여 주거나 포르노물을 판매하는 행위, 아동 매춘이나 매매를 하는 행위 등을 말한다.

(4) 방임(Neglect)

보호자가 아동에게 위험한 환경에 처하게 하거나 아동에게 필요한 의식주, 의무교육, 의료적 조치 등을 제공하지 않는 행위를 말하며, 유기란 보호자가 아동을 보호하지 않고 버리는 행위를 말한다. 방임은 물리적 방임, 교육적 방임, 의료적 방임, 유기 등으로 나누어 볼 수 있다.

① 물리적 방임

- 기본적인 의식주를 제공하지 않는 행위
- 불결한 환경이나 위험한 상태에 아동을 방치하는 행위
- 아동의 출생신고를 하지 않는 행위, 보호자가 아동들을 가정 내에 두고 가출한 경우
- 보호자가 친족에게 연락하지 않고 무작정 아동을 친족 집 근처에 두고 사라진 경우 등

② 교육적 방임

보호자가 아동을 특별한 사유 없이 학교(의무교육)에 보내지 않거나 아동의 무단결석을 방치하는 행위로서, 의무교육은 6년의 초등교육 및 3년의 중학교를 의미한다(교육기본법 제8조 제1항).

또한 초등학교 및 중학교의 장은 해당 학교에 취학할 예정인 아동이나 취학 중인 학생이

- 입학·재취학·전학 또는 편입학 기일 이후 2일 이내에 입학·재취학·전학 또는 편입학하지 아니한 경우
- 정당한 사유 없이 계속하여 2일 이상 결석하는 경우
- 학생의 고용자에 의하여 의무교육을 받는 것이 방해당하는 때 지체 없이 그 보호자 또는 고용자에게 해당 아동이나 학생의 취학 또는 출석을 독촉하거나 의무교육을 받는 것을 방해하지 아니하도록 경고하여야 함

(초·중등교육법 시행령 제25조)

③ 의료적 방임

아동이 질병이 있음에도 불구하고 적절한 조치를 받지 못하는 경우를 뜻하며, 아동에게 필요한 의료적 처치 및 개입을 하지 않는 행위를 뜻한다.

④ 유기

- 아동을 보호하지 않고 버리는 행위
- 아동을 병원에 입원시키고 사라진 경우
- 시설근처에 버리고 가는 행위

3) 아동학대의 징후

(1) 신체학대의 징후

신체 여러 부위의 설명할 수 없는 상처나 심한 구타자국, 두 눈에 심한 멍, 줄 등으로 목 졸린 흔적, 목에 난 상처, 담뱃불, 양말이나 장갑, 다리미 모양의 물체에 의한 화상, 입, 입술, 팔, 다리, 목에 난 열상, 설명할 수 없는 골격손상, 경직되고 부어오른 관절, 다발성 혹은 나선형 골절, 없어지거나 흔들리는 치아, 이빨로 물린 자국, 머리카락이 없어진 부분, 스트레스로 인한 원형탈모, 사지골절 및 안구출혈, 고막파열, 두뇌손상, 사망 등이 나타난다.

어른에 대한 신체적 접촉이나 다른 아이가 울 때 쉽게 놀라고 두려워하며, 자신이나 타인에게 해를 끼침, 행동이 극단적, 공격적 혹은 위축, 사회관계의 부족, 학습문제, 학습능력 부족, 집중시간이 짧고 언어발달 지체, 가출이나 비행, 상처에 대해 이야기하려 하지 않거나 엉뚱한 변명을 함, 아파하거나 어색한 동작, 옷 갈아입는 것을 싫어하거나 더운 날씨에도 옷 벗는 것을 싫어함, 집에 들어가기를 두려워하는 등 정서적·행동적 문제가 나타난다.

(2) 정서학대의 징후

공격적 행동, 과잉행동, 퇴행행동, 눈치를 많이 봄, 주의산만, 충동성, 인내심 결여, 집중력 결여, 미숙한 정서반응, 지나치게 수동적이거나 공격적인 성향, 불행, 슬픔, 절망감 등으로 정서불안 및 위축, 우울, 공포, 낮은 자아 존중감, 새로운 상황에 대한 두려움, 등교거부, 학습부진, 식욕부진, 섭식장애, 호흡곤란, 자해행동, 자살행동 시도, 성인에 대한 불신으로 인해 대인관계 기피, 원만한지 못한 사회관계, 말더듬과 같은 언어장애, 전반적인 발육부진 등의 정서적으로 극도의 불안감이나 그에 따르는 여러 가지 문제가 나타난다.

(3) 성학대의 징후

복부통증, 구토, 생식기/항문의 가려움, 통증, 부종, 생식기/항문의 좌상(멍), 출혈, 성기 팽창, 성기 분비물 호소, 요로 감염이나 곰팡이 감염 호소, 소변 시 통증, 성병, 괄약근 조절의 어려움(유분증), 처녀막 파열, 임신과 낙태, 만성적인 원인불명의 목쉼, 후두염, 잦은 심인성 질환, 속옷이 찢어지고 더러워지거나 피가 묻는 경우, 피부나 옷에 정액이 묻는 경우, 걷거나 앉을 때의 어려움 등이 나타난다.

갑작스런 체중감소 및 증가, 수면장애, 만성적인 악몽, 섭식장애, 퇴행, 자위행위의 증가, 성적 행동 표출 등의 부적절한 성적 행동, 조숙한 성놀이, 성과 관련된 그림을 그림, 또래에 비하여 성에 대한 해박한 지식, 음란한 용어 사용, 극단적인 경우 자살 시도, 자기 파괴적 행동, 집중도 결여, 자존감 및 자신감 결여, 두려움, 불안감, 공포, 불신감, 분노와 적대감, 우울감, 죄의식, 수치심 등이 생기게 된다.

(4) 방임의 징후

성장지연, 발달지체, 기아, 영양실조, 적절하지 못한 영양섭생, 냄새나는 의복, 청결하지 못한 몸, 머리, 손톱, 지속적인 피로, 나른함, 조는 행위, 위험한 상황에 대한 불충분한 보호로 생긴 상처 등이 나타난다.

음식을 구걸하거나 훔치는 경우, 쓰레기를 뒤지는 경우, 항상 배고파하는 경우, 파괴적인 자아 또는 극단적, 공격적이고 위축된 경우, 거짓 행동을 하거나 나이에 비해 성숙한 책임감을 가장한 경우, 나이에 맞지 않게 어린아이와 같은 행동을 하거나 비행행위를 하는 경우, 잦은 학교 결석, 만성적인 지각, 관심이나 애정추구, 우울증 등의 정서적으로 불안한 행동을 하게 된다.

4) 아동학대의 후유증

아동은 정신적, 신체적 장애를 일으킬 수 있고 학대받은 아동은 다른 사람을 신뢰하거나 사랑하지 못하게 된다. 믿는 사람에게서 학대를 받은 경우는 아동의 전 생애에 부정적인 영향을 미치며, 파괴적인 행동이나 몹시 소극적인 태도로 관계형성에 어려움을 겪게 되고, 비행에까지 이르게 한다. 또한 아동학대 경험은 아동학대 악순환의 원인이 된다. 부모에게서 학대를 받은 사람이 자신의 아이들을 학대할 가능성이 높다.

(1) 신체학대의 후유증

외상으로 두개골 골절 및 복부, 흉부, 고막파열, 열창, 화상, 시력상실, 치아·사지골절, 담뱃불로 지진 상처, 할퀴거나 깨문 상처 등이 있다. 심리적으로는 집에 들어가기 싫어하고 살기가 싫다고 하며, 화가 나서 물건을 부수거나 누군가를 때려주고 싶다고 한다.

정상적인 생활을 유지할 수 없을 정도로 학대받은 아동은 성격 형성과 사회적 기능에 치명적인 영향을 주며, 때로는 사망에 이르게 하는 경우도 있다. 신체적 학대를 받은 아동은 부모나 다른 성인들의 신체적 접촉을 경계하거나 극단적인 행동을 보이고, 의존적이고 무분별한 애착관계를 갖고자 하며, 부모나 보호자를 두려워한다. 등교거부, 학습부진 등의 행동장애를 보이기도 하며 두통, 식욕부진, 호흡곤란, 말더듬, 빈뇨, 복통을 호소한다. 우울증, 자살행동, 공포증상을 보이기도 한다.

(2) 정서학대의 후유증

아동의 심리적인 상태에 부정적인 영향을 주는 정서적 학대의 후유증은 신체적 학대로 인한 신체적 증상 및 후유증 이상으로 아동의 성장발달에 치명적인 결과를 가져올 수 있다.

낮은 자존감, 발달지체, 자살행동 등을 보이기도 한다. 도덕발달의 결함을 보이거나 수동적이면서도 공격적·도전적인 행동을 보인다. 거의 웃지 않고 잘 놀지도 않으며 깊이 잠들지도 못하고, 다른 성인과의 관계에서 관심을 끌려고 하며 항상 뭔가 더 필요하다는 느낌을 보인다.

(3) 성학대의 후유증

아동기 성학대의 경험은 심한 후유증을 나타낸다. 공포와 불안, 악몽, 무력감, 퇴행, 공격적 행동을 포함한 외상 후 스트레스 장애를 보이며, 성적인 이상행동과 같은 징후를 보이기도 하며, 급격한 성격 변화와 행동변화를 보인다.

복부통증, 구토, 요도관 감염, 외음부의 출혈 및 상처, 인두감염, 성병 등이 나타난다. 갑작스런 체중 감소나 증가를 보이고, 수면장애, 강박적인 자위행위, 조숙한 성적 놀이 등을 한다. 퇴행, 배변훈련의 실패, 잦은 목욕 그리고 원인 없이 울거나 집안에만 머물려고 하며, 우울증을 보이고 무단결석이나 가출을 하고 자기 파괴적 행동과 약물남용에 쉽게 빠진다. 성도착증을 보이거나 남자에게 공포반응을 나타내기도 한다.

(4) 방임의 후유증

영양불량으로 신체가 허약하고, 몸이나 옷이 더럽고, 머리 모양이 단정치 못하며, 계절이나 날씨에 맞지 않는 옷을 입고 다닌다. 배고프다고 말하면서 간식이나 점심을 더 달라고 한다. 상처가 났을 때 상처를 치료하지 않은 채 등교한다. 지각, 무단결석이 잦으며 준비물을 자주 가져오지 않고 방과 후 집에 가지 않고 서성인다.

거의 대부분의 방임은 서서히 그러나 지속적으로 아동에게 피해를 주기 때문에 아동에게 세상에 대한 탐색과 다른 사람과 관계를 맺고자 하는 의지를 상실케 한다.

2. 아동학대의 실태

우리나라의 아동학대는 전통적으로 체벌에 의한 훈육이 허용되어 온 이유로 방치되었고, 특히 가정 내에서 발생하는 아동학대에 대한 인식이 매우 낮아 아동학대에 대한 신고 및 발견이 어려웠다. 가정 내에서 이루어지는 아동학대는 은폐성의 특징을 가지고 있어 외부에 알려지는 것이 쉽지 않았다. 그러나 2000년 전면 개정된 아동복지법의 근거에 의하여 아동복지의 서비스에 대한 인식이 높아지면서 아동학대의 신고 건수는 매년 증가하는 추세이다.

1) 신고 현황

연도별 아동학대 신고 접수 현황(중앙아동보호전문기관)을 살펴보면 2001년 4,133건에서 2016년에는 29,671건으로 7배 이상 증가하였다. 그러나 아동학대의 발생 장소가 가정에서 일어나는 경우가 82%이고 학대행위자 중 81%가 부모에 의해 이루어지고 있어, 신고 건수는 꾸준히 증가하고 있으나 발견율은 낮은 것으로 나타나고 있다. 이것은 미국과 호주의 사례에 비추어 보면 명확하게 나타난다. 1,000명을 기준으로 한 아동학대 발견율을 살펴보면 우리나라의 경우 1.3명에 그치고 있으나, 호주는 7.8명, 미국은 9.1명이다. 이러한 이유로 우리나라에서는 2016년에 학대에 인하여 사망한 아동이 36명이며, 사망한 아동 중 영아의 비율은 68%(2015년 현재)이다.

표 9-1 연도별 신고 접수 현황

구분	신고접수 건수	일반상담 건수	아동학대 의심 사례
2001	4,133	1,527	2,606
2002	4,111	1,165	2,946
2003	4,983	1,447	3,536
2004	6,998	2,118	4,880
2005	8,000	2,239	5,761
2006	8,903	2,451	6,452
2007	9,478	2,395	7,083

(계속)

2008	9,570	2,351	7,219
2009	9,309	1,854	7,354
2010	9.199	1,704	7,406
2011	10,146	1,737	8,325
2012	10,943	1,930	8,979
2013	13,076	2,176	10,857
2014	17,782	2,664	15,035
2015	19,203	2,465	16,651
2016	29,671	3,604	25,878

출처: 중앙아동보호전문기관(2018).

2) 2016년도 아동학대 통계

2016년에 발생한 아동학대의 사례를 중심으로 살펴보면 전체 신고접수 건수는 29,671건에 일반상담 건수가 3,604건, 아동학대 의심 사례가 25,878건으로 나타났다. 신고 유형자별로 나누어 보면 신고의무자에 의한 신고 건수는 8,288건(32%), 비 신고의무자에 의한 신고 건수는 17,590건(68%)이었다. 신고의무자의 신고 현황에서는 초·중·고 교직원에 의한 신고가 3,978건(47.9%)으로 가장 많았고, 사회복지 전담 공무원이 815건(9.8%), 아동보호전문기관 종사자 695건(8.3%), 보육 교직원 286건(3.4%), 유치원 교직원 114건(1.3%) 등으로 조사되었다. 비신고의무자의 신고 현황에서는 부모 4,619건(26.2%), 사회복지 관련 종사자 4,088건(23.2%), 아동본인 2,322건(13.2%), 이웃, 친구 1,858건(10.5%) 등으로 조사 되었다.

(1) 피해아동 현황

2016년에 발생한 아동학대 사례를 분석한 결과를 살펴보면 전체 피해아동 중 남자아이는 9,380건으로 50.2%, 여자아이는 9,320건으로 49.8%를 차지하였다.

피해아동의 연령(표 9-2)은 1세부터 시작하여 연령이 올라갈수록 피해아동이 늘어나고 8세 이후 감소되고 있으나, 12세부터 다시 증가하기 시작하여 14세 아동의 피해 건수가 1,469건으로 가장 많았다.

표 9-2 2016년 아동학대 피해아동의 연령

연령	1세 미만	1	2	3	4	5	6	7	8
건수	416	493	694	792	780	841	962	1,088	1,344
연령	9	10	11	12	13	14	15	16	17
건수	1,163	1,202	1,303	1,349	1,370	1,469	1,367	1,157	910

출처: 중앙아동보호전문기관(2018).

(2) 학대행위자

2016년에 발생한 아동학대 사례를 분석한 결과 학대행위자와 피해아동의 관계는 부모가 80.5%를 차지하였고, 이 중 친부에 의한 아동학대가 44.4%, 친모에 의한 학대가 31.7%를 차지하였다.

표 9-3 학대행위자와 피해아동과의 관계

구분	부모	친인척	대리양육자	타인	기타	파악 안됨
건수	15,048	795	2,173	201	454	29
%	80.5	4.3	11.6	1.1	2.4	0.2

출처: 중앙아동보호전문기관(2018).

표 9-4 부모에 의한 아동학대

구분	친부	친모	계부	계모	양부	양모
건수	8,295	5,923	394	362	37	37
%	44.4	31.7	2.1	1.9	0.2	0.2

출처: 중앙아동보호전문기관(2018).

(3) 학대 사례 유형

아동학대를 유형별로 나누어 살펴보면 중복학대가 48%로 가장 높은 발생 빈도를 보였고, 다음으로 정서학대 19.2%, 방임 15.6%, 신체학대 14.5%의

순으로 발생하였다.

표 9-5 2016년 아동학대 사례 유형(중복학대 미포함)

구분	정서학대	신체학대	성학대	방임
건수(%)	12,262(43.1)	10,875(38.2%)	753(2.6)	4,592(16.1)

출처: 중앙아동보호전문기관(2018).

표 9-6 2016년 아동학대 사례 유형(중복학대 포함)

구분	중복학대	정서학대	신체학대	성학대	방임
건수(%)	8,980(48.0)	3,588(19.2)	2,715(14.5)	493(2.6)	2,924(15.6)

출처: 중앙아동보호전문기관(2018).

(4) 아동학대 조치 결과

아동학대로 인한 피해아동의 조치 결과를 살펴보면 원가정으로 보호된 아동이, 진행중인 사례가 74.1%이고 종결 사례가 64.9%를 차지하고 있는 것으로 분석되었다. 학대행위자에 대한 조치로는 지속적인 관찰이 62.7%로 가장 높게 나타났다. 아동학대의 후속 조치는 매우 신중하게 이루어져야 하며, 학대사건 발생 이후 원가정에 보호된 아동이 또다시 학대에 의하여 사망하는 사건도 발생하였다(2013년 발생한 이른바 '칠곡 계모 아동학대 사망사건').

아동학대로 인하여 사망하는 아동의 수는 매년 증가 추세에 있고, 2016년에는 36명이 아동학대로 인하여 사망하였다.

표 9-7 2016년 아동학대 피해아동 최종 조치 결과 (단위: %)

구분	원가정 보호	분리보호	사망	가정복귀
진행중 사례	74.1	19.0	0.1	6.8
종결 사례	64.9	24.7	1.3	9.1

출처: 중앙아동보호전문기관(2018).

표 9-8 2016년 아동학대행위자 최종 조치 결과

(단위: %)

구분	지속관찰	고소고발사건처리	아동과분리	만나지 못함
%	62.7	32.2	3.0	2.1

출처: 중앙아동보호전문기관(2018).

표 9-9 아동학대 사망 사례

(단위: 건수/명)

년도	01	02	03	04	05	06	07	08	09	10	11	12	13	14	15	16
건수	7	4	3	11	16	7	7	8	8	3	13	10	22	17	19	50
사망자	7	4	3	11	16	7	7	8	8	3	13	8	17	14	16	36

출처: 중앙아동보호전문기관(2018).

3. 아동학대의 발생원인 및 개입절차

1) 아동학대의 발생원인

아동학대의 원인에 대해서는 다양한 관점이 있지만 여러 접근에서 제시하는 관점을 체계적으로 분석, 통합한 생태학적 관점에서 살펴보고자 한다. 생태학적 관점은 아동 자신의 특성, 부모의 개인적 특성과 부부를 포함한 가족관계의 역동 및 가정이 속하고 있는 지역사회의 여러 특성이 상호작용함으로서 형성된 주변 환경이 아동학대와 관련된다고 보고 있다. 벨스키(Belsky, 1980)는 이러한 관점에서 아동학대 현상을 개인 차원, 가족 차원, 사회 공동체 차원, 문화 차원의 네 가지 차원으로 개념화하였다.

(1) 개인 영역

아동을 학대하는 부모의 성격과 과거 경험을 의미하는 것으로 부모의 어릴적 학대 경험, 부모의 사회화 과정, 어릴 적 폭력에의 노출과 경험, 부모의 거부 경험 등이 포함된다고 할 수 있다.

(2) 가족 영역

아동학대가 발생하는 가족을 의미하는 것으로 아동의 건강과 장애, 아동의 성격과 사회화 기술, 부모의 상호작용 유형, 아동과 부모의 애착, 부모의 부부관계 등이 포함된다.

(3) 지역사회 영역

가족 영역에 영향을 미치는 공식적, 비공식적 사회구조를 의미하는 것으로 부모의 고용과 직장형태, 가족과 이웃, 가족을 위한 사회지지체계 등이 포함된다.

(4) 문화 영역

아동과 부모가 거주하는 사회 문화적 가치와 신념 체계를 의미하는 것으로 그 사회의 문화, 폭력에 대한 그 사회의 태도, 아동에 대한 신체적 체벌 등이 포함된다.

2) 아동학대 개입절차

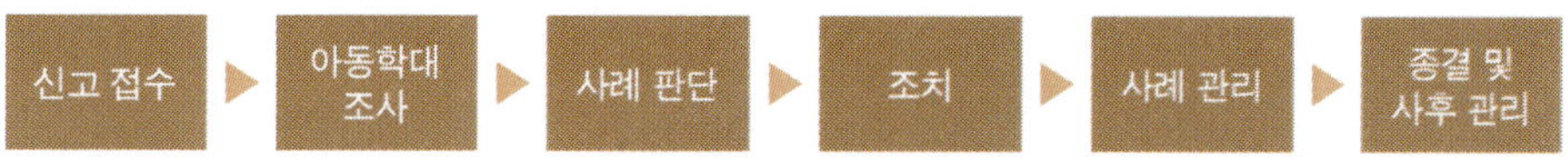

그림 9-1 아동학대 사례 개입과정

출처: 중앙아동보호전문기관(2018).

(1) 신고 접수

아동학대 신고번호인 112 혹은 전국아동보호전문기관으로 신고 혹은 '아이지킴콜112' 앱을 통하여 문자기고도 가능하다. 2016년 아동학대로 신고된 접수 경로를 살펴보면 아동보호전문기관을 통한 신고가 52.1%로 가장 많았고, 112는 47.1%, 1366은 0.5%, 129는 0.2% 순으로 나타났다.

(2) 아동학대 조사

아동학대 의심신고가 접수되면 경찰과 아동보호전문기관 상담원이 동행 출동하여 학대 피해아동과 학대행위 의심자를 비롯하여 주변인에 대한 아동학대 조사를 진행한다. 2016년 통계에 따르면 현장조사 실시 횟수는 1건당 약 2.1회의 현장조사가 진행되었다. 현장조사 동행 현황은 상담원 단독 현장조사가 56.6%로 가장 많았고, 상담원이 단독 출동한 이유는 사건개입의 시급성이 비교적 낮거나 피해아동의 안전한 보호가 보장되는 상황의 경우가 많았다. 다음으로는 상담원과 경찰이 함께 현장 조사를 한 경우는 27.3%, 경찰 단독 10.7%, 상담원과 경찰, 공무원이 함께 조사한 경우도 3.8%로 나타났다.

(3) 사례판단

아동보호전문기관은 아동학대 조사내용을 바탕으로 아동학대 위험도 평가척도와 자체사례판단회의 혹은 사례전문위원회를 진행하여 사례를 판단한다. 조기지원 사례는 아동학대혐의가 없으나 고위험군으로 아동학대 예방을 위해 외부지원이 필요한 사례를 뜻하며, 일반 사례는 아동학대 의심 사례로 신고 접수되었으나 현장조사결과 아동학대가 발생하지 않은 것으로 판단될 경우를 말한다. 2016년 접수된 아동학대 의심 사례 25,878건 중 아동학대로 판단된 아동학대 사례는 72.3%, 조기지원 사례는 8.6%, 일반 사례는 18.9%로 나타났다.

(4) 조치

① 학대 피해아동

- 피해아동에 대한 안전이행조치로 아동학대 사례에 따라 원가정보호, 분리보호, 피해아동 보호명령 청구와 같은 조치 진행
- 응급하게 분리보호가 필요한 아동은 ‘아동학대범죄의 처벌 등에 관한 특례법’ 제12조에 의거 응급조치를 진행하여 보호시설 입소 조치

② 학대행위자

사례에 따라 고소·고발·사건처리, 모니터링, 아동과의 분리, 임시조치(퇴거 등 격리, 접근금지, 친권 등 권한행사 제한, 상담 및 교육위탁 등) 진행

(5) 사례관리

① 피해아동: 상담, 의료지원, 심리검사, 치료진행, 학습지원, 수사 및 증거 지원, 사회복지 서비스 연계
② 학대행위자: 보호처분, 임시조치 등의 결과를 토대로 상담, 교육프로그램 운영, 심리치료, 의료지원, 가정지원
③ 가족: 상담, 가족치료, 가정지원, 가족기능 강화 프로그램 등을 지원

(6) 사후관리

사후관리기관을 연계하고 학대 피해아동의 가정에 대한 모니터링을 진행

4. 아동학대 예방지원

아동의 기본적인 삶 자체를 위협하는 아동학대가 우리 사회에서 지속되고 있는 것은 잘못된 인식과 가치관을 배경으로 한다. 아동학대가 주로 가정 내에서 일어나는 현상이기 때문에 매우 사적인 것으로 치부해 사회적으로 크게 문제 삼지 않고 간과해 왔기 때문이다. 특히 전통적으로 체벌을 훈육의 수단으로 인정해 왔던 사회의 전반적인 분위기는 체벌에 대해 다소 허용적인 태도를 갖게 했다.

보건복지부 산하 중앙아동보호전문기관의 조사에 의하면 2001년 2,105건이었던 아동학대 발생건수는 2016년 25,878(학대의심 사례)건으로 증가하여, 아동학대가 우리 사회에서 빈번하게 일어나는 현상임을 보여주었다.

근래에 들어 아동학대 현황에 대한 보고와 학대가 아동에게 미치는 부정적인 영향에 대한 연구가 계속되고, 심각한 아동학대 사례가 매스컴을 통해

이슈화되면서 아동학대가 중요한 사회적 문제로 부각되기 시작했다. 따라서 기존의 민간차원에서만 이루어졌던 아동학대 예방과 보호에 대한 노력이 국가적 차원에서 이루어져야 한다는 목소리가 높아지게 되었고, 국가적 차원의 아동보호체계가 마련되기에 이르렀다.

우리나라의 아동보호체계는 1961년 12월30일 법률 제912호로 제정된 아동복리법이 시초였다. 이후 2005년 법제명 변경에 의하여 아동복지법으로 바뀌고 최근까지 30회의 일부개정을 거쳐왔다. 1999년 12월 아동학대에 관한 내용이 강화된 아동복지법 개정안이 통과되어 2000년 7월부터 시행되면서 아동학대를 전담하는 아동보호전문기관(구, 아동학대 예방센터)이 설립 운영되었다. 여기서는 아동학대 예방과 사후관리의 이해를 돕기 위해 아동복지법을 중심으로 아동보호전문기관으로서 아동학대 예방사업의 기본철학과 예방을 위한 노력 및 사후관리의 체계 정비 및 신고체제에 따른 아동학대 예방 및 개입 등에 관한 법률적인 노력을 살펴보고자 한다.

1) 아동학대 예방사업의 기본철학

아동에 대한 관심과 보호에서 시작되는 아동학대 예방사업은 다음과 같은 철학적 기반에 기초하고 있다.

(1) 아동의 권익 및 안전 최우선 추구

아동학대 예방사업은 학대받는 아동뿐만 아니라 모든 아동들의 권익과 안전을 최우선으로 추구한다. 이를 위해서는 학대받는 아동들을 위한 다양하고 전문적인 치료 및 서비스 제공과 함께 일반아동들을 위한 아동학대 예방교육 및 아동권리교육을 실시해야 한다.

(2) 가족기능 강화와 가족 보존

아동학대 예방사업은 아동의 안전보장을 가장 중요시하는 원칙 아래, 가족분리 형태의 서비스보다 가족보존 형태의 서비스를 우선적으로 고려한다.

아동학대 예방사업은 해당아동과 가족이 아동학대 사례 개입과정 전반에 걸쳐 어느 정도 적극적으로 참여하느냐에 따라 결과가 달라지므로 아동보호전문기관의 상담원은 아동학대 예방사업을 수행하는 과정의 각 단계에서 아동과 부모가 긍정적이고 적극적으로 참여할 수 있도록 도와야 하며, 이러한 과정을 통해 부적절한 가족기능이 회복될 수 있도록 최선의 노력을 다하여야 한다.

(3) 아동학대 예방사업에 대한 지역사회의 참여유도

부적절한 아동양육은 고의적으로 계획된 행위라기보다는 신체적 장애, 정신적 장애, 사회적·경제적 결핍, 지지체계 및 자원의 부족 등으로부터 비롯된다고 할 수 있다.

따라서 아동보호전문기관은 가족이 그들의 아동을 보호, 양육하는데 있어서 환경이 얼마나 큰 영향을 미치는지에 대해 지역사회 내의 모든 아동들이 건강하게 양육되는 것에 대해 관심을 가지고 참여하도록 유도한다.

더불어 아동이 하나의 독립적인 인격체로 보호되어야 한다는 사회적 인식을 조성하기 위하여 다양한 아동학대 예방교육과 홍보를 실시한다.

2) 아동학대 예방 및 사후관리의 효율화를 위한 제도 개선

(1) 아동종합실태조사(제11조)

보건복지부장관은 5년마다 아동의 양육 및 생활환경, 언어 및 인지발달, 정서적·신체적 건강, 아동안전, 아동학대 등 아동의 종합실태를 조사하여 그 결과를 공표하고, 이를 기본계획과 시행계획에 반영하여야 한다. 다만, 보건복지부장관은 필요한 경우 보건복지부령으로 정하는 바에 따라 분야별 실태조사를 할 수 있다.

보건복지부장관은 제1항에 따른 실태조사를 위하여 관계 기관·법인·단체·시설의 장에게 필요한 자료의 제출 또는 의견의 진술을 요청할 수 있다. 이 경우 요청을 받은 자는 정당한 사유가 없으면 이에 협조하여야 한다.

[신설 2016.3.22] [시행일 2016.9.23.]

(2) 보호조치(제15조)

시·도지사 또는 시장·군수·구청장은 그 관할 구역에서 보호대상아동을 발견하거나 보호자의 의뢰를 받은 때에는 아동의 최상의 이익을 위하여 대통령령으로 정하는 바에 따라 다음 각 호에 해당하는 보호조치를 하여야 한다. [개정 2014.1.28] [시행일 2014.9.29.]

1. 전담공무원 또는 아동위원에게 보호대상아동 또는 그 보호자에 대한 상담·지도를 수행하게 하는 것
2. 보호자 또는 대리양육을 원하는 연고자에 대하여 그 가정에서 아동을 보호·양육할 수 있도록 필요한 조치를 하는 것
3. 아동의 보호를 희망하는 사람에게 가정 위탁하는 것
4. 보호대상아동을 그 보호조치에 적합한 아동복지시설에 입소시키는 것
5. 약물 및 알코올 중독, 정서·행동·발달 장애, 성폭력·아동학대 피해 등으로 특수한 치료나 요양 등의 보호를 필요로 하는 아동을 전문치료기관 또는 요양소에 입원 또는 입소시키는 것
6. 「입양특례법」에 따른 입양과 관련하여 필요한 조치를 하는 것

   시·도지사 또는 시장·군수·구청장은 위 1 및 2의 보호조치가 적합하지 아니한 보호대상아동에 대하여 3부터 6까지의 보호조치를 할 수 있다. 이 경우 보호조치를 하기 전에 보호대상아동에 대한 상담, 건강검진, 심리검사 및 가정환경에 대한 조사를 실시하여야 한다.

   [개정 2016.3.22] [시행일 2018.3.23]

   시·도지사 또는 시장·군수·구청장은 보호조치를 하려는 경우 보호대상아동의 개별 보호·관리 계획을 세워 보호하여야 하며, 그 계획을 수립할 때 해당 보호대상아동의 보호자를 참여시킬 수 있다.

   [신설 2016.3.22] [시행일 2018.3.23]

(3) 보호대상아동의 양육 상황 점검(제15조 3)

시·도지사 또는 시장·군수·구청장은 보호조치(위1~6) 중인 보호대상아동의 양육 상황을 보건복지부령으로 정하는 바에 따라 매년 점검하여야 한다.

시·도지사 또는 시장·군수·구청장은 제1항에 따른 양육 상황을 점검한 결과에 따라 보호대상아동의 복리를 보호할 필요가 있거나 해당 보호조치가 적절하지 아니하다고 판단되는 경우에는 지체 없이 보호조치를 변경하여야 한다.
[본조신설 2016.3.22] [시행일 2018.3.23]

(4) 보호대상아동의 사후관리제(16조의 2)

시·도지사 또는 시장·군수·구청장은 전담공무원 등 관계 공무원으로 하여금 보호조치의 종료로 가정으로 복귀한 보호대상아동의 가정을 방문하여 해당 아동의 복지 증진을 위하여 필요한 지도·관리를 제공하게 하여야 한다.
[본조신설 2016.3.22] [시행일 2018.3.23]

(5) 사후관리 등(제28조)

아동보호전문기관의 장은 아동학대가 종료된 이후에도 가정방문, 전화상담 등을 통하여 아동학대의 재발 여부를 확인하여야 한다.

아동보호전문기관의 장은 아동학대가 종료된 이후에도 아동학대의 재발 방지 등을 위하여 필요하다고 인정하는 경우 피해아동 및 보호자를 포함한 피해아동의 가족에게 필요한 지원을 제공할 수 있다.

아동보호전문기관이 제1항 및 제2항에 따라 업무를 수행하는 경우 보호자는 정당한 사유 없이 이를 거부하거나 방해하여서는 아니 된다.
[신설 2016.3.22] [시행일 2016.9.23]

(6) 국가아동학대정보시스템(제28조의 2)

- 보건복지부장관은 아동학대 관련 정보를 공유하고 아동학대를 예방하기 위하여 대통령령으로 정하는 바에 따라 국가아동학대정보시스템을 구축·운영하여야 한다.
  [개정 2016.3.22] [시행일 2016.9.23]
- 보건복지부장관은 피해아동, 그 가족 및 학대행위자에 관한 정보와 아동

학대 예방사업에 관한 정보를 제1항에 따른 국가아동학대정보시스템에 입력·관리하여야 한다. 이 경우 보건복지부장관은 관계 중앙행정기관의 장, 시·도지사, 시장·군수·구청장, 아동보호전문기관 등에 필요한 자료를 요청할 수 있다.
[개정 2016.3.22] [시행일 2016.9.23]

- 보건복지부장관은 중앙아동보호전문기관에게 제1항에 따른 국가아동학대정보시스템 운영을 위탁할 수 있다.
[개정 2016.3.22] [시행일 2016.9.23]

3) 아동학대 신고의무

2014년 1월 28일 공포되어 9월 29일부터 시행하게 된 「아동학대범죄의 처벌 등에 관한 특례법」(약칭: 아동학대처벌법)은 아동학대 범죄의 처벌 및 그 절차에 관한 특례와 피해아동에 대한 보호절차 및 아동학대행위자에 대한 보호처분을 규정하여 아동을 보호하여 아동이 건강한 사회구성원으로 성장함을 목적으로 하고 있다. 특히 특례법의 제정에 따라 신고의무자의 범위를 확대하고 법적근거를 강화하였다.

① 신고의무자의 범위(아동학대범죄의 처벌 등에 관한 특례법 제10조제2항)

- 누구든지 아동학대범죄를 알게 된 경우나 그 의심이 있는 경우에는 아동보호전문기관 또는 수사기관에 신고할 수 있다.
- 다음 각 호의 어느 하나에 해당하는 사람이 직무를 수행하면서 아동학대범죄를 알게 된 경우나 그 의심이 있는 경우에는 아동보호전문기관 또는 수사기관에 즉시 신고하여야 한다. <개정 2016.5.29.>

호	신고의무자
1	가정위탁지원센터의 장과 그 종사자
2	아동복지시설의 장과 그 종사자(아동보호전문기관의 장과 그 종사자는 제외한다)
3	「아동복지법」 제13조에 따른 아동복지전담공무원
4	「가정폭력방지 및 피해자보호 등에 관한 법률」 제5조에 따른 가정폭력 관련 상담소 및 같은 법 제7조의2에 따른 가정폭력피해자 보호시설의 장과 그 종사자

(계속)

5	「건강가정기본법」 제35조에 따른 건강가정지원센터의 장과 그 종사자
6	「다문화가족지원법」 제12조에 따른 다문화가족지원센터의 장과 그 종사자
7	「사회복지사업법」 제14조에 따른 사회복지 전담공무원 및 같은 법 제34조에 따른 사회복지시설의 장과 그 종사자
8	「성매매방지 및 피해자보호 등에 관한 법률」 제5조에 따른 지원시설 및 같은 법 제10조에 따른 성매매피해상담소의 장과 그 종사자
9	「성폭력방지 및 피해자보호 등에 관한 법률」 제10조에 따른 성폭력피해상담소, 같은 법 제12조에 따른 성폭력피해자보호시설의 장과 그 종사자 및 같은 법 제18조에 따른 성폭력피해자통합지원센터의 장과 그 종사자
10	「소방기본법」 제34조에 따른 구급대의 대원
11	「응급의료에 관한 법률」 제2조제7호에 따른 응급의료기관등에 종사하는 응급구조사
12	「영유아보육법」 제7조에 따른 육아종합지원센터의 장과 그 종사자 및 제10조에 따른 어린이집의 원장 등 보육교직원
13	「유아교육법」 제20조에 따른 교직원 및 같은 법 제23조에 따른 강사 등
14	삭제 〈2016.5.29.〉
15	「의료법」 제3조제1항에 따른 의료기관의 장과 그 의료기관에 종사하는 의료인 및 의료기사
16	「장애인복지법」 제58조에 따른 장애인복지시설의 장과 그 종사자로서 시설에서 장애아동에 대한 상담 · 치료 · 훈련 또는 요양 업무를 수행하는 사람
17	「정신건강증진 및 정신질환자 복지서비스 지원에 관한 법률」 제3조제3호에 따른 정신건강복지센터, 같은 조 제5호에 따른 정신의료기관, 같은 조 제6호에 따른 정신요양시설 및 같은 조 제7호에 따른 정신재활시설의 장과 그 종사자
18	「청소년기본법」 제3조제6호에 따른 청소년시설 및 같은 조 제8호에 따른 청소년단체의 장과 그 종사자
19	「청소년 보호법」 제35조에 따른 청소년 보호 · 재활센터의 장과 그 종사자
20	「초 · 중등교육법」 제19조에 따른 교직원, 같은 법 제19조의2에 따른 전문상담교사 및 같은 법 제22조에 따른 산학겸임교사 등
21	「한부모가족지원법」 제19조에 따른 한부모가족복지시설의 장과 그 종사자
22	「학원의 설립 · 운영 및 과외교습에 관한 법률」 제6조에 따른 학원의 운영자 · 강사 · 직원 및 같은 법 제14조에 따른 교습소의 교습자 · 직원
23	「아이돌봄 지원법」 제2조제4호에 따른 아이돌보미
24	「아동복지법」 제37조에 따른 취약계층 아동에 대한 통합서비스지원 수행인력
25	「입양특례법」 제20조에 따른 입양기관의 장과 그 종사자

- 누구든지 제1항 및 제2항에 따른 신고인의 인적 사항 또는 신고인임을 미루어 알 수 있는 사실을 다른 사람에게 알려주거나 공개 또는 보도하

여서는 아니 된다.

② 신고의무자에 대한 교육: 아동복지법 제26조(아동학대 신고의무자에 대한 교육)

- 관계 중앙행정기관의 장은 「아동학대범죄의 처벌 등에 관한 특례법」 제10조제2항 각 호의 어느 하나에 해당하는 사람(이하 "아동학대 신고의무자"라 한다)의 자격 취득과정이나 보수교육과정에 아동학대 예방 및 신고의무와 관련된 교육 내용을 포함하도록 하여야 한다. <개정 2014.1.28., 2015.3.27.>
- 관계 중앙행정기관의 장 및 시·도지사는 아동학대 신고의무자에게 본인이 아동학대 신고의무자라는 사실을 고지할 수 있고, 아동학대 예방 및 신고의무와 관련한 교육(이하 이 조에서 "신고의무 교육"이라 한다)을 실시할 수 있다. <신설 2015.3.27.>
- 아동학대 신고의무자가 소속된 다음 각 호의 기관(「영유아보육법」에 따른 어린이집, 「유아교육법」에 따른 유치원, 「초·중등교육법」에 따른 학교, 그 밖에 대통령령으로 정하는 기관)의 장은 소속 아동학대 신고의무자에게 신고의무 교육을 실시하고, 그 결과를 관계 중앙행정기관의 장에게 제출하여야 한다. <신설 2015.3.27.>

표 9-10 아동학대 체크리스트

번호	체크 항목	체크란	
1	사고로 보이기에는 미심쩍은 멍이나 상처가 발생한다.	예( )	아니오( )
2	상처 및 상흔에 대한 아동 혹은 보호자의 설명이 불명확하다.	예( )	아니오( )
3	보호자가 아동이 매를 맞고 자라야 한다는 생각을 갖고 있거나 체벌을 사용한다.	예( )	아니오( )
4	아동이 보호자에게 언어적, 정서적 위협을 당한다.	예( )	아니오( )
5	아동이 보호자에게 감금, 억제, 기타 가학적인 행위를 당한다.	예( )	아니오( )
6	기아, 영양실조, 적절하지 못한 영양섭취를 보인다.	예( )	아니오( )
7	계절에 맞지 않는 옷, 청결하지 못한 외모를 보인다.	예( )	아니오( )
8	불결한 환경이나 위험한 상태로부터 아동을 보호하지 않고 방치한다.	예( )	아니오( )

(계속)

9	성학대로 의심될 성 질환이 있거나 임신 등의 신체적 흔적이 있다.	예(　)	아니오(　)
10	나이에 맞지 않는 성적 행동 및 해박하고 조숙한 성지식을 보인다.	예(　)	아니오(　)
11	자주 결석하거나 결석에 대한 사유가 불명확하다.	예(　)	아니오(　)
12	아동에게 필요한 의료적 처치 혹은 예방접종을 실시하지 않는다.	예(　)	아니오(　)
13	보호자에 대한 거부감과 두려움을 보이고, 집(보호기관)으로 돌아가는 것에 대해 두려워한다.	예(　)	아니오(　)
14	아동이 매우 공격적이거나 위축된 모습 등의 극단적인 행동을 한다.	예(　)	아니오(　)

출처: 중앙아동보호전문기관(2018).

* 아동학대체크리스트는 아동학대 신고의무자가 직무 중에 학대로 의심되는 아동을 조기 발견하기 위해 활용되도록 제작되었다.

5. 학대아동을 위한 서비스 개선의 방향

아동학대 예방을 위한 많은 홍보 및 교육에도 불구하고 아동학대는 지속적으로 증가하는 추세이다. 2014년 제정, 시행된 「아동학대범죄의 처벌 등에 관한 특례법」(약칭: 아동학대처벌법)은 세 번의 타법개정과 세 번의 일부개정을 거쳐 현재의 모습을 갖추었다. 또한 1962년 시행된 「아동복리법」은 1981년 「아동복지법」으로 전부개정한 후 36차례에 걸친 개정 작업으로 현재의 모습을 갖추면서 아동보호전문기관의 학동학대에 대한 대처를 신속하고 원활하게 할 수 있도록 하였다. 이러한 법제도의 개선과 함께 2017 전국아동학대 현황보고서를 토대로 하여 아동학대의 개선방향을 살펴보고자 한다.

1) 아동학대 예방교육의 강화

우리나라는 전통적으로 체벌과 훈육에 대하여 관대하였고 주변의 아동학대에 대하여 개입하는 것을 꺼리는 경향을 보여 왔다. 이러한 인식에 대한 변화는 아동학대 예방을 위하여 매우 중요한 의미를 가진다. 2017년 괌에서 한국인 변호사와 판사 부부가 자신의 자녀들을 차량에 남겨두고 쇼핑을 하러 갔다가 아동학대혐의로 경찰에 연행되는 사건이 발생하였다. 또한 2017년

모방송에서 사회자가 초등학교 2학년생을 성추행하는 장면이 그대로 방송되어 아동성추행 논란이 일어나자 방송국이 사과하는 일도 발생하였다.

정부는 국민들의 아동학대에 대한 인식을 높이기 위하여 많은 노력을 기울이고 있다. 아동학대에 대한 예방교육을 각 교육기관을 통하여 정기적으로 실시하고 있으며, 대중매체를 통하여 아동학대예방 캠페인을 지속적으로 실시하고 있다. 이러한 교육이나 캠페인이 형식적으로 이루어지지 않기 위해서는 공교육을 통하여 인권교육을 함께 실시함으로써 국민적인 인식의 변화를 꾀해야 할 것이다.

2) 아동학대 보호 서비스의 질적 향상

아동학대에 대한 전문기관의 개입이 여러 차례의 법 개정을 통하여 보다 현실적으로 변화되었다. 아동학대의 사례가 발생하면 아동보호전문기관과 경찰이 협조하여 서비스를 제공하고, 피해아동에 대해서는 다양한 지원이 이루어질 수 있도록 노력하고 있다. 이러한 각 기관의 포괄적인 서비스의 제공이 가능하도록 각 기관의 통합적이고 체계적인 연계, 협력의 지원 프로그램이 정착되어야 할 것이다. 또한 2017 전국아동학대 현황보고서에 따르면 아동학대의 재학대 사례는 2,160건으로 전체 아동학대 사례 중 9.7%를 차지하고 있다. 이러한 재학대 발생의 예방을 위하여 아동학대 발생 후의 사후 프로그램의 개발에 보다 적극적으로 대처해야 할 것이다.

3) 아동학대 보호 전문기관의 전문인력 확충

2017 전국아동학대 현황보고서에 따르면 2017년 아동보호전문기관 상담원들이 수행한 업무 총량을 산출한 결과 상담원 1인당 약 3,853시간(전체 2,886,071시간)으로 추정되었고, 임상심리 치료 전문인력들이 수행한 치료업무 총량을 산출한 결과는 1인당 약 6,730시간(전체 437,490시간)으로 추정되었다.

이러한 수치를 근거로 하여 전문인력의 적정한 규모를 선정하고 상담원이 1,472명, 임상심리 치료 전문인력이 236명으로 나타났다. 그러나 실제적으로

2017년 12월 기준으로 상담원은 749명, 임상심리 치료 전문인력은 65명으로 상담원은 약 2배, 임상심리 치료 전문인력은 약 4배의 전문인력이 필요한 것으로 조사 되었다.

전문인력의 과중한 업무 부담을 최소화하여 효과적인 업무 수행을 위해서는 전문인력의 확충이 절실하다.

10 Chapter

보육아동

1. 보육아동의 개념
2. 보육사업의 발전과정(관련법의 제정)
3. 보육시설 및 보육의 현황
4. 보육아동을 위한 복지사업의 과제 및 대책

저출산 및 고령사회로의 진입에 따른 생산인구의 감소는 국가 전체의 경쟁력을 약화시킬 수 있다. 특히 저출산은 장기적으로 산업 활동에 투입되는 노동력의 부족과 소비인구의 감소에 따른 국내 시장 수요의 감소로 이어지게 된다. 이러한 변화에 따라 보육 서비스에 대한 요구는 더욱 높아지게 되었다.

우리나라의 보육 서비스는 '탁아'의 개념으로 출발하여 영유아보육법의 제정으로 활성화되기 시작한다. 보육수요의 증가에 따라 정부는 보육서비스의 양적 확대와 질적 개선 등을 통하여 보육 서비스를 발전시키기 위한 노력을 하고 있다.

이 장에서는 보육아동의 개념을 명확히 하고, 보육 서비스의 발전과정을 관련법을 중심으로 살펴본다. 그리고 보육 서비스에 대한 현황과 보육아동을 위한 복지사업의 과제 및 대책에 대하여 살펴보고자 한다.

1. 보육아동의 개념

역사적으로 보육(day care)이라는 개념은 부모나 보호자가 아동을 양육할 수 없는 상황을 대신하여 아동을 보살펴주는 시설과 프로그램을 의미하였다. 핑크(Fink, 1972)는 저소득층가정과 결손가정의 어머니가 일하러 나가는 동안, 아동의 성격적·교육적·건강적 욕구 등을 충족시켜주기 위해 사회사업가, 교육자, 의사 등의 전문가들이 협동하는 사업으로 정의하여 보육사업에 전문가들의 협조적 접근을 강하게 부각 시켰다. 또한 코스틴(Costin, 1972)은 보육사업의 개념을 확대 해석하여 아동개인의 성장단계, 일관된 양육, 지원적 정서 대책, 아동의 건강과 신체적 성장에 대한 보호 및 아동의 정서적·사회적 발전을 위한 자극적 경험을 보육사업 프로그램으로 지적하고 있다(이소희 외, 2004: 153).

우리나라에서 보육이라는 용어가 보편적으로 사용되고, 보육시설이 본격적으로 증가하게 된 것은 1991년 '영유아보육법'의 제정 후라고 할 수 있다.

'영유아보육법'의 제정에 따라 이전에 일반적으로 사용되어 온 '탁아'의 개념에서 영유아의 보호와 교육을 중시하는 '보육'이라는 용어가 일반적으로 사용되기 시작하였다.

1) 보육의 정의

한자로 살펴보면 보육(保育)의 보(保)는 '지키다, 편안하게 돕다'라는 의미를, 육(育)은 '기르다'라는 의미를 가진다. 일반적인 사전적 의미는 '어린 아이를 보살펴 기른다'라는 것이다. 즉, 유아보육(保育)은 'education'의 개념이 약하고 'care'의 개념이 강하게 나타나, 유아교육과 유아보육을 양분하여 사용하였다. 그러나 1991년 콜드웰(Caldwell)은 유아교육과 유아보육의 양분된 전통적 개념은 불합리한 것으로 지적하고 'educare'의 개념을 사용하기 시작하였다.

우리나라에서 현재 사용되는 보육이라는 용어는 'educare'의 개념이 강하며, 이것은 영유아기의 교육과 보육은 서로 분리될 수 없다는 인식에서 출발하게 되어, 보육은 보호와 교육을 포괄하는 의미로 사용되게 되었다(김경희 외, 2013).

2) 보육의 필요성 및 의의

(1) 보육의 필요성

우리나라에서 보육의 필요성이 강조되기 시작한 것은, 1990년대 이후 사회변화에 따른 가족형태의 변화, 여성의 사회진출 확대, 저출산 현상 등으로 보육에 대한 국민의 인식이 변화하면서이다. 이러한 인식의 변화에 따라 가정의 기능이 약화되고 양육에 대한 부담감의 증가 등으로 보육의 필요성은 더욱 강조되고 있다.

① 가족형태의 변화와 자녀 양육기능의 약화

가족형태의 변화는 산업화와 도시화로 대가족에서 핵가족화의 증가에 따른 것이다. 그러나 최근에는 전체 가구 중 41%에 달하는 가정이 1인 가구,

여성가장가정, 한부모가정 등으로 다양한 가족형태로 바뀌고 있다. 이러한 가정의 증가로 인하여 자녀의 양육기능은 점점 약화되고 있다.

표 10-1 보육에 대한 인식의 변화

과거의 인식	인식의 변화
• 보육은 사회적 서비스이다. • 보육은 국가의 책임이다. • 보육은 저소득층가정을 대상으로 한다. • 보육시설을 이용하는 사람은 수령인이거나 수혜자이다. • 보육시설은 공공기금으로 이루어진다. • 보육시설 허가제도는 아동을 위한 국가의 법적 규제 장치이다. • 보호 프로그램을 통하여 빈곤가정에서 요구하는 모든 서비스를 전달한다. • 가족의 문제와 무능은 보육시설을 이용하는 사람들의 주요 특징이다. • 보육시설은 가정에 문제가 있을 때 요구되는 '필요악'이다. 보육시설보다는 하루 종일 일하지 않는 부모가 아동을 돌보는 것이 이상적이다. • 보육시설은 학교나 사회적 서비스 체계 안에 있어야 한다.	• 대중사회의 공익사업이다. • 부모와 공적 · 사적 지원체계의 공동책임이다. • 필요로 하는 모든 계층의 자녀를 대상으로 한다. • 소비자인 동시에 후원자이다. • 공공기금으로 이루어지는 서비스만은 아니다. • 부모들이 보다 나은 보육시설을 선택하는 데 도움을 주기 위해 만들어진 소비자 보호제도이다. • 빈곤가정의 요구뿐만 아니라 사회계층과 무관하게 모든 부모들의 요구에도 서비스를 제공한다. • 기본적인 가정 기능의 원활한 수행에 도움이 될 뿐만 아니라 치료적 역할을 하기도 한다. • 부모의 취업 유무와 상관없이 아이들에게 유익하기 때문에 보육시설을 이용한다. • 모든 가정이 이용할 수 있는 보육시스템은 공영 또는 사립기관에 의하여 운영되는 가정보육시설, 유아원 종일반 등 다양한 종류의 보호형태를 포함한다.

출처: Wilson(1986); 서영숙 외(1999).p.18; 이순형 외(2003) p.287. 재인용.

② 여성의 사회진출

우리나라 여성의 경제활동 참여율(15~64세)을 살펴보면 2012년에 55.2%, 2014년에 57%, 2016년에 58.4%로 증가하였으나, 미국(2016년 67.3%), 일본(2016년 68.1%)에 비하여 낮은 수준을 보이고 있다. 20대 후반까지 75%의 여성들이 경제활동에 참여하고 있으나, 30대 후반에는 58%로 떨어지게 된다. 이러한 현상은 출산과 육아로 인하여 경제활동의 현장을 떠나는 여성의 수가 증가하기 때문인 것으로 해석되어진다. 취업모의 경제활동참여를 유도하기 위해서는 다각적인 육아지원 서비스와 보육 서비스가 필요하다.

③ 저출산

우리나라의 출산율은 1960년대에 6.0명에서 2000년에 1.23명으로 격감하고, 2017년에는 1.05명을 기록하였다. 계속되는 출산율의 저하로 인하여 총인구에 대한 아동인구는 점점 감소하고, 노인인구의 비율은 점차 증가하고 있다. 이러한 저출산과 고령화의 문제는 노동력의 부족으로 인하여 생산인구가 책임져야 할 부양인구의 증가를 의미한다. 저출산을 극복하기 위해서는 보육시설의 확대와 함께 질 높은 보육 서비스의 제공이 요구되고 있다.

④ 생활양식의 변화

사회의 변화와 함께 각 개인의 생활양식(Life Style)이 다양화되면서 소확행(일상에서 느낄 수 있는 작지만 확실하게 실현 가능한 행복 또는 그러한 행복을 추구하는 삶의 경향), 워라벨(일과 삶의 균형이라는 work-life balance의 준말)과 같은 신조어가 생겨나게 되었다. 이러한 가족구성원의 다양한 생활양식이 존중되기 위해서는 다양한 보육 서비스가 요구되고 있다.

(2) 보육의 의의

보육사업은 과거 구빈사업으로 시작하여 현재는 모든 아동의 건전한 발달을 이루게 하고, 가정복지의 증진이라는 보다 넓은 의미를 지니게 되었다(유가효 외, 2000).

① 영유아 및 아동복지

영유아들에게 교육적 환경을 제공하고 기본 생활 습관을 형성하게 하며, 또래활동 등을 통하여 사회성 발달을 촉진 시킨다. 특히 맞벌이가정의 영유아에게는 개별적·집단적으로 신체적으로 안전하게 보호받을 수 있다.

② 부모 및 가족복지

보육 서비스는 일하는 부모의 자녀보호 및 교육문제를 지원함으로써 부모의 근로기회를 마련해 줄 뿐 아니라 일하는 동안 전념할 수 있게 해 주며, 그 결과 가정의 경제적 안정과 긍정적인 변화를 도모할 수 있게 한다(이순형 외, 2003).

③ 국가 및 사회복지

아동복지는 아동이 속한 가정의 문제에서 출발하며, 이러한 가정에 속한 아동에게 안정된 환경을 제공하여 아동이 건전하게 성장한다면 국가발전의 중요한 인적자원이 될 수 있다. 또한 보육은 여성의 사회적인 진출을 도와 국가경쟁력을 높일 수 있을 것이다.

2. 보육사업의 발전과정(관련법의 제정)

우리나라의 보육사업은 일제 강점기인 1921년 태화기독교사회복지관에서 탁아 프로그램을 시작하면서 빈민 아동의 구제사업이 출발하게 되었다. 이후 해방과 전쟁을 겪게 되면서 보육사업은 탁아의 개념에서 출발하여 발전하게 되었다. 이 절에서는 보육사업 관련의 법제정·개정을 토대로 하여 우리나라 보육사업의 발전과정을 살펴본다.

1) 아동복리법 시기

현재의 아동복지법이 제정(1981)되기 이전에 아동복리법이 1961년 제정(1961.12.30. 제정, 1962.1.1. 시행)되었다. 아동복리법이 제정되면서 이전의 조선감화령[1])은 폐지되게 된다. 아동복리법 제정의 목적을 다음과 같이 밝히고 있다.

1) 조선감화령은 조선총독부제령 제12호로 1923.9.3. 제정, 10.1. 시행 되었다. 주요내용은 감화원(현재의 소년원)에 관한 것으로 제1조에 조선총독은 다음 각 호의 1에 해당하는 자를 감화원에 입원하게 할 수 있다.
   1. 연령 8세 이상 18세 미만의 자로 불량행위를 하거나 불량 행동을 할 우려가 있고, 적당한 친권을 행사하는 자가 없는 자
   2. 18세 미만의 자로 친권자 또는 후견인이 입원을 출원한 자
   3. 재판소의 허가를 거쳐 징계장에 들어 갈 자

제1조(목적) 본법은 아동이 그 보호자로부터 유실, 유기 또는 이탈되었을 경우, 그 보호자가 아동을 육성하기에 부적당하거나 양육할 수 없는 경우, 아동의 건전한 출생을 기할 수 없는 경우 또는 기타의 경우에 아동이 건전하고 행복하게 육성되도록 그 복리를 보장함을 목적으로 한다.

아동복리법이 제정되면서 '보육시설', '탁아시설'이라는 용어가 사용되기 시작하였고, 시설의 장과 설치기준도 마련되었다.

제3조(아동복리시설) ① 본법에서 아동복리시설이라 함은 아동상담소, 보육시설, 조산시설, 정신박약아보호시설, 맹농아아양호시설, 신체허약아보호시설, 지체불자유아보호시설, 모자보호시설, 탁아시설, 아동휴양시설, 교호시설, 부랑아보호시설과 소년직업보도시설 기타 아동복리를 위한 시설을 말한다.
② 본법에서 아동복리시설의 장이라 함은 전항의 규정에 의한 아동복리시설을 관리 운영하는 자를 말한다.

아동복리법은 구호적인 성격의 복지제공에 중점을 두고 있다. 그동안 경제·사회의 발전에 따라 발생한 사회적 복지요구에 부응하지 못하고 있으므로, 요보호아동뿐만 아니라 일반아동을 포함한 전체아동의 복지를 보장하고 특히 유아기의 기본적 인격·특성과 능력개발을 조장하기 위한 여건을 조성할 수 있도록 하려는 것이 아동복지법 제정의 이유이다.

2) 아동복지법의 개정

아동복지법은 법률 제3438호로 1981년 4월 13일 아동복리법을 전부개정하고 시행되게 되었다. 아동복지법의 의의는 제정·개정의 이유에서 다음과 같이 밝히고 있다.

① 법의 제명을 아동복지법으로 개칭함.
② 보호대상범위를 요 구호아동 위주로 되어 있던 것을 전체아동으로 확대함.

③ 아동의 보호·육성책임을 국가·지방자치단체 및 보호자가 공동으로 지도록 함.
④ 5월 5일 어린이날에 대한 법적 근거를 마련함.
⑤ 임시직이었던 아동복지지도원을 별정직으로 하여 전문직확보가 용이하도록 함.
⑥ 새마을부녀회직영 어린이집 등 무료탁아시설은 법인 이외의 자도 신고만으로 그 시설을 설치·운영할 수 있도록 함.
⑦ 아동복지시설에는 일정한 자격을 가진 아동복지시설종사자를 두도록 함.
⑧ 아동보호비용 징수권자의 범위에 아동복지시설의 장을 추가하고, 그 비용의 징수는 도지사의 승인을 얻도록 함.
⑨ 아동복지증진을 위하여 아동복지시설을 설치한 법인에 대하여 국·공유재산을 무상 대여할 수 있도록 함.

1981년 전부개정된 아동복지법은 이후 2000년에 다시 전부개정을 하면서 현재까지 발전되었다. 2000년에 개정하게 된 이유를 다음과 같이 밝히고 있다.

우리 사회의 아동복지수요에 능동적으로 대응하고 최근 심각한 사회문제로 지적된 바 있는 학대아동에 대한 보호 및 아동안전에 대한 제도적 지원을 공고히 하기 위하여, 아동복지지도원을 별정직공무원에서 사회복지전담공무원으로 그 신분을 변경하고, 아동학대에 대한 정의와 금지 유형을 명확히 규정하며, 아동학대에 대한 신고를 의무화하는 등 기타 현행 규정의 운영상 나타난 일부 미비점을 개선·보완하려는 것임.

3) 영유아보육법의 제정

영유아보육법은 법률 제4328호에 의거 1991년 1월 14일 제정, 시행되게 되었다. 영유아보육법의 제정 이유와 목적에 대하여 살펴보면 다음과 같다.

(1) 제정의 이유

현대사회의 산업화에 따른 여성의 사회참여 증가 및 가족구조의 핵가족화에 의한 탁아수요의 급증에 따라 아동보호와 교육문제는 개인적인 차원을 넘어 사회적·국가적 차원에서 해결이 불가피하게 되었으나, 현행 아동복지법에 의한 탁아사업은 시설 설립주체의 제한으로 인한 보육사업 확대곤란, 관장부처의 다원화로 체계적이고 효율적인 보육사업 추진 등에 문제점이 있으므로, 영유아의 보호와 교육에 관한 별도의 입법을 통하여 보육시설의 조속한 확대 및 체계화로 아동의 건전한 보호·교육 및 보육자의 경제적·사회적 활동의 지원을 통하여 가정 복지증진을 도모하려는 것임.

① 국가와 지방자치단체는 보육자와 더불어 아동을 건전하게 보호·교육할 책임을 지도록 함.

② 건전한 유아의 보호·교육에 관한 상담 및 지도를 위하여 시·도 및 시·군·구에 보육지도원을 두도록 함.

③ 보육시설의 종류는 그 설립주체에 따라 국공립 보육시설, 민간 보육시설, 직장 보육시설, 가정 보육시설로 구분함.

④ 유치원이나 미술학원 등에도 보육시설을 갖추면 보육원을 병설할 수 있도록 함.

⑤ 대통령령이 정하는 일정 규모 이상의 사업장의 사업주는 보육시설을 설치·운영하도록 함.

⑥ 보육시설의 입소대상은 6세 미만의 취학 전 아동을 원칙으로 하되, 보건사회부장관, 시·도지사 또는 시장·군수·구청장은 중앙보육위원회 및 지방보육위원회의 의결을 거쳐 입소대상연령을 연장 가능하도록 함.

⑦ 국가 또는 지방자치단체와 사회복지법인 기타 비영리법인이 설치한 보육시설과 대통령령이 정하는 보육시설의 장은 저소득층자녀를 보육시설에 우선 입소시키도록 함.

⑧ 보건사회부장관은 영유아의 보육·교육의 충실을 기하기 위하여 장학지도와 보육 프로그램 및 교재·교구의 개발보급등 필요한 사항에 대하여는 문교부장관에게 협조·요청할 수 있도록 함.

⑨ 영유아의 보호·교육에 필요한 비용은 보호자가 부담하는 것을 원칙으로 하되, 저소득층자녀의 보육에 필요한 비용은 국가 또는 지방자치단체가 전부 또는 일부를 부담하도록 함.

⑩ 국가 또는 지방자치단체는 대통령령이 정하는 바에 의하여 보육시설의 설치 및 운영에 소요되는 비용을 보조하도록 함.

⑪ 사업장에 보육시설을 설치한 사업주는 대통령령이 정하는 바에 의하여 시설운영에 필요한 비용의 전부 또는 일부를 보조하도록 함.

⑫ 보호자가 상유아의 보호·보육을 위하여 지출한 보육비용과 사업주가 부담하는 보육시설의 설치 및 운영에 소요되는 비용에 대하여 조세 감면하도록 함.

(2) 목적

제1조(목적) 이 법은 보호자가 근로 또는 질병 기타 사정으로 인하여 보호하기 어려운 영아 및 유아를 심신의 보호와 건전한 교육을 통하여 건강한 사회성원으로 육성함과 아울러 보호자의 경제적·사회적 활동을 원활하게 하여 가정 복지증진에 기여함을 목적으로 한다.

1991년 제정된 영유아보육법은 법률 제7153호에 의거 2004년 1월 29일 전부개정 되어 2005년 1월 30일 시행에 들어가 현재까지 유지되어 오고 있다. 2004년의 전부개정을 하게 된 이유를 다음과 같이 밝히고 있다.

여성의 사회참여 확대, 가족구조의 변화 등으로 인해 영유아 보육에 대한 수요가 증가함에 따라 보육시설 종사자의 자격기준을 강화하고, 영유아 보육시설 설치·운영을 종전 신고제에서 인가제로 전환하는 등 영유아 보육에 대한 공공성을 강화하도록 하는 한편 영유아보육제도의 운영상 나타난 일부 미비점을 개선·보완하려는 것이다.

◇ 주요내용

가. 보육정책의 기본방향에 관한 심의와 관계부처 간의 의견 조정을 위하여 국무총리 소속하에 보육정책 조정 위원회를 두고, 보육에 관한 각종 정책·사업·보육지도 등을 심의하기 위하여 보건복지부에 중앙보육정책위원회를, 시·도 및 시·군·구에 지방보육정책위원회를 두도록 함(법 제5조 및 제6조).

나. 국공립 보육시설 외의 보육시설을 설치·운영하고자 하는 자는 시장·군수·구청장에게 신고하도록 하였으나, 앞으로는 시장·군수·구청장의 인가를 받도록 함(법 제13조).

다. 보육교사는 대학에서 일정한 보육관련 교과목 및 학점을 이수하거나 일정한 교육훈련시설에서 소정의 교육을 받은 자로서 보건복지부장관이 검정·수여하는 자격증을 받은 자로 하되, 보육교사 자격의 등급은 1급 내지 3급으로 구분함(법 제21조).

라. 국가 또는 지방자치단체와 사회복지법인 그 밖의 비영리법인이 설치한 보육시설과 대통령령이 정하는 보육시설의 장은 영아·장애아 등에 대한 보육을 우선적으로 실시하도록 하고, 국민기초생활보장법에 의한 수급자와 보건복지부령이 정하는 저소득층의 자녀가 우선적으로 보육시설을 이용할 수 있도록 함(법 제26조 및 제28조).

마. 영유아의 발달 등을 종합적으로 관찰·평가하여 영유아의 생활지도 및 초등학교 교육과의 연계지도에 활용할 수 있도록 하기 위하여 보육시설의 장으로 하여금 생활기록부를 작성·관리하도록 함(법 제29조의2)

바. 보건복지부장관은 자격이 없는 자를 채용한 보육시설의 장등에 대하여 업무를 정지시키거나, 허위 또는 부정한 방법으로 자격증을 취득한 보육교사의 자격을 취소할 수 있도록 하는 등 영유아 보육 종사자 등에 대한 감독을 강화함(법 제46조 내지 제48조).

2004년 개정 영유아보육법에서는 이 법의 목적을 영유아의 심신 보호와 건전한 교육을 통하여 건강한 사회성원으로 육성함과 아울러 보호자의 경제적·사회적 활동을 원활하게 함으로써 가정 복지증진에 기여함으로 두었다.

영유아보육법의 제정으로 보육 관련 주무부서가 보건복지부로 일원화[2]되면서 보육정책의 발전을 가져오는 계기를 마련하였다.

2) 보육담당 주무부서는 영유아보육법제정 당시 보건복지부에서 2004년 여성가족부로 이관 되었고, 2008년 정부부처의 통폐합에 따라 보건복지가족부로 이관되었다가 2010년 보건복지부로 바뀌었다.

3. 보육시설 및 보육의 현황

1) 보육시설의 종류

(1) 시설의 설립 · 운영 주체에 따른 분류

「영유아보육법」 제2장 어린이집의 설치(개정 2011.6.7.), 제10조(어린이집의 종류)에서 정하는 어린이집의 종류는 다음과 같다.

국공립 보육시설	국가나 지방 단체가 설치 · 운영하는 어린이집
사회복지법인 어린이집	사회복지사업법에 따른 사회복지법인이 설치 · 운영하는 어린이집
법인 · 단체 등 어린이집	각종 법인이나 단체 등이 설치 · 운영하는 어린이집
직장 어린이집	사업주가 사업장의 근로자를 위하여 설치 · 운영하는 어린이집
가정 어린이집	개인이 가정이나 그에 준하는 곳에 설치 · 운영하는 어린이집
협동 어린이집	보호자 또는 보호자와 보육직원이 조합을 결성하여 설치 · 운영하는 어린이집
민간 어린이집	제1호부터 제6호까지의 규정에 해당하지 아니하는 어린이집

① 국공립 보육시설

국공립 보육시설은 국가와 지방자치단체가 설립·운영(위탁운영을 포함)하는 보육시설을 말한다. 국공립 보육시설의 설립근거는 영유아보육법제 제12조(국공립 어린이집 설치 등)에 제시되어 있다.

- 국가나 지방자치단체는 국공립 어린이집을 설치·운영하여야 한다.
- 보건복지부장관, 시·도지사 및 시장·군수·구청장은 보육사업을 원활하게 추진하기 위하여 보건복지부장관의 경우에는 중앙보육정책위원회, 그 밖의 경우에는 각 지방보육정책위원회의 심의를 거쳐 어린이집 수급계획 등을 포함한 보육계획을 수립·시행하여야 한다.
- 보육계획에는 국공립 어린이집의 공급에 관한 계획 및 목표가 포함되어야 한다.
- 보건복지부장관, 시·도지사 및 시장·군수·구청장은 보육계획의 수립·시행을 위하여 필요하면 어린이집, 보육관련 법인·단체 등에 대하여 자료제공 등의 협조를 요청할 수 있으며, 그 요청을 받은 어린이집과 보육관

련 법인·단체 등은 정당한 사유가 없으면 요청에 따라야 한다.

- 도시 저소득주민 밀집 주거지역 및 농어촌지역 등 취약지역, 건축법에 따른 공동주택 중 대통령령으로 정하는 일정 세대 이상의 공동주택을 건설하는 주택단지 지역에 우선 설치하여야 한다.

② 사회복지법인 어린이집

사회복지법인 어린이집은 사회복지사업법에 따라 사회복지법인이 시장·군수·구청장의 인가를 받아 설치·운영되는 어린이집을 말한다. 사회복지법인 어린이집의 설립 근거는 사회복지사업법에 다음과 같이 제시되어있다.

- 사회복지법인 및 사회복지시설은 공공성을 가지며 사회복지사업을 시행하는 데 있어서 공공성을 확보하여야 한다.
- 시설을 설치·운영하는 자는 보건복지부령으로 정하는 재무·회계에 관한 기준에 따라 시설을 투명하게 운영하여야 한다.

상시 21명 이상의 영유아를 보육해야 하며, 명칭은 "○○ 어린이집"으로 사용하고 유치원, 학원 등 유사기관으로 오인할 수 있는 명칭을 사용해서는 안 된다.

③ 법인 · 단체 등의 어린이집

법인·단체 등 어린이집은 각종 법인(사회복지법인을 제외한 비영리법인)이나 단체 등이 설치·운영하는 어린이집을 말한다. 영유아보육법에서 법인·단체 등 어린이집의 종류를 규정하고 있다.

제18조의2(법인 · 단체 등 어린이집의 종류)

- 유아교육법, 초·중등교육법 및 고등교육법에 따른 법인 또는 학교법인이 설치·운영하는 어린이집
- 종교단체가 설치·운영하는 어린이집
- 산업재해보상보험법에 따른 근로복지공단이 설치·운영하는 어린이집
- 교육훈련시설이 설치·운영하는 어린이집
- 위에서 규정한 어린이집에 준하는 어린이집으로서 보건복지부장관이 정하는 어린이집

설립절차는 법인·단체 등 어린이집을 설치·운영하려는 법인 또는 개인이 관할 특별자치도지사·시장·군수·구청장에게 인가를 신청해야 한다. 인가를 신청 받은 관할 특별자치도지사·시장·군수·구청장은 신청한 어린이집이 설치기준에 적합한지 여부를 현장에서 확인한 결과 및 해당 지역의 보육 수요를 고려하여 인가를 결정하게 된다.

④ 직장 어린이집

사업주가 사업장의 근로자를 위하여 단독 또는 공동으로 사업장 내 또는 그에 준하는 인근지역과 사원주택 등 사업장 근로자 밀집 거주 지역에 설치·운영하는 어린이집(국가 또는 지방자치단체의 장이 소속 공무원 및 국가나 지방자치단체의 장과 근로계약을 체결한 사람으로서 공무원이 아닌 사람을 위하여 설치·운영하는 어린이집을 포함)을 말한다(영유아보육법 제10조 제4호). 상시 5명 이상 300명 이하의 영유아를 보육해야 한다.

직장 어린이집을 설치하려는 자는 관할 특별자치도지사·시장·군수·구청장에게 인가를 받아야 하고 인가를 신청 받은 관할 특별자치도지사·시장·군수·구청장은 신청한 어린이집이 설치기준에 적합한지 여부를 현장에서 확인한 결과 및 해당 지역의 보육 수요를 고려하여 인가를 결정하게 된다.

직장 어린이집은 영유아보육법의 설치기준을 모두 갖추어야 한다. 다만, 어린이집을 직장에 설치하는 경우에는 안전사고 및 재난에 대비한 어린이집을 갖추어 사옥 내 2층과 3층에 설치할 수 있다(영유아보육법 시행규칙 제9조제1항).

직장 어린이집에 대하여 설치의무를 두어 상시 여성근로자 300명 이상 또는 근로자 500명 이상을 고용하고 있는 사업장은 직장 어린이집을 설치해야 한다(영유아보육법 시행령 제20조제1항).

직장 어린이집 설치 의무사업장의 해당 여부를 판단하기 위한 상시근로자의 수(임시직, 정규직, 일용직 등을 총망라하여 평균적으로 사용하는 근로자를 말함)의 산정은 전체 기업규모가 아닌 단위사업장을 기준으로 한다.

의무사업장의 사업주가 직장 어린이집을 단독으로 설치하기 어려운 경우에는 사업주 공동으로 직장 어린이집을 설치·운영하거나 지역의 어린이집과 위탁계약을 체결하여 근로자의 자녀의 보육을 지원해야 한다(영유아보육법 제14조).

단독 또는 사업주 공동으로 직장 어린이집을 설치하거나, 지역의 어린이집과 위탁계약을 체결한 사업주는 그 어린이집의 운영 및 수탁 보육 중인 영유아의 보육에 필요한 비용의 100분의50 이상을 부담해야 한다(영유아보육법 시행령 제25조).

⑤ 가정 어린이집

가정 어린이집은 개인이나 가정 또는 그에 준하는 곳에 설치·운영하는 어린이집을 말한다(영유아보육법 제10조제5호). 상시 영유아 5명 이상 20명 이하를 보육해야 한다(영유아보육법 시행규칙 제9조제1항).

가정 어린이집을 설치·운영하려는 자는 관할 특별자치도지사·시장·군수·구청장에게 인가를 신청해야 한다. 인가를 신청 받은 관할 특별자치도지사·시장·군수·구청장은 신청한 어린이집이 설치기준에 적합한지 여부를 현장에서 확인한 결과 및 해당 지역의 보육 수요를 고려하여 인가를 결정하게 된다(영유아보육법 제13조제1항 및 영유아보육법 시행규칙 제5조제3항).

⑥ 협동 어린이집

협동 어린이집은 보호자 또는 보호자와 보육교직원이 조합(영리를 목적으로 하지 않는 조합에 한정)을 결성하여 설치·운영하는 어린이집을 말한다(영유아보육법 제10조제6호).

상시 11명 이상의 영유아를 보육해야 한다(영유아보육법 시행규칙 제9조 제1항).

협동 어린이집은 보육영유아의 보호자 11명 이상 또는 보호자와 보육교직원을 합하여 11명 이상이 출자하여 공동으로 어린이집을 설치·운영할 것을 약정함으로써 그 효력이 발생한다(영유아보육법 시행규칙 제9조제1항). 또한 협동 어린이집의 운영은 조합원 중에서 대표자를 선임하고, 어린이집 시설·운영에 관한 통상 사무는 원장이 전임하며, 주요사항은 조합원 과반수의 찬성으로 결정한다. 조합원이 최대한 보육과정 및 의사결정에 참여하여 소기의 설립 목적을 달성하도록 노력해야 하며, 영유아보육법 및 2018년도 보육사업안내 외의 사항에 대해서는 민법 제703조부터 제724조까지를 적용한다).

⑦ 민간 어린이집

민간 보육시설은 국공립 어린이집, 사회복지법인 어린이집, 법인·단체 등 어린이집, 가정 어린이집, 협동 어린이집, 직장 어린이집에 해당하지 않는 비영리단체나 비영리법인 또는 개인이 설치·운영하는 어린이집으로서 상시 21명 이상 300명 미만의 영유아를 보육해야 하는 어린이집을 말한다.

(2) 보육시간에 따른 분류

과거의 탁아 및 오늘날의 보육에 해당되는 영어표기는 'Day Care'로 낮 동안의 돌봄이라는 기간적 개념이 포함되어 있었던 것만큼 보육에서 시간은 중요한 고려 사항이다(김주아 외, 2012). 보육 서비스는 일반적으로 낮 동안 일하는 보호자를 대신하여 아동을 보호하는 것을 의미한다.

① 종일제 보육

종일제 보육은 부모의 경제활동 시간에 맞추어 아동을 보육하는 것으로 일반적으로 오전 8시에서 오후 6시까지 이루어지지만, 맞벌이의 경우 직장에 머무는 시간이 다양하기 때문에 융통성 있게 이루어지고 있다. 맞벌이부부의 증가에 의하여 종일제의 수요는 더욱 높아지고 있고, 유치원에서도 종일반을 운영하고 있다.

② 반일제 보육

반일제 보육은 주로 오후 2시 이전까지 아동을 보육하는 형태를 말한다. 반일제라는 명칭은 2012년도에 맞춤반이라는 명칭으로 정부가 추진했던 정책이었으나, 전업주부와 취업모를 차별한다는 반발에 부딪혀 중단되었다가 2016년 7월 맞춤형보육으로 다시 실시하게 되었다. 그러나 본격적으로 실시하기 전 시범사업의 결과(이용률 가평 2%, 서귀포 4%, 김천 6%)를 무시하고 실시하여 현장의 혼란을 가져왔고, 현재는 수정·보완을 위한 작업을 보건복지부에서 진행 중이다.

③ 시간제 보육

시간제 보육은 가정에서 양육하는 아동에게도 지정된 기관(어린이집, 육아종합지원센터 등)에서 시간단위로 이용하고, 이용한 시간만큼 보육료를 지불하는 보육 서비스를 말한다. 시간제 보육 서비스의 대상아동은 6~36개월 미만의 영아(유아반의 경우는 일부기관에서 시범운영 중)를 대상으로 하며, 양육수당 수급자 중 가정양육 가구의 아동을 대상으로 한다. 월 80시간을 이용할 수 있고 보육료 일부를 정부로부터 양육수당과는 관계없이 지원받을 수 있다.

④ 야간 보육

야간 보육은 야간에 이루어지는 보육형태를 말한다. 일반적으로 맞벌이 부모의 취업형태가 낮 시간을 이용하여 이루어지지만 야간에 근무할 수밖에 없는 특수한 직종에 종사할 경우 아동의 야간 보육이 필요하다. 이러한 야간 보육은 다음에 소개할 24시간 보육과 유사하여 혼동할 수 있을 것이다. 24시까지 운영하는 보육을 야간 보육, 24시간 동안 보육하는 것을 24시간 보육이라고 할 수 있을 것이다(김주아 외, 2012).

⑤ 24시간 보육

24시간 상시 운영하는 것을 24시간 보육이라고 한다. 1994년도부터 24시간제라는 명칭으로 도입을 시도한 서울시에서는 상시 24시간 동안 계속 운영하는 것을 24시간 보육제라고 규정하고 있다(김주아 외, 2012).

⑥ 방과 후 보육

방과 후 보육이란 방과 후 아동지도와 유사한 개념으로 학자에 따라 차이가 있다. 서영숙(2003)은 "학교수업이 없을 때 성인의 적절한 보호를 받을 수 없는 학령기 아동을 허가를 받은 정규기관에서 정기적으로 돌보아 주는 것을 말한다"고 정의하였으며, 이옥(2004)은 "학교에서 수업을 마치고 돌아와 부모를 만날 때까지 돌보아 줄 성인이 없는 학령기 아동을 위하여 가족

지원과 아동복지 차원에서 비영리적으로 제공되는 보육 서비스"로 정의하고 있다(김주아 외, 2012). 또는 방과 후 보육은 초등학생을 대상으로 방과 후 및 방학기간 동안에 아동을 보호하고 초등학교 정규 수업 외에 이루어지는 교육활동을 의미한다(김석준 외, 2018). 2006년 여성가족부에서는 "방과 후 어린이집은 초등학생을 대상으로 방과 후 보육 서비스를 제공하는 시설을 말하며, 어린이집으로서의 역할보다는 맞벌이부부 등 아동을 맡길 곳이 없는 가정을 우선적으로 하여 보육함을 목적으로 한다"고 하였다(김석준 외, 2018). 그러나 초등학교라는 대상의 특성에 의하여 교육적인 내용이 포함된다.

2) 보육 현황

현재 우리나라의 보육시설 및 보육아동의 통계를 살펴보면 전체적인 보육시설 및 보육아동의 수가 약간 감소 추세를 보이고 있다.

2017년 통계를 살펴보면 전체 보육시설은 전년대비 2.1% 감소하였고, 보육아동 수도 0.1% 정도 감소하였다. 그러나 국공립 보육시설은 전년대비 10.4% 증가하였고, 보육아동수도 6.2% 정도 증가 하였다. 사회복지법인 보육시설은 0.8% 감소하였고, 보육아동수도 2.4% 정도 감소하였다. 법인 및 단체 등의 보육시설은 4.2% 감소하고, 보육아동수도 4.4% 정도 감소하였다. 민간 보육시설의 경우는 전체 보육아동 수의 50.9% 정도를 차지하고 있으나 1.9% 정도 감소하였고, 보육아동수도 1.0% 정도 감소하였다. 또한 전체 보육아동 수의 22.1%를 담당하고 있는 가정 보육시설은 4.6% 감소하였고, 보육아동수도 2.2% 감소하였다.

최근 우리나라의 보육시설 및 보육아동의 동향을 살펴보면 전체적으로 감소 추세이나 국공립 보육시설 및 보육아동수의 꾸준한 증가 추세를 읽을 수 있다. 이것은 정부의 국공립 보육시설 확충 정책에 따른 것으로 2022년까지 국공립 보육시설을 40%(2017년 현재 7.8%)까지 확대한다는 계획을 발표하였다. 주요국의 국공립 어린이집의 비율을 살펴보면 프랑스가 85%(2013), 스웨덴이 80%(2011), 일본 47%(2013), 독일 33%(2013) 등으로 우리나라는 매우 낮은 것을 알 수 있다.

표 10-2 보육시설 및 보육아동 현황

(단위: 개소, 명)

구분		2014	2015	2016	2017
보육시설	계	43,742	42,517	41,084	40,238
	(전년대비, %)	−0.06	−2.80	−3.40	−2.10
	국공립	2,489	2,629	2,859	3,157
	사회복지법인	1,420	1,414	1,402	1,392
	법인·단체 등	852	834	804	771
	민간	14,822	14,426	14,316	14,045
	가정	23,318	22,074	20,598	19,656
	협동	149	155	157	164
	직장	692	785	948	1,053
보육아동	계	1,496,671	1,452,813	1,451,215	1,450,243
	(전년대비, %)	0.65	−2.93	−0.10	−0.10
	국공립	159,241	165,743	175,929	186,916
	사회복지법인	104,552	99,715	99,113	96,794
	법인·단체 등	49,175	46,858	45,374	43,404
	민간	775,414	747,598	745,663	738,559
	가정	365,250	344,007	328,594	321,608
	협동	3,774	4,127	4,240	4,508
	직장	39,265	44,765	52,302	58,454

출처: 보건복지부 「보육통계」.

표 10-3 보육시설 종사자 현황

(단위: 명)

구분	2012	2013	2014	2015	2016	2017
계	284,237	301,719	311,817	321,067	321,766	330,217
(전년대비, %)	14.3	6.2	3.3	3.0	0.2	2.6
어린이집 원장	42,164	43,550	43,532	42,338	40,901	40,085
보육교사	204,946	212,332	218,589	229,116	229,548	235,704
기타	37,127	47,048	50,696	49,613	51,317	54,428

*기타: 의사, 간호사, 영양사, 사무원, 취사부, 운전원, 관리원 등

출처: 보건복지부 「보육통계」.

4. 보육아동을 위한 복지사업의 과제 및 대책

1) 보육교사의 전문성 확보

보육교사의 질은 보육 서비스의 질을 높이는 중요한 요인이 될 것이다. 보육교사의 자격기준에 대하여 정부는 대면교육의 강화 및 현장실습기간 확대 등의 방안을 마련하여 실시하고 있다(영유아보육법 시행규칙 개정 2016.1.12.). 보육교사의 양성과정 뿐만 아니라 현직교사의 연수 및 보수교육, 원장 사전 교육실시 등의 자격강화에 초점을 맞추어 많은 부분에서 보육교사의 전문성을 강화하기 위한 노력이 이루어지고 있다.

보육교사의 자격강화에 대한 노력에 비하여 실질적인 효과는 미비한 것이 현실이다. 보육교사의 전문성을 확보하기 위한 노력은 지속되어야 하고 이와 함께 보육교사의 근무환경의 개선이 함께 이루어져야 할 것이다.

보건복지부 2018년 6월 21일 발표 인용 - 경향신문 2018.6.21.

보조교사 6,000명 증원....

어린이집 선생님도 편하게 점심 먹을 수 있을까

보건복지부는 21일 "보육교사들의 휴게시간을 보장하기 위해 추가경정예산 100억 원을 들여 전국어린이집 보조교사 6,000명을 추가 지원한다"고 발표했다. 이미 국비 지원 중인 2만 8,748명에 시·도 지원을 받아 채용했거나 어린이집들이 자체 고용한 보조교사 3,608명을 합치면 올해 하반기에는 총 3만 8,356명의 보조교사가 어린이집에서 일하게 된다.

복지부가 부랴부랴 보조교사 증원에 나선 것은 다음달 1일부터 개정된 근로기준법이 시행되기 때문이다. 앞으로는 어린이집 보육교사들도 8시간을 근무하면 중간에 1시간을 반드시 쉬어야 한다. 그동안 어린이집은 근로기준법상 휴게시간 특례업종으로 지정되어 있었다. 보통의 직장들은 오전 9시에 출근해 오후 6시에 퇴근한다고 가정할 때 중간에 점심시간으로 1시간을 쉰다. 그러나 어린이집은 점심시간이 휴게시간이 될 수 없다. 어린 아이들에게 밥을 먹이고, 씻기는 것은 가장 고된 일과 중 하나이다.

이 때문에 어린이집은 교사에게 별도의 휴게시간을 주지 않는 대신 수당을 주거나, 퇴근을 한 시간 앞당기는 방식으로 운영해 왔다. 특례업종은 노사가 협의를 하면 휴게시간을 변경해 운영할 수 있다. 지난 3월 근로기준법이 개정되면서 어린이집은 특례업종에서 빠졌다. 4시간 일하면 30분, 8시간 일하면 1시간을 반드시 쉬어야 한다. 수당으로 휴게시간을 대체하거나 업무시작 전후에 쉬는 시간을 주는 것은 허용되지 않는다. 다만, 휴게시간을 20~30분 단위로 나눠서 줄 수는 있다.

복지부는 보육교사들의 휴게시간을 보장하기 위해 보조교사를 늘리는 것과 함께, 영유아 낮잠 시간의 교사-아동비율을 완화했다. 만 1세반은 교사 1명당 아동이 최대 5명으로 돼있지만 낮잠 시간에는 2개 반을 통합해 교사 1명이 돌볼 수 있도록 했다. 또 현재 보조교사는 담임교사 '보조' 업무만 하게 돼 있지만 앞으로는 휴게시간에 한해 보조교사가 단독으로 영유아를 보육할 수 있도록 완화했다. 복지부 김유미 공공보육팀장은 "근무시간이 4시간인 점을 제외하면 보조교사도 국가자격증 소지자이고 경력, 자격 등 보육 서비스 전문성은 보육교사와 차이가 없다"고 설명했다.

그러나 이런 조치를 통해 보육교사들이 곧바로 휴게시간을 보장받을지는 미지수이다. 당장 '6,000명 증원으로는 어림도 없다'는 소리가 나온다. 어린이집들이 근로기준법 개정 이후 1만 명 이상의 증원을 요구했지만 정부 예산에 맞춰 6,000명으로 결정했다는 것이다. 복지부 관계자는 "국회 예결위 논의과정에서 그렇게 됐다"고 인정하며 "추가경정 예산으로 채용 가능한 최대치가 6,000명"이라고 설명했다.

한국어린이집 총연합회 유호영 과장은 "휴게시간이라 해도 교사 1명이 10명 이상의 아이들을 돌보기는 물리적으로 어렵다"며 "원아들도 담임교사가 아닌 낯선 보조교사에게 적응하기 힘들고, 보조교사 역시 아이들을 파악하고 있지 않아 문제가 생길 수 있다"고 말했다.

2) 보육 서비스의 공공성 확보

보육은 보호자 중심의 대리보육의 관점보다는 영유아의 발달을 도모하는 보편적 관점으로 접근되어야 한다(한미현 외, 2016). 즉, 보육사업은 국가의 책임하에 이루어져야 함에도 불구하고 우리나라의 보육사업은 민간주도로 이루어져 왔다. 2017년 발표한 제3차 중장기 보육 기본계획에서 정부는 국공립 어린이집을 40%로 확충하겠다고 발표하였다(그림 10-1).

그러나 2017년 국정감사의 결과를 보면 지난 5년간 확충된 국공립 어린이집의 수는 701개소인데 그중 서울시 328개소, 경기도 131개소, 인천시 29개소로 전체 어린이집의 69.6%인 488개소가 수도권에 추가 되었다. 서울시는 국공립에 등원하는 아동수가 전체 아동수의 31.5%(72,419명)인 반면에 대전시는 4.4%(3,307명), 광주시는 5.2%(2,283명), 대구시는 5.9%(3,307명) 등으로 6% 이하의 낮은 등원율을 보였다. 이러한 문제는 국공립 어린이집 대기자가 전국에 29만 명에 달하고, 서울을 제외한 지역의 평균 대기시간이 188일로 민간 어린이집의 2,7배, 가정 어린이집의 4.2배의 시간을 기다려야 입소가 가능하다(2017 국정감사자료).

지역에 따라 국공립 어린이집을 이용하는 격차가 발생한다면 보육의 공공성 정책에는 문제가 있다고 할 수 있을 것이다. 지역 간의 보육 서비스의 격차를 줄이기 위한 노력이 필요하다.

이러한 공공성의 확보와 함께 어린이집의 설치에 대한 법 정비가 이루어져야 할 것이며, 이것은 보육의 기본인 안전의 확보에 중요한 요인이 될 것이다.

비전	영유아의 행복한 성장을 위해 함께하는 사회	
목표 및 전략	**보육의 공공성 강화** • 국·공립 이용률 40%로 확대 • 국·공립 운영의 공공성 강화 • 직장 어린이집 활성화 • 어린이집 운영의 건전성 제고	**보육체계 개편** • 어린이집 이용 및 지원체계 개선 • 표준보육비용 산정 및 적정 보육료 지원 • 보육과정 개편
	보육 서비스 품질향상 • 보육교사 전문성 강화 • 보육교사 적정 처우보장 • 영유아 보육환경 개선 • 상시적 품질관리 강화	**부모 양육지원 확대** • 부모의 양육역량 강화 지원 • 시간제 보육 서비스 확대 • 취약보육 지원 개선
실행 기반	• 지원기관 기능 개편 • 민·관 협업 확대 • 전산시스템 개편	

그림 10-1 제3차 중장기 기본계획(2018-2022)

출처: 보건복지부(2017).

3) 다양한 보육 서비스의 제공

정부는 급변하는 보육 서비스의 욕구를 충족하기 위하여 2016년부터 맞춤형 보육을 실시하고 있다. 맞춤형 보육은 0~2세반(만 36개월 이하) 영아에 대한 보육체계를 하루 12시간까지 이용할 수 있는 '종일반'과 하루 최대 6시간(월 15시간 긴급 보육바우처 추가)이용이 가능한 '맞춤반'으로 이원화한 제도이다. 맞춤형 보육은 보육 서비스를 종일반과 맞춤반으로 나눠 양질의 보육을 제공하겠다는 취지였으나, 맞춤형 보육정책에 대한 실태조사 결과 학부모와 어린이집관계자(원장, 교사) 모두가 만족하지 못하고 있다고 조사되었다(서울시 여성가족재단 2018.5.9. 정책토론회발표).

이러한 결과를 토대로 보건복지부는 맞춤형 보육의 문제점 개선 등을 위해 보육지원체계 개편을 위한 TF를 구성·운영 중에 있고, 파트타임 근무자나 전업주부를 위해 3,4시간가량 이용하는 '단시간 어린이집' 설립을 추진하고 있으며, 맞춤반은 긴급보육바우처를 폐지하는 대신 7시간으로 1시간 늘리는 방안도 검토되고 있다고 발표하였다(보건복지부2018.6.18. 보도설명자료).

정부는 보육 서비스의 개선을 통하여 저출산의 극복 및 여성의 사회진출을 높이기 위하여 많은 노력을 하고 있다. 그러나 이러한 노력에 비하여 현장과 학부모의 만족 수준은 기대 이하인 것이 현실이다. 이러한 정책이 본래의 취지에 맞게 국민들의 만족도를 높이기 위해서는 현장의 의견을 적극 반영하여 현장과의 괴리를 좁혀나가야 할 것이다.

11
Chapter

위기아동과 지역사회보호

1. 빈곤아동
2. 한부모가족아동
3. 장애아동
4. 장애아동 복지증진을 위한 정책과제

1. 빈곤아동

빈곤은 단순히 경제적인 궁핍의 문제가 아니라 보다 복잡한 문제이다. 물론 빈곤은 경제적인 문제이지만 그 결과는 아동과 아동을 둘러싼 가정과 사회의 심리적·사회적·문화적 요소에 막대한 영향을 준다. 예를 들어, 한 가족의 빈곤문제는 부부 간의 불화로 인한 이혼, 아동의 비행, 학업문제 등 단순한 원인에 비해 다양한 결과를 드러낼 수 있다. 대부분의 빈곤문제는 인간의 삶을 황폐하게 만드는 부정적인 결과를 나타낸다. 이렇게 빈곤은 아동에게 정상적인 발달과업을 성취하는 데 장애를 가져올 뿐만 아니라, 성인이 되어서까지 부정적인 영향을 미치게 된다. 학교 실패, 실업의 가능성, 만성적인 복지 의존성, 강력범죄, 무기력감과 절망감 등이 모두 빈곤과 연결되어 있다고 보고되고 있다(공계순 외, 2013).

이 장에서는 빈곤의 정의와 빈곤아동의 현황, 빈곤이 아동에게 미치는 영향, 빈곤아동을 위한 사회복지 서비스를 살펴본다. 그리고 우리나라 빈곤 아동복지정책의 현황과 개선방안을 검토해 본다.

1) 빈곤의 개념

빈곤은 경제적 특성뿐만 아니라 사회적 또는 심리적으로 여러 가지 특성을 가지고 있다. 따라서 경제적 빈곤뿐만 아니라 사회적 특성을 반영한 빈곤의 개념이 필요하다.

경제적 빈곤은 물질적 필요에 대하여 부족을 느끼는 것으로 정의된다. 이러한 경제적 빈곤개념은 절대빈곤과 상대빈곤으로 나누어 살펴볼 수 있다(서상목 외, 1981).

절대빈곤(Absolute Poverty)은 가장 역사가 깊고 널리 사용되는 빈곤의 정의이다. 빈곤은 '한 가구의 소득(또는 지출)이 최저생활을 유지하는 데 필요한 생계비에 미달하였을 경우'로 정의된다. 여기서 빈곤선은 최저생활에 필요한 기본수요를 추정함으로써 정의된다. 이러한 기본수요에는 첫째, 최저생존을 위한 방식, 둘째, 질병보호와 의·식·주 시설을 포함한 계속적 생존에 필요한 수요, 셋째, 생산적 수요에 필요한 재화나 용역 기본수요, 넷째, 사회에서의 상대적·경제적 위치 및 사회참여도 등을 고려한 기본수요 등의 단계로 구분된다.

상대빈곤(Relative Poverty)은 한 사회의 기존 생활수준과 직접 비교하여 정의하는 개념이다. 절대빈곤의 추계가 실제적으로 매우 어려우며 상당한 임의성을 내포하기 때문에 상대빈곤의 개념이 널리 사용된다. 상대빈곤을 추정하는 방법으로는 첫째, 전체 사회의 계층별 소득 순서에서 하위층에 해당되는 일정한 비율을 빈곤층으로 정의하는 순수상대빈곤이 있는데, 소득 순으로 하위 20%, 또는 하위 40%가 가장 보편적으로 사용되는 순수상대빈곤계수이다. 둘째, 전체사회에서 평균소득에 해당되는 일정한 비율을 빈곤층으로 정의하는 유사상대빈곤방식이 있는데, 개발도상국의 경우 평균 소득의 1/3을 빈곤계수로 정의한다.

경제적인 특성만으로 빈곤을 정의하기에는 불충분하다. 왜냐하면 빈곤은 물질적 자원뿐만 아니라 가정환경, 자원의 보유, 교육 및 직업과 관련된 영역에서의 조건의 차이와 관련되기 때문이다. 따라서 빈곤에 대한 새로운 관점, 즉 빈민들의 생활과 관련되어 소득뿐만 아니라 주거조건, 직업의 안정성 그리고 교육기회 등을 포괄한 사회적 불평등이나 문화 개념의 도입이 필요하다. 이러한 사회적 설명의 대두 배경은 바로 도시의 저소득층 밀집 지역, 즉 슬럼(slum)에서의 주민들의 생활모습을 설명하는 것과 관련되어 있는 빈곤문화론이다.

빈곤문화론의 핵심은 사회의 수류문화와 달리 빈곤문화가 존재하고, 이러한 문화는 다음 세대로 전승된다는 것이다. 빈곤문화론은 루이스(Lewis)에 의해 1959년 처음 주창되었으며, 멕시코와 푸에르토리코인 가족에 대해 확대되었다. 루이스는 빈민들은 사회의 대다수의 사람들에게서 소외되어 있으며, 그 결과 나름대로의 적응행동을 학습해야 하는데, 이러한 행동 메커니즘이 확장되어 사회의 문화 속의 문화를 형성하게 된다고 주장한다(Lewis, 1959).

루이스는 빈곤문화의 특징을 70가지의 상호 관련된 사회적·경제적·심리적 특성으로 설명하고 있는데, 이를 4가지로 종합하여 본다(Lewis, 1968).

첫째, 지역사회 내에서 기존 경제·사회·정치제도에 대한 효과적인 통합과 참여가 결여되어 있다. 즉, 노동조합이나 자원봉사 활동에 참여하지 않거나 또는 정당에 가입하지 않으며, 병원이나 백화점 등을 거의 이용하지 않는다. 사회제도에의 미참여는 지배계급의 기본적인 기구에 대한 비판적 태도, 경찰에 대한 적대감, 정부기관에 대한 불신, 심지어는 종교에 대한 냉소주의와 관련된다.

둘째, 빈곤문화의 특징은 핵가족이나 확대가족의 범위를 약간 뛰어넘는 최소한의 조직을 특성으로 한다. 비록 빈곤지역의 사람들이 사회의 공식적 조직에 참여하지는 않지만 지역사회 공동체 의식을 형성할 수 있는 응집력을 가지고 있다.

셋째, 가족과 성생활면에서 사회의 다른 집단과 많은 차이를 보이고 있다. 성의 조기발현, 사실혼, 가정에 대한 포기 등의 현상이 상대적으로 높게 나타나고 있다.

넷째, 심리적으로 무기력, 의타심 및 열등감을 가지고 있다. 빈민들은 체념주의와 숙명주의를 가지고 있어 근로 동기나 빈곤탈피 그리고 변화에 대한 동기를 거의 가지지 못한다. 게다가 강한 현실중심적인 생활을 하게 하는 빈곤의 특성은 미래에 대한 계획을 수립하거나 생활에 대한 만족감을 느끼지 못하게 한다.

2) 빈곤아동의 정의

빈곤아동이란 빈곤가정에서 생활하는 18세 미만의 아동이다. 아동의 빈곤예방 및 지원 등에 관한 법률 제3조에서는 아동빈곤을 "아동이 일상 적인 생활여건과 자원이 결핍하여 사회적·경제적·문화적 불이익을 받는 빈곤상태"로 규정하고 있으며, "아동빈곤이란 아동이 일상적인 생활여건과 자원이 결핍하여 사회적·경제적·문화적 불이익을 받는 빈곤한 상태를 말한다"고 규정하고 있다. 이러한 빈곤아동의 범위로는 아동복지법 제3조 제4호 및 제5호에 따른 보호대상아동 및 지원대상아동, 국민기초생활보장법 제2조 제2호에 따른 수급자인 아동, 한부모가족지원법 제4조 제2호에 따른 한부모가족 아동, 다문화가족지원법 제2조 제1호에 따른 다문화가족 아동으로 규정하고 있다.

표 11-1 빈곤아동의 정의

구분	정의
아동복지법	• 제3조 제4호 '보호대상아동': 보호자가 없거나 보호자로부터 이탈된 아동 또는 보호자가 아동을 학대하는 경우 등 그 보호자가 아동을 양육하기에 적당하지 아니하거나 양육할 능력이 없는 경우의 아동 • 제3조 제5호 '지원대상아동': 아동이 조화롭고 건강하게 성장하는 데 필요한 기초적인 조건이 갖추어지지 아니하여 사회적 · 경제적 · 정서적 지원이 필요한 아동
국민기초생활보장법	제2조 제2호 '수급자': 이 법에 따른 급여를 받는 사람
한부모가족지원법	• 제4조 제2호 '한부모가족': 모자가족 또는 부자가족 • 제4조 제3호 '모자가족': 모가 세대주(세대주가 아니더라도 세대원(世代員)을 사실상 부양하는 자를 포함한다)인 가족 • 제4조 제4호 '부자가족': 부가 세대주(세대주가 아니더라도 세대원을 사실상 부양하는 자를 포함한다)인 가족 • 제4조 제5호 '아동': 18세 미만(취학 중인 경우에는 22세 미만을 말하되, 「병역법」에 따른 병역의무를 이행하고 취학 중인 경우에는 병역의무를 이행한 기간을 가산한 연령 미만을 말한다)의 자
다문화가족지원법	제2조 제1호 '다문화가족': 다음 각 목의 어느 하나에 해당하는 가족 가. 「재한외국인 처우 기본법」 제2조 제3호의 결혼이민자와 「국적법」 제2조부터 제4조까지의 규정에 따라 대한민국 국적을 취득한 자로 이루어진 가족 나. 「국적법」 제3조 및 제4조에 따라 대한민국 국적을 취득한 자와 같은 법 제2조부터 제4조까지의 규정에 따라 대한민국 국적을 취득한 자로 이루어진 가족

한편 정부가 지원하는 '저소득 한부모가족'에는 정부지원 대상인 빈곤아동이 포함된다.

'한부모'에는 한부모뿐만 아니라 조부 또는 조모가 손자녀를 양육하는 조손가족도 포함된다. 배우자가 있더라도 병역복무, 가출, 노동능력 상실 등의 이유로 실질적인 부양을 받을 수 없는 경우도 지원 대상이 된다. 지원 대상으로 선정되기 위해서는 소득과 재산을 고려한 소득인정액이 최저 생계비의 130% 이하여야 하고(소득기준), 자녀의 나이가 만 18세 미만(재학 시만 22세 미만)이어야 한다.

3) 빈곤이 아동발달에 미치는 영향

빈곤은 아동에게 정상적인 발달과업을 성취하는 데 장애를 가져올 뿐만 아니라 그로 인해 바람직하지 못한 결과를 낳게 되며, 성인이 되어서까지 부정적인 영향을 미치게 된다. 성인초기의 학교실패, 실업의 가능성, 만성적인 복지 의존성, 강력범죄, 무기력감과 절망감 등이 모두 빈곤과 연결되어 있다고 보고되고 있다(노혁, 2002). 이렇게 빈곤이 아동에게 부정적 영향을 미치는 이유는 아동들이 타인에게 의존적이고, 아동 스스로가 가족의 경제적 상황을 변화시킬 수가 없기 때문이다. 최근의 연구에서는 빈곤이 아동에게 직접적으로 부정적인 영향을 미치기보다는 부모의 양육행동이나 태도, 또래집단과의 상호작용 그리고 지역사회의 특성 등을 통해 영향을 미치고 있는 것으로 나타나고 있다(정익중, 2003).

빈곤이 아동의 가정생활에 미치는 영향을 살펴보면, 빈곤아동들은 안정된 주거환경을 제공받지 못하거나 적절한 교육환경을 제공받지 못할 가능성이 높다. 빈곤가족은 경제적 이유로 아동에게 공부방 등 적절한 학습공간을 제공하거나 학업에 필요한 물품, 자료를 제공하지 못해 학업 성취를 저해하기도 한다. 즉, 빈곤가족은 책, 장난감, 컴퓨터 등과 같은 물품을 구입할 수 있는 자원이 부족하고, 도서관이나 박물관 방문 등의 문화생활의 기회가 부족하기 때문에 인지적으로 자극받을 수 있는 환경에서 성장할 기회가 부족하게 된다.

빈곤아동의 부모들은 생계를 위해 장시간 노동을 하게 되어 피곤하거나 시간이 없어 자녀와의 상호작용이 부족하거나 부적절한 양육태도를 보이게 되어, 아동의 언어나 인지발달에 부정적인 영향을 미치게 된다.

그리고 빈곤한 사람들은 자신들이 처해 있는 환경을 스스로 통제할 수 없다는 무력감, 수치감 또는 자존감의 상실 등으로 스트레스나 우울증에 빠져들기 쉽다. 이러한 부모의 스트레스와 우울은 부부 간이나 가족 간의 갈등을 유발하는 동시에 부모의 양육행동이나 태도에 부정적인 영향을 준다. 즉, 빈곤부모들은 아동의 행동자체나 친구관계 등에 대한 지도감독을 제대로 하지 못하고, 언어적인 훈계보다는 신체적인 체벌을 더 자주 사용하고, 아동에 대한 정서적 지지의 수준도 낮은 것으로 나타나고 있다(Conger, 1994).

4) 빈곤아동이 경험하는 문제

빈곤아동이 경험하는 문제는 크게 아동의 신체적인 건강, 인지능력, 학업성취, 심리사회적 문제 등으로 나누어 살펴볼 수 있다(공계순 외, 2013).

(1) 신체적 건강

비빈곤가족의 아동과 빈곤가족의 아동들을 다양한 기준으로 비교해 볼 때 빈곤아동들은 신체 건강에 있어서 부정적인 결과를 보이고 있다. 1988년 미국의 국민보건조사에 따르면, 비빈곤가족 아동의 경우 유아사망률이 100명당 0.8명인데 비해 빈곤가족은 1.4명으로 1.7배 높은 것으로 나타났으며, 0세부터 14세까지 아동기의 사망률은 비빈곤기족은 0.8명인데 비해 빈곤가족은 1.2명으로 나타났다. 또한 부모가 건강상태가 아주 좋다고 평가한 비율은 비빈곤가족의 경우 55.2%인데 비해 빈곤가족은 37.4%에 불과했으며, 지난 1년간 병원에 입원한 기간을 살펴보면 비빈곤가족 아동의 경우 3.8일이나 빈곤가족 아동의 경우는 5.3일로 나타나는 등 빈곤가족 아동의 건강상태가 비빈곤가족 아동에 비해 전반적으로 낮게 나타나고 있음을 보여 준다.

(2) 인지능력

빈곤과 아동의 인지능력 발달과의 관계를 살펴보면, 빈곤가족 아동의 경우 비빈곤가족 아동에 비해 낮은 것으로 나타나고 있다. 1988년 미국의 국민보건조사에 따르면, 17세까지 아동기의 인지발달지체 비율은 비빈곤가족 아동은 3.8%이나 빈곤가족은 50/로 높게 나타났고, 학습장애비율도 비빈곤가족은 6.1%이나 빈곤가족의 아동은 8.3%로 높게 나타나고 있다.

(3) 학업성취

빈곤가족 아동의 학업성취를 비빈곤가족 아동과 비교해 보면 낮은 것으로 나타나고 있다. 1988년 미국의 국민보건조사에서 유아부터 17세까지 아동을 비교해 볼 때, 학년 유급에 있어서는 비빈곤가족 아동의 경우 14.1%인데 비해 빈곤가족의 아동은 28.8%로 2배 이상 높은 것으로 나타났고, 정학이나 퇴학 등의 학교징계를 경험한 비율에 있어서도 비빈곤가족의 아동은 6.1%인데 비해 빈곤가족의 아동은 11.9%로 조사되었다.

5) 빈곤아동을 위한 사회복지 대책

빈곤아동·청소년 대책의 필요성은 무엇보다 빈곤의 대물림에서 찾아볼 수 있다. 빈곤아동의 신체발육 부진·질병·장애는 평생 동안 학습 및 경제활동에 지장을 초래하고 있다. 또한 부모의 보살핌 부족은 자신감 부족(정서발달 부진) 및 학교부적응으로 낮은 학업성취도를 초래한다. 취학 전 학습준비 부족 및 교육자원에의 접근 제약은 교육과정이 올라갈수록 빈곤아동의 학업성취 격차를 확대시키고, 지식사회에서 필수적인 고등교육 기회가 제약되거나 목표를 상실하게 한다.

빈곤세습은 희망 없는 사회의 지표이며, 사회통합을 저해하는 가장 중요한 원인이다. 가난한 부모는 자녀에 대한 '희망의 끈'을 버리고, 빈곤아동은 '미래에 대한 희망'을 버리게 되어 사회통합의 큰 장애가 되고 있다. 따라서 빈곤아동에 대한 정책접근 패러다임의 혁신이 요구된다. 먼저 빈곤아동·청소년의 기본생활 보장 차원을 넘어서, 미래의 인적 자원을 개발하고 가난 대물림을 차단하여 희망사회를 건설하는 사회적 투자 차원의 정책이 필요한 시점이다.

(1) 아동의 빈곤예방 및 지원 등에 관한 법률

빈곤아동에 대한 가장 중요한 대책으로는 「아동의 빈곤예방 및 지원 등에 관한 법률」이 있다 이 법률은 2012년 8월 15일부터 시행되는 법으로서, 빈곤아동이 복지·교육·문화 등의 분야에서 소외와 차별을 받지 아니하고, 한 사회의 구성원으로 건강하게 자랄 수 있도록 제도적 기반을 마련하기 위한 목적으로 제정되었다.

이 법에서는 아동이 경제적·사회적·문화적·정신적으로 빈곤상태에 있는 아동을 위하여 국가 및 지방자치단체가 빈곤아동정책의 수행에 필요한 법적·제도적 장치를 마련하고, 업무 수행에 필요한 재원을 안정적으로 확보하기 위해 노력하도록 규정하고 있으며, 빈곤아동이 어떠한 종류의 차별도 받지 않도록 필요한 시책 마련을 규정하고 있다.

무엇보다 보건복지부는 빈곤아동의 복지·교육·문화 등의 기본적인 욕구 등에 대한 실태조사를 실사하여 빈곤아동지원에 관한 기본계획을 매년 5년마다 수립하도록 규정하고 있으며, 기본계획에 따라 보건복지부 장관, 시·도지사, 시·도교육감은 연도별 시행계획을 수립 시행하도록 규정하고 있다.

또한 종합적인 빈곤아동정책의 수립 및 관계기관 간의 연계·조정과 상호 협력을 위하여 아동정책조정위원회의 분과위원회로 아동빈곤예방위원회를 설치하여 기본계획과 추진전략의 수립, 국제조약의 이행·평가 및 조정에 관한 사항을 심의 조정하도록 하였다. 그리고 시·도 및 시·군·구에는 지역아동빈곤예방위원회를 설치하여 지역의 아동빈곤 예방 및 지원에 관한 중요사항을 심의하도록 규정하고 있다.

(2) 드림스타트사업

드림스타트사업은 빈곤이 아동발달에 악영향을 유발하고 부적절한 양육환경과 기회불평등을 야기함에 따라, 기존의 문제발생 이후의 단편적이고 사후관리적인 아동복지 서비스를 탈피하여, 사전예방적 통합적 측면의 서비스를 통해 아동에게 공평한 기회보장을 제공하기 위한 새로운 서비스이다.

드림스타트사업은 저소득밀집지역에 거주하는 저소득 임산부와 12세 이하의 아동가구 전체를 대상으로 아동의 건강·복지·보육 등 전인적 발달을 지원하며, 부모에게는 양육부담 완화, 바람직한 양육기술, 직업훈련, 고용촉진 서비스 등을 지원한다.

2007년에 16개 지역에 시범사업을 실시하였으며, 2008년 32개 지역,

2009년 75개 지역, 2010년 101개 지역, 2011년 131개 지역으로 확대되어 사업을 실시하고 있다.

사업수행을 위해 시·군·구 단위의 전담조직인 드림스타트센터를 설치하게 되는데, 센터를 통해 지역사회 아동의 신체·건강, 인지·언어, 정서·행동 등의 영역을 포괄하는 통합 서비스를 총괄 조정하게 된다. 센터의 주요 기능은 지역사회 내 통합 서비스 지원이 필요한 아동 발굴, 지역자원을 조사·발굴하여 서비스 연계망을 구축, 서비스 전달인계의 중심축 역할 수행, 욕구조사, 위기도 검사를 통한 사례판정 및 연계 서비스 기획·조정, 사례점검, 재사정 등 통합 사례관리 실시(사례관리과정에서의 서비스 개입은 지역자원과 연계하여 지원) 등이다.

센터는 시·군·구 단위로 빈곤아동이 밀집한 면·동 등 거점지역에 설치한다.

(3) 지역아동센터 운영

지역아동센터의 기능을 살펴보면 첫째, 지역사회 안에서 아동의 권리보장과 안전한 보호 및 급식지원으로 결식을 예방하여 취약계층 아동의 지역 내 보호개념을 실현하며, 둘째, 아동의 학습능력 제고, 학교부적응 해소 등이 있다. 지역아동센터의 뿌리는 공부방으로서, 공부방은 저소득층이 밀집되어 있는 지역에서 민간단체나 개인이 건전한 문화경험 및 민주적 시민을 양성하기 위한 교육을 목적으로 학령기 아동 및 청소년들 대상으로 학습지도와 과제지도, 특별활동 지원을 중심으로 운영하고 있다. 공부방의 주요 역할은 첫째, 학습지도 공간으로서의 역할, 둘째, 청소년에 대한 보호와 상담의 역할, 셋째, 건전한 문화공간으로서의 역할 등을 수행하여 왔다(이경림, 2004).

공부방은 2004년 7월 개정된 아동복지법에 '지역아동센터'가 명시화됨으로써 사회복지시설로 인정을 받게 되었으며, 2004년 7월 발표된 '빈곤아동 청소년종합대책'의 발표로 인해 정부지원을 본격적으로 받게 되었다. 공부방은 IMF 이후 급증한 결식아동의 문제를 해결하기 위한 노력으로 많은 사회적 관심을 받았으며, 빈곤아동의 결식문제뿐만 아니라 가정의 문제, 지역사회의 문제까지 개입하게 되며, 지역의 각종 공공 및 시민사회 단체와 연대하며 아동보육 서비스까지 담당하는 역할을 수행하기도 하였다. 현재 지역아동센터는 지역사회 아동의 보호·교육, 건전한 놀이와 오락의 제공, 보호자와 지역사회의 연계 등 아동의 건전육성을 위하여 종합 적인 아동복지 서비스 제공하는 역할을 수행하고 있다. 2004년 1월부터는 지역아동센터에 대한 국고지원이 실시되기 시작하여 895개소이던 센터가 2005년 1,709개소, 2008년 3,013개소, 2010년 3,474개소, 2012년에는 4,003개 설치되어 운영되고 있다. 2012년 6월 말 현재 지역아동센터를 이용하는 아우를 살펴보면 전국에서 107,171명이 이용하고 있으며, 미취학아동 3,215명, 초등학생 78,538명, 중학생 21,123명, 고등학생 3,995명이 이용하고 있다. 이 중 장애아동 2,803명, 다문화가정 아동 6,567명, 새터민가정 아동 363명 등으로 나타나고 있다(지역아동센터 중앙지원단, 2012).

(4) 교육복지우선지역 지원사업

교육과학기술부에서는 빈곤아동 및 청소년을 위한 중점 정책으로서 교육복지투자우선지역 지원사업을 실시하고 있다. 이 사업은 2002년 8·15 대통령 경축사에서 발표한 도시 저소득 지역 교육환경 개선을 주 내용으로 하는 도시 저소득지역 교육복지 종합대책 수립계획을 구체화한 사업이다. 대도시 내에서 교육·문화적 환경이 상대적으로 열악한 지역을 교육복지투자우선지역으로 선정하여 다른 부문보다 많은 정책적 배려와 지원을 함으로써, 해당 지역의 교육·문화·복지 환경과 서비스의 질을 개선하는 것을 주요 골자로 하고 있다. 2011년 보통교부금을 사업재원으로 하는 교육복지우선지역 지원사업으로 전환되었으며, 종래 지역(zone)단위로 사업학교가 선정되었던 지정기준이 취약집단학생이 밀집한 단위학교로 전환되어 지역단위뿐만 아니라 개별학교 단위로도 지역사회와 연계한 사업 추진을 할 수 있도록 변경되었다.

① 의의와 추진배경

교육복지우선지역 지원사업의 의의는 크게 세 가지이다. 첫째, 저소득층 영유아 및 학생(청소년)의 출발점 평등을 통해 교육기회를 실질적으로 보장하는 국가차원의 지원사업이며, 둘째, 저소득층의 교육·문화·복지 수준을 총체적으로 제고하기 위해 학교와 지역사회가 함께 하는 사업이다. 셋째, 학교가 중심이 되고 지역사회가 지원하는 지역사회 교육공동체 구축사업이다.

사업 대상은 경제적 취약집단을 비롯한 다문화가정학생, 북한이탈주민학생, 학업부진학생 등 다양한 수준의 교육적 취약성을 지니거나, 교육적 성취에 있어 상대적으로 불리한 상황에 있는 교육취약 아동·청소년이 밀집된 학교 및 지역이다. 예전과 달리 취약집단이 밀집한 개별 학교도 사업 추진이 가능해지면서 지역접근뿐만 아니라 개별학교에서 지역사회를 연계하여 사업을 추진하는 접근도 가능하다.

아동의 발달단계에 따른 기본적 욕구해결과 문제를 예방하는 것이다. 이를 위해 취학 전 단계의 영유아에게는 양질의 취학 전 프로그램을 제공함으로써 출발점 단계의 교육·문화 접근기회의 형평성을 보장한다. 또한 초등학생에 대해서는 학습결손 예방 및 치유, 방과 후 보호 등 기본적 복지 서비스 제공에 중점을 둔다. 중학생에 대해서는 다양한 문화 활동을 통한 정서적 함양에 중점을 둔다. 두 번째 목표는 가정의 취약성으로 인한 정서·행동발달상의 문제를 극복할 수 있는 학교 및 지역사회의 교육·문화 환경을 조성함으로써 정서적 안정 속에서 성장할 수 있도록 하는 것이다. 또한 건강한 신체발달을 위해 필수적인 복지 서비스를 제공함으로써 정상적인 학교생활 및 일상생활을 영위할 수 있도록 하는 것이다.

이러한 정책목표를 달성하기 위하여 두 가지 추진전략을 설정하였는데, 첫째, 학교가 지역사회의 구심체로서 지역의 교육·문화·복지 환경 개선의 중심적 역할을 할 수 있도록 학교의 기능을 강화하며, 교원의 적극적 참여와 전문성 신장을 위한 근무 여건을 마련한다. 둘째, 추진전략은 범운영을 통한 타 지역으로의 확산이라는 단계적 추진계획을 마련하고, 국가(지방자치단체)의 지원이 우선될 수 있도록 제도화하는 것이다.

2. 한부모가족아동

전반적으로 한부모가족은 개인의 적응으로부터 사회 인식 및 제도적 차원에 이르기까지 어려움을 경험하고 있다. 즉, 한쪽 배우자의 부재로 인해서 가족생활에서의 변화가 불가피하게 일어남으로써 경제적 빈곤, 가족관계, 자녀양육 및 가사노동의 어려움, 역할수행상의 혼란과 사회적 위축 등의 문제를 수반하고 있다. 이러한 문제는 가족구성원의 심리사회적 적응과 사회생활, 학업생활 등에 부정적 영향을 미치고 있다.

결손가족 아동에 대한 선행연구들은 가족해체가 아동의 적응에 부정적인 영향을 미치고 있음을 보여 준다(오승환, 2001). 먼저 심리정서적 문제를 살펴보면, 결손가족의 아동은 우울, 불안, 사회적 철회 등의 문제를 경험하는 것으로 나타나고 있다. 또한 교사나 부모들은 정상가족의 자녀에 비해 결손가족 자녀가 더 우울한 것으로 평가하고 있으며, 인지적 및 사회적 능력이 더 낮다고 인식하는 것으로 나타났다.

두 번째, 결손가족의 청소년은 비행과 일탈 그리고 반사회적 행동 등의 문제행동을 더 많이 경험하는 것으로 제시되고 있다. 많은 연구에서 결손가족의 청소년은 정상가족의 청소년에 비해 높은 공격성 및 행동장애 등 행동적 문제를 더 많이 경험하는 것으로 보고되고 있다.

또한 가족결손은 청소년에게 사회적 상호작용의 단절 또는 감소를 초래하여 대인관계상의 문제를 경험하는 것으로 나타나고 있다. 결손가족의 청소년은 정상가족의 청소년에 비해 낮은 수준의 사회적 기술을 보이고 있으며, 친구가 적고 친구와 보내는 시간이 적은 것으로 나타났다. 가족의 결손으로 인한 가족 환경의 변화, 즉 이사 등의 물리적 공간의 변화와 부모의 사망이나 이혼으로 인한 사회적 관계망의 단절은 결손가족 청소년에게 사회적 지지를 감소시키고 대인관계상의 문제를 발생시키게 된다.

그리고 가족결손은 청소년의 학업성적에 영향을 미치게 된다고 제시되고 있는데, 정상가족의 청소년에 비해 더 낮은 학업성취를 보이고 있으며, 아동의 IQ를 통제한 전국적인 비교에서도 이혼가족의 자녀가 정상가족의 자녀에 비해 학업문제를 더 많이 경험하고 있는 것으로 나타난 연구도 있다.

1) 빈곤 한부모가족 지원사업

여성가족부의 빈곤 한부모가족 지원정책을 살펴보면 첫째, 양육비·교육비 등 경제적 지원, 둘째, 가족역량강화 서비스 제공, 셋째, 복지시설 입소지원 등의 사업이다(여성가족부, 2012b). 만 12세 미만 자녀 대상으로 월 5만 원씩 양육비를 지급하고, 2012년에는 미혼 한부모와 조손가족이 만 5세 이하 자녀를 양육하는 경우 월 5만 원을 추가 지급한다. 또한 고등학생에게는 수업료 및 입학금을 지원하고, 중·고등학생 대상 연 5만 원의 학용품비를 2013년부터 지원한다. 그리고 창업이나 사업장 운영에 필요한 자금도 최대 5천만 원까지 연 3%의 저리로 대출 지원한다.

① 가족역량 강화를 위한 가족 서비스

가족역량 강화를 위해 건강가정지원센터 등에서는 가족상담, 취업·창업 훈련 지원을 실시하고, 특히 미혼모·부자 가족에게는 전국 17개의 지원기관을 통해 출산비, 자녀 예방접종, 분유, 기저귀 등을 지원하고 있다.

조손가족에 대해서는 손자나 학습도우미, 생활가사도우미를 가정에 파견하고, 도배 등 주거환경 개선도 지원한다.

또한 이혼절차를 진행 중인 가족에게는 자니양육비 분담 두를 원만히 합의할 수 있도록 이혼상담 서비스를 제공하고, 양육비 청구소송, 자녀인지 청구소송, 자녀양육비 이행확보 소송 등 무료 법률지원서 비스도 실시한다.

② 시설 보호

무주택 가족은 전국 121개의 한부모가족복지시설에 자녀와 함께 입소하여 2~3년간 생활하면서 심리상담·직업교육 등을 제공받고 자립을 준비할 수 있다. 시설 입소자는 월 5만 원의 생활보조비를 받을 수 있다.

2) 한부모가족 아동을 위한 복지정책 과제

한부모가족 아동, 한부모가정의 자녀양육 및 교육비 지원 현실화 및 대상 등의 확대가 필요하다. 현재 저소득 한부모가정의 양육비로 책정되어 있는 액수는 한 달 평균 50,000원에 불과해 ‘건강한 아동 양육과 균형 있는 영양

공급'이라는 취지에는 매우 불충분하다. 또한 자녀학비지원 특히 입학금과 수업료가 없는 초등학생의 경우 부대경비의 지원이 필요한 실정이다. 특히 한부모가정의 경제적 자립능력 강화를 위해 국민기초생활보장수급자 결정 시보다 유연한 기준을 적용할 필요가 있으며, 여성이 생계책임을 지는 경우 소득보장이 더욱 강화되어야 한다. 아직도 한부모가정을 결손가정으로 보는 학교나 이웃, 지역사회 등의 인식이 크게 개선되어야만 아동의 적응이 원활해질 수 있으리라 본다. 따라서 이에 대한 교육·홍보 등 적극적인 인식전환 노력이 필요하다.

한부모가정 문제해결을 위한 외국법·제도의 정비에는 호주제 폐지 및 주민등록제도 개신, 국민기초생활보장제도 보완(국민기초생활보장법과 내에 한부모가정 지원근거 마련), 아동지원제도 개선, 자녀양육비 청구 의료보험제도 보완 등이 포함된다.

현재 각 기관 및 시설에서 제공되고 있는 프로그램 및 서비스는 크게 부모와 자녀 등 대상자 중심으로 구분되고 있다. 그러나 특히 아동의 경우 가족의 유기체적 기능에 영향을 받고 있고, 잠재력 개발이 중요하다는 점에서 복합적이고 통합적으로 지원해 줄 수 있는 가족정책 서비스와 프로그램의 제공이 필요하다.

① 한부모가정 지원을 위한 가족정책 활성화

정부 각 부처 소관분야별 한부모가정 정책에 관한 협의 및 조정기능을 강화하고 공공과 민간의 상호연계시스템을 구축할 필요가 있다. 특히 여성가족부와 보건복지부의 연계 프로그램이 더욱 확대되어야 하고, 민간의 아동지원 프로그램도 더욱 강화되어야 한다. 특히 가족구성원들의 건강, 직장 및 학교적응문제, 질병 등 위기를 극복할 수 있도록 체계적이고 종합적인 가족복지상담 및 치료 서비스에 대한 지원체계를 강화해야 한다.

② 한부모가정 아동의 적응을 위한 다양한 복지 프로그램 개발

한부모가정의 부모자녀관계 교육 프로그램 개발, 주간 보호, 단기보호 및 방과 후 지도시설 확충, 자녀 학업지도 확대 및 다양한 특기적성, 취미교실

프로그램 마련, 자녀의 건강한 성장을 위한 신체적·정서적 대안 마련 등이 재검토되어야 한다.

또한 아동의 정서적·심리적 안정을 위한 다양한 교육이 이루어져야 하고 아동의 연령에 따라 생애주기별 프로그램이 특성화되어야 한다. 저학년 아동의 경우에는 취업에 따른 모의 부재가 주는 영향을 최소화시켜야 하고, 고학년 아동의 경우 자기조절능력, 독립성 고취 등을 모색하는 프로그램이 필요하다.

3. 장애아동

모든 아동은 건강하게 성장하여 행복한 생활을 누리는 데 필요한 욕구를 충족할 권리를 가진다. 그런데 장애아동의 경우 그들이 지니고 있는 독특한 심신의 장애로 인해서 정상적인 사회참여에 제한을 받고 있고, 독립된 인격체로서 존엄성을 침해당하고 있기 때문에 이들의 복지증진을 위한 대책이 필요하다. 장애아동복지사업이란 장애아동의 발생을 예방하고, 장애 아동이 가지고 있는 잠재능력과 잔존능력을 최대한 발휘하여 발달의 신장과 함께 정상적인 생활이 가능하도록 지원하는 사회적 제반 활동을 말한다. 장애아동을 위한 복지가 중요한 이유는 인간발달 과정에서 유아 및 아동기에 가장 빠른 성장이 이루어지기 때문이다. 아동의 잠재능력과 잔존능력을 최대한으로 개발하고 장애로 인한 심리사회 및 발달적 손상을 최소화하기 위해서는 장애아동의 예방 및 재활을 위한 개입이 가능한 한 빨리 시작되어야 한다.

1) 장애의 개념

장애아동을 정의하기 위해서는 무엇보다 장애에 대한 개념 정의에서부터 출발하는 것이 바른 순서일 것이다. 그러나 장애에 대한 개념을 보편화시키기란 쉬운 일이 아니다. 그것은 장애의 양태나 그것이 지니는 문제의 양상이 다양할 뿐 아니라, 사회적인 관념의 차이에 따라 장애를 규정하는 기준이나 관심이 상이하게 나타나기 때문이다(공계순외, 2013).

1975년 12월에 있었던 UN의 장애인권리선언에서는 "선천적이든 후천 적이든 신체적·정신적 능력의 결여 때문에 개인 혹은 사회생활에 필요한 것을 자기 스스로 완전히 혹은 부분적으로 확보할 수 없는 사람"을 장애인으로 정의하고 있다. 또한 1979년 UN총회에서는 "장애는 개인과 그 환경 간의 관계로 파악되어야 한다"고 정의함으로써 장애의 정의에 기능상의 장애뿐만 아니라 사회적인 불리도 포함되어야 함을 명시하고 있다.

이렇게 장애의 개념은 크게 협의의 개념인 의학적인 개념과 광의의 개념으로 나누어 볼 수 있다. 먼저 협의의 개념인 의학적 개념은 장애 인식에 있어서 가장 전통적인 관점으로 장애를 신체 또는 정신의 기능저하, 이상, 상실 또는 신체일부의 훼손 등으로 지칭한다. 이는 장애를 개인의 비극적인 문제로 간주하는 개별적이고 의학적인 관점이다.

그러나 시대의 흐름과 아울러 장애는 더 이상 한 개인의 문제가 아니라 신체적인 불편함과 서비스에 대한 욕구가 있는 집단에 대한 사회적 대응의 실패로 보는 사회적이고 소수집단 운동적인 시각이 더욱 힘을 얻어 가고 있다. 이러한 관점이 장애에 대한 광의의 개념이다. 세계보건기구(WHO)가 국제질병기준(international classification diseases)을 구간으로 하여 1980년에 장애를 이해되는 새로운 접근으로 제안한 ICIDH(1nternational Classification of Impairments, Disabilities and Handicaps)로 이러한 광의의 개념에 기반하고 있다.

광의의 개념에 따르면 장애는 세 가지 차원인 기능장애와 능력장애 그리고 사회적 불리의 개념으로 정의된다(아산사회복지재단, 1997: 718-721).

첫째, 기능장애(Impairment)는 '심리적·생리적 또는 해부학적 구조나 기능의 상실 또는 비정상'을 뜻한다. 일시적 또는 영구적인 손실이나 비정상이 특징이며, 사지, 기관, 피부 또는 정신적 기능체계를 포함한 신체의 다른 구조의 비정상, 결손 또는 손실의 발생이나 존재를 포함한다. 이는 질병을 다른 사람이 인식할 수 있게 됨을 의미하며, 원칙적으로 기관수준에서의 장애를 반영하는 것이다. 기능장애에는 지적장애, 언어장애, 청각장애, 시각장애, 내과적 장애, 골격계장애, 신체기형, 전신적 장애 등이 포함된다.

둘째, 능력장애(Disability)는 '기능장애로부터 야기된 것으로서 인간에게 정상적인 것으로 간주되는 범위 내에서 또는 그러한 방식으로써 활동을 수행하는 능력의 제약 또는 결여'를 뜻한다. 능력장애는 기능장애의 직접적 결과로서 일상적으로 기대되는 활동수행 및 행동의 과다 또는 결핍이 특징이다. 이는 개인의 활동상의 능력제한이 발생하여 여러 가지 생활능력, 예를 들면 신변처리능력이나 운동활동능력이 떨어지게 됨을 말한다.

능력장애에는 태도장애, 의사소통장애, 개인 일상생활동작장애, 운동장애, 가사활동장애, 상황적 장애 등이 포함된다.

셋째, 사회적 불리(Handicap)는 사회적 차원에서의 장애의 개념으로 '기능장애나 능력장애로부터 야기되는 것으로서 연령성, 사회적·문제적 요인에 따른 정상적인 역할의 수행을 제약 또는 방해하는 개인에 대한 불이익'을 의미한다. 이는 기능장애나 능력장애가 사회화된 것으로서, 개인의 손상이나 기능제약으로 인해 사회생활에 대한 참여에서 제한을 받거나 지장을 초래하는 것을 말한다. 불이익은 개인이 속한 사회의 기대나 규범을 따르는 데에 실패하거나 따를 능력이 없는 데서 발생한다. 따라서 사회적 불리는 불이익이나 개인들의 분류가 아니라 사회의 규범 면에서 볼 때, 동료들에 비하여 장애를 가진 사람을 상대적 불이익에 처하게 하는 상황들의 분류이다. 사회적 불리에는 신체적 자립 핸디캡, 이동성 핸디캡, 직업상 핸디캡, 사회통합 핸디캡 등이 포함된다.

2) 장애인의 정의

장애인의 정의는 장애인복지법에 따른 복지적 관점과 장애인 등에 대한 특수교육법에 의한 교육적 관점에서 나누어 살펴볼 수 있다. 장애인복지법에서는 장애인을 신체적·정신적 장애로 인하여 장기간에 걸쳐 일상생활 또는 사회생활에 상당한 제약을 받는 자로 정의하고 있다. 장애는 신체적 장애와 정신적 장애로 구분하고, 신체적 장애는 외부신체기능의 장애와 내부기관의 장애로 구분하였다. 외부 신체기능의 장애는 다시 지체장애, 뇌병변장애, 시각장애, 청각장애, 언어장애로 구분하고, 내부기관장애는 신장장애, 심장장애로 분류하였다. 정신적 장애는 지적장애, 정신장애, 발달장애로 분류하였다. 장애인복지법 시행령 제2조에 나타난 장애 유형에 따른 장애인의 종류와 기준을 구체적으로 살펴보면 다음과 같다.

1. 지체장애인
   가. 한 팔, 한 다리 또는 몸통의 기능에 영속적인 장애가 있는 사람
   나. 한 손의 엄지손가락을 지골(손가락 뼈) 관절 이상의 부위에서 잃은 사람 또는 한 손의 둘째 손가락을 포함한 두 개 이상의 손가락을 모두 제1지골 관절 이상의 부위에서 잃은 사람
   다. 한 다리를 리스프랑(Lisfranc: 발등뼈와 발목을 이어주는) 관절 이상의 부위에서 잃은 사람
   라. 두 발의 발가락을 모두 잃은 사람
   마. 한 손의 엄지손가락 기능을 잃은 사람 또는 한 손의 둘째 손가락을 포함한 손가락 두 개 이상의 기능을 잃은 사람
   바. 왜소증으로 키가 심하게 작거나 척추에 현저한 변형 또는 기형이 있는 사람
   사. 지체에 위 각 목의 어느 하나에 해당하는 장애 정도 이상의 장애가 있다고 인정되는 사람
2. 뇌병변장애인
   뇌성마비, 외상성 뇌손상, 뇌졸중 등 뇌의 기질적 병변으로 인하여 발생한 신체적 장애로 보행이나 일상생활의 동작 등에 상당한 제약을 받는 사람
3. 시각장애인
   가. 나쁜 눈의 시력(만국식시력표에 따라 측정된 교정시력을 말한다. 이하 같다)이 0.02 이하인 사람
   나. 좋은 눈의 시력이 0.2 이하인 사람
   다. 두 눈의 시야가 각각 주시점에서 10도 이하로 남은 사람
   라. 두 눈의 시야 2분의 1 이상을 잃은 사람

4. 청각장애인
   가. 두 귀의 청력 손실이 각각 60데시벨(dB) 이상인 사람
   나. 한 귀의 청력 손실이 80데시벨 이상, 다른 귀의 청력 손실이 40데시벨 이상인 사람
   다. 두 귀에 들리는 보통 말소리의 명료도가 50퍼센트 이하인 사람
   라. 평형 기능에 상당한 장애가 있는 사람
5. 언어장애인
   음성 기능이나 언어 기능에 영속적으로 상당한 장애가 있는 사람
6. 지적장애인
   정신 발육이 항구적으로 지체되어 지적 능력의 발달이 불충분하거나 불완전하고, 자신의 일을 처리하는 것과 사회생활에 적응하는 것이 상당히 곤란한 사람
7. 자폐성장애인
   소아기 자폐증, 비전형적 자폐증에 따른 언어·신체표현·자기조절·사회적응 기능 및 능력의 장애로 인하여 일상생활이나 사회생활에 상당한 제약을 받아 다른 사람의 도움이 필요한 사람
8. 정신장애인
   지속적인 정신분열병, 분열형 정동장애(여러 현실 상황에서 부적절한 정서 반응을 보이는 장애), 양극성 정동장애 및 반복성 우울장애에 따른 감정조절·행동·사고 기능 및 능력의 장애로 인하여 일상생활이나 사회생활에 상당한 제약을 받아 다른 사람의 도움이 필요한 사람
9. 신장장애인
   신장의 기능부전으로 인하여 혈액투석이나 복막투석을 지속적으로 받아야 하거나, 신장기능의 영속적인 장애로 인하여 일상생활에 상당한 제약을 받는 사람
10. 심장장애인
    심장의 기능부전으로 인한 호흡곤란 등의 장애로 일상생활에 상당한 제약을 받는 사람

11. 호흡기장애인

    폐나 기관지 등 호흡기관의 만성적 기능부전으로 인한 호흡기능의 장애로 일상생활에 상당한 제약을 받는 사람

12. 간장애인

    간의 만성적 기능부전과 그에 따른 합병증 등으로 인한 간기능의 장애로 일상생활에 상당한 제약을 받는 사람

13. 안면장애인

    안면 부위의 변형이나 기형으로 사회생활에 상당한 제약을 받는 사람

14. 장루·요루장애인

    배변기능이나 배뇨기능의 장애로 인하여 장루(腸瘻) 또는 요루(尿瘻)를 시술하여 일상생활에 상당한 제약을 받는 사람

15. 간질장애인

    간질에 의한 뇌신경세포의 장애로 인하여 일상생활이나 사회생활에 상당한 제약을 받아 다른 사람의 도움이 필요한 사람

이러한 장애인복지법상의 정의를 살펴볼 때, 장애아동이란 18세 미만의 아동으로서 장애인복지법에 규정된 장애를 가진 아동으로 정의할 수 있다. 장애아동복지지원법에서도 18세 미만의 사람 중 장애인복지법에 따른 등록한 장애인을 장애아동으로 규정하고 있으며, 다만 6세 미만의 아동으로서 장애가 있다고 보건복지부 장관이 별도로 인정하는 사람을 장애아동으로 포함하고 있다.

(1) 장애인 등에 대한 특수교육법의 정의

장애인 등에 대한 특수교육법에서는 시각장애, 청각장애, 정신지체, 지체장애, 정서·행동장애, 자폐성장애(이와 관련된 장애를 포함한다), 의사소통장애, 학습장애, 건강장애, 발달지체, 그밖에 대통령령으로 정하는 장애 등을 가진 사람을 특수교육 대상자로 정의하고 있다.

특수교육 대상자 선정 기준(제10조 관련)

1. 시각장애를 지닌 특수교육대상자
 시각계의 손상이 심하여 시각기능을 전혀 이용하지 못하거나 보조공학기기의 지원을 받아야 시각적 과제를 수행할 수 있는 사람으로서 시각에 의한 학습이 곤란하여 특정의 광학기구·학습매체 등을 통하여 학습하거나 촉각 또는 청각을 학습의 주요 수단으로 사용하는 사람
2. 청각장애를 지닌 특수교육대상자
 청력 손실이 심하여 보청기를 착용해도 청각을 통한 의사소통이 불가능 또는 곤란한 상태이거나, 청력이 남아 있어도 보청기를 착용해야 청각을 통한 의사소통이 가능하여 청각에 의한 교육적 성취가 어려운 사람
3. 지적장애를 지닌 특수교육대상자
 지적 기능과 적응행동상의 어려움이 함께 존재하여 교육적 성취에 어려움이 있는 사람
4. 지체장애를 지닌 특수교육대상자
 기능·형태상 장애를 가지고 있거나 몸통을 지탱하거나 팔다리의 움직임 등에 어려움을 겪는 신체적 조건이나 상태로 인해 교육적 성취에 어려움이 있는 사람
5. 정서·행동장애를 지닌 특수교육대상자
 장기간에 걸쳐 다음 각 목의 어느 하나에 해당하여, 특별한 교육적 조치가 필요한 사람
 가. 지적·감각적·건강상의 이유로 설명할 수 없는 학습상의 어려움을 지닌 사람
 나. 또래나 교사와의 대인관계에 어려움이 있어 학습에 어려움을 겪는 사람
 다. 일반적인 상황에서 부적절한 행동이나 감정을 나타내어 학습에 어려움이 있는 사람
 라. 전반적인 불행감이나 우울증을 나타내어 학습에 어려움이 있는 사람
 마. 학교나 개인 문제에 관련된 신체적인 통증이나 공포를 나타내어 학습에 어려움이 있는 사람

6. 자폐성장애를 지닌 특수교육대상자
   사회적 상호작용과 의사소통에 결함이 있고, 제한적이고 반복적인 관심과 활동을 보임으로써 교육적 성취 및 일상생활 적응에 도움이 필요한 사람
7. 의사소통장애를 지닌 특수교육대상자
   다음 각 목의 어느 하나에 해당하여 특별한 교육적 조치가 필요한 사람
   가. 언어의 수용 및 표현 능력이 인지능력에 비하여 현저하게 부족한 사람
   나. 조음능력이 현저히 부족하여 의사소통이 어려운 사람
   다. 말 유창성이 현저히 부족하여 의사소통이 어려운 사람
   라. 기능적 음성장애가 있어 의사소통이 어려운 사람
8. 학습장애를 지닌 특수교육대상자
   개인의 내적 요인으로 인하여 듣기, 말하기, 주의집중, 지각(知覺), 기억, 문제 해결 등의 학습기능이나 읽기, 쓰기, 수학 등 학업 성취 영역에서 현저하게 어려움이 있는 사람
9. 건강장애를 지닌 특수교육대상자
   만성질환으로 인하여 3개월 이상의 장기입원 또는 통원치료 등 계속적인 의료적 지원이 필요하여 학교생활 및 학업 수행에 어려움이 있는 사람
10. 발달지체를 보이는 특수교육대상자
   신체, 인지, 의사소통, 사회·정서, 적응행동 중 하나 이상의 발달이 또래에 비하여 현저하게 지체되어 특별한 교육적 조치가 필요한 영아 및 9세 미만의 아동

3) 장애인 실태조사에 따른 장애아동 출현율

우리나라에서 전국적으로 장애아동의 실태를 조사한 결과는 매우 드물다. 전수조사는 정확한 자료를 얻게 하는 장점이 있지만, 투입되어야 하는 인적·물적 자원의 방대함이나 장애라는 특성의 노출을 기피하는 현실적인 제한점 등의 문제 때문에 실제로 시행하기에는 어려움이 많다. 따라서 대부분의 조사가 표본조사를 통해 장애아동의 비율을 추정하고 있다.

장애아동 출현율 조사를 통한 장애아동 수의 산출은 장애아동 복지정책 수립의 토대가 된다. 장애아동의 수가 산출되어야만 장애아동 복지를 구성하는 제반 분야의 정책들이 합리적으로 수립될 수 있고, 효율적으로 추진될 수 있다. 그러나 우리나라는 정부 수립 이후 장애아동 수의 파악을 위해 전국을 대상으로 조사한 일이 한 번도 없다. 따라서 여기에서는 보건복지부에서 실시한 2011년 전국 장애인 실태조사를 중심으로 장애아동의 출현율을 살펴본다.

2011년도 장애인 실태조사 결과에 의하면, 우리나라 전국 장애인 수는 총 2,683,477명이며 출현율은 5.61%인 것으로 추정되었다. 이는 2005년 2,148만 7천 명이며, 출현율은 4.59%에 비해 1.02% 증가한 것이다. 장애에 대한 인식개선, 장애인 복지 서비스시책의 다양화 등으로 장애인 등록이 많아지고 있으며, 인구고령화 및 각종 사고의 증가, 만성질환 증가 등의 원인으로 장애발생률 자체도 높아지는 것으로 추정된다.

0~17세의 장애아동 출현율을 살펴보면 총 추정 장애아동 수는 90,264명으로 전체 장애인의 3.5%를 차지하고 있으며, 장애 출현율은 0.92%로 나타났다. 가장 높은 출현율을 보인 장애 유형은 지적장애로서 0.42%의 출현율을 기록하였으며, 뇌병변과 자폐성장애가 각각 0.12%, 지체 0.1% 출현을 기록하고 있다. 구성비를 살펴보면 지적장애가 45.80%로 절반 정도의 비율을 차지하고 있으며, 자폐성 장애 12.9%, 뇌병변 장애 12.8%, 지체장애 10.6%, 시각장애 6.4%, 언어장애 4.3%, 청각장애 3.6%, 심장장애 2.7% 순으로 나타나고 있다.

한편 2000년도 조사에서 0~9세 장애아동은 0.60%, 10~19세 0.89%로 나타나고 있는데, 2011년 조사에서는 0~9세 장애아동은 1.16%, 10~19세 2.49%의 출현율을 기록하여 지난 10년간 장애 출현율이 급격한 증가추세를 보이고 있다. 한편 17세 이하 장애아동의 장애인 등록 여부를 조사한 결과 95.2%는 등록한 것으로 나타났으며, 4.2% 미등록, 0.50%는 장애등록 신청 중으로 조사되었다. 장애등급을 살펴보면 1급 28.6%, 2급 30.4%, 3급 26.6%, 4급 4.6%, 5급 3.3%, 6급 6.4%이다.

4) 등록장애인 중 아동의 비율

2011년 전국의 장애인 등록현황을 살펴보면 2,519,241명이 등록하였다. 이 중 지체가 1,333,429명 52.90%로 가장 높은 비율을 차지하고 있으며, 청각 10.4%, 뇌병변 10.3%, 시각 10% 순으로 나타나고 있다.

전체 등록장애인 중 17세 이하 아동의 비율을 살펴보면 76,725명으로 전체 등록장애인의 3.050%를 차지하고 있다. 등록 장애아동 중에서는 지적장애가 35,969명 46.9%로 가장 높은 비율을 차지하고 있으며, 뇌병변 16%, 자폐성 14%, 지체 8.2%, 청각 6% 순으로 나타나 전체 등록장애인과 다른 순위를 보여 주고 있다.

5) 장애아동·청소년의 생활실태 및 복지욕구

(1) 장애아동·청소년의 특성 및 욕구

장애아동은 외부세계에 대한 적극적인 탐색이 제한되며, 다른 아동에 비해 활동이나 선택이 제한된다. 특히 신체적 장애를 가진 아동은 신체적 능력의 제한뿐만 아니라 치료 상황이 주는 제한에 직면하게 될 것이며, 다른 경험을 시도할 수 있는 기회를 박탈당하는 상황에 놓일 수 있다. 그리고 새로운 것을 시도하고 다소간의 위험을 감수하는 도전적인 행동이 차단되며, 자신의 장애를 부적절한 행동의 결과에 의한 벌이라는 부정적인 느낌을 가질 수 있다(변순옥, 2000).

또한 다른 아동들과 어울려 놀 수 있는 기회가 적고 친구들을 사귀는 데 어려움이 따르게 된다. 이런 문제들은 장애아동이 아동기에 나타나는 발달이나 역할들을 제대로 수행할 수 없게 하며, 장애에 대한 적응도 현저히 감소하고, 그로 인해 자기 개념의 형성에 부정적인 영향을 끼칠 수도 있다. 그 결과 비장애아동과의 상호교류가 적어지고 사회활동의 감소로 인해 사회에 재진입할 수 있는 기회를 상실하게 된다.

한편 학령기 아동의 경우 이 시기는 학령기 전기(6~12세: 초등학생기) 장애아동과 학령기 후기(13~18세: 중·고등학생기) 장애청소년으로 나누어 볼 수 있다. 먼저 학령기 전기 장애아동의 특성을 살펴보면, 이 시기는 비장애아동과 마찬가지로 장애아동도 전 생애주기에 걸쳐 가장 크게 성장하는 시기이다. 학교와 동료의 수가 증가하고 사회적·지리적으로 아동의 세계는 확장된다. 구체적인 문제를 풀어 기는 기술의 증가는 아동이 새로운 상황에 대해서 대처하는 데 도움을 준다는 측면에서 중요하다. 특히 이 시기는 장애아동이 가족으로부터 떨어지는 최초의 시기이기 때문에 많은 기회를 얻는 시기일 수도 있지만 발달이 제한될 수 있는 문제의 시기이기도 하다. 이러한 관점에서 이시기의 교육적 환경은 장애아동에게 매우 중요하다.

학령기 후기의 장애청소년에게 있어 개인의 삶에 대한 의미와 개성에 대한 연구는 비장애아동과 마찬가지로 이 시기의 주요한 요소들이다. 장애를 가진 청소년들도 장애를 가지지 않은 청소년들과 같은 변화를 갖게 되지만, 정체성의 발달은 장애와 동반되는 문제들로 인하여 곤란을 겪게 된다. 동료와의 관계와 장애에 대한 역할 방식, 장애를 가진 사람이 무능하다는 인식 그리고 그들의 장애를 판단하는 환경 등에 대한 상황은 자신의 이미지에 대해 장애를 확신하게 하고 수치심에 기반하여 정체성을 거부하게 한다.

(2) 인구사회학적 특성

2005년도 장애인 실태조사 결과 분석 대상인 5세 미만의 장애아동 및 청소년은 총 361명으로 전체 장애인의 3.9%를 차지한다. 장애아동·청소년의 연령별 출현율은 9세 미만은 0.55%, 10~18세는 0.990%이며, 남아가 여아보다 출현율이 2배 정도 높으며, 전국 추정 수는 82천 명이다. 장애종류별로는 장애아동·청소년 중 지적장애가 35.5%를 차지하여 가장 많고, 발달장애는 23.50/로서 과반수가 이 두 가지 장애에 해당하고 있다.

장애아동·청소년의 성별 구성은 남자가 여자보다 2배 정도 많으며, 지역별로는 서울시를 포함한 대도시에 49.60%로 많고, 중소도시에는 41.8%, 군지역은 미미한 수준으로 연령이 어릴수록 대도시에 거주하는 비율이 높은데, 그 이유는 장애관련 인프라 부족과 경제적 이유가 큰 비중을 차지하고 있다.

(3) 일상생활 현황

장애아동·청소년의 혼자 외출이 가능한 경우가 62%, 불가능한 경우는 38%로 성인에 비해 혼자 외출이 어렵다. 연령이 낮을수록 혼자 외출이 어려우며, 전혀 외출하지 않는 경우 '장애 때문에 불편해서'가 주된 이유로 나타났다.

일상생활을 도와주는 사람이 있는 경우는 95.6%로 다른 연령층에 비해 많았으며, 주로 도와주는 사람은 부모, 조부모, 형제의 순이다. 도움을 주는 사람이 소득활동에 지장이 있는지에 있어서는 50.8%가 지장이 있다고 응답하였으며, 일상생활을 도와줄 사람을 고용할 의향이 있는 경우는 무료인 경우가 50.4%이다.

장애아동·청소년이 가족들로부터 무시당하거나 폭력을 당한 경험은 가끔 있다가 9.4%, 자주 있다가 2.20/로서 11.6% 정도는 가족으로부터 무시당한 경험이 있다. 이 결과는 전체 장애인에 비해 2배 정도 높으며, 폭력의 내용은 언어폭력 50.0%, 정신적 폭력 26.2%, 신체적 폭력 11.9%, 방임 및 유기 9.5%의 순이며, 폭력의 주 가해자는 주로 부모 46.3%, 형제·자매 34.1%, 조부모 12.2%의 순이다.

장애를 이유로 차별받고 있다고 생각하는지에 대해서는 38.2% 또는 항상(14.4%) 느낀다고 응답하여 절반 이상의 장애아동·청소년이 차별받고 있다고 인식하고 있다. 학교생활에서의 차별에 있어 교사로부터 차별받은 경험은 22.2%이며, 또래 학생들로부터의 차별 경험은 48.7%로 다른 영역의 차별보다 매우 높았다. 학급 학생의 부모들로부터 차별을 받은 경험은 16.80%이며, 청소년기의 경우 학부모로부터 차별받은 경험이 많은 것으로 나타났다.

(4) 장애아동가족의 욕구

장애아동과 그 가족을 효과적으로 원조하기 위해서는 장애아동에 대한 이해뿐만 아니라 장애아동가족이 경험하는 스트레스와 욕구에 대해 이해할 필요가 있다. 장애아동의 탄생은 가족의 생애주기 전반에 걸쳐 부부관계와 장애를 지니지 않은 다른 자녀와의 관계에 영향을 미치게 된다. 부모가 가지는 장애아동에 대한 심리적 반응은 개인의 성격이나 결혼생활의 질, 사회적 지위 등의 여러 가지 요인에 의해 영향을 받는다. 그러나 죄의식, 절망, 분노, 수치심, 슬픔 등의 감정은 누구에게나 나타나는 일반적인 감정이다. 이러한 감정들을 적절하게 극복하지 못할 때 가족긴장과 갈등이 만성화되고, 극단적인 경우에는 아동에 대한 유기나 가족의 해체가 일어날 수도 있다. 이렇듯 장애아동이 있는 가정은 장애아동에 대한 수용의 어려움, 아동에 대한 적절한 대처지식과 능력의 결여 그리고 아동에게 투하되는 시간적·신체적·정신적 한계와 보호능력의 탈진으로 인한 스트레스로 가족긴장 및 갈등을 공유하고 있는 등 여러 가지 문제로 인해 큰 고통을 당하고 있다.

특히 장애아동가족이 경험하는 스트레스는 가족구성원의 정서적 긴장, 가족 내 하위체계 간의 갈등, 발달단계에 따른 긴장의 반복, 부적절한 서비스 전달체계, 아동의 미래에 대한 불안, 경제적 부담 등 매우 다양한데(이지수, 1999: 357-359), 장애아동가족이 경험하는 스트레스를 정리해 보면 다음과 같다.

첫째, 정서적 긴장은 정상적인 아동이 태어나지 않은 것에 대한 슬픔, 우울, 거부 등을 포함한다. 가족은 장애아동의 요구에 반응하면서 변화·적응해 간다. 경제적 부담의 증가, 가족 수입 경감, 특히 일차 보호부담자의 직업생활의 유예, 가족역할의 재구조화 등의 문제가 발생한다. 이 과정에서 정서적 긴장이 반복되어 나타난다.

둘째, 부부간 불화이다. 조사결과에 따르면 전통적인 부부 중심의 가족에서는 장애아동이 발생하더라도 일반 가족과 비슷한 수준의 스트레스만을 경험한다. 그러나 한부모가족이나 기존의 부부 간, 가족원 간의 갈등을 경험하고 있던 가족에서는 장애아동으로 갈등이 더 악화될 가능성이 있다.

셋째, 형제간 갈등이다. 장애아동은 가족의 자원을 독점하는 경향이 있으며 형제 간 갈등의 원인이 된다. 특히 장애아동의 누이들은 장애아동에게 엄마와 같은 보호자의 역할을 하도록 기대 받는다. 일반적으로 정상아인 형제들의 불만, 투정 등 부정적인 감정에 대해서는 부모들이 관대하지 못하므로 형제들의 죄의식이나 불안 등 내적 갈등이 커질 수 있다.

넷째, 발달단계에서 반복되는 긴장이다. 장애아동으로 인한 가족의 스트레스는 아동이 발달단계들을 통과할 때마다 반복된다. 예를 들어, 취학과 졸업에서 정상아동의 출생에서 가족들이 경험했던 긴장이 다시 나타난다. 그러므로 이전의 발달단계에서 이러한 스트레스에 어떻게 대처했는지가 현 단계의 적응에 중대한 영향을 미친다.

다섯째, 장애인복지 전달체계에서 비롯되는 스트레스가 있다. 가족들은 장애아동으로 인한 스트레스뿐 아니라 부적절한 서비스 전달체계로 인한 스트레스도 경험한다. 즉, 욕구에 부합하지 못하고 분절적이고 비인간적인 서비스 전달체계로 인한 스트레스가 바로 이것이다. 장애아동이 서비스를 받을 때 자신들까지도 낙인을 부여받는 듯한 느낌을 받는 것으로 보고한다. 서비스의 계획과 전달의 전 과정에서부터 충분히 참여하는 것이 효과적이라는 견해가 지배적임에도 불구하고, 현실적으로 부모 참여에는 몇 가지 제한점이 있다. 시간과 경비 등 자원의 부족, 계획과정에 적절히 참여할 수 있는 지식과 기술의 부족, 전문가에게 자신들의 경험과 기대를 전달할 수 있는 의사소통 기술의 부족 등이다. 따라서 이들 제한점에 대한 고려가 없는 전문가와의 접촉은 가족에게 부가적인 스트레스를 줄 수 있다.

여섯째, 장애아동의 미래와 관련된 스트레스가 있다. 장애인들의 수명이 길어짐에 따라 부모나 형제의 사망 후 장애인 보호 문제가 가족들의 스트레스가 된다. 이것은 사회 일반의 장애인에 대한 스티그마와 깊은 관련이 있다. 최근의 장애아동 가족에 대한 욕구조사에 따르면 미래의 장애아 보호에 대한 걱정이 높은 수준으로 나타났다.

일곱째, 경제적 부담이 크다. 달링(Darling, 1987)은 장애아동의 경제적 부담을 직접적 비용과 간접적 비용으로 나누어 설명한다. 직접적 비용으로는 일시보호나 탁아, 의료비, 특수 치료비, 특수 장비 구입비, 그 외에 장애아동이 이용할 수 있는 가옥구조를 마련하기 위한 비용 등이 있다. 간접적 비용은 장애아동으로 인해 직업기회를 상실하는 데에 따른 손실을 의미한다. 실제로 장애아동을 갖게 됨으로써 어머니들은 사회활동을 포기하는 일이 번번하다.

또한 장애가족은 장애아동의 성장에 따라, 즉 가족의 생활주기에 따라 영향을 받게 된다. 가족의 스트레스는 아동이 각 발달단계를 통과할 때마다 반복된다. 장애아동 생애발달단계를 살펴보면 크게 3단계로 나누어 살펴볼 수 있다.

첫째, 학령 전 아동기로서 조기교육에 대한 욕구가 매우 큰 집단이다. 이 시기에 있어서 부모의 일차적인 문제는 장애에 대해 대처하고 자기 자신을 장애아동의 부모로 재 정의하는 것이며, 여기에는 불안과 죄책감, 분노 등의 갖가지 부정적 반응들이 나타난다. 또한 장애아동의 특별한 요구를 일상에 통합시기라는 시도들이 주된 관심사항이라고 할 수 있다. 그러나 이러한 장애가족이 경험하는 문제들은 일반아동의 부모들의 문제와 크게 다르지 않다는 점이다.

둘째, 학령기의 아동으로 주로 특수학교나 일반학교의 특수학급 등에서 교육을 받는 아동으로 재활치료 및 방과 후 교실, 사춘기에 따른 상담에 대한 욕구가 큰 집단이다. 이 시기에 장애아동 부모들은 새롭고 다양한 문제들을 경험하게 된다. 취학으로 인해 부모들은 일시적인 휴식을 갖게 되지만, 아동들이 지닌 장애의 가시성 때문에 아동들이 특수학교나 특수학급에 들어가면, 더 큰 사회적 결과들이 파생될 수 있다. 이처럼 밖으로 나타나는 장애의 가시성이 커짐에 따라 장애아의 형제와 부모들은 사회적 영향을 아동기 때보다 더 크게 받을 수 있다.

셋째, 아동기 후기로서 장래의 직업이나 고등교육에 대한 욕구에 따라 상담 및 직업훈련, 취업정보 등에 대한 욕구가 큰 집단이다. 또한 신체적인 성숙이 완전히 이루어지기 때문에 청소년기에 장애아동의 부모들은 자기 자녀의 의존성을 인식하게 되고, 또래아동들과의 불균형이 훨씬 커지게 된다. 청소년들은 장애의 수준에 따라 사회적 관계나 성적인 측면 등에 있어서 욕구가 존재할 수 있지만, 사회적 기능의 결여로 인해 이러한 욕구에 따라 행동하지는 못한다고 할 수 있다. 청소년기에는 성욕의 등장과 독립성의 문제, 더 나아가 장애의 영속성에 대한 인식과 관련된 특정한 문제들이 다른 시기와는 달리 존재한다고 할 것이다.

따라서 장애아동을 가진 부모들은 다음과 같은 욕구를 가지고 있다. 첫째, 자녀가 갖고 있는 장애의 성질과 그들의 발달에 대한 필요한 정보, 둘째, 부모들이 느끼는 감정들을 공감할 수 있고 상호 의존할 수 있는 지지집단, 셋째, 양육책임으로부터 일시적인 휴식을 가능케 해 줄 수 있는 기관 또는 사람, 넷째, 원만한 가족관계를 형성·유지하는 방법과 효과적인 자녀양육방법에 대한 교육과 훈련, 다섯째, 장애아동을 교육, 치료하는 전문가들과의 편안한 접촉 등이다.

6) 장애아동을 위한 복지대책

(1) 장애아동복지지원법

장애아동의 개인적인 존엄성과 가치가 인정되고, 스스로 사회에 참여하고 적용할 수 있는 가운데 만족된 삶을 영위할 수 있도록 해 주는 것이 장애아동복지의 이념이라 할 수 있다.

이러한 이념을 실현하기 위해서는 어떠한 특정인의 노력만으로는 불가능하다. 우선 장애아동의 문제는 장애를 가진 아동 자신의 것인 동시에 소속 가족 전체의 문제이기 때문에 가족의 참여가 필요하다. 또한 그러한 문제의 형성에 영향을 주고 받기도 하는 지역사회가 관여해야 한다. 장애아동을 중심으로 한 제반 문제에 전문적으로 접근하는 전문가들이 중요한 기능을 하는가 하면, 이 모든 활동을 제도적·기술적·재정적으로 뒷받침해 줄 지방정부와 중앙정부의 개입도 필요하다.

선진국에서는 장애아동과 관련된 여러 입법적 조처들이 일찍부터 진행되어 왔다. 일본의 경우 1940년대의 아동복지법, 학교교육법, 심신장애자복지법 이래 1976년의 심신장애자대책기본법 등에 이르기까지 많은 법체계를 발전시켜 왔다. 그러나 우리나라는 장애인에 대한 법 제정이 매우 늦게 이루어졌으며, 장애아동에 대한 구체적인 규정은 1961년에 제정한 생활보호법과 아동복지법에 의해 이루어졌다. 이후 1977년에 제정된 특수교육진흥법에 의해 특수교육 규정이 명문화되었으며, 장애인 복지의 경우 1981년에 심신장애자복지법이 제정되고, 1989년에 장애인복지법으로 전면 개정되어 장애아동과 관련된 서비스를 제공하여 왔다.

한편 장애아동의 복지정책은 생애주기에 따른 장애예방, 보건의료, 교육, 직업, 주거, 정보 등의 다양한 서비스가 필요하기 때문에 보건복지부, 교육인적자원부, 노동부, 정보통신부, 건설교통부 등 매우 다양한 정책 주관부서와 관련하여 종합적이고 통합적인 대책수립이 필요하다. 이러한 장애아동에 대한 종합적인 서비스를 통합적으로 제공하기 위한 기반을 마련하기 위해 장애아동복지지원법이 제정되어 2012년 9월 1일부터 시행되었다.

(2) 주전달체계

장애아동복지지원법에서는 장애아동의 복지지원을 위해 보건복지부에 중앙장애아동지원센터를, 시·군·구에 지역장애아동지원센터를 설치·운영하도록 규정하고 있다.

지역장애아동지원센터에서는 장애의 조기발견을 위한 홍보, 장애아동의 복지지원사업에 관한 정보 및 자료 제공, 장애아동과 그 가족에 대한 복지지원 제공기관의 연계, 장애아동의 사례관리, 장애아동 및 그 가족을 지원하기 위한 가족상담 및 교육의 실시, 기타 업무 등을 실시하게 된다.

중앙장애지원센터에서는 장애아동의 복지지원에 관한 조사연구, 지역 장애아동지원센터에 대한 평가 및 운영지원, 장애아동의 복지지원정책에 관한 정보 및 자료 제공, 장애아동의 장애 유형별 지원 프로그램의 개발, 가족지원 업무 수행기관에 대한 운영지원 및 평가, 지역장애아동지원센터, 복지지원 제공기관 등 복지지원 관련기관에 대한 정보의 수집 및 제공 등의 업무를 수행한다.

보건복지부에서는 장애아동 및 그 가족의 복지지원과 관련된 실태조사를 매 3년마다 실시하도록 규정하고 있다. 또한 시장·군수·구청장은 장애아동에게 적합한 복지지원을 제공하기 위하여 장애아동 개인별 지원계획을 수립할 수 있다.

(3) 보육지원정책

장애아동의 보호와 양육을 지원하기 위해서 정부에서는 장애아동 보육 지원 서비스를 제공하고 있다. 장애인복지카드를 발급받은 어린이집을 이용하는 만 12세 이하의 장애아동과 발달지체를 보이는 특수교육 대상자인 만 3세에서 만 8세 이하의 아동에게 보육료를 지원하고 있다. 또한 어린이집 및 유치원을 이용하지 않는 취학 전 만 5세 이하 장애아동에게는 소득수준에 관계없이 양육수당을 지원하고 있다.

장애아동 보육 서비스 이용현황을 살펴보면 2011년 12월 말 현재 169개 장애아동 전담 보육시설에 6,152명의 장애아동이, 815개소의 장애아동 통합 보육시설에 3,513명의 장애아동이 보육 서비스를 받고 있다. 또한 2012년 4월 기준으로 특수학교 및 특수교육지원센터 장애영아 프로그램 이용 아동 403명, 특수학교 및 일반학교의 유치원과정 이용 장애아동 3,675명 등 특수교육기관을 이용하는 장애아동은 4,078명으로 나타나고 있다.

(4) 교육정책

교육정책은 장애아동들이 가지고 있는 잔존능력을 최대한 개발하고 보호하여 실질적인 재활이 이루어지도록하기 위해 그 초석이 되는 각종 교육적 조치와 방법을 총칭하는 것으로서 이른바 특수교육으로 표현되고 있다. 특수교육은 일반아동에게 실시되는 교육 프로그램을 어떤 특정한 조건에 놓여 있는 아동에게 실시하는 교육이다.

장애아동을 위한 교육정책으로 가장 기본적인 법률은 2007년에 제정된 장애인 등에 대한 특수교육법으로서, 이 법은 특수교육진흥법을 대체한 법이다. 이 법에서 특수교육은 특수교육 대상자의 교육적 요구를 충족시키기 위하여 특성에 적합한 교육과정 및 특수교육 관련 서비스 제공을 통하여 이루어지는 교육으로 규정되고 있다.

또한 동법에서는 유치원·초등학교·중학교 및 고등학교과정의 교육은 의무교육으로 하고, 고등학교과정을 졸업한 특수교육 대상자에 대한 진로 및 직업교육과정인 전공과와 만 3세 미만의 장애영아교육은 무상으로 한다고 규정하고 있다.

이 외에도 장애학생에 대한 차별금지, 특수교육운영위원회 구성, 특수교육지원센터의 설치 운영, 특수교육실태조사, 장애조기발견, 통합교육, 개별화교육, 진로 및 직업교육 지원, 순회교육, 방과 후 과정 운영, 가족을 위한 가족지원 및 물리치료, 작업치료 등의 치료지원 등의 특수교육 관련 서비스 등을 규정함으로써 장애아동에 대한 특수교육이 실제적으로 이루어지도록 지원하고 있다.

① 특수학교

특수학교 교육 현황을 살펴보면, 2012년 4월 현재 156개 특수학교에서 장애아동 24,720명이 특수교육을 받고 있다. 설립별로 살펴보면, 국립 5개교에서 904명, 공립 60개교에서 11,536명, 사립 91개교에서 12,280명이 특수교육을 받고 있어, 사립학교가 전체 특수학교의 58.3% 이상을 차지한다.

장애 영역별로 학교수를 살펴보면, 시각장애 12개교, 청각장애 16개교, 정신지체 102개교, 지체장애 19개교로 나타나고 있다.

또한 학교과정 설치별 특수학교를 살펴보면 영아학급 23개교, 유치원 116개교, 초등학교 145개교, 중학교 146개교, 고등학교 143개교, 전공과 108개교로 나타나고 있으며, 전공과 설치학교가 크게 증가하였다.

② 특수학급 교육 현황

2012년 4월 현재 전국의 6,598개 유·초·중·고등학교에 설치된 8,927개 특수학급에서 44,433명의 특수교육 대상 학생이 특수교육을 받고 있다. 구체적으로 살펴보면, 유치원 344학급에서 1,138명, 초등학교 4,999학급에서 21,695명, 중학교 21144학급에서 11,659명, 고등학교 1,435학급에서 9,911명이다.

일반학급 통합교육(전일제 통합학회, 일반학급에 전일제로 통합되어 생활하는 학생으로 특수학급 소속이 아닌 장애학생을 대상으로 하는 통합교육) 현황을 살펴보면, 유치원 1,705명, 초등학교 5,900명, 중학교 3,809명, 고등학교 4,233명 등 총 15,647명이 통합교육을 받고 있다.

통합학급 장애학생을 일반학급에서 교육하는 통합학급 현황을 살펴보면, 총 60,080명이 통합학급에서 교육을 받고 있다. 유치원 2,843명, 초등학교 27,595명, 중학교 15,468명, 고등학교 14,144명, 전공과 30명이다.

③ 교육지원정책

정부는 지체·시각·청각장애인에 대한 대학 및 전문대의 특례입학제도를 도입하여 1995년부터 각 대학이 정한 방법에 의하여 정원 외 입학을 할 수 있도록 하였다. 2002년에는 장애인들의 전문적인 대학교육을 위해 국립한국재활복지대학을 개교하여 운영 중에 있다.

(5) 소득보장정책

장애아동을 위한 소득보장정책은 장애아동이 최소한도의 인간적인 생활을 유지할 수 있도록 경제적인 지원을 하는 정책이다.

장애아동을 보호 양육하는 보호자의 경제적 생활을 원조하기 위해 장애아동부양수당을 지급한다. 2012년 말 현재 장애아동부양수당을 지급받을 수 있는 가구는 국민기초생활보장 수급자 및 차상위계층의 18세 미만의 등록장애아동으로서 수급자 여부 및 장애정도에 따라 월 2만 원에서 20만 원을 지급하고 있다.

기초수급 중증장애인(장애등급 1급 또는 2급 및 3급 중복장애)은 월 20만 원, 기초수급 경증장애인(장애등급이 3~6급) 월 10만 원, 차상위 중증장애인 월 15만 원, 차상위 경증장애인 월 10만 원, 보장시설 입소 중증장애인 월 7만 원, 보장시설 입소 경증장애인 월 2만 원 등이다.

두 번째, 소득보장정책으로는 장애인 자녀교육비 지원사업이다. 장애인 자녀교육비는 장애인이 부양하는 자녀 또는 장애인인 자녀의 교육비를 지원하는 것이다. 교육비 지원수준으로는 중학교와 고등학교 그리고 특수학교의 입학금·수업료·기타 교육에 소용되는 비정을 포함한다. 지급대상으로는 2012년 소득인정액 최저생계비 130% 이하인 가구의 1~3급 장애인, 초·중·고등학생 장애인 본인 및 1~3급 장애인의 초·중·고등학생 자녀이다.

지원내용으로는 고등학생의 입학금 및 수업료 전액, 연 11회의 고등학생의 교과서대 및 초·중학교의 부교재비 지원, 중·고등학생의 학용품비 등이 있다.

(6) 의료보장정책

장애아동을 위한 의료재활정책은 임산부의 임신중에 취하는 장애아동 발생 사전예방대책부터 출산직후에 행할 수 있는 모자보건 등의 예방대책과 산업재해나 일반사고를 예방하기 위한 교육·계몽 등의 대책이 있다. 또한 조기치료를 포함하여 국가의 치료비 보조 등에 이르는 치료적 대책까지 포함된다.

정부에서는 1994년 의료비 부담이 과중한 장애인들이 저렴한 요금으로 의료재활 서비스를 제공받을 수 있도록 국립재활병원을 개원하였다. 또한 장애인 복지시설에 부필 된 재활의료기관 활성화를 위해 운영비를 지원하고 있으며, 종합병원에 재활의학과를 설치하는 등 전문의료기관을 확대해 나가고 있다.

선천적 장애발생 예방을 위한 사업으로는 임산부 및 영유아에 대한 검진 및 건강관리사업 등을 강화하고 있고, 1991년부터는 정신지체아동의 발생 예방을 위해 선천성대상이상검사사업을 실시하고 있다.

(7) 장애아동 가족지원사업

보건복지부에서는 성장기의 정신적·감각적 장애아동의 기능 향상과 행동발달을 위한 적절한 재활치료 서비스 지원 및 정보를 제공하고, 높은 재활치료 비용으로 인한 장애아동 양육가족의 경제적 부담을 경감하기 위하여 장애아동 가족지원사업을 제공하고 있다.

장애아동 가족지원사업으로는 장애아동 재활치료와 장애인 부모를 둔 비장애아동의 언어발달지원 서비스 그리고 장애아가족 양육지원사업 등이 있다. 먼저 장애아동 재활치료 지원은 전국 가구 평균소득 100% 이하의 가구 중 만 18세 미만 장애아동(뇌병변, 지적, 자폐성, 언어, 청각1 시각장애)을 둔 가구를 대상으로 언어치료, 청능치료, 미술음악치료 등 원하는 재활치료서비스를 선택하여 이용할 수 있도록 매월 16~22만 원의 재활치료 바우처를 지원하는 사업이다.

둘째, 언어발달 지원사업은 전국 가구 평균소득 100% 이하의 가구 중 양쪽 부모가 시각·청각·언어·지적·뇌병변·자폐성 장애인인 만 18세 미만 비장애아동들을 대상으로 언어발달진단 서비스, 심리상담 서비스, 언어치료, 청능치료, 언어재활 서비스 및 독서지도, 놀이지도, 수화지도 등 원하는 서비스를 선택하여 이용할 수 있도록 매월 16~22만 원의 재활치료 바우처를 지원하는 사업이다.

셋째, 장애아가족 양육지원사업은 상시적인 돌봄이 요구되는 장애아 가 정의 돌봄부담을 경감하고 이를 통해 가족안정성을 강화화기 위한 사업이 다. 크게 돌봄 서비스와 휴식지원 프로그램 사업이 지원되고 있다. 돌봄 서비스는 만 18세 미만의 자폐성·지적·뇌병변 장애아 등 중증 장애아와 생계·주거를 같이 하는 전국가구평균소득 100% 이하 가정을 대상으로 양육자의 질병, 사회활동 등 일시적 돌봄 서비스 필요시 일정한 교육과정을 수료한 돌보미를 파견하여 장애아동 보호 및 휴식을 지원하는 서비스이다. 아동당 연 320시간 범위 내 지원한다.

휴식지원 프로그램은 소득기준에 상관없이 만 18세 미만의 모든 장애아 가족으로 돌봄 서비스를 받지 않는 가정도 참여 가능하지만, 돌봄 서비스를 받는 가정을 우선 지원하며, 가급적 돌봄 서비스 대상가정 50% 이상에 휴식지원 프로그램을 제공한다. 내용으로는 가족관계 회복 및 돌봄노동 분담을 위한 장애아가족 문화·교육 프로그램, 휴식 박람회, 가족 캠프 등을 제공한다.

(8) 사회환경적 대책

장애아를 둘러싼 생활환경, 사회적 편견 등을 개선하려는 목적을 지니는 것으로 사회적 재활 서비스와 연관이 된다. 사회가 올바른 장애인관을 정립하도록 작용하고, 장애자를 위한 정책을 재평가하며, 건물 등의 구조와 설비 등의 장애인을 위한 편의시설 설치, 장애인구를 전제한 공공시설, 교통체제 등에 관한 도시계획을 수립하도록 하는 노력이 이에 속한다. 이를 위해서는 광범위한 사회교육과 계몽활동을 행하기도 하며, 사회의 다양한 주민들이 참여하는 주민활동을 벌이기도 한다.

4. 장애아동 복지증진을 위한 정책과제

1) 장애발생 예방정책의 강화

장애아동의 발생을 예방하는 정책은 기초적이면서도 가장 효과적인 정책이다. 따라서 후천적 장애를 예방할 수 있는 교통사고의 예방정책으로부터 선천적 장애를 예방할 수 있는 임산부에 대한 교육과 모자보건사업을 강화하는 것이 필요하다. 무엇보다 장애의 예방이 중요하기 때문에 산모의 약물남용, 음주, 흡연 등에 대한 산전·산후 교육 및 관리의 강화와 영유아에 대한 건강진단의 내실화를 통해 질병의 조기발견 및 조기 치료가 필요하다.

2) 치료·재활 서비스 시설의 확대

장애아동에게 있어 가장 당면하고 있는 문제는 장애의 치료와 재활이다. 성인장애인과 달리 장애아동의 경우 조기의 치료와 재활훈련을 통해 상당 부분 장애상태가 호전될 수 있지만, 장애아동에 대한 전문적인 치료재활시설이 부족하여 적절한 재활 서비스를 받기가 어려운 실정이다. 따라서 장애아동들을 적시에 치료할 수 있는 재활시설이나 클리닉을 장애 인복지관, 사회복지관, 재활병의원에 확대 설치하는 것이 필요하다.

3) 소득보장정책의 강화

장애아동 가구의 경우 장애아동으로 인해 경제적 어려움이 가중되는 것으로 나타나고 있다. 그러나 우리나라에서 제공되는 소득보장정책은 매우 제한적으로 제공되고 있다. 2010년 7월 도입된 장애인연금은 중증장애인의 안정적 생활을 보장하기에는 지급금액이 2012년 15.4만 원으로 미흡한 수준이다. 따라서 장애아동을 양육하는 장애가족에 대한 소득지원을 확대 할 필요가 있다.

두 번째, 장애아동 부양수당 또한 지급대상을 단계적으로 확대하고, 실질적인 보호비용과 명목상으로 규정되어 있는 중증장애인 보호수당제도를 현실화하는 것이 필요하다.

세 번째, 자녀교육비 지원 대상 계층을 확대하고 대학 재학의 장애인들을 위한 교육비 지원도 검토가 필요하다.

4) 특수교육의 확대와 다양화

장애인의 주요한 특성 중의 하나가 장애로 인해 취업이 어렵고, 취업이 어려운 이유 중의 하나가 교육수준이 낮다는 점이다. 따라서 장애로 인하여 교육받을 기회를 갖지 못하는 경우가 없도록 하기 위해 장애특성에 적합한 교육이 필요하다.

만 3세 이상 유치원과정 및 고등학교과정에 의무교육이 전면 실시되었으나, 의무교육을 위한 특수학급 교육인력은 부족한 상황이다. 따라서 장애학생 수요에 적합한 지원을 제공하기 위한 특수교육지원센터 운영을 확대하며, 일반교육교원 및 특수교육교원을 대상으로 특수교육전문성을 강화할 필요성이 있다.

또한 특수교육 대상 학생이 일반학생과 동일한 교육환경에서 학교교육 기회를 보장받을 수 있도록 재택 장애아동 학교교국을 지원하고, 유아 특수교육을 지원하며, 모든 유·초·중·고등학교에 특수학급을 증설하는 등의 대책이 필요하다.

더 나아가 특수교육 대상 학생의 진로 및 직업교육체계를 확립하기 위해 현장실습 위주의 직업교육을 제공하는 고등학교 특수학급을 확대하며, 직업재활훈련 강화를 위한 전공과를 지속적으로 확충할 필요가 있다.

5) 장애아동을 위한 재가복지 서비스 및 가족지원 서비스의 확대

장애아동에 대해서는 주의 깊은 보호가 필요하지만 맞벌이 등으로 여성의 경제활동이 증가함에 따라 장애아 보호를 위한 서비스 욕구가 증가할 것이다. 그러므로 장애아동의 문제를 전문적으로 상담하고 도움을 제공할 수 있는 재가복지기관을 확충할 필요성이 있다. 이를 위해서는 시·군·구 1개소에 설치하게 되어 있는 장애아동 전담보육시설의 확충과 모든 장애인복지관에 주·단기보호시설을 확충하는 것이 필요하다.

또한 장애아동가족을 위한 재활치료 및 가족지원 서비스가 제공되고 있으나 서비스 대상자가 한정되어 있으며, 연간 지원대상 및 지원시간도 충분하지 못한 실정이다. 따라서 장애아동 재활치료 서비스 대상 장애 유형을 확대하며, 연간 지원대상도 확대하는 것이 필요하다. 특히 장애아가족 양육 및 돌봄 수요증가에 따라 서비스의 대상을 확대할 필요성이 있다. 이를 위해 서비스 이용대상에 대한 소득기준제한을 완화하여 더 많은 장애아동 가족이 이용할 수 있도록 하여야 한다.

(1) 장애아동 가족 프로그램의 개발

현재 재활 프로그램으로서 개별적으로 부모교육이나 가족상담, 형제캠프 등 다양한 프로그램이 제공되고 있으나, 장애아동 가족 중심의 프로그램으로는 미흡하다. 따라서 장애아동 가족 스스로가 자기 자신과 아이를 도울 수 있도록 가족의 능력을 고취시킬 수 있는 장애아동 가족 중심의 지원 프로그램 개발이 필요하다. 이를 위해서는 재활 프로그램 운영에 있어서 가족체계적 관점의 반영과 장애가족에 대한 종합적인 사례관리를 할 수 있는 체제의 구축, 사회통합적 관점에서의 장애아동과 가족에 대한 서비스를 제공하는 것 그리고 가족중심의 지원 프로그램을 운영하기 위한 각종 기술과 기법의 개발 등이 필요하다.

(2) 아동권리로서의 사회적 보호

우리가 세상을 살면서 가지고 싶은 것(want)과 꼭 필요한 것(need)이 있다. 이 중에서 우리에게 없어서는 안 될 꼭 필요한 것을 '권리'라고 한다. 그리고 이런 것들은 우리 모두에게 똑같이 공평하게 필요하다. 우리 아이들도 성인과 똑같은 '권리'를 가지고 있다.

유엔아동권리협약(The Convention on the Rights of the Child)에 따르면 세 가지 기본원칙하에 아동의 기본 권리를 4가지로 규정하고 있다.

첫째, 어린이의 연령기준으로서 이 협약의 대상인 어린이를 18세 이하의 자로 정의하고 있다. 둘째, 무차별의 원칙으로 아동의 권리는 인종, 국적, 종교를 초월하여 모든 어린이에게 해당된다. 셋째, 아동 최선의 이익우선 원칙으로 모든 조치, 정책들은 어린이에게 가장 유익한 방향으로 결정되어야 함을 말한다. 이러한 기본원칙하에 어린이는 생존할 권리, 보호받을 권리, 발달할 권리, 참여할 권리의 4가지 기본 권리를 누려야 함을 규정하고 있는데, 이는 아동이 사회적으로 보호받을 정당한 권리로 이어진다. 각각의 권리를 구체적으로 설명하면 다음과 같다.

① **생존할 권리**: 생명을 유지하기 위하여 영양가 있는 음식, 깨끗한 공기와 물을 섭취하며, 안락한 주거지에서 적절한 생활수준을 누리고, 최상의 건강을 지키기 위하여 의료혜택을 받을 권리
- 위협요인들: 굶주림과 영양실조, 신체적 학대를 포함한 성인에 의한 공격, 빈곤, 위험한 노동환경, 범죄(갱, 구걸, 마약, 절도 등)에 개입되는 것, 다양한 종류의 질병
- 피해아동들: 15세 미만의 노동자 아동(근로기준법), 학대당하는 아동, 성적으로 착취당하는 아동, 부모에게 버려지는 아동(미혼모 아동 포함), 장애아동, 소수민족 아동, 난민아동, 인체면역바이러스 양성반응 아동, 보호시설의 아동, 거리의 아이들(비행, 가출아동)

② **보호받을 권리**: 각종 차별대우와 착취, 학대와 방임, 가족과의 인위적인 분리, 형법 등의 폐습으로부터 보호받을 권리.
- 위협요인들: 경제적 착취, 신체, 정서, 성학대, 방임과 유기, 전쟁, 혹사, 차별대우
- 피해아동들: 위법행위를 한 아동, 돌봐주는 사람이 없는 아동(유기아), 학대를 당하는 아동, 성적 상품이 된 아동, 거리의 아이들, 재난을 당한 아동(전쟁, 자연재해로 인한 난민 아동)

③ **발달할 권리**: 신체적, 정서적, 도덕적, 사회적 성장에 필요한 정규교육, 비정규교육을 포함한 모든 종류의 교육을 받고 놀이, 여가, 정보, 문화활동, 사상, 양심, 종교의 자유를 누릴 권리, 국적과 이름을 가질 권리
- 발달을 위한 필요조건: 정보와 자료, 교육, 놀이와 오락 활동, 문화

활동의 참여, 사상, 양심 및 종교의 자유, 정체성(국적, 성명 등), 건강과 신체적 발달, 표현의 권리

④ **참여할 권리**: 자신의 의사를 표현할 자유와 자기 생활에 영향을 주는 일에 대하여 말할 수 있는 권리, 책임감 있는 어른이 되기 위해 어린이 자신의 능력에 부응하여 적절한 사회활동에 참여할 기회를 가질 권리(문화행사, 지역 사회활동에 참여할 권리, 사상, 양심, 종교의 자유를 누릴 권리, 아동의 의견을 신중하게 받아들여질 권리)

| 참여를 위한 필요조건 |

- 아동에 대한 성인들의 의식 전환
- 아동은 자신의 감정과 의견을 가진, 성장하는 존재임을 인정한다.
- 아동은 자신의 요구를 분명히 말하고 적절한 지원과 존중을 받을 수 있는 충분한 자격이 있으며, 그것을 통해서 사려 깊고 책임 있는 결정을 내릴 수 있는 존재이다.
- 아동은 정직함, 신중함, 질문하기를 좋아하는 행동양식 그리고 무한한 상상력을 가진 귀중한 존재이다. 자신의 견해를 형성할 능력이 있는 아동에 대하여 본인에게 영향을 미치는 모든 문제에 있어서 자신의 견해를 자유롭게 표현할 권리를 보장하며, 아동의 견해에 대하여는 아동의 연령이나 성숙도에 따라 정당한 비중이 부여되어야 한다.
- 아동은 타인의 권리를 침해하지 않는 한도 내에서 정보를 얻을 권리와 자신의 견해를 표현 할 권리, 집회의 자유와 결사의 자유를 가진다. “우리 아이들이 가진 권리를 알아야만 아이들의 권리를 지켜 줄 수 있다”, “아동은 성인의 축소판, 소유물이 아닌 독립적인 인간이므로 아동도 성인과 동등한 권리를 갖고 있다”

12

Chapter

가정위탁과 입양

1. 가정위탁 보호아동
2. 가정위탁 보호아동의 실태
3. 가정위탁아동을 위한 복지정책의 방향
4. 입양아동
5. 입양의 유형 및 구성요소
6. 우리나라 입양의 현황

카두신(Kadusin)은 협의의 아동복지를 부모가 아동에 대한 책임을 이행할 수 없거나, 아동 및 가족이 요구하는 자원과 보호를 제공하지 못할 때 그러한 아동에 대하여 사회봉사를 하는 것이라 말한다(김주아 외, 2012). 가정위탁과 입양은 아동복지의 유형 중 대표적인 대리적 서비스의 유형이다.

아동이 자신의 친가정에서 안정된 양육보호를 받을 수 없는 상황에서는 시설에 보호하는 방법 외에도 친가정의 기능이 회복될 때까지 일정 기간 다른 가정에서 보호하는 가정위탁이 있다. 또한 아동이 속한 친가정의 기능 회복이 어렵거나 존재가 없어진다면 법적으로 다른 가정을 찾아주어 보호하는 것이 입양이다.

최근 정부는 가정위탁과 입양 특히 국내 입양의 활성화를 위하여 많은 노력을 경주하여 가정위탁과 입양에 대한 인식도 많이 바뀌었다. 이 장에서는 가정위탁과 입양에 관한 개념 및 현황을 살펴보고 문제점과 개선의 방향을 살펴보도록 한다.

1. 가정위탁 보호아동

1) 가정위탁 보호아동의 개념 및 유형

(1) 가정위탁의 개념

가정위탁은 우리나라 전통사회에서 실시했던 수양(收養)제도와 유사하다. 전통사회에서는 부모가 사망하여 보호자가 없는 아동은 친인척이나 이웃이 수양아들 혹은 수양딸로 삼아서 양육하고 혼인 후 독립시켰다(김호년 외, 2011).

아동복지법 제3조에 "가정위탁"이란 보호대상아동의 보호를 위하여 성범죄, 가정폭력, 아동학대, 정신질환 등의 전력이 없는 보건복지부령으로 정하는 기준에 적합한 가정에 보호대상아동을 일정 기간 위탁하는 것을 말한다. 가정위탁 보호사업은 아동이 부모의 학대, 방임, 질병, 수감, 경제적 이유 등 여러 가지 요인으로 친가정 내에서 양육될 수 없는 경우 일정 기간 동안 친가정을 대신한 대리가정을 제공하여 아동을 보호함으로써 아동이 건전하게 성장 할 수 있도록 하고, 원가정이 정상적인 기능을 회복할 수 있도록 지원하는 서비스를 말한다.

위탁가정아동은 18세 미만으로 보호를 필요로 하는 아동 중 가정위탁으로 보호 조치된 아동을 의미한다. 가정위탁 보호대상의 아동은 ① 부모의 질병, 가출, 실직, 수감, 사망 등으로 보호가 필요한 아동, ② 아동학대 및 방임 등 분리보호가 필요한 아동, ③ 독립적인 가구를 구성하면서 생활하고 있는 미성년의 소년소녀가정 세대로 분류할 수 있다.

(2) 가정위탁 보호의 유형

가정위탁 보호의 유형에는 위탁가정의 형태에 따라 대리양육 가정위탁, 친인척 가정위탁, 일반 가정위탁으로 구분할 수 있다.

① **대리양육 가정위탁**: 조부모에 의한 양육
② **친인척 가정위탁**: 조부모를 제외한 친인척에 의한 양육
③ **일반 가정위탁**: 혈연관계가 없는 일반인에 의한 양육

2) 가정위탁 보호의 구성요소

가정위탁보호 서비스의 구성요소는 위탁아동, 친가정(부모), 위탁가정(부모) 그리고 가정위탁지원센터 등 4요소로 구성된다.

① **위탁아동**: 보호가 필요한 아동 중 가정위탁으로 보호 조치된 아동
② **친가정(부모)**: 위탁아동의 친권을 갖고 있는 친부모로 아동의 정상적인 보호 또는 양육이 어렵게 되어 일정 기간 가정위탁보호를 요청한 부모
③ **위탁가정(부모)**: 일정 기간 동안 친가정(부모)의 역할을 대신해 위탁아동을 보호, 양육하며 친가정 복귀를 돕는 가정(부모)
④ **가정위탁지원센터**: 시·도 및 시·군·구의 가정위탁보호 업무를 지원, 협력하며 위탁아동이 건강하고 안정적인 가정 내에서 보호, 양육될 수 있도록 지원하는 기관

3) 위탁가정이 되기 위한 조건(아동복지법 제2조: 위탁가정의 기준)

① 위탁된 보호대상아동을 양육하기에 적합한 수준의 소득이 있을 것
② 위탁아동에 대하여 종교의 자유를 인정하고 건전한 사회구성원으로 자랄 수 있도록 양육과 교육을 할 수 있을 것
③ 가정위탁보호를 하려는 사람은 25세 이상(부부인 경우에는 부부 모두 25세 이상)으로서 위탁아동과의 나이 차이가 60세 미만일 것. 다만, 특별시장·광역시장·도지사·특별자치도지사 또는 시장·군수·구청장이 위탁아동을 건전하게 양육하기에 위탁가정의 환경이 적합하다고 인정하는 경우에는 그러하지 않음.
④ 자녀가 없거나 자녀(18세 이상인 자녀는 제외)의 수가 위탁아동을 포함하여 4명 이내일 것
⑤ 가정에 성범죄, 가정폭력, 아동학대, 정신질환 등의 전력이 있는 사람이 없을 것
⑥ 그 밖에 보건복지부장관이 필요하다고 인정하는 기준

이상의 조건에 모두 부합하고 예비위탁부모교육을 이수할 것 등을 아동복지법에서 규정하고 있다. 또한 위탁가정에 대한 지원은 대리양육, 친인척 가정위탁가정에 대한 전세자금, 소득공제, 상해보험가입, 부모교육, 가정위탁관련 각종 행사 초청 등의 지원을 제공하고 있다.

4) 위탁가정 교육의 목적과 유형

(1) 목적

가정위탁 교육은 가정위탁사업을 신청, 접수한 위탁부모를 대상으로 예비위탁부모 양성교육, 보수교육을 지속적이고 정기적으로 실시하여 가정위탁보호사업 전반에 대한 이해를 도모할 수 있도록 하고, 아동을 적절히 보호하고 양육할 수 있는 정보, 기술, 지식을 획득할 수 있도록 하는 것을 목적으로 한다.

(2) 부모교육의 유형

예비위탁 부모교육은 위탁보호를 희망하는 가정의 부모를 대상으로 한다(단, 대리양육가정 및 친인척 가정위탁의 경우에는 가정위탁 후 6개월 이내에 교육이수). 교육시간은 4시간이며, 교육 시기는 아동 배치 이전을 원칙으로 하며, 교육내용은 다음과 같다.

① 가정위탁사업의 이해
② 위탁보호자의 역할과 의무
③ 위탁아동의 특성과 위탁양육의 실제
④ 문제행동의 원인과 대처방법
⑤ 효과적인 부모역할 실시
⑥ 집단 프로그램(위탁 사례발표, 질의 응답)

또한 위탁부모 보수교육은 예비위탁 부모교육을 이수한 뒤 현재 위탁아동을 보호하고 있는 부모를 대상으로 한다. 교육시간은 4시간이며, 교육시기는 연1회, 교육의 내용은 다음과 같다.

① 위탁보호자의 역할과 의무
② 아동문제행동의 대처방법 및 양육기술훈련
③ 효과적인 부모자녀 관계 및 대화기술(친자녀 및 위탁아동)
④ 친가정에 대한 이해
⑤ 양육 사례 연구

위탁아동의 친부모 및 부양 의무자를 대상으로 연 6회 이상, 아동 위탁 후 6개월 이내 친부모 교육 및 상담이 이루어지며, 교육내용은 양육기술 습득을 통한 상실감 해소 및 심리적 안정을 위한 친부모 역할과 지침에 대하여 교육을 하며 구체적인 내용은 다음과 같다.

① 자녀의 특성과 좋은 부모 역할
② 스트레스 대처 기술

③ 심리검사
④ 부모의 역할 훈련
⑤ 자립을 위한 준비

5) 가정위탁 보호의 실천원칙(중앙가정위탁지원센터)

① **아동중심의 원칙**: 아동의 건전한 인격형성을 최우선으로 고려
② **가족보존의 원칙**: 친가정의 가족기능을 회복시켜 아동이 친가정으로 복귀하는 것을 돕고, 친가정 유지가 어려운 경우에는 대리가정을 발굴하여 건강한 위탁가정을 유지
③ **친인척가정 우선 배치의 원칙**: 친인척가정에 특별한 결격사유가 없는 한 아동의 문화적, 정서적 충격을 최소화하고자 아동 본인의 의사를 고려하여 친인척가정에 우선 배치
④ **연계성의 원칙**: 아동의 건강한 성장과 친가정의 가족기능 회복을 위해 지역사회 협력기관과 네트워크 체계를 구축하여 맞춤 서비스 제공
⑤ **적절성의 원칙**: 아동 및 위탁가정의 특성이 고려된 적합한 위탁가정에 아동을 배치하고 사례 개입에 요구되는 적절한 서비스 제공
⑥ **전문성의 원칙**: 위탁보호과정에서 발생되는 다양한 문제에 효과적으로 대처하기 위해 각 분야별 전문적인 서비스를 제공하고 지속적인 교육을 통한 전문성 향상

2. 가정위탁 보호아동의 실태

1) 가정위탁의 신청방법

가정위탁의 신청방법은 대리양육, 친인척 가정위탁과 일반 가정위탁으로 나누어 살펴볼 수 있다.

(1) 대리양육, 친인척 가정위탁 절차

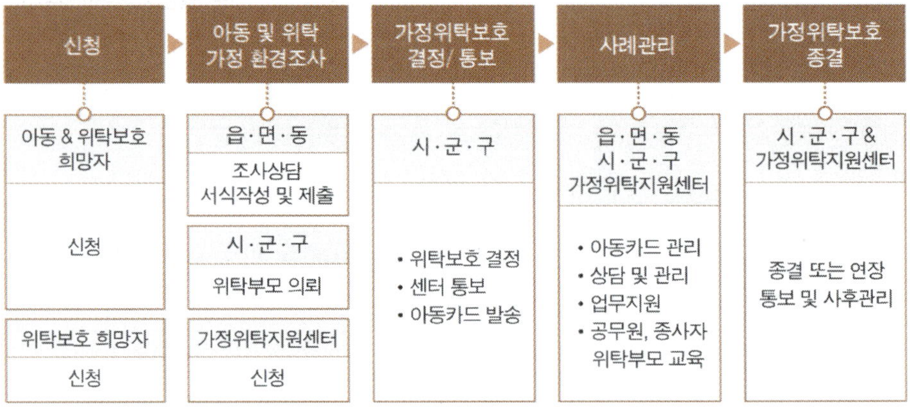

(2) 일반 가정위탁 절차

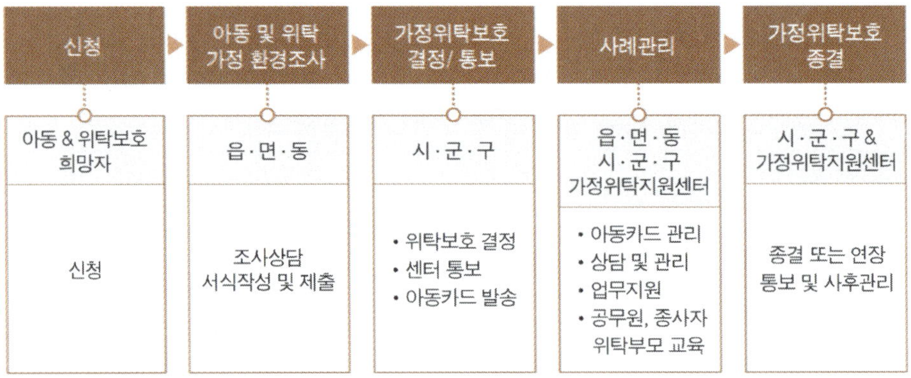

2) 가정위탁의 현황

2016년 기준으로 전국의 가정위탁지원센터는 17곳이며, 2016년 가정위탁의 위탁아동은 12,907명(2016년 12월 기준)이고, 대리양육 위탁가정은 6,636세대에서 8,594명, 친인척 위탁가정은 2,765세대에서 3,339명, 일반 위탁가정은 782세대에서 974명이 위탁보호되었다(표 12-1).

표 12-1 가정위탁 현황

구분	대리양육 위탁가정	친인척 위탁가정	일반 위탁가정	계
세대수(세대)	6,636	2,765	782	10,183
아동수(명)	8,594	3,339	974	12,907

출처: 보건복지부(2018). 보건복지부통계.

표 12-2에서 알 수 있듯이 연도별 위탁 유형별 변화추세를 살펴보면 2010년부터 위탁아동의 수는 점점 감소하는 추세이다. 유형별로는 대리양육 위탁아동수가 67% 정도로 가장 많았고, 다음으로 친인척 위탁아동수가 26% 정도를 차지, 일반 위탁아동 수가 7%정도로 가장 낮은 비율을 나타내고 있다.

표 12-2 연도별 위탁아동 수

(단위: 명)

년도	대리양육	친인척	일반	계
2016	8,594(66.6%)	3,339(25.9%)	974(7.5%)	12,907
2015	9,141(66.6%)	3,590(26.2%)	990(7.2)	13,721
2014	9,587(66.9%)	3,757(26.2%)	996(6.9%)	14,340
2013	9,829(67.4%)	3,803(26.1%)	952(6.5%)	14,584
2012	9,770(67.9%)	3,684(25.6%)	930(6.5%)	14,384
2011	10,205(65.9%)	4,260(27.5%)	1,021(6.6%)	15,486
2010	10,865(66.4%)	4,371(26.7%)	1,123(6.9%)	16,359

출처: 보건복지부(2018). 보건복지부통계.

가정위탁 보호의 원인을 살펴보면 부모의 이혼이 31.7%, 부모의 별거나 가출이 26.6%, 부 혹은 모의 사망이 24.3% 등으로 조사되었다.

표 12-3 가정위탁 보호사유(2016년)

(단위: 명/%)

구분		계	부모 모두 사망	부나 모의 사망	별거/가출	이혼	부모 수감	실직/빈곤	부모 질병	학대/방임	미혼모(부)/혼외출생	시설 의뢰	부모 장애	기타
계		12,907	673	3,142	3,428	4,097	409	138	197	227	314	84	70	128
		100.0	5.2	24.3	26.6	31.7	3.2	1.1	1.5	1.8	2.4	0.7	0.5	1.0
대리양육		8,594	353	1,911	2,450	3,154	252	78	87	76	159	1	19	54
		100.0	4.1	22.2	28.5	36.7	2.9	0.9	1.0	0.9	1.9	0.1	0.2	0.6
친인척		3,339	311	1,133	739	776	124	21	63	49	46	2	36	39
		100.0	9.3	33.9	22.1	23.2	3.7	0.6	1.9	1.5	1.4	0.1	1.1	1.2
일반		974	9	98	239	167	33	39	47	102	109	81	15	35
		100.0	0.9	10.1	24.5	17.1	3.4	4.0	4.8	10.5	11.2	8.3	1.6	3.6

출처: 보건복지부(2018). 보건복지부통계.

가정위탁의 종결사유를 살펴보면 보호연장의 종결과 만 18세 이상으로 종결된 사례가 각각 37.3%와 31.5%로 조사되었다. 18세 이상인 경우의 위탁보호기간의 연장에 관한 사항은 아동복지법 제16조(보호대상아동의 퇴소 조치 등)에 다음과 같이 규정하고 있다.

① 고등교육법 제2조에 따른 대학 이하의 학교에 재학 중인 경우

② 근로자직업능력개발법 제2조, 제3조에 따른 직업능력개발훈련시설에서 직업관련 교육, 훈련을 받고 있는 경우

③ 그 밖에 위탁가정에서 해당 위탁아동을 계속하여 보호, 양육할 필요가 있다고 대통령령으로 정하는 경우로 규정하고 있고, 이러한 사례는 20세 미만인 사람으로서 학원의 설립운영 및 과외교습에 관한 법률에 따라 등록된 학원에서 교육을 받고 있는 경우, 시·도지사 또는 시장, 군수, 구청장이 보호대상의 장애, 질병 등을 이유로 보호기간 연장을 요청하는 경우, 25세 미만이고 지능지수가 71 이상 84 이하인 사람으로서 자립능력이 부족한 경우, 취업이나 그 밖의 사유를 이유로 보호대상아동

이 보호기간 연장을 요청하여 1년 이내의 범위에서 보호기간을 연장하는 경우 등이 해당된다.

표 12-4 가정위탁 종결사유

(단위: 명/%)

구분	계	친가정 복귀	위탁가정의 환경변화	아동과 위탁가정의 부적응	아동의 문제행동	만 18세 이상으로 종결	입양	기타	보호연장 종결
계	2,213	355	56	7	25	696	12	236	826
	100.0	16.0	2.5	0.3	1.1	31.5	0.6	10.7	37.3
대리양육	1,415	221	37	0	17	468	1	142	529
	100.0	15.6	2.6	0.0	1.2	33.1	0.1	10.0	37.4
친인척	664	83	15	5	4	209	1	79	268
	100.0	12.5	2.3	0.7	0.6	31.5	0.1	11.9	40.4
일반	134	51	4	2	4	19	10	15	29
	100.0	38.0	3.0	1.5	3.0	14.2	7.5	11.2	21.6

출처: 보건복지부(2018). 보건복지부통계.

3. 가정위탁아동을 위한 복지정책의 방향

1) 위탁가정에 대한 지원

(1) 전세자금 지원

대리양육·친인척 위탁가정을 대상으로 전세자금을 지원해주고 있다. 지원대상은 가구당 월평균 소득이 도시근로자 가구당 월평균 이하로서 무주택인 대리양육·친인척 위탁가정이 된다. 지원기준은 임차전용면적 85m^2 이하인 주택으로 일반주택 전세자금 및 공공임대주택 임대보증금을 지원한다.

(2) 소득공제

해당 연도에 6개월 이상 위탁아동을 양육한 위탁가정을 대상으로 하여 소득세법 제50조에 의거하여 부양가족공제에 위탁아동이 기본공제 대상자인 부양가족에 포함시켜 소득공제를 받을 수 있다.

(3) 상해보험

위탁부모 중 주 양육자 한 사람에게 상해 보험료를 지원해 주고 있다. 보험금 청구 시 위탁부모에게 계좌 입금하는 방법으로 지원이 이루어진다.

(4) 부모교육

위탁부모, 친부모를 대상으로 위탁부모 양성교육, 보수교육, 친부모교육을 실시하고 있다.

2) 위탁아동에 대한 지원

(1) 양육비 및 생계비 지원

양육비의 경우 위탁아동 1인당 월 150,000원 이상을 지급 권고하고, 위탁아동 명의의 계좌로 입금하는 방법으로 지원하고 있다. 또한 생계비, 의료비, 교육비에 대해서는 위탁아동을 국민기초생활보장법에 의한 수급자로 선정하여 생계비와 교육비는 위탁아동 명의의 계좌로 입금되며, 의료비는 진료기관으로 입금하는 방식으로 지원하고 있다.

(2) 상해의료비 및 보험료

상해후유장해, 입원비, 암치료비, 위로금, 치아치료비 등에 대하여 보험금 청구 시 위탁부모 또는 당사자에게 계좌입금의 방법으로 지원하고 있다.

(3) 심리치료

심리치료가 필요한 위탁아동을 대상으로 위탁아동 1인당 심리검사 및 심리치료 일부를 지원하며, 위탁아동·부모 심리검사 및 치료, 위탁부모·친부모 상담, 교통비 및 식사비, 봉사자활동비(심리치료 진행 관련 비용 발생시)를 지원하고 있다.

4. 입양아동

1) 입양의 개념

입양은 대리적 서비스의 대표적인 유형으로 아동의 친부모가 직접적으로 양육하기 곤란한 상황에서 아동에게 새로운 가정을 제공하는 서비스이다. 카두신(kadushin)은 입양을 '출생 이후의 법적, 사회적 관계에 의해서 영원한 친자 관계를 맺게 하는 것'으로 설명하였다. 즉, 친부모가 아동을 양육할 수 없는 어떠한 이유로 인하여 원(친)가정에서의 양육을 포기한 경우 아동의 건전한 성장과 육성을 위하여 법적으로 새로운 가정을 마련해 주는 것이다.

입양이 이루어질 경우 아동의 친부모가 가지는 권리나 의무는 새로운 입양가정의 부모에게 이양된다. 입양하는 가정의 부모는 법적 절차를 통하여, 생물학적 과정을 통한 부모-자녀관계가 아닌 형태의 다른 아동을 자신의 아이로 삼는 것이다.

사회사업 백과사전에서 "입양이란 부모가 되는 사회적이고 법적인 과정이며, 입양 후에 부모와 아동은 그들이 생물적으로 관련되는 것과 똑같은 상호 권리와 의무를 갖는다"고 규정하고 있다(공계순 외, 2008: 372). 근대적 의미의 입양사업은 초기에는 주로 고아들을 대상으로 전개되었지만, 근래에는 미혼모의 아동들이 주를 이루고 있다(김성경 외, 2006: 209-210).

이러한 내용을 종합하여 입양의 개념을 정리하면, 입양이란 혈연적으로 친자관계가 없는 사람 사이에 법률적으로 친자관계를 맺는 신분행위라고 할 수 있다. 이러한 입양은 양부모가 되려는 사람과 양자가 될 사람의 합의가 있거나(민법 제883조 제1호), 가정법원의 허가(민법 제867조 제1항, 입양특례법 제11조 제1항)를 얻을 때에 입양신고를 하여야 그 효력이 발생한다.

2) 입양의 목적과 원리

(1) 입양의 목적

카두신은 입양의 목적과 기본원리에 대하여 다음과 같이 설명하고 있다.

① 아동에게 입양이 아니면 얻을 수 없는 영구한 가정과 지속적이며 건전한 가족관계를 갖게 한다.
② 불임부부가 부모역할을 할 수 있는 기회를 얻는다.
③ 가문의 계승 수단이 된다.
④ 유산을 물려주는 수단이 된다.
⑤ 자녀를 양육, 보호할 능력이 없거나 자녀를 원치 않는 부모를 위한 대체 수단이 된다.
⑥ 자녀가 있는 사람이 아동을 더 양육하려는 욕구와 능력이 있을 때, 이를 만족시키는 수단이 된다.

모든 아동은 태어나면서 부모의 보호를 받으며 건강하게 성장할 수 있는 권리를 가지고 있지만, 부모가 없거나 버림을 받아 보호를 받을 수 없는 아동이 존재하는 것이 현실이다. 입양이라는 제도는 이러한 아동들에게 새로운 가정을 찾아주고, 안정된 가정에서 성장하여 건강한 사회구성원으로 성장할 수 있도록 하기 위한 제도이다.

(2) 입양의 기본원리

① 아동은 자신의 가족, 지역사회 그리고 국가에서 양육되는 것이 최우선이고 가장 바람직하다. 입양은 아동의 가족을 지키고자 하는 모든 노력을 기울이고 난 후에만 고려해야 한다. 즉, 입양은 언제나 아동의 원가정을 대신해서 이루어지는 것이기 때문에, 아동의 가족이 아동이 필요로 하고 받을 권리가 있는 보호를 제공할 수 없다는 것이 명백할 때에만 적용하여야 한다.
② 대리모가 필요할 경우에는 아동이 속해 있는 인종집단, 국가, 문화집단과 종교 집단에서 가정을 찾는 노력이 우선되어야 한다. 아동이 속한 지역사회 밖에서 입양가정을 찾는 노력은 그것이 불가능 하다는 것이 명백해졌을 때에만 시도되어야 한다.
③ 입양의 일차적인 목적은 친부모에 의해 양육될 수 없는 아동에게 영구

적인 가족을 제공하는 것이다. 따라서 입양사업은 아동의 복지, 욕구, 관심을 기초로 해야 효과적으로 이루어질 수 있다. 가정은 아동을 위해서 선택되어야 하며, 가정을 위해 아동이 선택되어서는 안 된다.

④ 아동의 가족을 대신할 영구적인 보호가 필요할 경우에는 입양이 가장 바람직한 방법이다. 입양은 가정위탁보호나 시설보호보다 안정된 영구적인 대리보호의 형태로서, 동일한 부모가 아동에게 필요한 장기적 안정과 애정 있고 친밀한 보호를 제공해 줄 수 있는 가능성이 높다.

⑤ 아동의 복지를 위해서는 영구적 대리보호의 필요성 여부에 대한 결정이 가능한 빨리 내려지고 지체나 주저함 없이 이행되어야 한다. 또한 입양의 완결도 가능하면 빨리 달성되어야 한다(임동호, 2009: 219-220).

5. 입양의 유형 및 구성요소

입양의 유형에는 입양아동과 입양부모 사이의 가족관계 유무에 따라 친족입양과 비 친족입양, 입양의 기관 유무에 따라 독립(개인)입양과 기관입양, 입양사실의 공개여부에 따라 비밀입양과 공개입양, 입양국가에 따라 국내입양과 해외입양으로 나누어진다.

1) 입양의 유형

(1) 친족입양과 비친족입양

친족입양은 입양아동이 계부, 계모 등 친부나 친모의 재혼으로 인한 가족관계 또는 큰 아버지, 작은 아버지 등 친인척의 혈연관계를 이루고 있는 사람에 의해 입양되는 경우를 말한다. 비친족입양은 입양아동이 전혀 가족관계나 혈연관계를 갖고 있지 않은 입양부모에 의해 입양되는 경우이다. 이전 혈통을 중시하는 우리나라 사회의 관습에 따라 대를 잇는 수단으로 친족입양이 성행하였으나 최근에는 친족입양의 수가 격감하고 있다(서보준 외, 2013:158).

미국에서는 친척에 의한 입양이 영구 계획의 하나로서 좋은 평가를 받고 있다. 친족입양은 가정위탁 보호보다 많은 장점이 있으며 가족보존의 한 형태로 간주되고 있다. 또한 확대가족, 친지의 지원 속에서 아동이 양육될 수 있으며, 아동은 생물학적, 문화적 동질성으로 적응에 큰 어려움을 겪지 않는다는 장점으로 인해 좋은 호응을 얻고 있다(임동호, 2008:221).

(2) 독립입양과 기관입양

독립입양은 개인이 독자적으로 입양하는 것을 의미한다. 즉, 입양기관을 통하지 않고 개인적으로 입양하는 것이다. 독립입양의 유형을 세 가지로 나누어보면 다음과 같다.

① 직접 배치하는 입양: 법적인 부모 혹은 친부모가 자신이 알고 있는 사람에게 직접 아동을 입양시키는 것이다.
② 무료중개를 통해 배치하는 입양: 이는 아무런 대가를 바라지 않는 제3자에 의해 이루어지는 것이다. 실제로 입양부모와 친부모 간에는 금전(예를 들면, 임신으로 인한 비용이나 생활비 등)이 오갈 수 있겠지만 입양 자체가 금전을 목적으로 한 것은 아니다.
③ 유료중개를 통해 배치하는 입양: 대상 아동이 암시장에서 수익의 수단으로 팔리므로 아동을 위험에 빠뜨릴 우려가 있다(임동호, 2008: 221-222).

미국의 몇 개 주에서는 아이를 가질 수 없는 불임부부가 아이를 구하는 광고를 하는 것을 법적으로 허용하고 있다. 그러나 우리나라에서는 입양 촉진 및 절차에 관한 특례법에서 입양기관을 통한 입양을 명시하고 있어 독립입양은 불법이다(서보준 외, 2013:159). 그러나 입양기관에서의 절차를 까다롭게 생각하고 또 절대비밀을 우려한 입양부모로 인해 독립입양이 성사되고 있는 것이 사실이다. 이러한 독립입양은 다음에 소개할 비밀입양과 같이 법적인 보호나 전문적인 기관의 도움을 받을 수가 없어 기관을 통한 공개입양이 바람직하다.

기관입양이란 보건복지부의 인가를 받은 아동복지기관에서 이루어지는 입양을 의미한다. 입양기관에서 전문가에 의해 친생부모로 하여금 친권을 포기하게 하고, 기관이 모든 법적 대리인이 되어서 입양절차를 밟게 되는 경우를 말한다(서보준 외, 2013). 우리나라의 경우 입양기관을 통해서만 입양이 가능하도록 법에 규정하고 있다. 기관입양은 서류상의 절차가 약간 복잡하며, 입양을 기다리는 기간이 길다는 단점이 있지만, 입양에 대한 전문가의 도움을 받을 수 있고, 신중하게 아동을 위한 가정을 선정하는 것이 가능하며, 아동복지를 고려한 입양을 실천할 수 있는 장점이 있다(선란숙, 2007; 서보준 외, 2013).

(3) 비밀입양과 공개입양

비밀입양은 입양의 사실을 입양아동을 포함한 주위의 모든 사람들에게 비밀로 하며, 입양부모가 직접 출산한 것으로 하기 때문에 입양아동 친부모와의 교류는 단절된다. 우리나라에서 비밀입양을 선호한 것은 우리나라의 전통적인 혈연관계 중시 풍토에서 찾아볼 수 있을 것이다.

이러한 비밀입양은 한국사회의 뿌리 깊은 혈연중시 풍토에 따른 가계 계승 및 사회적인 편견으로부터 자유로울 수 있는 방법이다. 하지만 비밀입양의 경우 아동이 성장하면서 입양사실을 알게 되면 인지한 시기에 따라 다르지만 많은 충격과 혼란에 빠질 수 있다. 또한 법적인 보호를 받을 수 없어 입양아동에 대한 친부모의 법적인 권리 주장 등으로 불이익을 당할 경우 외부의 도움을 받기가 어렵다는 것이다.

비밀입양의 단점을 막기 위해서는 공개입양이 바람직하다. 공개입양은 입양 사실을 입양아동 및 주위에 공개하여 입양하는 것을 의미한다. 그러나 공개의 범위 및 친부모에 대한 정보교류는 입양부모의 사정에 따라 차이를 보이며, 공개입양에서 한걸음 나아가 친부모와의 정보교류를 가지는 경우를 개방입양이라고 한다.

(4) 국내입양과 해외입양

입양아동의 출생국가에서 입양이 이루어지는 경우를 국내입양, 출생국가 외의 다른 국가에 입양되는 경우를 해외입양이라고 한다. 우리나라는 과거 입양에 대한 부정적인 인식에 의하여 해외입양이 주를 이루어 오면서 '아동 수출국'이라는 오명을 받아왔지만, 2000년대 이후 국내입양의 활성화 노력에 의하여 해외입양의 수가 감소하고 있다. 그러나 장애아동 입양의 경우 국내입양보다는 해외입양에 의존하고 있다는 문제점을 안고 있다.

(5) 법적근거에 따른 입양의 종류

표 12-5 법적근거에 따른 입양의 종류

구분	입양특례법상 입양	친양자입양	양자입양
근거	「입양특례법」	「민법」 제908조의 2부터 제908조의 8까지	「민법」 제866조부터 제908조까지
성립요건	가정법원의 허가	재판으로 성립	협의로 성립
양자의 성(姓)과 본(本)	양친의 성(姓)과 본(本)으로 변경	양친의 성(姓)과 본(本)으로 변경	친생부의 성(姓)과 본(本)을 유지
친생부모와의 관계	종료	종료	유지
입양의 효력	재판이 확정된 때부터 혼인 중의 자로서 신분을 취득하여, 친생부모와의 관계는 종료됨	재판이 확정된 때부터 혼인 중의 자로서 신분을 취득하여, 친생부모와의 관계는 종료됨	입양한 때부터 혼인 중의 자로서의 신분을 취득하나, 친생부모와의 관계는 친권 이외에는 유지 됨

출처: 중앙입양원(2018).
* 입양특례법에 따라 입양된 아동은 민법상의 친양자와 동일한 지위를 가진다.

2) 입양의 구성요소

입양의 구성요소는 입양대상인 아동 그리고 친부모, 입양부모, 입양기관 등으로 나누어 볼 수 있다.

(1) 입양아동

입양대상 아동은 18세 미만의 아동으로 부모, 직계존속이나 후견인의 동의가 있는 아동이며, 15세 이상의 아동인 경우에는 본인의 동의가 있어야 한다. 입양특례법(제9조 양자가 될 자격)에 명시되어 있는 입양대상 아동의 법적규정은 다음과 같다.

요보호아동으로서 다음 각 호의 어느 하나에 해당하는 사람이어야 한다.

1. 보호자로부터 이탈된 사람으로서 특별시장·광역시장·도지사 및 특별자치도지사(이하 "시·도지사"라 한다) 또는 시장·군수·구청장(자치구의 구청장을 말한다. 이하 같다)이 부양 의무자를 확인할 수 없어 「국민기초 생활 보장법」에 따른 보장시설(이하 "보장시설"이라 한다)에 보호의뢰한 사람
2. 부모(부모가 사망이나 그 밖의 사유로 동의할 수 없는 경우에는 다른 직계존속을 말한다) 또는 후견인이 입양에 동의하여 보장시설 또는 제20조에 따른 입양기관에 보호 의뢰한 사람
3. 법원에 의하여 친권상실의 선고를 받은 사람의 자녀로서 시·도지사 또는 시장·군수·구청장이 보장시설에 보호 의뢰한 사람
4. 그 밖에 부양 의무자를 알 수 없는 경우로서 시·도지사 또는 시장·군수·구청장이 보장시설에 보호 의뢰한 사람

(2) 입양부모

혈연관계가 아닌 법적 절차에 따라 부모가 되는 자를 의미한다. 입양부모가 입양을 하고자하는 이유는 다양하다. 불임으로 인하여 자신의 친자녀를 가질 수 없는 경우 또는 더 많은 자녀를 원하지만 불가능한 경우 또는 자신의 자녀와 성별이 다른 자녀를 양육해보고자 하는 경우 등 다양한 이유에서 입양을 선택한다.

국내입양부모들의 입양동기에 관한 연구에 의하면 불임이 주된 원인이고, 최근에는 유자녀 입양이 증가하고 있어 아동복지를 우선적으로 고려하는 방

향으로 입양동기 및 태도가 서서히 변화하고 있음을 알 수 있다(한미현 외, 2016).

입양특례법 제10조(양친이 될 자격 등)에 규정하고 있는 양부모의 조건은 다음과 같다.

① 이 법에 따라 양친이 될 사람은 다음 각 호의 요건을 모두 갖추어야 한다.
1. 양자를 부양하기에 충분한 재산이 있을 것
2. 양자에 대하여 종교의 자유를 인정하고 사회의 구성원으로서 그에 상응하는 양육과 교육을 할 수 있을 것
3. 양친이 될 사람이 아동학대·가정폭력·성폭력·마약 등의 범죄나 알코올 등 약물중독의 경력이 없을 것
4. 양친이 될 사람이 대한민국 국민이 아닌 경우 해당 국가의 법에 따라 양친이 될 수 있는 자격이 있을 것
5. 그 밖에 양자가 될 사람의 복지를 위하여 보건복지부령으로 정하는 필요한 요건을 갖출 것

② 양친이 될 사람은 양자가 될 아동이 복리에 반하는 직업이나 그 밖에 인권침해의 우려가 있는 직업에 종사하지 아니하도록 하여야 한다.

③ 양친이 되려는 사람은 입양의 성립 전에 입양기관 등으로부터 보건복지부령으로 정하는 소정의 교육을 마쳐야 한다.

(3) 친부모

친부모는 입양아동과 혈연적으로 맺어지는 친자관계의 자로서 출생한 아동에 대하여 당연히 친권을 가지게 된다. 그러나 경제적인 이유, 가정의 해체 등으로 인하여 자발적으로 친권을 포기하고 입양을 의뢰하는 경우가 있다. 또는 아동에 대한 학대, 유기 등으로 인하여 법적으로 친권을 상실하였을 경우에 아동은 입양아동의 대상에 포함된다.

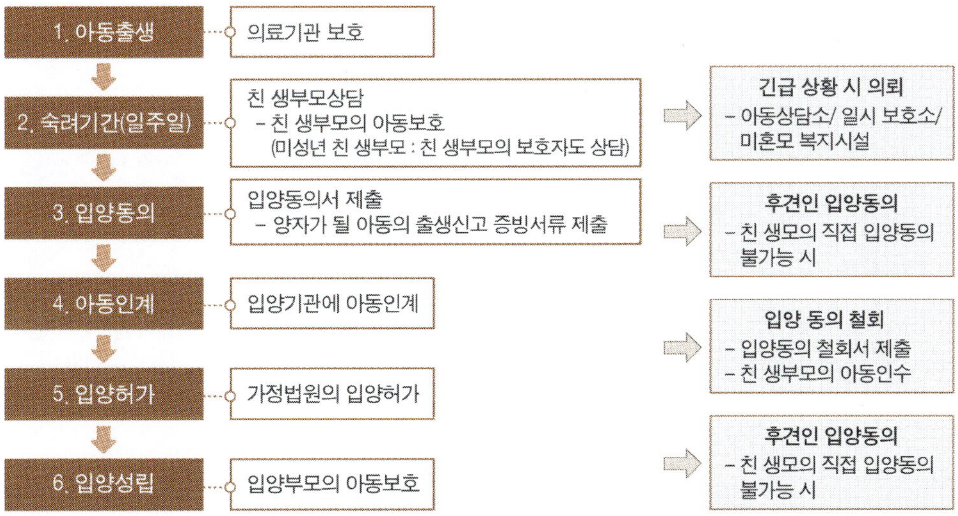

그림 12-1 친 생부모 입장에서 본 입양의 절차

출처: 중앙입양원(2018).

(4) 입양기관

① 입양기관을 운영하려는 자는 사회복지사업법에 따른 사회복지법인으로서 보건복지부장관의 허가를 받아야 한다. 다만, 국내입양만을 알선하려는 자는 시·도지사의 허가를 받아야 한다.

② 제1항에 따라 허가받은 사항 중 대통령령으로 정하는 중요한 사항을 변경하려고 하는 경우에는 신고하여야 한다.

③ 외국인은 입양기관의 장이 될 수 없다.

④ 입양기관의 장과 그 종사자는 입양아동의 인권을 보호하고 건전한 입양문화를 정착시키기 위하여 정기적으로 보건복지부령으로 정하는 보수교육을 받아야 한다.

⑤ 입양기관의 장이 입양을 원하는 국가나 그 국가의 공인을 받은 입양기관과 입양업무에 관한 협약을 체결하였을 때에는 보건복지부장관에게 보고하여야 한다. 이 경우 입양업무에 관한 협약에 포함되어야 할 사항은 대통령령으로 정한다.

⑥ 입양기관의 시설 및 종사자의 기준과 허가 및 변경신고 등에 필요한 사항은 보건복지부령으로 정한다.

6. 우리나라 입양의 현황

표 12-6 2007–2016년 입양 현황

구분	2007	2008	2009	2010	2011	2012	2013	2014	2015	2016
계	2,652	2,556	2,439	2,475	2,464	1,880	992	1,172	1,057	880
국내	1,388 (52.3%)	1,306 (51.1%)	1,314 (53.9%)	1,462 (59.1%)	1,548 (62.8%)	1,125 (59.8%)	686 (74.4%)	637 (54.4%)	683 (64.6%)	546 (62.0%)
국외	1,264 (47.7%)	1,250 (48.9%)	1,125 (46.1%)	1,013 (40.9%)	916 (37.2%)	755 (40.2%)	236 (25.6%)	535 (45.6%)	374 (35.4%)	334 (37.9%)

출처: 보건복지부(2017).

표 12-7 국외입양 현황(1958~2016)

년도	1958-68	1970	1980	1990	2000	2005	2010	2011	2012	2013	1014	2015	2016
계	6,677	1,932	4,144	2,962	2,360	2,101	1,013	916	755	236	535	374	334

출처: 보건복지부(2017).

표 12-8 장애아동입양 현황

국내/외	장애 여부	2016	2015	2014
전체	계	880	1,057	1,172
	건강 양호	737	934	982
	건강 이상	143	123	190
국내입양	계	546	683	637
	건강 양호	526	659	614
	건강 이상	20	24	23
국외입양	계	334	374	535
	건강 양호	211	275	368
	건강 이상	123	99	167

출처: 보건복지부(2017).

〈장애아동 입양 양육보조금〉

장애아동을 입양한 가정에 대하여 양육보조금을 지원하여 장애아동의 국내입양을 활성화하기 위한 제도이다.

지원대상은 입양특례법상 허가를 받은 입양기관에 의해, 동법의 요건과 절차를 갖춰 장애아동을 국내에 입양한 가정을 대상으로 한다.

① 선정기준

- 입양 당시 장애인 복지법 제32조 제1항에 따라 장애인 등록을 한 아동
- 분만 시 조산, 체중미달, 분만장애 또는 유전 등으로 입양 당시 질환을 앓고 있는 아동
- 입양 후 선천적 요인으로 인한 장애가 발견되어 장애인 등록을 하거나 질환이 발생한 아동

② 지원내용

- 중증장애 입양아동: 월 627,000원
- 경증장애 입양아동: 월 551,000원

〈입양아동 양육수당 지원〉

입양아동 양육수당을 지원하여 입양가정의 경제적 부담을 완화하며, 국내입양 활성화 및 아동의 건전한 육성을 돕기 위한 제도

지원대상은 입양특례법상 허가를 받은 입양기관에 의해, 동법의 요건과 절차를 갖춰 국내 입양한 가정을 대상으로 한다.

① 선정기준

- 입양특례법의 요건과 절차를 갖춰 국내입양한 입양아동이 만 16세가 될 때까지 지원

② 지원내용

- 월 150,000원

〈입양비용 지원〉

아동 입양을 원하는 가정에 입양비용을 지원하여 국내 입양문화의 활성화를 위한 제도

〈입양아동을 위한 복지정책〉

표 12-9 입양아동 수

(단위: 명)

	2010	2011	2012	2013	2014	2015	2016	2017
국내	1,462	1,548	1,125	686	637	683	546	465
국외	1,013	916	755	236	535	374	334	398
계	2,475	2,464	1,880	922	1,172	1,057	880	863

출처: http://www.index.go.kr(보건복지부 내부자료).

표 12-10 보호조치 아동의 발생 원인

(단위: 명)

발생 유형/년도	2010	2011	2012	2013	2014	2015	2016	2017
계	8,590	7,483	6,926	6,020	4,994	4,503	4,592	4,121
학대, 부모빈곤, 실직 등	4,613	3,928	3,944	3,668	2,965	2,866	3,148	2,769
비행, 가출, 부랑	772	741	708	512	508	360	314	229
미혼부모, 혼외자	2,804	2,515	1,989	1,534	1,226	930	856	850
유기	191	218	235	285	282	321	264	261
미아	210	81	50	21	13	26	10	12

출처: http://www.index.go.kr(보건복지부 『보호대상아동 현황보고』).

표 12-11 보호조치 현황

(단위: 명)

보호 유형/년도	2010	2011	2012	2013	2014	2015	2016	2017
계	8,590	7,483	6,926	6,020	4,994	4,503	4,592	4,121
시설보호	4,842	3,752	3,748	3,257	2,900	2,682	2,894	2,421
가정위탁	2,124	2,350	2,289	2,265	1,688	1,582	1,449	2,413
입양	1,393	1,253	772	478	393	239	243	285
소년소녀가정	231	128	117	20	13	0	6	2

출처: http://www.index.go.kr(보건복지부 『보호대상아동 현황보고』).

* 입양은 입양특례법에 의한 보호대상 아동만을 대상으로 하므로 민법상의 입양은 미포함.

13

Chapter

시설보호

1. 시설보호아동의 개념 및 유형
2. 시설보호아동의 특성
3. 시설보호아동의 현황 및 지원 서비스
4. 시설보호아동을 위한 복지정책 및 복지실천 방향
5. 시설보호 서비스의 과제 및 대책

우리나라의 아동복지는 1961년 아동복리법을 근거로 하여 해방 및 한국전쟁에서 발생한 요보호아동을 위한 복지로부터 시작되었다. 1981년 아동복리법을 전면 개정하여 아동복지법을 제정함으로서 본격적인 아동복지가 실시되었다고 할 수 있다. 최근에는 요보호아동에 대한 단순한 보호차원을 넘어 아동의 개성을 신장시키고 원가정과 같은 느낌의 시설보호를 실시하기 위하여 노력하고 있다. 대단위의 집단시설에서 소규모로 이루어지는 공동생활가정의 비율이 점차 늘어나고 있는 추세이다. 또한 보호차원이 아니라 보호아동이 시설을 떠나 자립할 수 있는 방향으로 시설보호의 개념은 확대되고 있다.

이 장에서는 시설보호 개념의 역사적인 변화와 최근 이루어지고 있는 시설보호에 대하여 살펴보고, 시설보호아동의 개념 및 유형, 시설보호아동의 특성, 시설보호아동의 현황 및 지원 서비스에 대하여 살펴본다. 또한 시설보호아동을 위한 복지정책 및 복지실천방향, 시설보호 서비스의 과제 및 대책에 대하여 살펴보고, 시설보호 서비스에 대한 발전적인 방향을 제시하고자 한다.

1. 시설보호아동의 개념 및 유형

아동복지시설은 사회복지시설의 일부분이다. 사회복지시설(social agency)은 사회복지사업법 제2조의 사회복지사업을 행할 목적으로 설치된 시설을 의미한다. 그중에서 아동을 대상으로 하는 시설보호 서비스는 매우 포괄적인 개념을 갖고 있다. 미국아동복지연맹에서는 집단보호를 제공하는 시설을 아동집단보호시설, 아동치료시설, 그룹홈, 위기센터, 일시보호시설 등으로 규정하고 있다.

우리나라 아동복지시설의 설치는 아동복지법 제50조(아동복지시설의 설치)에 다음과 같이 근거하고 있다.

① 국가 또는 지방자치단체는 아동복지시설을 설치할 수 있다.

② 국가 또는 지방자치단체 외의 자는 관할 시장·군수·구청장에게 신고하고 아동복지시설을 설치할 수 있다.

③ 아동복지시설의 시설기준 및 설치 등에 필요한 사항은 보건복지부령으로 정한다.

1) 시설보호 서비스의 개념 및 기능

(1) 시설보호 서비스의 개념

아동복지시설에서 이루어지는 시설보호 서비스는 아동이 속해 있는 친가정의 기능 상실 및 해체에 따라 일시적 혹은 영구적으로 아동에게 생활할 수 있는 공간을 제공하여 주는 것이다. 혈연적으로 관계가 없는 아동들과 함께 시설 종사자의 보호를 받으며, 24시간 아동에게 안정적인 보호 서비스를 제공하는 것을 의미한다.

즉, 부모의 문제로 인하여 아동이 안정된 양육보호를 받지 못하는 경우 혹은 아동 자신의 문제로 인하여 친가정에서의 양육보호가 어려운 경우 제공되는 대리적 서비스이며, 대리양육 등과 같은 가정위탁, 입양 등의 서비스 대상으로 적합하지 않은 아동을 시설에 입소시켜 건전한 사회인으로 성장·발달시키는 것을 목적으로 하는 아동복지 서비스를 의미한다(김명희, 2006; 한미현 외, 2016 재인용).

시설보호 서비스의 개념은 다음과 같이 구분해 볼 수 있다(이소희 외, 2003; 한미현 외, 2016 재인용).

① **역할론적 개념**: 부모의 역할을 대신하는 대리보호를 의미

② **장소적 개념**: 가정이 아닌 시설이라는 공간에서 이루어지는 시설보호 서비스를 의미

③ **시간적 개념**: 시설에 장기간 거주함으로써 이루어지는 시설보호 서비스를 의미

④ **형태적 개념**: 아동에 대한 보호가 개별적으로 이루어지는 것이 아니라 집단적으로 이루어지는 것을 의미

⑤ 제도적 개념: 아동에 대한 보호의 주체가 일반 개인이 아닌 사회 전체임을 의미

(2) 시설보호 서비스의 기능

아동복지시설은 그 역할에 따라 다양한 기능을 가지고 있지만 크게 기초기능, 고유기능, 파생기능으로 구분해서 살펴볼 수 있다(주수길 외, 2003; 한미현 외, 2016 재인용). 그 기능을 간략하게 서술하면 다음과 같다.

① 기초기능

시설보호의 가장 기본적인 기능을 의미하며, 시설이 종래부터 담당해 오던 기능으로 생명보존 활동에 필요한 의식주의 서비스를 지속적으로 제공하는 일상적 보호와 이에 필요한 생활환경의 정비를 수행하는 보호기능, 발달이 다른 아동이 각자의 발달과정에 도달할 수 있도록 지원하는 교육적 기능, 아동이 해결하거나 도달해야 할 생활과제를 설정하여 이를 해결하기 위한 치료·교육·훈련·자립지원 등의 서비스를 제공하는 전문적 기능을 의미한다(이용주 외, 2016).

② 고유기능

수용보호 중심의 시설에서 아동이 주체적으로 자립생활을 할 수 있도록 하는 기능이다. 아동의 문화생활, 사회참여, 문화적 생활 기반 확충뿐만 아니라 지역사회에 시설을 개방하여 시설과 지역사회의 상호교류를 촉진하여 사회복지센터로서의 역할을 수행하는 문화적 기능을 포함한다. 또한 아동에 대한 권익을 옹호하고 친권대행, 후견 등을 수행하는 변호적 기능도 포함한다.

③ 파생기능

①의 기초기능과 ②의 고유기능이 상호관계를 유지하면서, 시설이 확충, 강화해 나가야 하는 기능을 의미한다. 단위 시설로는 대처하기 어려운 아동들의 복잡하고 다양한 문제에 대하여 사회적인 지원을 개발·조정하고 네트워크를 통해 해결해 나가는 조정개발기능과 긴급한 상황에 처한 아동에게

일시보호 혹은 단기보호 서비스를 제공하여 응급상황을 극복할 수 있도록 지원하는 긴급·단기 지원기능이다.

2) 시설보호 서비스의 유형

사회복지시설은 구분하는 기준에 따라 다양하게 유형화 할 수 있다. 아동복지법에 의하여 설치되는 아동복지시설(아동복지법 제52조)을 중심으로 살펴보면 다음과 같이 정리할 수 있다.

① **아동양육시설**: 보호대상아동을 입소시켜 보호, 양육 및 취업훈련, 자립지원 서비스 등을 제공하는 것을 목적으로 하는 시설

② **아동일시보호시설**: 보호대상아동을 일시보호하고 아동에 대한 향후의 양육대책수립 및 보호조치를 행하는 것을 목적으로 하는 시설

③ **아동보호치료시설**: 아동에게 보호 및 치료 서비스를 제공하는 다음 각 목의 시설

가. 불량행위를 하거나 불량행위를 할 우려가 있는 아동으로서 보호자가 없거나 친권자나 후견인이 입소를 신청한 아동 또는 가정법원, 지방법원소년부지원에서 보호위탁된 19세 미만인 사람을 입소시켜 치료와 선도를 통하여 건전한 사회인으로 육성하는 것을 목적으로 하는 시설

나. 정서적·행동적 장애로 인하여 어려움을 겪고 있는 아동 또는 학대로 인하여 부모로부터 일시 격리되어 치료받을 필요가 있는 아동을 보호·치료하는 시설

④ **공동생활가정**: 보호대상아동에게 가정과 같은 주거여건과 보호, 양육, 자립지원 서비스를 제공하는 것을 목적으로 하는 시설

⑤ **자립지원시설**: 아동복지시설에서 퇴소한 사람에게 취업준비기간 또는 취업 후 일정 기간 동안 보호함으로써 자립을 지원하는 것을 목적으로 하는 시설

⑥ **아동상담소**: 아동과 그 가족의 문제에 관한 상담, 치료, 예방 및 연구 등을 목적으로 하는 시설

⑦ **아동전용시설**: 어린이공원, 어린이놀이터, 아동회관, 체육·연극·영화·과학실험전시시설, 아동휴게숙박시설, 야영장 등 아동에게 건전한 놀이·오락, 그 밖의 각종 편의를 제공하여 심신의 건강유지와 복지증진에 필요한 서비스를 제공하는 것을 목적으로 하는 시설

⑧ **지역아동센터**: 지역사회 아동의 보호·교육, 건전한 놀이와 오락의 제공, 보호자와 지역사회의 연계 등 아동의 건전육성을 위하여 종합적인 아동복지 서비스를 제공하는 시설

⑨ 아동보호전문기관

⑩ 가정위탁지원센터

3) 통합 및 추가 시설

또한 아동복지법(제52조 제2항)에서 아동복지시설에 대한 통합 설치조항을 두었다. 그리고 제52조 제3항에서는 다음 시설에 대한 사업의 추가사항을 규정하였다.

① **아동가정지원사업**: 지역사회아동의 건전한 발달을 위하여 아동, 가정, 지역주민에게 상담, 조언 및 정보를 제공하여 주는 사업

② **아동주간보호사업**: 부득이한 사유로 가정에서 낮 동안 보호를 받을 수 없는 아동을 대상으로 개별적인 보호와 교육을 통하여 아동의 건전한 성장을 도모하는 사업

③ **아동전문상담사업**: 학교부적응아동 등을 대상으로 올바른 인격형성을 위한 상담, 치료 및 학교폭력예방을 실시하는 사업

④ **학대아동보호사업**: 학대아동의 발견, 보호, 치료 및 아동학대의 예방 등을 전문적으로 실시하는 사업

⑤ **공동생활가정사업**: 보호대상아동에게 가정과 같은 주거여건과 보호를 제공하는 것을 목적으로 하는 사업

⑥ **방과 후 아동지도사업**: 저소득층 아동을 대상으로 방과 후 개별적인 보호와 교육을 통하여 건전한 인격형성을 목적으로 하는 사업

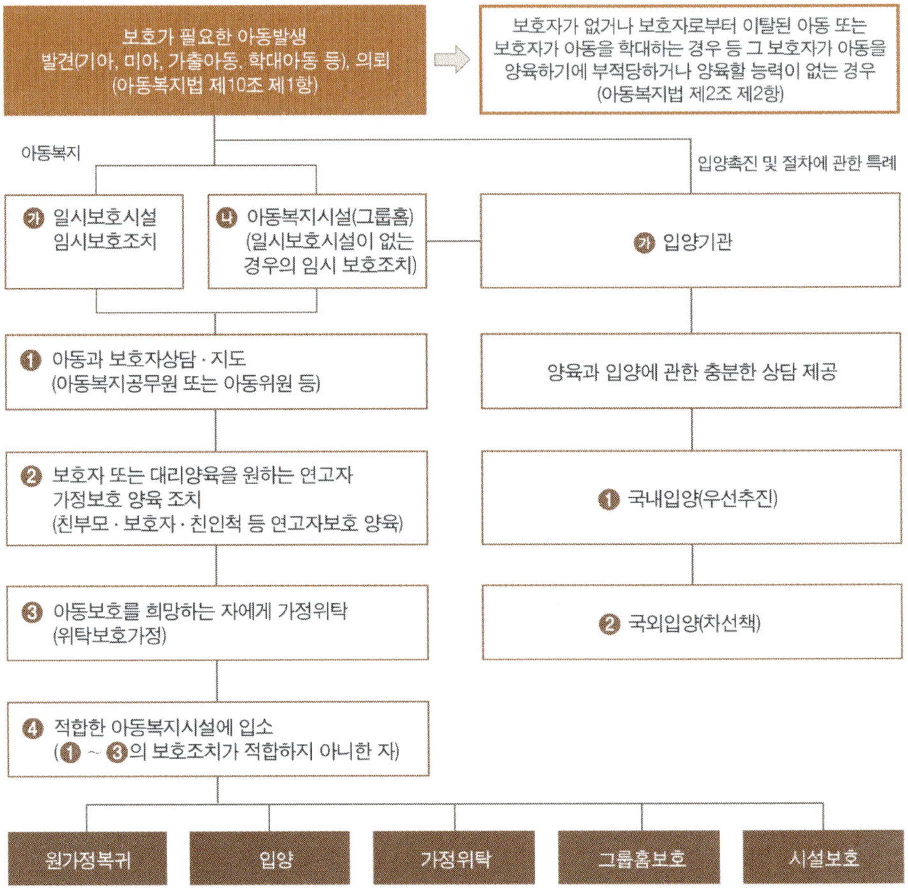

그림 13-1 요보호아동발생 시 업무처리 흐름도

출처: 보건복지부(2018).

아동복지법 제52조에서 규정하고 있는 아동복지시설 중 공동생활가정(그룹홈)은 2016년 현재 전국에 510개소가 설치되어 운영 중이며, 1,514명의 종사자가 2,758명(남자 1,444, 여자 1,314)의 아동을 보호하고 있다.

2. 시설보호아동의 특성

일반적인 가정에서 성장하는 아동들에게 가정환경은 아동의 발달에 매우 중요한 영향을 미친다. 그러나 가정에서 생활하는 대신 시설에서 성장하는 시설보호아동에게는 가정을 대신하여 아동의 발달에 긍정적인 영향을 줄 수 있는 환경의 제공이 매우 중요하다고 할 수 있다.

가정환경이 아동에게 미치는 중요성에 대해서 보울비(Bowlby, 1971)는 아동의 지적·정서적·사회적 발달에 영향을 주는 대부분의 조건이 모성과 직결되어 있기 때문에 모성의 존재와 양육태도, 애정 및 언어모델은 아동의 발달 특성을 결정하는 중요한 변인들이라고 하였다(김주아 외, 2012). 또한 시설보호아동의 대부분은 유아기 혹은 아동기에 부모와의 분리 경험을 하며, 환경적인 면에서도 일반가정 아동보다 학습조건, 물리적·정서적·사회적 환경에서 양적·질적인 면이 결핍된 상태라고 할 수 있다(김주아 외, 2012).

1990년대 이후 시설아동의 발달 현황이나 시설아동이 겪는 어려움이 연구쟁점으로 부각되기 시작하여, 시설아동들이 보호시설에서 오랜 기간 생활하면서 겪는 다양한 어려움이 보고되기 시작하였다(김경희 외, 2009).

이러한 연구결과에 따르면 아동보호시설에서 생활하는 아동들의 구성 변화는 과거에는 주로 부모가 없는 고아들을 수용하였으나, 최근에는 부모가 생존해 있음에도 불구하고 시설에서 생활하는 아동의 수가 점차 증가하고 있다. 1999년 보건복지부의 통계에 따르면 아동복지시설에 수용되어 있는 아동 중 93.8%가 부 또는 모가 생존해 있는 것으로 나타났다.

또한 가족해체로 인해 시설에서 보호받고 있는 유아 및 초등학교 저학년 아동을 대상으로 이들의 발달 및 적응 특성에 관한 연구의 결과, 시설보호 유아의 발달 및 적응과 관련된 위험요인이 다수 발견 되었다(이순형 외, 2003).

먼저 사회적 기술의 측면을 살펴보면, 시설보호아동은 협동, 자기주장성 및 자아통제에 있어 일반 아동에 비해 낮은 수준의 점수를 보였으며, 타인의 정서 상태를 이해하는 정서조망 능력이 낮은 것으로 나타났다(권세은 외, 2002; 이순형 외, 2003 재인용). 그리고 시설에서 생활하고 있는 초등학교

저학년 아동은 초등학교 입학 초기에 학교생활에 적응하는 데 어려움을 보이고, 그중에서도 또래관계의 문제가 큰 것으로 나타났다(성미영 외, 2001; 이순형 외, 2003 재인용).

3. 시설보호아동의 현황 및 지원 서비스

보건복지부의 통계자료에 의하면 2016년 말 현재 아동복지시설에 수용되어 있는 아동 수는 13,689명이며, 시설 수는 281개소로 나타났다(표 13-1).

1) 시설보호아동의 발생원인 및 현황

(1) 시설아동의 발생원인

보건복지부의 통계자료 2017년 요보호아동 현황의 자료를 살펴보면, 2017년 한해 보호아동의 발생 수는 4,846명이며, 이 중 귀가 및 연고자에게 인도조치한 아동은 725명이다. 나머지 4,121명의 아동을 대상으로 보호조치 아동의 발생원인을 살펴보면 유기261명(6.3%), 미혼부모 및 혼외자가 850명(20.6%), 미아 12명(0.3%), 비행, 가출, 부랑아동이 229명(5.6%), 학대아동이 1,437명(34.9%), 부모의 빈곤 혹은 실직이 216명(5.2%), 부모의 사망이 276명(6.7%), 부모의 질명이 86명(2.1%), 부모의 이혼 등이 754명(18.3%)으로 집게되었다(표 13-2).

표 13-1 아동복지시설 및 보호아동 현황

년도	시설 수(개소)	입소자(명)	퇴소자(명)	연말현재수용자(명)
2014	278	4,822	5,431	14,630
2015	281	4,331	4,960	14,001
2016	281	4,462	4,774	13,689

출처: 보건복지부. 아동복지시설보호아동 및 종사자현황보고(2018).

표 13-2 2017년 요보호아동 현황

구분	보호대상아동 발생수	귀가 및 연고자 인도	보호조치아동 발생원인											
			소계	남	여	유기	미혼부모/혼외자	미아	비행/가출/부랑	학대	부모빈곤실직	부모사망	부모질병	부모이혼 등
계	4,846	725	4,121	2,077	2,044	261	850	12	229	1,437	216	276	86	754

구분	보호조치 현황														
	소계	시설입소							가정보호						
	소계	소계	남	여	양육시설 등	일시보호시설	장애아동시설	공동생활가정	소계	남	여	소년소녀가정	입양	가정위탁	입양전위탁
계	4,121	2,421	1,218	1,203	1,467	310	19	625	1,700	859	841	2	285	990	423

(2) 시설보호아동의 현황

보호조치가 필요한 아동 4,121명 중 시설 입소 아동은 2,421명(58.7%)이고, 가정보호 아동은 1,700명(41.3%)으로 조사되었다.

시설 입소 아동 2,421명을 구체적으로 살펴보면 남자아동이 1,218명(50.3%)이고 여자아동은 1,203명(49.7%)으로 나타났다. 이들 중 양육시설 등의 시설에 입소한 아동은 1,467명((60.6%)이고 일시보호시설 입소 아동은 310명(12.8%), 장애아동시설 입소 아동은 19명(0.8%), 공동생활가정시설 입소 아동은 625명(25.8%)으로 조사되었다(표 13-1).

4. 시설보호아동을 위한 복지정책 및 복지실천 방향

1) 시설보호아동을 위한 복지정책

(1) 시설보호아동의 입소

요보호아동이 아동복지시설에 입소하는 경로는 그림 13-2와 같다. 일반적으로 아동의 부모, 후견인, 보호자가 아동상담소(아동복지센터) 등의 기관에 직접방문하거나 전화상담을 실시한다. 이후 상담원의 개별상담을 통하여 적합성의 유무를 판단하게 되고, 적합하다고 판정되면 서류를 제출하고 생활관에 입소하여 일시보호를 받게 된다. 이후 아동복지시설에 배정되기까지 각종 강담과 심리검사, 건강진단, 학습지도, 생활지도를 받는다.

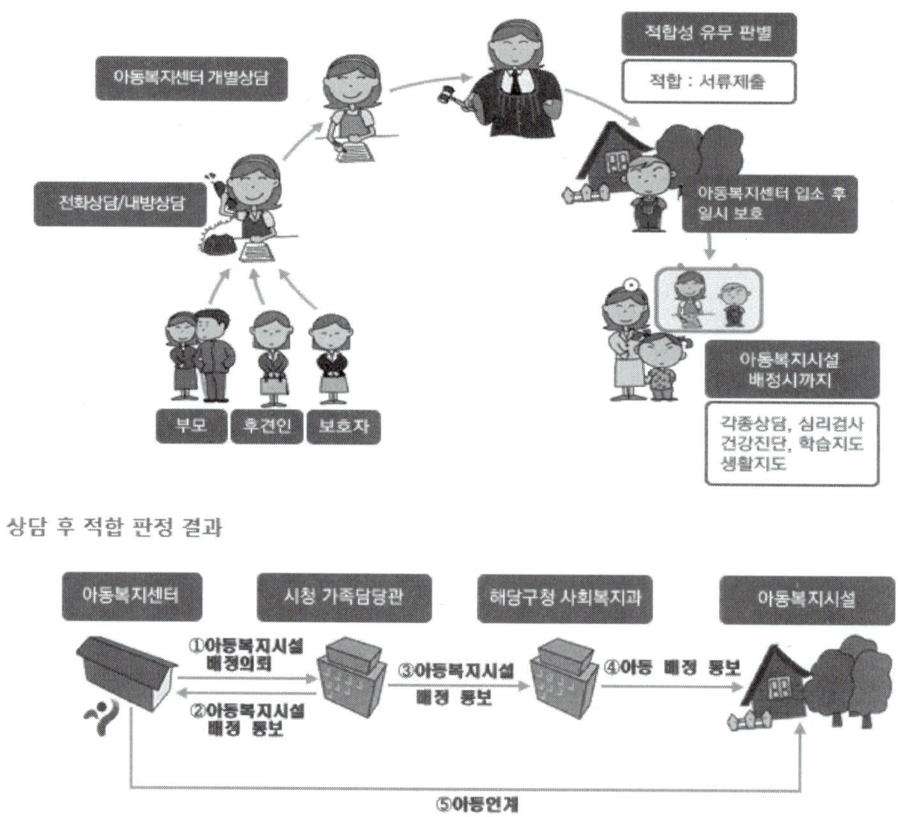

그림 13-2 **시설보호사업 대상 아동의 입소 처리도**

출처: 서울특별시 아동복지센터(2018).

아동상담소(아동복지센터)에서 상담 후 아동보호시설 입소 적합 판정을 받게 되면 아동상담소는 소속 지자체의 가족상담관에게 아동복지시설의 배정을 의뢰하게 된다. 가족상담관은 해당 시·군·구의 사회복지과에 아동복지시설 배정을 통보하게 되며, 사회복지과는 아동복지시설에 해당 아동의 배정을 통보하고, 아동상담소는 일시보호 중인 아동을 아동복지시설에 인계하게 된다.

(2) 시설보호아동의 퇴소

① 시설아동을 위한 자립지원 서비스

시설에서 보호되는 아동들은 일정한 기간이 지나면 보호시설에서 퇴소를 해야 한다. 아동복지법 제16조에 의한 퇴소 규정은 다음과 같다.

제16조(보호대상아동의 퇴소 조치 등)

- 제15조제1항제3호부터 제5호까지의 보호조치 중인 보호대상아동의 연령이 18세에 달하였거나, 보호 목적이 달성되었다고 인정되면 해당 시·도지사, 시장·군수·구청장은 대통령령으로 정하는 절차와 방법에 따라 그 보호 중인 아동의 보호조치를 종료하거나 해당 시설에서 퇴소시켜야 한다. <개정 2016.3.22.>
- 제1항에도 불구하고 제15조에 따라 보호조치 중인 아동이 다음 각 호의 어느 하나에 해당하면 시·도지사, 시장·군수·구청장 또는 아동복지시설의 장은 해당 아동의 보호기간을 연장할 수 있다.
  1. 「고등교육법」 제2조에 따른 대학 이하의 학교(대학원은 제외한다)에 재학 중인 경우
  2. 제52조제1항제1호의 아동양육시설 또는 「근로자직업능력 개발법」 제2조제3호에 따른 직업능력개발훈련시설에서 직업 관련 교육·훈련을 받고 있는 경우
  3. 그 밖에 각종 아동복지시설에서 해당 아동을 계속하여 보호·양육할 필요가 있다고 대통령령으로 정하는 경우

2016년의 경우 281개소의 시설에서 4,774명이 퇴소하였다. 이러한 아동들을 대상으로 자립할 수 있도록 아동자립지원단[1]을 설치 운영하고 있다.

1) 1993년 한국아동복지 연합회에서 자립지원사업을 위탁하여 운영하였으나, 2012년 한국보건복지인력개발원으로 위탁기관이 변경되어 아동복지협의회 자립지원센터는 폐지되고 아동자립지원단으로 바뀌게 되었다.

아동자립지원단은 아동복지법[시행 2014.9.29. 벌률 제12361호, 2014.1.28.일부개정]의 제40조[2]에 의거 아동복지시설 및 가정위탁 서비스를 받고 있는 아동들의 자립준비와 아동의 진학, 주거, 생활, 기술, 취업 등 퇴소준비 및 퇴소 후 위기 사례관리를 위한 전문적이고 체계적인 서비스를 지원함으로써 안정적인 사회적응과 자립을 통한 건전한 사회구성원을 양성하는데 목적을 두고 있다.

자립지원의 의미는 보호대상아동의 위탁보호 종료 또는 아동복지시설 퇴소 이후 자립에 필요한 주거·생활·교육·취업 등의 지원, 자립에 필요한 자산의 형성 및 관리 지원(자산형성 지원), 자립에 관한 실태조사 및 연구, 자립지원 대상아동의 사후관리체계 구축 및 운영, 자립생활 역량강화를 위한 프로그램 개발 및 운영, 아동복지시설 및 가정위탁지원센터의 종사자에 대한 자립지원 관련 교육, 자립에 필요한 자립정착금의 지원 등을 포함한다(아동복지법 제38조).

또한 자립지원 대상아동의 범위를 확대하여 대리양육 또는 가정위탁보호 중인 아동, 아동복지시설에서 보호 중인 아동, 가정위탁보호가 종료되거나 시설에서 퇴소한 지 5년이 지나지 아니한 아동 등을 포함한다(시행령 제38조).

구체적인 자립지원제도를 살펴보면 경제적인 지원을 위하여 보호 종료 후 자립정착금을 지급하고 있다. 지자체에 따라 대부분 1인당 500만원을 지급하고 있으나, 대구, 인천 등은 300만원을 지원하고 있다. 또한 임대주택을 공급하거나 공동생활가정(그룹홈) 입주를 지원하고 있다.

② 자립지원 표준화 프로그램(Ready? Action!) – 아동자립지원단

목적	• 보호기간 중 체계적이고 지속적인 프로그램 보급을 통해 자립 지원의 효율화 및 내실화 제고 • 보호 종료 전 보호아동에 대한 적절한 예방적 서비스 제공을 통해 아동복지 증진 및 삶의 질 향상

(계속)

2) 제40조(자립지원전담기관의 설치·운영 등) 국가와 지방자치단체는 자립지원 관련 데이터베이스 구축 및 운영, 자립지원 프로그램 개발 및 보급, 사례관리 등의 업무를 전담할 기관을 설치·운영하거나, 그 운영의 전부 또는 일부를 법인, 단체 등에 위탁할 수 있다.

추진방향	• 현장 속에서 이루어지는 생활 중심 서비스 • 삶을 영위하는데 필요한 전반적인 기술 습득을 위한 통합적인 서비스 • 단계별 프로그램 및 사례관리를 통한 맞춤형 서비스
프로그램 구성/대상	• Ready?: 보호 중인 아동 • Action!: 보호 종료 아동

■ Ready Action 자립지원 프로그램의 핵심가치

R: Real – 자립지원 프로그램은 삶 그 자체이다. 실제적이고 현실적인 삶의 지식과 지혜이다.

E: Experience – 자립지원 프로그램은 경험이다. 경험과 체험이 프로그램 참여방법이고 수단이다.

A: Aim – 자립지원 프로그램은 목표가 분명하다. 목표지향적인 프로그램 계획이 필요하다.

D: Duty – 자립지원 프로그램은 의무이다. 의무와 책임은 자립의 기본 요건이다.

Y: Year – 자립지원 프로그램은 년 단위 프로그램이다. 1년을 주기로 계획하고 실행하며 평가한다.

A: Active – 자립지원 프로그램은 자발적이고 능동적이다. 자발성과 능동성은 자립의 중요한 요소이다.

C: Case management – 자립지원 프로그램은 지속적인 사례관리이다. 변화를 주시하고 지속적인 관심을 유지해야 한다.

T: Training – 자립지원 프로그램은 훈련과 연습이다. 반복되는 훈련과 연습이 자립을 앞당긴다.

I: Individual – 자립지원 프로그램은 개별화가 중요하다. 자립 자체가 개별적인 문제이다.

O: Opportunity – 자립지원 프로그램은 기회이다. 자립을 준비하고 실제 자립할 수 있는 좋은 기회이다.

N: Network – 자립지원 프로그램은 인맥을 형성한다. 인적자원은 자립의 중요한 지지체계이다.

■ 프로그램의 구성

Ready? 미취학부터 보호 종료 전까지 자립준비 프로그램(8대 영역)			
Level 1 미취학 ~ 초2	Level 2 초3 ~ 초6	Level 3 중1 ~ 중3	Level 4 고1 ~ 퇴소 전
• 기초학습지도 • 독서지도 • 원가족 유대 강화 • 집단 프로그램	• 심리 · 정서 지지체계 • 학습지도 · 경제교육	• 진로적성검사 • 자립예비사정 및 계획 • 자립 준비척도	• 자립사정 • 취업 및 진학상담 • 자립 준비척도
• 일상생활기술 • 자기보호기술 • 지역사회지원활용기술 • 사회적 기술	• 일상생활기술 • 자기보호기술 • 돈관리기술 • 사회적 기술 • 진로탐색 및 취업기술	• 일상생활기술 • 자기보호기술 • 지역사회지원활용기술 • 돈관리기술 • 사회적 기술 • 진로탐색 및 취업기술	• 일상생활기술 • 자기보호기술 • 지역사회지원활용기술 • 돈관리기술 • 사회적 기술 • 진로탐색 및 직장생활 기술 • 다시 집 떠나기

Action! 보호 종료 후 자립생활 정착까지의 사례관리 및 서비스 지원 프로그램	
목표	보호 종료 후 효과적인 사례관리 서비스 지원을 통해 건강한 사회인으로의 자립유도
대상	보호 종료 후 5년 이내 아동
자립점검	• 시기: 매년 1회 • 방법: 자립점검 후 자립지원통합관리시스템 입력 • 내용: 취업, 직업훈련, 주거, 진학, 경제, 생활, 의료, 기타 등

출처: 아동자립지원단(2018).

5. 시설보호 서비스의 과제 및 대책

① 아동보호시설에 대한 연구 및 시설아동에 대한 다양한 연구를[3] 통하여 시설생활에서 오는 부정적인 영향을 최소화하기 위해서는 아동시설의 규모를 축소하여야 한다. 시설규모의 축소는 유엔아동권리협약의 이행에 대한 책임이기도 하다. 최근 증가하고 있는 공동생활가정(그룹홈)은

3) 양육시설아동들의 인권실태에 관한 탐색적 연구(2016).이은주·박명숙.아동보호연구.Vol.1/아동양육시설의 다기능화 조직혁신욕구와 관련요인분석(2008). 오정수·이병승. 한국아동복지학.Vol 25 등.

시설 소규모화의 대안으로 활용될 수 있을 것이다. 현재 증가하고 있는 공동생활가정(그룹홈)제도를 보다 발전시켜 나아가야 할 것이다.

② 아동에 대한 복지 서비스를 담당 하는 정부부처는 크게 보건복지부, 여성가족부, 교육부가 관련 되어 있다. 이렇게 나누어져 있는 아동관련 업무는 시설보호아동들에게도 효율적인 서비스를 제공하는데 많은 문제점으로 지적할 수 있다. 사업 유형별로 나누어진 복지전달체계는 보호아동들의 이익을 최우선으로 하는 방향으로 협력관계의 네트워크를 형성하여야 할 것이다.

③ 시설아동이 퇴소 시 안정된 자립을 할 수 있도록 지원정책을 강화해야 할 것이다. 시설 퇴소 아동들에 대한 연구에[4]의하면 퇴소 아동들은 경제적인 어려움 외에도 심리적·정서적인 불안감을 가지고 퇴소하게 된다. 이러한 시설 퇴소 아동들을 대상으로 경제적으로 현실적이고, 심리적·정서적으로 도움이 될 수 있는 지원에 관하여 많은 연구와 함께 지원정책이 강화되어야 할 것이다.

④ 시설보호 서비스는 지역 사회의 여건을 고려하여 다기능화 해야 할 것이다. 아동복지법(제52조 제2항)에서는 아동복지시설에 대한 통합 설치 조항을 두었고, 제52조 제3항에서는 시설에 대한 사업의 추가사항을 규정하고 있다. 이러한 규정을 지역의 특성에 맞추어 기능을 더욱 다양화하고 지원할 수 있는 근거를 마련해야 할 것이다.

⑤ 시설아동을 위한 프로그램의 개발과 시설 종사자에 대한 전문성을 확보해야 한다. 연구에 따르면 보호시설(이은주·박명숙, 2016)에서 생활하는 아동들은 평균 7~9년간 장기간 시설에서 생활하게 된다. 이러한 현실을 토대로 아동의 발단단계와 지역과 시설의 특수성을 고려한 프로그램의 개발과 프로그램의 효율적인 활용을 위한 시설 종사자의 전문성을 높일 수 있는 방안이 검토되어야 할 것이다.

---

4) 시설보호아동의 자립실태에 관한 연구(2002). 강철희. 이화사회복지연구./퇴소를 앞둔 아동양육 시설 청소년의 재분리 준비경험에 관한 질적 사례연구(2014). 윤명숙·박신애. 한국사회복지학. Vol66 No.4. 등.

14

Chapter

아동실종과 아동안전

1. 아동안전사고
2. 아동실종
3. 실종아동의 보호 및 지원
4. 실종아동의 발생 현황
5. 아동실종 후 파생문제
6. 아동안전보호
7. 아동안전보호를 위한 노력
8. 실종아동정책
9. 독일의 안전교육 사례

인간은 누구나 안전하기를 바란다. 안전에 대한 욕구는 성인뿐 아니라 아동에게도 중요한 욕구로서, 생리적 욕구와 함께 기본적인 욕구에 해당된다. 아동안전의 개념을 보면, 협의의 개념으로는 아동이 신체적인 상해 없이 건강하게 성장할 수 있는 상태를 말하며, 광의의 개념으로는 정신적·신체적으로 건강한 성장을 할 수 있는 상태를 말한다. 아동은 건강하게 출생하여 건전하게 육성되고 안전한 가정 및 사회생활을 영위할 권리가 있다. 이는 아동복지의 기본적인 이념으로 국제적 아동권리선언에도 잘 나타나 있으며, 아동복지법 제1조에서도 '아동이 건강하게 출생하여 행복하고 안전하게 자라나도록 그 복지를 보장함을 목적으로 한다'고 제시되어 있다. 이 장에서는 아동의 실종과 아동의 안전에 대하여 살펴보고자 한다.

1. 아동안전사고

헌법 제10조에는 '모든 국민은 인간으로서의 존엄과 가치를 가지며, 행복을 추구할 권리를 가진다'고 되어있다. 국가는 개인이 가지는 불가침의 기본적 인권을 확인하고, 이를 보장할 의무를 지닌다. 아동의 안전은 광범위한 연구대상에 포함되어 있을 뿐, 이에 관련된 법률은 광범위하게 분산되어 있어 혼란을 가중시키고 있다. 따라서 아동의 행복권을 우선으로 하는 아동복지법에서의 아동안전에 관한 개정을 위한 논의는 필수적으로 이루어져야 한다.

2005년 한 해 안전사고로 사망한 아동은 755명으로 아동 10만 명당 8.17명이었다. 계획 수립 당시 상황과 비교하면 안전사고로 사망한 아동 수가 5년 만에 약 450%가 감소하는 획기적인 성과를 거둔 것이다. 2010년에는 안전사고로 사망한 아동이 386명으로 아동 10만 명당 4.88명이었다. 10년 만에 약 70%가 감소하여 OECD 2005년 평균보다 낮아졌다. 사망원인별로 살펴보면 교통사고 339명에서 194명, 익사 156명에서 44명, 추락 67명에서 41명, 화재 19명에서 15명으로 2005년에 비해 2010년에 아동안전사고 사망자 수가 급격히 감소하였다. 사망자 수가 OECD 국가 평균수준으로 빠르게 낮아지고 있으나, 주요 국가들과 비교하면 안전사고 사망률을 더욱 감소시켜야 한다. 아동보행안전을 확보하고 교통사고 예방을 위해, 어린이보호구역을 개선하고, 스쿨존캠페인 전개와 보호구역 내 지도·단속활동을 강화하였다. 도로교통법을 개정(2006년 6월 시행)하여 특수학교·보육시설 주변까지 어린이 보호 구역으로 확대하고, 6세 미만 어린이 앞좌석 승차 시 보호장구 착용을 의무화하였다. 물놀이 사고예방을 위해 사고다발지역에 위험지역 안내표지판을 설치하고, 119시민 수상구조대를 운영하여 수천 명의 인명을 구조하는 성과를 거두었다. 또한 주택난간 설치기준을 강화하여 추락사고를 예방하고, 어린이가 개봉하기 어렵게 설계된 어린이 보호포장 의무화 시행, 바퀴운동화·레이저용품 등 18개 사고 다발용품에 대하여 안전검사의무대상 및 세관장 확인대상으로 지정되는 등 위해요인에 대한 근본적인 대책을 강구하고 있다.

또한 아동급식의 안전성 확보를 위해 급식시설 현대화와 위탁급식 직영전환을 추진하고 있으며, 아동 기호식품 제조·판매업소 단속강화 등 불량식품 방지노력을 하고 있다. 초등학교 안전교육시간 확보(학기당 연간 21~23시간)와 매월 4일 안전점검의 날 운영, 안전체험차량을 이용한 순회 안전교육 실시, 다양한 안전체험 행사 개최, 아동 안전정보 제공 강화 등 안전교육과 안전문화 확산을 추진하고 있다.

현재의 추세를 감안할 때 어린이 안전종합대책의 목표달성은 긍정적이다. 그 동안의 노력처럼 아동보호구역 개선, 아동용품 등 위해요소에 대한 안전성 강화, 이동안전 통계시스템 구축 등 분야별 과제를 지속적으로 추진해야 할 것이다. 그러나 어린이 안전종합대책의 목표가 달성되었다고 해서 충분히 아동이 안전한 국가가 되었다라고 평가하기에는 아직 이르다. 아동 10만 명당 안전사고 사망자가 급격히 감소하고 있으나, 이것도 OECD 국가 평균수준의 달성에 불과 한 것이기 때문이다. 빠른 시기 내에 아동안전의 성과가 나타난 점에서 아동안전이 성인의 적극적 관심과 노력에 따라 쉽게 확보할 수 있다는 것을 확인할 수 있었다. 따라서 세계 최고 수준의 스쿨존 만들기, 지역사회 중심 교통예방체험관 설치, 아동통학차량체제 정비, 학교 내 안전교육 강화 등이 지속적으로 추진되어야 한다. 또한 놀이공간의 축소와 인터넷 이용확대, 새로운 아동용품의 출현, 여성의 경제활동 증가로 나홀로 아동의 증가, 인스턴트식품 의존 등에 의한 아동건강 악화 등 아동안전을 위협하는 새로운 요인들은 계속 발생되고 있으므로 아동의 안전한 성장여건을 마련하는 노력은 앞으로도 계속되어야 할 것이다.

이와 더불어 앞으로는 아동연령별 발달 수준에 맞는 맞춤형 안전대책을 개발하고 교육해 나가며, 새로운 안전 위협요소들에 대응하여 특히 취약계층 고위험군 아동의 안전한 성장을 위한 집중적인 정책개발과 지원책이 필요할 것이다.

2. 아동실종

가정은 사회구성의 기본단위이며 아동의 건전한 성장발달의 기본토대를 이루고 있으므로, 아동의 안정된 가정생활은 아동복지 실현의 가장 중요한 기초로서 인식되고 있다. 모든 아동은 누구나 건전하고 안정적인 가정환경에서 보호받고 양육되어야 할 권리를 가지고 있다. 하지만 실종은 이러한 안정된 가정생활을 위협하는 가장 심각한 아동안전사건 중의 하나이다. 실종사건의 발생으로 인해 아동이 원가정에서 이탈되면 안전한 양육의 기회를 박탈당하게 된다. 이처럼 정상적인 발달이 이루어져야 할 성장기의 아동이 어떠한 형태로든 자신의 보호자와 해어지게 되는 것은 아동 자신이나 그 가족에게 큰 충격이 아닐 수 없다. 따라서 실종문제는 아동안전 등 보편적 서비스의 일환으로 철저하게 다루어야 한다.

아동 및 가족의 의사가 전혀 반영되지 않았거나 예상치 못했던 갑작스런 헤어짐은 그 자체로도 엄청난 심리적·정서적 충격을 불러올 수 있으며, 문제가 해결되지 않고 장기간 지속되면 그 영향은 가정생활과 사회생활에 광범위한 영향을 미치게 된다. 이렇듯 실종아동의 발생은 아동의 정상적인 발달을 저해할 뿐 아니라 자녀를 잃은 실종아동가정에게도 심각한 영향을 미치게 된다. 실종아동이 발생한 가정은 자녀를 잃어버린 데 따른 충격과 죄책감을 가지며, 이는 부부관계 부모-자녀관계에도 부정적인 영향을 끼치게 된다.

또한 실종아동가정은 무엇보다도 실종자녀 찾기를 최우선적으로 진행하게 된다. 이러한 과정이 장기화 될수록 실종아동가정은 모든 일상생활을 정상적으로 영위하지 못한 채 경제적으로 곤란을 겪고 대인관계에도 소홀해지는 등 가정생활, 직장생활, 사회생활 전반에 걸쳐 많은 문제를 경험하게 된다. 이러한 문제들이 복합적으로 작용하면 가족관계 마저 흔들려 결국 가정해체로까지 이어질 수 있다. 결국 수많은 노력을 기울여서 실종아동을 찾는다 하더라도 아동이 돌아갈 수 있는 가정이 없어져 버리게 되는 악순환이 초래될 수 있다(정익중, 2006b).

우리나라에서는 실종아동문제가 사회문제로 인식되기보다는 적절한 보호감독을 제대로 하지 못한 부모 개인의 책임으로 인식되는 경향이 강했으며, 아동학대, 결식 등과 같은 다른 아동 관련 사회문제에 비해서 상대적으로 덜 중요하게 다뤄져 왔고 국가가 적극적으로 대처하지도 못했다. 하지만 실종아동문제는 비단 한 가정의 문제로 끝나는 것이 아니라 사회적 문제로 발전할 수 있다는 데에 그 심각성이 있다. 따라서 대부분의 선진국에서는 실종아동의 발생을 사회적 문제로 인식하고 국가와 민간단체가 이를 해결하기 위해 체계적인 노력을 기울이고 있다.

3. 실종아동의 보호 및 지원

우리나라의 경우도 이 문제에 대해 보다 종합적이고 효과적으로 대처하기 위하여 실종아동 등의 보호 및 지원에 관한 법률을 제정하여 2005년 12월 1일부터 시행하고 있다. 이는 실종아동의 발생을 예방하고, 신속한 가정복귀를 도모하기 위한 제도적인 기틀을 마련하고, 아동의 안전하고 건강한 성장을 보장하기 위한 보편적·사회적 인프라를 확대하였다는 점에서 큰 의미가 있다고 하겠다.

실종아동 등의 보호 및 지원에 관한 법률(이하 실종아동법) 제정 이후 달라진 제도개선 내용을 요약하면 다음과 같다.

첫째, 실종아동 등의 대상을 확대하였다. 법 시행 이전에는 8세 이하 아동을 실종아동 대상으로 하였으나, 이 법에는 14세 미만 아동으로 대상을 확대하고 장애인복지법 상의 지적장애인, 자폐성장애인, 정신장애인을 새롭게 추가하였다.

둘째, 실종아동 업무를 전담할 실종아동전문기관을 설치하였다.

셋째, 아동, 장애인관련시설에서의 신상카드 송부를 의무화하여 시설보호대상자 중 보호자가 확인되지 아니한 아동 자료를 전산화하여 실종아동 찾기에 활용될 수 있도록 하였다.

넷째, 경찰의 수색·수시를 의무화하여 경찰의 초동수사가 신속하게 이루어지고 장기실종아동을 위한 적극적인 수사가 이루어질 수 있도록 하였다.

다섯째, 미신고보호행위를 금지하여 개인의 불법 입양이나 미신고시설 등의 아동의 불법보호를 원천적으로 차단하였다.

여섯째, 보호시설에 대한 경찰의 현장 조사권한을 명시화하여 시설에서 거부하는 경우에도 필요한 조사를 실시할 수 있게 하였다.

일곱째, DNA검사의 법적 근거를 마련함으로써 유전자 검시를 통해 실종아동을 찾을 수 있게 하였으며, 최근 이러한 조치에 힘입어 장기실종아동들이 가정에 복귀하는 비율이 높아지고 있다.

여덟째, 실종아동 등의 조속한 발견과 복귀를 위하여 아동 등의 보호자가 신청하는 경우 아동 등의 지문 및 얼굴 등에 관한 정보를 등록하고, 아동 등의 보호자에게 사전신고증을 발급할 수 있도록 하였다.

| 실종아동법의 핵심내용 |

- 실종아동 등의 신고접수(법 제3조 제2항 제1호, 제6조 제1항)
  - 실종된 아동 등에 대한 신고. 경찰청 신고체계 구축 및 운영
- 직무상 실종아동 등을 알게 되었을 때에는 경찰청장이 구축하여 운영하는 신고체계에 지체 없이 신고하여야 한다.
- 신상카드 송부(법 제6조 제2항, 제3항)
- 지방자치단체의 장이 관계 법률에 따라 아동 등을 보호조치할 때에는 아동 등의 신상을 기록한 신고접수서를 작성하여 경찰신고체계로 제출하여야 한다.
  - 보호시설의 장 또는 「정신보건법」 제3조제5호에 따른 정신의료기관의 장이 보호자가 확인되지 아니한 아동 등을 보호하게 되었을 때에는 지체 없이 신상카드를 작성하여 지방자치단체의 장과 전문기관의 장에게 각각 제출하여야 한다.
- 미신고 보호행위의 금지(법 제7조)
- 누구든지 정당한 이유 없이 실종아동 등을 경찰관서의 장에게 신고하지 아니하고 보호할 수 없다.
- 실종아동 등의 조기발견을 위한 사전신고증 발급(법 제7조의2 제1항)
  - 경찰청장은 실종아동 등의 조속한 발견과 복귀를 위하여 아동 등의 보호자가 신청하는 경우 아동 등의 지문 및 얼굴 등에 관한 정보를 등록하고 아동 등의 보호자에게 사전신고증을 발급할 수 있다.
- 유전자검사 실시(법 제11조)
- 경찰청장은 실종아동 등의 발견을 위하여 유전자검사대 장물을 채취할 수 있다.
- 유전자검사를 실시하고 그 결과를 데이터베이스로 구축·운영할 수 있다.

4. 실종아동의 발생 현황

아동이 실종되면 부모들은 경찰청 실종아동찾기센터에 신고하게 되고, 실종된 아동 역시 경찰서, 지구대를 통해 실종아동찾기센터에 접수된다. 실종아동 수는 매년 증가하는 양상을 보이고 있다. 하지만 다행히 실종 후 1일 내에 대다수가 발견되어 부모에게 인계되고, 1일 이상 찾지 못하는 아동은 실종아동전문기관이 관계 자료를 넘겨받아 찾는 작업을 계속 수행하게 된다.

실종아동법이 시행되기 전까지 경찰청 실종아동찾기센터에서는 9세 이상 아동은 가출로 보아 8세 이하의 아동만을 실종아동의 범주에 넣었으며, 어린이재단 어린이찾아주기종합센터에서는 아동복지법 제2조에 근거하여 18세

미만까지 포함하여 실종아동 발생의 통계를 산출하였다. 법이 시행된 후에는 대상 연령을 14세 미만으로 통일시켰다.

5. 아동실종 후 파생문제

1) 아동의 문제

아동은 건강하게 출생하여 안전하게 성장할 수 있도록 적절한 보호를 받을 권리가 있다. 그러나 아직도 우리 사회는 실종 문제 등으로 아동의 안전이 늘 위협받고 있다. 아동에게 있어 단기간 혹은 장기간 부모와 떨어져 격리되는 경험은 극도의 불안감, 분노, 스트레스를 야기할 뿐만 아니라, 평생토록 지워지지 않는 심리적 충격으로 남게 되고, 심한 경우 외상 후 스트레스 장애(post-traumatic stress disorder: PTSD)를 경험하게 된다. 특히 어린 나이에 부모와 생이별을 함으로 받게 되는 정신적인 고통은 아동의 올바른 성격 형성에 지울 수 없는 상처가 되며 아동들의 건전한 성장과 발달에 지장을 초래하게 된다(정익중, 2006b).

2) 가족의 문제

실종아동의 가족은 아동에 대한 그리움과 염려, 근심, 걱정 등으로 정서적 불안감을 갖고 있으며, 자신의 실수로 실종되었다고 하는 죄의식, 죄책감 등으로 정신적인 고통을 겪고 있다. 또한 이러한 심리적인 갈등을 해소하기 위해 자학과 과도한 음주, 흡연으로 신체적인 문제까지 유발하게 된다(어린이찾아주기종합센터, 2004).

실종아동가족의 경제상태 변화를 살펴보면 아동의 실종 이후 경제적으로 '좋아졌다(33.9%)'보다 '나빠졌다(43.5%)'가 많은 것으로 보아 비교적 경제상태가 악화되었음을 볼 수 있다. 또한 그 원인이 실종아동을 찾는 비용(69.2%) 때문이라고 대답한 것을 통해 아동의 실종으로 인해 많은 경제적인 문제가 초래된다고 볼 수 있다. 즉, 실종아동을 찾는 데 신경을 쓰다 보니 생업에 지장을 초래하여 경제적인 어려움이 있고, 아동사진 전단지 제작비, 시설방문 교통비, 각종 제보 현장 답사 확인비, 무속(점, 굿) 등의 비용, 심지어 실종가족 대상의 사기피해 등 여러 가지 사유로 경제적인 문제를 갖게 된다.

실제로 58.3%의 실종아동부모가 실종아동 발생 후 직장생활에 소홀해졌다고 응답했으며, 그 이유로 85.7%는 자녀를 찾기 위한 과정을 진행하기 위해서, 14.3%는 자녀를 잃은 후로 의욕이 상실되었기 때문에 직장생활에 소홀해졌다고 응답하였다. 이를 통해 실종발생 후 직장생활에 소홀해지는 원인은 모두 실종으로 인한 영향 때문인 것으로 파악될 수 있다. 이 때문에 실종아동 발생 이후 37.7%의 실종아동부모가 실직을 경험한 것으로 나타났다. 실종아동 발생 이후 정도의 엄청난 비용이 발생하는 것으로 나타났다(정익중·김성천·송재석, 2009).

6. 아동안전보호

아동복지법에서는 안전에 관한 내용이 거의 규정되지 않고 있으나 국가가 아동의 안전을 책임질 의무가 있다는 근거를 살펴봄으로써, 이를 토대로 아동복지법의 개정을 위한 조정안을 모색할 수 있을 것으로 본다. 아동복지법의 안전에 대한 내용분석에 앞서 국가와 사회가 아동안전보호에 대한 의무의 근거(백옥선, 2007: 26~29)를 살펴보면 다음과 같다.

1) 헌법상의 근거

헌법전문에는 “우리들과 우리들의 자손의 안전과 자유와 행복을 영원히 확보할 것을 다짐하면서”라고 하면서 국가는 국민의 안전의 확보를 위하여 노력 하여야 하는 의무를 지고 있음을 보여주고 있다. 이것은 현법에서 국가목적 중과 가치, 행복추구권, 자유의 보장을 개별 기본권에서 규정하고 있다.

헌법 제34조 제6항에서 규정하고 있는 국가는 재해를 예방하고 그 위험으로부터 국민을 보호하기 위하여 노력하여야 한다는 규정에서도 국가가 아동을 재해로부터 보호해야 할 의무를 도출할 수 있다.

2) UN아동권리협약상 근거

아동은 성인들과 마찬가지로 일반국제인권법상의 기본적 인권을 보장받아야 할 뿐 아니라, 더 나아가 그들의 특수한 지위와 필요에 의해 그들의 대한 특유한 권리와 자유의 특수국제인권법적 보장이 요청된다. 이러한 요청에 부응하여 아동의 보호와 그들의 특유한 권리의 보장에 관한 법적 구속력을 가지는 국제문서가 유엔의 노력에 의해 성립하게 되었다. 이것이 바로 아동권리협약이다(김태천, 1996). 이 협약은 아동의 전반적인 권리를 포함하고 국가가 아동의 보호에 책임 있는 기관 및 시설에 대해 아동의 안전과 위생에 관한 기준을 설정하여 건강과 안전을 보장하도록 해야 한다는 의무를 부여하고 있다. 이 협약을 비준한 우리 역시 협약으로부터 아동의 안전을 보호해야 할 의무가 도출된다. 이러한 점에서 아동권리협약도 아동안전보호의무의 근거로 보아야 한다(김현자, 2008).

3) 이론상 근거

국가의 안전보장임무의 헌법적 정당화의 핵심점도 기본권에서 도출된다. 기본권은 주관적 측면과 객관적 측면을 동시에 지니고 있다. 주관적 공권으로서의 기본권은 직접적인 국가의 침해로부터 보호되어야 하고, 국가가 이미 행한 행위에 중대한 원인을 제공하는 경우 기본권의 방어권적 차원에서 대항할 수 있다는 것이다.

국민의 건강에 대한 국가의 보호과제는 기본권이 가지는 객관성에서 나온다. 이러한 객관적 질서의 기본요소가 국가에게 행위과제를 부여하게 되므로 생명권과 건강 유지권을 보호하여야 하는 의무가 나오게 되는 것이다. 아동의 생명, 건강을 보호하여야 하는 국가의 과제는 바로 이러한 보호의무에서 나오게 된다. 아동의 안전과 관련해서 많은 부분들은 국가로부터의 침해라기보다는 아동용품으로 인한 상해, 교통사고 위험, 불량식품의 위해 등등 일반 사인에 의해 침해받는 것이 대부분이다. 그러나 국가는 사인의 침해에 대한 개인의 수인의무의 범위를 오로지 기본권제한의 범위영역 내에서 정할 수 있고, 이러한 국가의 의무는 이미 발생한 침해뿐만 아니라 미래에 기본권보호에 위협이 될 수 있는 위험에 대해서도 타당한 것으로 받아들여지고 있다. 따라서 국가는 기본권의 객관적 법질서의 성격으로부터 도출되는 기본권보호의무로부터 아동의 법익을 위협하는 위험에 대한 안전배려의무 즉, 안전보장의무를 지게 된다(김현자, 2008).

7. 아동안전보호를 위한 노력

스웨덴에서는 어린이 안전정책을 국가의 중요 정책으로 정하고 범국가적으로 어린이의 안전사고 줄이기 위한 노력을 기울였다. 정부 주도로 제도적 기반을 구축하고 민간의 협력으로 노력한 끝에 1950년대 중반에 400건이었던 아동 사고 사망자 수를 1999년대 초에는100건으로 줄여 아동의 안전을 확보하였다(한국산업안전공단, 2003). 또한 스웨덴의 지자체에서는 주민 및 아동의 안전을 위하여 노력하고 있으며, 스카라보그 지자체는 사고 위험이 높은 곳을 공지하여 지역주민의 발생률을 30%나 감소시켰다(이진숙 외, 2004).

일본의 경우에는 지자체 차원에서 안전한 사회 만들기 조례를 각 도도부현에서 제정, 시행하고 있으며, 아동안전을 위해 지역사회가 나서서 우리아이의 안전을 위해 시와 교육청, 경찰서, 부모조직, 시민사회조직이 함께 대책을 강구하고 역할을 규정해 안전한 지역사회 만들기에 온 힘을 쓰고 있다(윤선화, 2008). 이와 같이 국가는 아동안전보호의 의무를 갖고 있으며 노력하고 있다. 아동의 안전보호를 위한 정부의 노력을 살펴보면 다음과 같다.

1) 안전관리 업무의 종합조정기능의 강화

2000년 국무총리실 산하에 안전관리 업무의 종합·조정기능을 강화함으로써 정부의 안전관리 능력을 극대화하고자 하는 목적으로 안전관리개선기획단을 설치하였다. 그러나 이 기획단은 주로 교통안전, 소방안전, 자연재해 및 대량재해 문제에 관심을 두고 있으며 행정자치부, 건교부, 경찰청 등의 부처가 중심이 되어 보건복지부의 참여는 미비하였으며, 더욱이 2005년 4월말에 해체되었다. 이후 보건복지부에 아동안전권리팀이 설치되어 총괄업무를 관장하고, 국무총리를 위원장으로 하는 아동정책조정위원회와 보건복지부 차관을 위원장으로 한 아동정책실무위원회를 가동하였다. 그러나 이러한 체계 속에서 부처 간 협력 문제는 아직도 숙제로 남겨져 있다고 할 수 있다(송현종, 2006).

2) 어린이 안전보호대책 마련

정부는 2002년 이래 어린이 보호·육성대책, 어린이 안전종합대책, 빈곤아동·청소년종합대책의 3대 종합대책을 통해 "아동이 존중받고 안전하게 성장하는 사회"의 실현을 위해 노력하고 있으며, 이는 종래의 요보호아동 보호 중심에서 탈피하여 아동에 대한 조기투자를 확대하고 모든 아동에게 공평한 출발의 기회를 보장해 나가고자 하는 정책적 의지를 반영한 것이다(보건복지부 아동안전관리팀, 2007; 이배근, 2008: 15~16 재인용).

어린이 안전종합대책으로는 대통령이 2003년을 어린이 안전 원년으로 선포함으로써 사망사고, 유형별 안전대책과 안전문화 확대방안 등을 포함한 어린이 안전종합대책 12개 분야 58개 과제를 수립·추진 중에 있다. 여기에는 교통안전, 어린이 통학차량제도 개선, 익사 및 사고 예방대책, 아동학대 및 폭력예방, 화재·약물·놀이용품 등 사고 예방대책, 어린이 기호식품 안전대책, 실종아동 찾기, 어린이 안전교육, 안전문화 확산대책 등이 포함되어 있다.

2004년 12월 아동안전사고 감소에서 안전대책의 범위를 아동학대·성폭력, 실종아동보호로 확대하였으며, 아동을 중독사고로부터 예방하기 위해 2005년 '어린이용구포장의무제도'를 신설하였고, 도로교통법 개정으로 어린이 보호구역 지정범위를 특수학교와 영·유아 100인 이상의 보육시설까지 확대하였다.

또한 2005년 12월 새로 시행된 실종아동의 보호 및 지원에 관한법률에 의해 실종아동 보호 및 지원체계를 구축하였으며, 아동학대 및 방임으로부터의 아동을 보호하기 위해 2007년 현재 전국 43개의 아동보호전문기관과 피학대아동 일시보호시설인 그룹홈 28개소를 설치하였다.

8. 실종아동정책

어린이재단 어린이찾아주기종합센터에서는 실종아동 예방에 대한 중요성을 인식하고 예방사업의 일환으로 아동들을 대상으로 예방교육을 2003년부터 본격적으로 실시하였다. 현재 실종아동전문기관에서는 손인형극, 막대인형극, 달인형극, 유괴예방교육체험존 등을 이용한 예방교육 프로그램을 개발하여 어린이집, 유치원, 초등학교 등에 방문하여 미아예방지침, 미아발생 시 대처방법, 유괴예방법 등의 내용을 중심으로 교육하고 있다. 그러나 일일이 어린이집이나 유치원을 개별 방문하여 교육하는 데는 한계가 있어(정익중, 2006b) 2011년부터는 교사 대상 교육을 통하여 보다 많은 아동들이 교육을 받을 수 있는 기회를 제공하고 있다. 또한 교육과학기술부의 협조를 받아 유치원, 초등학교, 중학교, 고등학교에 3개월에 1회 이상(연간 10시간) 실종예방교육을 의무화하려고 노력하고 있다.

1) 일반인 및 교사, 부모를 위한 교육

실종예방의 중요성에 대해 일반인들에게 알리기 위해 실종예방 책자를 발간하여 배포하고 또한 가정에서 부모와 자녀가 쉽게 예방교육을 할 수 있는 워크북을 제작하며, 교사들을 위한 예방교육 매뉴얼도 제작하여 전국 어린이집, 유치원에 배포하고 있다. 그러나 아직 일반인들은 예방에 대해 그 중요성을 인식하지 못하고 있다. 실종아동은 언제, 누구에게, 어디서, 어떻게, 발생될지 아무도 모른다. 어린 자녀를 가진 부모에겐 누구에게나 발생할 수 있는 사회문제라는 국민적인 인식 전환이 필요한 것이다. 따라서 이를 위해 실종아동 예방교육의 중요성과 필실직을 경험한 원인을 살펴보면, 자녀를 찾기 위해 실종아동부모 스스로 퇴사를 결정한 경우가 60%로 나타났으며, 자녀를 찾기 위한 과정을 진행하다가 직장 생활에 소홀해지게 되어 퇴사하게 된 경우는 20%로 나타나 80%의 부모가 실종아동 발생이 원인이 되어 실직함을 알 수 있었다(어린이찾아주기종합센터, 2004).

가족관계 문제 실종아동을 찾는 것에만 급급하다 보니 다른 가족들에게 서로 신경을 쓰지 못하여 잦은 가정불화로 가족관계가 악화되며, 생업에 지장을 초래하여 가정 경제에 악영향을 주어 정상적인 가정생활이 어려워지기 쉽다. 또한 실종에 대한 가족 간 책임을 전가하면서 가족 간 대립관계로 발전하여 별거, 가족해체 등의 문제로까지 악화되는 경우도 존재한다. 실종아동 발생 초기에는 잃어버린 자녀를 찾기 위해서 가족 내 다른 자녀에게는 별로 신경을 쓰지 못하기 쉽다. 따라서 실종아동의 형제자매는 그들의 실종 형제자매 때문에 본인들은 버려졌다는 생각이 들기 쉽고, 아동에 걸맞지 않게 자신의 욕구를 과도하게 제한하는 모습을 보이기도 한다. 이 때문에 그들은 상당한 스트레스를 가지며 이는 다시 우울, 불안, 신체증상, 흥미 상실, 행동문제 등으로 이어지기 쉽다(어린이찾아주기종합센터, 2004).

실종아동이 가정에 복귀되지 못할 경우 보호 양육에 따른 사회적 경비는 물론, 아동의 신체적·정신적인 문제 유발에 따른 추가 경비 또한 사회적인 손실이다. 이뿐만 아니라 실종가족의 심리적·경제적 문제와 더불어 가족 간의 문제로 인해 가정이 해체되고 별거, 이혼 사례가 속출함에 따라 사회적 손실이 발생하고, 그에 따른 사회적인 비용이 늘어날 수밖에 없다. 아동실종을 사회경제적 비용으로 추계한다면, 1명의 장기실종아동이 발생하였을 경우, 약 5억 7천만 원의 중요성을 알리고 그에 따른 예방교육 방법들이 새롭게 마련되어야 한다.

예방에 대한 중요성을 일반인들에게 알리기 위해 지하철역이나 놀이공원 등에서 미아예방 이름표 달아주기 등 실종예방 캠페인을 실시하고 있다. 이 캠페인은 매년 5월 5일에 실종아동전문기관뿐 아니라 여러 기업체와 자원봉사단체들의 협조를 얻어 어린이재단 내 40여 개 지방 산하기관에서도 별도로 진행한다. 또한 실종아동전문기관에서는 아동 찾아주기를 위한 실종아동

사진 전시회 등을 함께 하면서 예방캠페인을 수시로 전개하고 있으며, 각종 행사에 봉사단체나 복지기관, 행정기관 등에서도 자체적으로 미아보호소를 겸하여 이름표 달아 주기 등 예방캠페인을 전개하고 있다. 실종아동을 기억하고 가정으로 안전하게 돌아오길 희망하는 '세계 실종아동의 날'을 기념하여 5월 25일에 매년 행사를 개최하고 실종아동예방을 위한 가두캠페인을 벌인다. 그러나 이러한 캠페인은 일회성 행사로서 그 효과가 크지 않은 편이다. 보다 적극적인 예방 홍보를 위해 정기적이고 지속적인 캠페인 행사가 이루어져야 한다.

2) 실종아동찾기사업

실종아동이 발생되면 우선 경찰청 실종아동찾기센터(국번없이 182)에 신고접수하게 된다. 실종아동전문기관에서도 유선·내방·인터넷 등으로 신고접수를 받지만 경찰청과 자료를 통합하여 자료를 공유하고 있다. 이때 24시간 내에 찾지 못하는 장기실종아동은 실종아동전문기관에서 그 자료를 넘겨받아 부모와 상담을 하고 찾는 작업을 계속하게 된다. 그런데 아이를 잃어버린 후 당황해서 어떻게 해야 되는지 몰라 신고접수가 늦어지는 경우가 있고, 182센터에 대한 홍보 부족으로 어디에 신고해야 하는지 몰라 신고가 지연되는 경우도 있다.

2007년 제주 양지승 어린이 유괴피살 사건을 계기로 미국의 앰버경보제도를 우리나라 실정에 맞게 도입하여 운영하고 있다. 유괴나 실종이 의심될 경우 유괴경보(지방경찰청 수사국에서 결정)나 실종경보(지방경찰청 생활안전국에서 결정)를 경찰청은 물론 방송사, 공공기관, 신문사, 이동통신사, 인터넷업체, 금융기관 등 협약기관에 발령하여 찾고 있다.

장기실종아동 질적 전담반 운영 경찰청에서는 장기실종아동들의 문제 해결을 위해 2004년부터 지방경찰청 여성청소년계에 장기실종아동 추적전담반을 조직하여 수사토록 하고 있다. 하지만 실종아동찾기 이외의 타 업무를 겸직하고 있어 실종아동관계 업무가 우선순위에서 밀리게 될 수도 있다(오정수 외, 2013).

- 의료기관일 경우 의료관계법의 환자 신상내용 비공개 조항과 이 법의 내용이 상충된다.
- 실종아동이 미신고 및 종교시설 등 제도권 밖의 시설에 입소되어 법령의 사각지대에 있다.

실종된 아동 찾기를 위해 다양한 온라인 및 오프라인 매체를 활용하여 실종아동의 사진을 홍보하는 것은 매우 중요하다. 이러한 사진 홍보는 아동을 찾는 효과도 있지만 실종아동 사진을 널리 홍보하여 실종아동문제에 대한 일반 국민의 관심과 의식을 고취하는 효과도 있다. 실종아동을 찾기 위해 사진을 홍보해 준 협력업체가 매년 늘어나고 있다. 현재 270업체가 협력하여 실종된 아동사진을 게재해 주고 있지만, 더 많은 업체가 참여하고 홍보 효과가 높은 다양한 매체에 사진이 게재될 수 있도록 노력해야 할 것이다.

소통을 위한 각종 훈련 및 치료 서비스도 제공하고 있다. 이와 같이 복귀 후 여러 가지 서비스를 제공하고 있으나, 서비스를 받아 보았거나 받고 있는 가정의 수는 아직 얼마 되지 못한다. 그 원인을 살펴보면 첫째, 사후 서비스 제공에 대한 홍보 부족, 둘째, 개별화된 서비스 내용의 부족, 셋째, 예산부족으로 지원범위 협소, 넷째, 가정의 경제적 어려움으로 생업에 종사해야 하므로 서비스를 받을 시간의 부족, 다섯째, 인근 지역의 필요한 자원의 부족 등으로 분석해 볼 수 있다.

우리나라 실종아동정책의 가장 큰 특징은 실종아동문제의 해결과 예방을 위한 실종아동보호가 단일한 체계가 아니라 실종아동전문기관과 경찰청의 이원화 된 체계로 구성되어 있는 것이다. 이는 경우에 따라서는 강점이 될 수도 있고 문제점이 될 수도 있다. 예전에는 실종아동에 대한 경찰청의 자료들은 개인의 사생활 보호와 보안상의 이유로 쉽게 접근하기 어려운 상황에 있었다. 현재는 실종아동전문기관과 경찰청이 연계되어 복지시설과의 신상정보와 실종신고자가 공유되고 있다. 이러한 전산자료의 공유와 같이 두 체계 간의 상호연계가 점차 강화되고는 있지만 여전히 미흡한 것으로 평가된다. 이 때문에 이원화된 체계가 강점이라기보다는 문제점으로 작용하고 있는 실정이다. 하지만 이러한 이원화된 체계는 실종아동과 관련한 외국의 민관협력

체계를 본다면 이후 충분히 강점으로 작용할 가능성이 높다.

또한 실종아동정책의 발전을 위해서는 실종아동전문기관과 경찰청 이외에 지금까지 가장 중요한 당사자이면서 정책에서는 주체로 나서기보다 대상자에 머물러 있었던 실종아동가족도 중요한 관계자로 포함되어야 한다. 실종아동전문기관, 경찰청, 실종아동부모 당사자 세 관계자가 협력해야 실종아동과 관련한 문제의 많은 부분을 해결될 수 있을 것이다. 실종아동전문기관은 예방과 가족지원사업에 집중하고 경찰청은 실종아동 찾기 사업에 전념한다면 각자의 최고 장점을 발휘할 수 있을 것이다. 경찰은 실종신고 접수, 초동조치와 장기실종에 대한 수사를 담당하고, 실종아동가족이 아동을 찾기까지 겪는 문제에 대한 사회복지적 측면에서의 사례관리, 실종예방, 홍보 등의 업무는 실종아동전문기관에서 담당하도록 하여 실종아동가족 및 아동이 적절한 서비스를 제공받도록 해야 할 것이다. 이를 위해서는 실종아동과 관련한 자료 및 정보는 모두 공유되어야 한다. 또한 실종아동 담당경찰관과 실종아동전문기관의 사례관리자는 유기적인 협조체계로 파트너십을 형성하여 서로 사례관리 내용을 공유하고, 진행과정을 논의하는 등 긴밀한 관계를 유지하여야 할 것이다. 반면 실종아동부모는 정책의 발전을 위해 로비활동을 해 나가고 자조모임을 조직화하는 등의 역할을 주도적으로 해나가야 한다(정익중, 2006b).

3) 실종아동전문기관의 역할

(1) 예방

실종은 누구에게나 일어날 수 있는 일이며 예방이 찾기보다 훨씬 더 중요하다는 관점에서 예방에 집중할 필요가 있다. 집 근처, 백화점, 놀이동산 등 언제 어느 곳에서라도 실종이 발생할 기능성이 존재한다는 것을 국민 모두에게 주지시킬 필요가 있다. 현재 5월 5일이나 5월 25일 연례행사로 진행되는 일회성 캠페인도 중요하지만, 정기적인 캠페인과 더불어 각종 전광판 홍보, 온라인 홍보 등을 전개하면서 공익광고 차원에서 캠페인이 수시로 진행되어야 한다. 또한 다양한 언론 및 방송매체를 활용하여 실종아동에 대한 관심을 촉구하고, 실종아동찾기사업에 대한 국민적인 인식이 바르게 정립될 수 있도록 하며, 예방의 필요성을 느낄 수 있도록 홍보해야 한다. 특히 전 세계적으로 매년 5월 25일을 '실종아동의 날(Missing Children' 5 Day)'로 정하여 국민의식을 고취하는 것처럼, 우리나라도 '실종아동의 날'을 제정하여 실종아동문제에 대한 국민들의 관심과 예방의 중요성을 인식시켜야 한다.

아동들을 대상으로 전개하는 예방교육은 인형극을 이용한 어린이집 방문 예방교육 수준을 넘어서 애니메이션 영상 프로그램, 로고, CI 캐릭터 등을 이용한 다양한 홍보와 예방 교육방안을 연구 개발하여 활용해야만 한다. 아동실종 예방 수첩, 실종 예방 워크북, 유괴 예방 워크북 등 예방교육 자료를 대량 제작하여 어린이집, 초등학교 등에 배포하거나 인터넷을 통해 활용하여 교육하면 효과를 극대화할 수 있을 것이다. 한편 교사와 부모 등을 위한 예방교육방법도 마련하여 다각적으로 진행되어야 할 것이다.

(2) 홍보

2001년 이후 현재까지 실종아동기관에 접수되어 가정에 복귀한 사례를 상봉 동기별로 분석해 보면 홍보의 효과가 가장 높게 나타났다. 이처럼 실종아동을 찾는 데 대단히 중요함을 알 수 있다. 홍보를 위해 협력해 주는 업체가 매년 늘어나고 있지만, 홍보효과가 높은 방법을 찾아 더 많은 실종아동의 사진이 홍보될 수 있게 해야만 한다. 따라서 기존에 활용하고 있는 매체들은 지속적으로 협조할 수 있도록 잘 관리해야 하고, 신규로 실종아동의 사진을 홍보해 주기를 희망하는 업체가 쉽게 참여할 수 있게 신청방법을 간소화하고, 전산화할 수 있도록 해야만 한다. 이는 일반적인 규정안, 진행업무 매뉴얼 등을 만들어 해당 공공장소의 책임 기관장에게 협조를 얻어 시행하고 여타 기관으로 파급될 수 있게 해야 될 것이다.

또한 새로운 홍보 방법들을 구상하고, 다양한 프로그램을 개발하여 실종아동을 찾기 위해 보다 적극적인 노력을 경주해야만 한다. 개발 활용이 가능한 구체적인 프로그램을 예를 들면 다음과 같다. 이 중 포털사이트 활용, 앰버경보, 코드 아담 등은 현재 실행 중이다.

- **이메일이나 포털사이트**: 유명 포털사이트 화면에 정기적으로 실종아동을 홍보하거나 긴급 발생한 실종아동 사진을 게재하고 홍보하는 방법 그리고 가입 회원들에게 실종아동의 사진을 발송하여 찾아주는 프로그램
- **앰버 경보(긴급 방송 시스템)**: 미국의 Amber Alert 프로그램처럼 긴급 실종아동 사례를 방송매체에 노출하여 신속하게 찾을 수 있게 하는 프로그램
- **메신저, SNS, 모바일, 앱 등을 활용한 프로그램**: 메신저, SNS, 모바일, 앱 등을 이용하는 모든 사용자에게 실종아동 발생을 경보해 주어 찾아주는 프로그램
- **코드 아담(비상 안전경보시스템)**: 미국의 code Adam 제도처럼 대형마트, 백화점, 놀이공원 등 공공장소에서 아동이 실종되면 아동에 대한 인상착의, 특징, 연령 등을 안내방송하고, 신속하게 출입구를 차단하여 외부로 나가는 아동은 확인한 후 나갈 수 있도록 하고, 자체 내에서는 아동을 신속하게 찾아 부모에게 인계하는 제도
- **위치정보 시스템**: GPS(Global Positioning System) 기지국 통신망을 통한 위치 정보 조회로 실종아동의 위치를 파악하여 신속 정확하게 발견하여 귀가시키는 것

실종아동가족은 두 번째 피해자이다. 이들이 희망을 잃지 않고 일상적인 삶을 살아갈 수 있도록 부모뿐 아니라 가족 내 다른 형제자매, 조부모 등 갑작스런 실종으로 인해 상처받는 가족에 대한 심리정서적 지원은 무엇보다 중요하다. 단순히 지원이 있으니까 신청하라고 할 것이 아니라 적극적으로 심리·정서적 자원과 연결시켜 주는 노력이 있어야 할 것이다. 이를 위해서는 실종아동가족에 대한 체계적인 사례관리가 이루어져야 한다. 하지만 현재 실종아동전문기관의 인력은 매우 부족한 실정이다. 또한 서울에 위치해 있어 전국에 산재되어 있는 사례에 대해 심층적으로 관리하기에는 어려움이 있으며, 매년 늘어나는 사례수를 모두 담당하여 각종 자원을 연결하고 방문상담하기엔 한계가 있다. 그러므로 즉각적인 서비스 지원 및 전국적인 사례관리를 위해 전국 광역시·도별로 사회복지사를 한 명씩 추가 배치하는 것이 필

요하다.

실종아동전문기관에서는 직접 또는 각계 전문가를 유인하여 적극적인 연구 기능을 수행하여 기초 자료를 축적해야 한다. 지금까지 20년간의 어린이찾이 주기종합센터 자료를 정리하여 이후 정책이나 서비스에 반영될 수 있도록 해야 한다. 예를 들어, 실종경험이 있는 아동에 대한 조사, 실종아동부모의 삶, 실종아동의 적응과정, 상봉하는 과정에 대한 연구 등이 진행될 수 있을 것이다.

4) 경찰청의 역할

(1) 실종아동 관련 전문경찰관 양성

아동납치 후 살해의 대부분(74%)은 첫 3시간 내에 이루어진다. 무고한 희생을 줄이기 위해서는 무조건 빨리 대응하는 것이 필요하다. 또한 아무리 상습적 가출청소년이라 하더라도 새로운 위험에 닥칠 수 있음을 명심하고 수사에 착수해야 한다. 장기실종을 예방하기 위해 중요한 것은 실종신고 접수 즉시 약취·유인인지, 사고인지, 가출인지, 유기인지, 단순히 길을 잃은 경우인지를 정확히 판정하는 것이다. 이에 풍부한 경험과 전문성을 겸비한 실종아동 담당경찰관은 실종신고 접수 당시 즉각 사례판정하여 수색, 수사의 방향을 설정하고 실종아동의 발견을 위한 필요한 조치를 취해야 한다. 즉, 정확한 사례판정에 따라 신속한 초동조치를 취하고, 보다 과학적이고 체계적인 수시를 전개할 수 있도록 실종아동 찾기에 대한 경험과 노하우를 겸비한 전문경찰관의 양성이 필요하다. 그럼에도 경찰조직의 성격상 잦은 인사변동으로 인해 실종아동 전문경찰관을 양성할 여건이 마련되지 않고 있다. 이에 대한 철저한 보완이 요구되며 또한 별도의 실종아동 특별수사팀을 신설하고 경찰청에 배속하여 실종아동찾기 추적 수사에 전담토록 해야 한다.

(2) 장기실종아동 추적

장기실종 사례는 절대 잊혀지지 않는다는 것을 실종아동부모는 물론 국민에게 알릴 필요가 있다. 이는 이후 범죄나 실종에 대한 예방적 효과를 동시에 갖는다. 현재 장기실종아동 추적 전담반은 실종아동 사건만을 담당하는 것이 아니라 다른 업무도 담당하고 있어 실종아동찾기를 소홀히 하고 있다고 지적되고 있다.

따라서 현재 지방경찰청 여성청소년계에 배치된 실종아동 전담 경찰관이 실종아동 업무에만 전담할 수 있도록 하는 제도적 장치가 마련되어야 한다. 장기실종 추적 전담반은 장기실종아동 수사만을 담당하여 실종아동에 대한 재수사로 미진했던 부문을 보완해가며 추적을 집중적으로 해야 한다. 이러한 일련의 과정들은 실종아동부모의 의견을 충분히 수렴하여야 하며 수사 진행 과정을 수시로 안내해 주는 등 실종아동부모의 욕구에 맞게 진행되어야 할 것이다.

실종아동 성장얼굴 변환 프로그램(Age Progression Program)은 실종아동의 성장 후의 모습을 추정하여 표현하는 프로그램으로 미국, 캐나다 등에서 실종아동 찾기 사진홍보에 활용하고 있다. 우리나라에서도 이러한 선진국의 얼굴변환 기술을 익혀 실제 장기실종아동을 찾는 데 활용해야 할 것이다.

5) 실종아동가족단체의 역할

실종아동 관련 세 당사자로서의 역할을 하기 위해서는 실종아동찾기협회(www.fmca.kr) 등 실종아동가족단체가 제대로 서야 하며, 초기단계에는 제대로 역할을 해낼 수 있는 상근 간사가 1명 이상 필요하다. 상근 간사의 임금은 처음에는 국가에서 지원을 받더라도 나중에는 자체 예산으로 기능하도록 역량을 키워야 한다. 또한 당사자들이 보기에 아무리 미진해 보인다 하더라도 실종아동전문기관과 경찰은 파트너라는 생각을 가지고 접근해야 하며, 실종아동가족 당사자 모임은 불만을 토로하는 집단으로 비춰져서는 안 된다. 또한 이러한 모임은 소수의 희생으로 운영되어서는 안 된다. 실종아동부모만으로 역량이 부족할 때는 다른 단체와의 연대도 생각하고 외연을 어떻게 넓힐 것인가를 고민해야 한다.

(1) 로비활동

실종아동가족단체는 실종아동정책 형성과정에서 가장 의미 있고 영향력 있는 로비집단이다. 실종아동가족단체는 정부의 실종아동 관련 정책결정과정이나 집행, 국회의 입법과정 등에 영향력을 행사하기 위하여 정책입안자나 결정자 등을 상대로 정보를 제공하거나 로비활동을 할 수 있다. 정책입안자나 결정자들은 다른 사람들의 얘기는 듣지 않더라도 실종부모들의 얘기는 진지하게 듣는다. 따라서 경찰이나 전문기관과 긴밀히 협조하여 법이나 정책상의 개선될 사항을 로비를 통해 이루어 낼 수 있다. 적극적인 정책제안 및 개선사항을 제시하여 실종아동 관련 제도 및 정책에 대해 모니터링의 역할을 수행해야 할 것이다. 또한 이러한 로비를 위해서는 국가로부터 지원을 받지 않고 자체 역량을 길러 나가는 것이 필요하다.

자식을 잃어버린 부모의 마음은 똑같은 경험이 있는 사람이 가장 잘 이해할 수 있다. 아마 자식을 찾게 되면 다시는 기억하고 싶지 않는 사건이 되겠지만, 실종아동가족으로 구성된 자조모임을 조직하여 상호 간의 지지자가 되어 주고, 의사소통의 창구를 마련해 주며, 그들의 욕구를 파악하여 그에 맞는 서비스를 제공하는 등 실종아동가족들의 심리적 지지체계를 마련하는 것이 필요하다. 실종아동부모에 대해 데이터베이스화해서 실종아동부모들이 가장 가까운 곳에서 실종경험이 있는 부모로부터 도움을 받을 수 있도록 노력해야 한다. 현재 장기실종부모들이 실종아동전문기관을 통해 실종가족 지지리더로 활동하면서 혼란스러운 신규 실종가족들에게 도움을 주고 있다. 또한 정기적인 자조모임을 통해 실종아동가족 간의 정서적 지지와 더불어 서로의 정보를 공유하고, 접근성을 고려한 지역별 소규모모임도 조직하여 실종아동가족의 정서적 문제를 해결하는 것도 필요하다.

실종아동가족단체가 이후 역량이 좀 더 커지면 미국의 NCMEC(National Center for Missing and Exploited Children)나 캐나다의 MCSC(Missing Children Society of Canada)처럼 퇴직경찰관이나 사립탐정 등을 고용하여 간접적인 수사지원까지도 고려해 볼 수 있다. 실종아동전문기관에서는 홍보를 통한 간접적인 찾기사업은 가능하지만 직접적인 찾기사업을 수행하기는 어렵다. 또한 경찰은 최근 일어난 사례 이외에 장기실종 사례에 대한 관심은 시간이 갈수록 떨어지기 쉽다. 따라서 당사자가 직접 나서서 수사지원을 할 수 있는 방법도 장기적으로 검토되어야 한다.

(2) 신고전화 182 홍보

자녀가 실종되면 전국 어디서나 국번 없이 182 전화에 신고하게 되면 체계적인 도를 받을 수가 있다. 182 전화에 신고·접수된 사례는 전산등록이 되고 해당 경찰서에 지시되어 적극적인 수색·수사로 실종아동을 신속히 발견할 수 있도록 시스템이 구축되어 있다. 그러나 아직 '182 전화번호'에 대한 홍보가 부족한 실정이다. 따라서 아이를 잃었을 경우 '182 전화번호'를 "아이 빨라 찾아주는 곳"이라는 의미를 인식시켜, 즉시 신고할 수 있도록 적극적인 홍보가 이루어져야 한다.

(3) 보호체계의 일원화

아동의 실종 후 이동경로는 실종의 유형에 따라 조금씩 다르지만 일반적인 이동경로는 다음과 같다.

일반적으로 실종아동은 경찰서, 지구대를 통해 시·군·구를 경유하여 일시보호시설에 입소되었다가 다시 장기보호시설인 영·육아시설로 전환된다. 그러나 시민들에 의해 바로 일시보호시설이나 장기보호시설로 입소되는 경우도 있고, 불법양육이나 사건과 연루되는 경우도 있다. 또 장기보호시설 중에서 미 신고시설, 종교시설, 강제노역장 등으로 이동해 갈 수도 있다. 또한 경찰에서 시·군·구를 경유하지 않고 바로 일시보호시설이나 장기보호시설로 입소되는 경우도 있는데 특히 해당 시·군·구 관내에 일시보호시설이나 영·육아시설이 없을 경우 미신고시설이나 종교시설로 갈 수도 있다.

따라서 아동이 실종되었을 경우 실종아동의 이동경로를 고정화하여, 실종아동이 필히 일시보호시설의 경유를 의무화하고, 일시보호시설에서는 아동의 신상카드를 작성하여 실종아동전문기관에 송부하는 시스템을 구축해야만 할 것이다. 이렇게 하면 길을 잃어버려서 실종된 아동들은 일시보호시설에서 모두 찾을 수 있게 된다. 만약 일시보호시설이 없다면 기존 시설 중 일부를 일시보호 기능을 할 수 있게 지정하고, 그 기능을 전문화하여 추후 아동들의 전원조치를 전문적이고 효율적으로 한다면 시설보호가 한 단계 성숙할 수 있을 것이다.

현재 국민기초생활보장법에 의해 아동의 보호자를 확인할 수 없으면 그 아동은 수급권자로 책정되어 정부지원금을 받을 수 있다. 일부 미신고시설이나 종교시설 등 제도권 밖의 시설에서 이런 점을 악용하여 수급권자에게 개별적으로 지급되는 정부보조금을 중간에서 착복하고 버려진 아이들을 돌봐주는 것처럼 행세하며 각종 후원을 받기위해 낙후된 환경에서 실종아동들을 보호하면서 아동들의 인권을 침해하고, 심지어 안전과 건강을 위협하는 행위를 하는 경우도 종종 있다. 실종아동의 신상카드가 100% 접수되기 위해 선행되어야 할 것은 먼저 이러한 미신고시설이 양성화되고, 개인이나 종교시설 등에서의 불법양육이 근절되어야 한다.

또한 모든 시설에서 보호자가 확인되지 않은 아동을 보호하면서 수급권자로 책정하여 정부보조금을 지원 받고자 할 경우에는 개별 신상카드를 지자체와 실종아동전문기관에 제출해야만 지원되도록 지원방식이 개선되어야 한다.

실종으로 추정되는 모든 아동의 카드를 접수하여 데이터베이스화한다면 부모들이 시설을 일일이 방문하여 아동을 찾는 번거로움과 수고를 덜 수 있을 뿐 아니라 신속한 가정 복귀가 가능하게 될 것이다. 그러나 앞에서 지적했듯이 여러 가지 이유로 신상카드 접수와 데이터베이스 구축이 잘 안 되고 있다. 따라서 보호시설종사자와 시·군·구 관계 공무원들에게 법률에 규정된 실종아동신고의 의무사항 등을 안내하고 교육하이야 하며, 신상카드접수 방법을 전산화·간편화하여 쉽게 신상카드의 접수가 가능하도록 해야 할 것이다.

(4) 실종아동 확인 · 통보 의무화

실종아동이 제도권 밖의 시설에서 생활하거나, 불법 양육되고 있을 경우라도 학령기 아동이라면 아동 연령에 맞게 진학하여 학교에 다닐 수 있다. 초·

중·고등학교 연령대별로 실종아동들의 사진 전단지를 제작하여 각 학교에 우송하고, 각급 학교 담임교사나 학생들을 통해 해당 학교의 재학 여부를 확인해 볼 경우 쉽게 재학 중인 실종아동을 찾을 수 있을 것이다.

2006년에 실종아동전문기관에서는 초등학교에 해당 연령대에 맞는 실종아동들의 사진이 담긴 책자를 교육인적자원부를 통해 각 시·도 교육청을 경유, 각 학교에 우송하고 해당 아동들의 재학여부 확인을 협조·요청했지만 회신이 온 것은 전체학교 6,170개교 중 17개교로 0.27%밖에 협조해 주지 않고 있다. 따라서 매 학년 신학기 때마다 실종아동전문기관에서는 전국 초·중·고등학교에 해당 연령대의 실종아동 사진 전단지를 제작하여 우송하고, 해당 학교장은 학년별 담임교사와 학생들을 통해 해당학교의 재학여부를 확인하여 교육인적자원부를 통해 실종아동전문기관에 회신 통보토록 하는 것을 의무화하고, 전단지를 모든 학생들이 보고 제보할 수 있게 의무적으로 게시판에 일정 기간 이상 부착하도록 관계 법률을 개정해야 할 것이다.

실종아동문제는 이제껏 아동복지분야에서도 공식적으로 이슈화된 적이 없으며 학술적인 연구도 거의 전무한 실정이다(김형모·조정아, 2003). 하지만 특정 사회문제의 해결과 예방을 위한 체계의 구축은 활발한 연구와 논쟁이 뒷받침될 때 더욱 효과적으로 발전할 수 있다는 점을 감안할 때, 실종아동문제에 대한 체계적 연구와 사회적 이슈화는 필수적인 작업이라 할 수 있다. 또한 실종아동 문제는 사회문제라는 국민의 인식전환이 요구된다. 더 이상 실종아동문제는 소수의 부주의한 부모 혹은 불운한 아동에게 일어나는 개인적인 문제가 아니다. 즉, 실종아동 문제는 모든 아동과 부모에게 언제, 어느 곳에서든지 발생할 수 있는 사회문제로서, 실종아동 발생 시 아동을 찾아내어 부모와 상봉하게 하고, 나아가 실종아동의 예방을 위한 국가 차원의 사회적 대책 마련이 시급히 요구된다는 점을 전 국민이 인식할 필요가 있다. 이제는 단 한 명의 아동도 아동권리의 사각지대에서 고통받는 일이 없이 모든 아동이 안전하고 건전하게 성장할 수 있는 여건을 마련하여야 할 때이다.

현재 실종아동전문기관은 경찰청과의 유기적인 협조를 통해 해마다 수천 명씩 발생하는 실종아동을 대부분 신속하고 안전하게 귀가시키고 있다. 하지만 짧게는 1~2년 동안, 길게는 20여 년이 지날 때까지 가정으로 돌아가지 못하고 있는 실종아동이 존재한다는 것이 엄연한 현실이다. 이렇게 장기간 찾지 못하는 실종아동은 시간이 지나면 지날수록 찾을 수 있는 확률이 낮아지고 또한 실종아동가정에서 발생할 수 있는 문제는 더욱 심각해진다. 아동이 실종되면 당사자 아동은 물론 가족의 고통은 치명적이며, 사회복지 측면에서도 아동 및 가족의 복지를 저해함은 물론 이에 따른 사회적 비용도 많이 드는 것을 알 수 있다. 다른 사회문제와 마찬가지로 실종아동 문제는 사전에 예방하는 것이 가장 중요하다. 따라서 실종아동이 발생하지 않도록 예방하는 것이 최우선적으로 이루어져야 하고, 이미 실종아동이 발생했다면 가능한 빨리 보호자를 찾아 주는 것이 우선 과제이다(정익중, 2006b).

이렇게 실종아동문제는 사전에 예방하고 실종아동 발생 시 조직적인 체계에 의해 신속하게 찾아주는 것이 핵심이다. 이러한 체계 구축을 위해 법률이 제정되어 2005년 12월 1일부터 시행되었고, 매년 법률이 일부 개정되고는 있으나 아무리 완벽한 법과 제도가 있어도 이를 시행하는 사람의 노력 없이는 무용지물이 될 수밖에 없다. 따라서 실종아동 관련체계의 원활한 운영을 위해서는 관계자들의 관심과 책임감이 매우 중요하다. 실종아동가정의 당사자들은 물론 신고접수 후 초동조치를 하는 경찰관의 책임감, 신고 및 신상카드 송부 의무를 다하는 시·군·구청 담당공무원, 최선을 다해 실종아동가족을 지원하는 실종아동전문기관의 직원, 실종아동 문제를 자신의 일처럼 관심 갖고 도와주는 일반 국민, 이 모든 이의 애정 어린 관심만이 실종아동 문제를 예방하고 실종 아동을 애타게 찾고 있는 가정으로 신속하게 돌려보낼 수 있을 것이다.

- 미국의 Amber Alert(America's Missing Broadcast Emergency Response Alert): 납치, 실종된 어린이의 인상착의 등 관련 정보를 매체, 전광판 등에 공개해 신고와 제보를 독려하는 시스템
- 미국의 Code Adam: 코드 아담은 1981년 미국 플로리다 시이스 백화점에서 실종된 뒤 살해된 채 발견된 아담 월시 사건 이후로 대형마트 등에서 미아신고가 들어오면 경보를 발동하고 10분 동안 출입구를 차단해 집중 수색을 펼치는 제도. 복지부는 대형마트, 백화점, 놀이공원 등 다

중이용시설에 이 시스템을 도입하여 경찰 신고 전에 체계적인 미아찾기 가 가능하도록 할 예정

- Age Progression Program(실종아동 성장얼굴 변환 프로그램): 미국 NCMEC (National Center for Missing and Exploited Children)에서 시행 중인 것으로 장기실종아동을 대상으로 성장 후의 모습을 추정하는 프로그램

| 독일 초·중등학교 안전교육 현황 사례 |

[독일] 초·중등학교 안전교육 현황(출처: 정수정(독일통신원) http://if-blog.tistory.com/4298 [아이디어 팩토리]) 2014.10.15. 10:00 ~2016년 교육부 이야기/국가별 교육 동향에서

9. 독일의 안전교육 사례

독일은 학교교육 운영 전반에 있어 안전에 관한 의식이 철저하다. 안전교육에 관한 법, 규정, 지침이 세부적이며, 광범위하게 마련되어 있어 학생 안전교육이 단계별로 포괄적·실질적으로 이루어지고 있으며, 학교 안전교육과 관련하여 여러 유관기관들이 활발히 협력하여 다양한 체험 프로그램을 실시하고 있다.

또한 학교교육이 안전하게 실시될 수 있도록 전체 학교가 사고보험에 가입되어 있으며, 부모의 서면동의가 없으면 휴식시간에도 학교 외부 출입이 금지되고, 수학여행 동안 교사의 동행 없이는 개인 활동이 금지되는 등 학교가 휴식시간, 학교 외부 프로그램, 수학여행 등이 안전하게 실시될 수 있도록 이를 철저히 감독하고 있다.

독일은 알려진 바와 같이 연방주의로 인해 주 정부가 학교교육에 관한 전권을 가지고 있으므로 안전교육의 시초나 운영양상도 주에 따라 상이하다. 바이에른주는 교통량의 증가로 학생들의 교통사고 사망률이 증가하자 1955년 주 의회에서 교통관련 수업과 교육을 학교의 보편적 과제로 삼도록

결정하였다. 1964년에는 주 교육부가 이를 실질적으로 확대하기 위해 교통교육을 모든 학교 1~6학년 교과과정의 한 부분으로 확립하고, 실행을 위해 ADAC(독일자동차협회)와 협력하여 다방면의 프로그램을 실시하였다. 이 당시 바이에른주의 교통사고 사망률은 독일 주 가운데 잘란트주와 함께 최고를 기록하였다. 이후 1972년 상설 연방 주 교육부 장관회(이하, 'KMK'라 한다)에서도 학교 교통교육에 관한 지침에 합의하여 학생 교통과 안전교육을 학교의 필수 교육과제로 확립하였고, 이후 지속적으로 개선 및 보완하며 오늘에 이르고 있다.

1) 안전교육정책 및 제도

(1) 법령 및 규정

학교 안전교육과 관련하여 KMK가 독일 전역에 적용할 학교에서의 이동성과 교통교육에 관한 기본 지침을 제시하고 있고, 각 주 또한 안전교육과 관련한 다양한 규정을 두고 있다. 바이에른주의 경우 자전거교육, 교통과 이동성교육, 통학, 수학여행, 관리·감독, 응급조치, 체육수업, 안전교육, 소방대책, 미디어교육, 학생사고보험 등 학교 안전교육과 관련한 다수의 상세규정을 두고 있다.

이 가운데 바이에른주의 학교안전과 법적 학생사고보험에 관한 지침에 따르면 학교의 안전은 전체 학교교육 참여자의 과제이며, 모두가 협력하여 학생이 안전의식을 가지고 행동하도록 교육하고, 학교를 안전하게 조직하도록 명시하고 있다. 사고예방과 안전교육은 학교의 교육과 훈육 과제의 하나이며, 안전교육은 건강교육, 사회성교육, 환경교육과 밀접한 관련이 있고, 교통교육, 체육교육, 소방대책교육을 포괄한다. 해당 규정에 따르면 바이에른주 전체 일반학교와 직업학교의 학생들은 사회법 7에 따라 1971년부터 의무적으로 사고보험에 가입되어 있어 학교수업 및 프로그램에 참여하는 동안과 통학 구간에 발생하는 사고에 대해 보장을 받는다.

교내 안전, 학생과 교육인력의 안전, 안전교육에 관한 전반적인 책임은 학교장에 있으며, 교사 가운데 학교 안전 관리자를 두고 학교장을 지원하고 동료교사들에게 안전교육 관련 정보를 제공하도록 한다. 모든 교사는 학생들이 위험을 인지하고 예측하여, 이를 방지하거나 해결할 수 있도록 교육할 과제가 있으며, 사고가 발생할 경우 응급조치를 할 수 있도록 이에 관한 연수를 지속적으로 받는다.

(2) 정책 및 제도, 프로그램

바이에른주는 안전, 교통교육을 학교 수업과 교육의 중요과제로 보고 학교가 학생들의 연령에 적합하게 단계별로 안전과 교통에 필요한 지식을 중재하고 실생활에서 필요한 능력을 함양할 수 있도록 교육하고 있다. 이에 안전교육 실시를 위해 학교가 필요한 수업자료와 교육을 지원하고자 바이에른주 교육부 산하 딜링엔 교사연수와 인력관리 아카데미에서 바이에른 교통과 안전교육 연구소를 운영하고 있다.

바이에른 교통과 안전교육 연구소는 학교 안전교육 주제인 통학, 자전거교육, 체육과 수영, 자연과학 분야 수업과 관련된 안전교육, 대중교통, 기차, 응급조치, 소방대처, 안전교육과 건강예방, 온종일학교 프로그램과 관련한 수업 및 교육에 적용할 자료를 제공하고 이를 위한 콘셉트를 개발하고 있다. 예를 들어, 통학 길 안전교육 주제의 경우 통학 길 안전을 위한 학생안내자, 통학버스 안내자, 통학버스 동행자, 통학 길 도우미에 관한 법적 규정을 제공하고, 교통교육에 필요한 표지판 자료, 학생 연령에 따른 단계별 수업자료, 아동과 청소년 교통안전을 위한 경찰의 방침 등의 자료와 교통교육을 위해 필요한 영상자료를 제공하고 있다. 더불어 교통교육과 관련하여 학생들이 직접 체험하며 학습할 수 있는 프로젝트를 소개하여 학교가 활용하도록 한다.

바이에른 교통과 안전교육 연구소는 교통과 안전교육에 관련된 다양한 법적 규정과 지침 및 현재 교통과 안전교육과 관련하여 가장 중점이 되는 정보를 제공하는 한편 체험교육을 위한 다양한 프로젝트를 실시하여 보급하고 있다. 외부기관과도 활발히 협력하며 각 기관이나 단체에서 실시하는 관련 프로그램을 연결하여, 이를 학교교육에 적용하도록 하는 한편 안전교육이 학교에서 올바로 실시될 수 있도록 주제에 따라 교사연수도 실시하고 있다.

그림 14-1 바이에른 교통과 안전교육 연구소 사이트 화면

2) 학교에서의 안전교육 현황

KMK는 이동성과 교통교육을 학교가 반드시 수행해야 할 교육과제로 보고, 1972년 최초로 학교 교통교육 지침을 마련한 이래, 1994년과 2012년에 이를 개정하여 독일의 전체 주가 교통과 안전교육을 위한 교과과정과 교사교육의 기본지침으로 활용하도록 하고 있다. 교통과 안전교육이 교과과정에 확립되어 있어 교사교육과정에도 이를 고려하고 있으며, 안전교육이 시의적절하게 이루어질 수 있도록 교사연수도 지속적으로 실시되고 있다.

KMK는 교통교육이 안전교육, 사회성교육, 환경교육, 건강교육의 과제를 동시에 수행한다고 보고, 학생들이 현시대의 교통수단이 인간과 환경에 주는 영향에 대해 알고 미래 지속개발을 고려하여 교통수단을 올바로 활용할 수 있도록 이에 필요한 능력을 함양하도록 교육하는 것에 목표를 두고 있다. KMK는 학교에서 교통과 안전교육을 실시할 때 교육단계별로 다음의 내용을 교육하도록 지침으로 제시하고 있다.

교육단계별 교통, 안전교육 내용		
1~4학년(초등단계)	5~10학년(중등 1단계)	11~13학년 (중등 2단계)
• 등하교훈련: 안전한 통학 • 학교와 거주지 주변의 교통 • 도보의 유익 • 운동능력과 지각연습 • 자전거교육 • 교통규칙과 교통수단 이용 시 사회적 태도 • 근거리 대중교통 • 자동차 함께 타기 • 버스, 기차 동승 • 친환경적인 교통수단	• 안전한 통학 • 자전거와 환경, 자전거와 교통 • 자립적 근거리 대중교통 이용 • 장거리 교통수단 학습 • 동력화된 교통수단: 오토바이, 동력 자전거 • 이동성과 사회적 태도 • 교통과 법 • 도로교통에 있어 술, 마약 • 교통, 환경, 기후 • 대안적인 동력기술과 자동차 • 이동수단의 형태 • 환경을 고려한 수학여행	• 이동성과 사회적 태도 • 동력화된 개인 교통수단, 동행자와 함께하는 운전 • 도로교통에서의 술과 마약 • 경제적 · 생태적 관점의 이동수단 • 미래지향적 이동수단을 위한 교통조성과 개발 • 관광, 교통, 경제 • 이동수단의 기회와 한계 • 대안적인 동력기술과 자동차, 자동차기술

출처: KMK(2012).

바이에른주 교육부는 주 교육부 장관회의 지침을 고려하여 1학년과 4학년은 매년 20시간, 2학년과 3학년은 매년 10시간, 5학년과 9학년은 매년 20시간, 6, 7, 8, 10학년은 매년 10시간 교통과 안전교육을 실시하고 있다. 안전교육은 통학, 자전거교육, 체육과 수영, 자연과학 분야 수업, 교통수단 및 교통체계, 응급조치, 소방대처, 건강예방 등 안전교육 전반의 여러 분야에서 다양하게 이루어지고 있으며, 정규 교과수업 및 프로젝트, 수학여행, 각종 대회 참여의 형태로 실시되고 있다. 보다 실질적인 교육을 위해 학교뿐 아니라 여러 기관과 협력하여 작업장, 실험실, 법원, 경찰서, 병원, 교통훈련장 등 다양한 현장에서 이루어지고 있다. 초등학교의 경우 안전교육과 관련하여 수영수업과 자전거교육이 필수적으로 실시되고 있어 독일에서 초등학교에 다닌 사람은 기본적인 수영능력을 갖추고 있으며, 자전거를 못 타는 경우가 없다.

바이에른주도 교통과 안전교육이 안전, 건강, 사회성, 환경교육의 과제를 수행한다고 보고 학생들이 안전교육을 통해 다음의 능력을 함양하는 데 목표를 두고 있다.

교통, 안전교육을 통해 함양할 능력사항			
안전교육	사회성교육	건강교육	환경교육
• 유동적 태도 • 위험요소 대처능력 • 위험을 최소화할 방법 습득 및 적용	• 자신과 타인에 대한 존중 • 배려 • 감정조절 기술습득	• 스트레스 극복 • 육체적 문제인지 • 인지와 움직임(반응) 조화	• 책임의식 • 환경체계 • 환경파괴의 원인

출처: http://dozenten.alp.dillingen.de/2.8/sem/bildungsstandards.pdf

(1) 학교 안전교육 프로그램 예 – 자전거교육

자전거는 아동이 최초로 스스로 활용하게 되는 교통수단으로 자전거교육은 실제로 필요가 높아 아동이 교통체계를 실질적으로 이해하고 안전에 대한 경각심을 가지도록 교육하는 데 매우 효과적이다. 바이에른주의 경우 1973년 초등학교에서 자전거교육을 실시한 이후 아동들의 교통사고 발생 비율이 급격히 감소한 것으로 나타나고 있다.

자전거교육은 이론과 실기교육으로 나뉘어 실시되며 실기교육은 실제 도로에서 이루어진다. 교육의 전반적인 책임은 학교에 있으며 경찰과 밀접한 협력하에 실시하도록 한다. 자전거교육 시 아동들의 시력검사도 하도록 권고하고 있다. 이론교육은 초등학교 2, 3학년부터 실시되고 실제 도로에서의 교육은 대부분 4학년 2학기 때 실시된다. 이론교육 대부분은 교사가 하지만 교통경찰도 헬멧착용, 교통법규, 현장 경험에 관한 교육을 직접 실시하며 지속적으로 협력한다.

이론교육이 종료되면 실제 도로에서의 교육이 실시되는데, 수업시간 두 시간에 해당하는 연습이 총 4회 실시되며 전체 실기 교육기간은 10주를 넘지 않도록 한다. 가능한 개인 자전거를 사용하도록 하며 교육 이전에 자전거 안전점검이 실시된다. 모든 학생은 헬멧을 의무적으로 착용하여야 한다. 자전거 운행 기술, 보행자 주의, 거리확보, 교통법규를 고려한 교육이 이루어지며 특히 자동차 사각지대에 관한 교육이 실시되고 있다. 교사 또는 경찰의 동행하에 실기교육이 이루어지며 전체 책임은 담임교사에게 있다. 최종적으로 이론과 실기시험을 통과하면 자전거 운전면허증을 교부하며 실기시험은 경찰의 동행하에 이루어진다.

3) 지역사회와의 연계협력

독일은 연방주의로 인한 연대체계가 전통적으로 확립되어 있어 모든 분야에서 유관기관 간의 협력이 원활히 이루어지고 있는 편이다. KMK에서는 학교가 교통, 안전교육을 실시할 때 주 교육부, 학교청뿐만 아니라 학부모, 경찰, 교통 관련 기업, 협회, 연구소, 기관 등 다양한 외부기관과 협력하도록 명시하고 있다.

안전교육은 현장에서 체험적으로 이루어질 때 실효성이 높으므로 관련 기관의 협력 없이는 안전교육이 단편적으로 실시될 수밖에 없다. 따라서 독일의 학교는 자전거교육이나 교통교육을 실시할 때 담당 지역 경찰과 필수적으로 협력하고 있으며, 학생사고보장을 책임지고 있는 주 사고보험에서는 학교 안전교육 실시를 위한 지침 및 여러 프로그램을 제공하는 등 지역의 다양한 관련 기관들이 학교를 지원하거나 직접 이를 위한 프로그램을 운영하고 있다.

4) 특징

독일은 교통, 안전교육을 학교의 중요과제로 삼아 이를 교과과정에 확립하였으며, 이에 학교 안전교육 시행을 위한 토대가 되는 법 규정이 관련 분야별로 세부적으로 마련되어 있다. 연방주의적 연대체계로 인해 여러 유관기관 간 협력의 기반이 마련되어 있어 필요에 적합한 관련 기관들의 협력이 조화롭게 이루어지고 있으며, 이에 단위학교가 학교와 지역사회의 여건을 고려하여 자기 책임적·자율적으로 여러 프로그램을 실시하고 있다. 또한 이러한 협력을 토대로 학교 안전교육이 학생들이 직접 참여하는 체험적 프로그램으로 이루어지고 있어 실생활 적용이 용이하도록 효과적으로 실시되고 있다.

한편 안전교육이 사회 전반 및 타인과 밀접하게 유기적으로 연관되어 있다는 것을 인지하고 안전교육을 타인을 배려하는 사회성교육 및 지속성 개발을 위한 환경교육까지 포괄하는 개념으로 시행하고 있다(출처: 아이디어 팩토리).

15

Chapter

아동복지의 과제와 전망

1. 아동복지의 과제
2. 아동복지의 전망
3. 아동복지의 발전방향

1. 아동복지의 과제

아동복지의 실현을 위한 접근은 복지국가적 접근으로 모든 보편적인 서비스를 제공해야 한다는 의무를 강조하고 있다. 모든 아동은 이러한 서비스를 제공받을 권리를 가지고 있으며, 공적 자원에서의 서비스가 더욱 우선되어야 함을 나타내는 것이다. 국가가 서비스의 제공자이어야 한다는 점과 이 서비스는 누구나 혜택 받을 수 있어야 한다는 점을 의미한다. 즉, 국가 주도의 자원 관리와 공적 책임성이 강조된 것이라 할 수 있다.

가족이 아동을 보살피는 노력은 과거에 비하여 약화되었지만, 성인의 보살핌을 필요로 하는 아동의 욕구는 오히려 복잡하고 다양화되었다. 가정불화로 인한 부모의 이혼 등 가족해체, 가정폭력, 정신질환, 성 개방 풍조, 향락 추구의 생활 문화, 교통사고 등의 재해 증가 등은 직·간접으로 아동에게 여러 가지 악영향을 주고 있다. 이러한 불리한 사회적 조건으로부터 아동을 보호함으로써 모든 아동이 건전하게 성장할 수 있도록 하는 예방적 차원의 아동복지정책이 중요하다. 또한 문제 상황에 아동 본인에 대한 개입과 치료, 문제해결 등의 아동복지정책도 필요하다. 이러한 아동은 아동복지법에서 정의한 도움이 필요한 아동이고, 협의의 아동복지 대상자라 할 수 있다. 현대사회를 사는 아동에게 가족, 이웃의 기능이 약화됨으로 해서 충족되지 못한 욕구를 충족시키고, 유해 환경으로부터 아동을 보호해야 하는 것이다.

이와 더불어 우리나라의 아동복지는 시설 위주의 서비스에 중점을 두어 왔지만, 사회의 변동 추이에 따라서 지역사회를 기반으로 하는 재가복지서비스 혹은 탈 시설화가 추진되고 있다. 그리고 아동복지정책의 위상을 정립하기 위하여 아동복지의 패러다임(paradigm)을 명확히 설정해야 하는데, 이를 위해 아동복지의 기본적 인식, 가치, 존재를 새로운 관점에서 정립시켜 나가고 있다.

1) 아동복지 관련법의 개정[5)]

(1) 가족보존과 가족복지의 강화

최선의 아동복지는 최선의 가족복지를 통해서 이루어질 수 있다는 점이 아동복지 서비스의 기본원칙이므로, 모든 아동은 영구적인 가정에서 성장할 수 있는 사업들이 진행되어야 할 것이다. 아동학대와 관련해서는 아동과 가족을 모두 보호하는 가족보존 서비스를 우리나라 실정에 맞게 개발하고 적용하는 것이 필요하다. 가족주의적 전통을 갖고 있는 우리나라의 문화적 특성상 아동의 진정한 보호는 가능한 한 가족 내에서 이루어지는 것이 중요하므로, 이를 최우선적으로 고려될 수 있는 근거를 마련하는 것이 중요하다.

(2) 아동학대 규정의 강화

아동이 가정에서 학대받거나 아동의 복지가 위기에 처한 상황에서는 가정이나 부모에 대하여 강제적인 공권력의 개입이 이루어질 수 있는 사회적 인식의 확대와 법적·제도적 장치의 강제성이 강화되어야 한다. 법적 효과성을 높이기 위한 다양한 규제 방안 등이 마련되어야 하며, 아동 서비스 기관의 확충, 관련 기관의 연계, 지역 내 아동복지 자원의 확충이 필요하다. 또한 인력의 전문성 제고와 지역사회에 근거한 프로그램 개발을 통해 가족을 보호하고, 강화하는 데 주력해야 한다. 또한 아동학대 신고 의무자 정기교육 의무화, 아동보호전문기관의 역할 수행 강화, 전문 상담원의 자격 강화 그리고 학대부모에 대한 제재 조치, 행정부서의 철저한 관리감독이 요구된다.

(3) 공동생활가정 지원 강화

보호가 필요한 아동을 위한 효과적인 대리보호 형태로 존재하고 있는 공동생활가정(그룹홈)에 대한 체계적인 지원과 관리를 더욱 강화하여야 한다. 아동복지법이 사후 처방적인 측면이 아닌 예방적 측면을 가질 수 있는 장치들이 요구되는 것이다. 보편주의적인 접근을 추구하여 아동복지 서비스가 예

---

5) 김성경 외(2013) 인용.

방적이고 가족보존적인 방향으로 나아가야 한다.

(4) 지역아동센터 지원 강화

지역아동센터는 지역사회 안에서 방치된 빈곤아동을 위해, 자생적으로 생겨난 아동복지실천 프로그램이다. 이러한 지역아동센터는 지역사회 아동의 보호·교육, 건전한 놀이와 오락의 제공, 보호자와 지역사피의 연계 등 아동의 건전육성을 위하여 종합적인 아동복지 서비스를 제공해야 한다. 지역아동센터의 프로그램을 전문화, 다양화하고, 지역아동센터를 확대 설치하는 등 적극적인 지원정책이 필요하다.

(5) 저출산 극복과 건강가정기본법의 개정

건강가정기본법은 우리나라의 급속한 저출산 현상이 진행됨에 따라 종합적인 가정육아 및 차세대 아동의 육성 지원 대책을 추진하는 관점에서 대책 수립과 추진 체계를 확립하기 위한 법이다. 이 기본법이 여러 관련법을 포괄하고 하나의 체계를 이루도록 개별 법령 제정 또는 개정 시 이 법에 부합하도록 해야 한다.

일본에서는 차세대 육성 지원 대책 촉진법으로 저출산이 가져올 영향에 대처하기 위하여 장기적 시점에서 안심하고 지낼 수 있는 사회를 실현하고, 아동이 건강하게 태어나 육성될 수 있는 사회를 형성하고자 노력하고 있다. 우리나라의 경우 2005년 5월 저출산·고령화 사회기본법이 제정되었으며, 최근 보육시설의 바우처 제도나 아동수당 법처럼 저출산과 관련한 관련법들의 법조항 개정 작업의 대응책이 준비되어야 할 것이다.

2) 아동복지 서비스의 다양화[6)]

(1) 일반 아동을 위한 서비스 개발

아동복지에서는 모든 아동의 생활의 질을 향상시킬 수 있는 제도, 분화,

6) 도미향 외(2014) 인용.

물질적 조건을 갖춤으로써 생활에서 만족감을 누릴 수 있고, 생활의 질이 향상될 수 있으며, 성인 시기를 준비할 수 있는 노력이 필요하다. 아동의 생활의 질을 향상시키기 위한 사회적 노력으로는 아동권리에 관한 국제협약 국가 간 입양에 관한 국제협약 등과 같은 국제적 기준에 합당한 아동복지를 실천하는 것이 중요하다. 그리고 이와 더불어 아동이 성장, 발달하는 데 가장 큰 영향을 미치는 부모에 대한 교육과 학교에서 실천적 사회복지의 지향이 아동의 예방적·지지적 차원에서 해결해야 할 과제이다.

① 부모교육 및 통합적 종합복지 강화

부모들이 자녀양육 능력이 점차 상실해 가고 있는 상황에서 각종 교육단체나 사회단체를 통한 아동과 가정의 기본 욕구와 정부기관의 서비스를 효과적으로 연결할 수 있는 폭넓고 체계적인 사회교육적 프로그램이 필요하다. 또한 건전한 아동문화, 가족문화의 형성과 부모가 자녀에 대한 애정을 더욱 강화시킬 수 있고, 아동이 건전하게 놀고 여가를 즐길 수 있는 시설이 많이 제공되어야 한다. 그리고 건강한 가정교육을 위해서는 부모와 성인을 위한 교육이 이루어져야 한다. 즉, 아동복지 서비스 실천의 기본 철학은 아동과 부모에 대한 서비스가 각각 다를 수 있지만 정책의 수립이나 프로그램의 계획에 있어서는 항상 부모와 자녀를 하나의 서비스 단위로 생각하여야 한다는 것이다.

② 학교사회복지제도의 활성화

학교는 아동을 위한 가장 기본적인 복지 서비스의 장이라 할 수 있다. 학교 부적응, 학교폭력, 가정 문제, 또래관계의 문제, 약물 남용, 비행 등 아동과 관련된 전반적인 문제는 학교에서 상당 부분 관찰이 가능하며, 해결 역시 학교에서 이루어질 때 그 효과는 배가될 수 있다. 일부 학교에서는 학교사회복지사나 상담교사가 상주하면서 학생들의 문제를 해결하고 있으나 아직은 부분적으로 실시되고 있다.

아동의 문제는 조기개입이 가장 효과적이라는 측면에서 모든 학교에 학교사회복지사를 배치하여 부모와 가족 지원, 아동상담 및 지료, 교사 및 지역사회자원과의 연계와 같은 서비스를 실시해 나가야 하며, 무엇보다도 교육부, 보건복지부 등 관련부서가 함께 노력하여 학교사회복지사업이 제도화되도록 노력해야 한다. 그 밖에 지지적 서비스 기능의 강화를 위한 민간상담기관의 설치, 사회적 분위기를 조성하는 세미나, 홍보활동 등 각종 노력이 있어야 한다.

③ 영유아보육 서비스의 정비 및 다양화

보육 서비스의 충실은 출산율 회복에 중요한 정책으로 작용한다. 그 이유는 출산이 육아와 결부되어 양육부담이 되고, 지출산과 연계되기 때문이다. 그런데 정부정책은 결혼이나 출산 시점에 개입하는 것에서 출산 이후의 양육 시점에 개입하는 것으로 그 방향 전환을 모색해 볼 필요가 있으며, 보육 서비스의 다양화와 같은 정책 개발에 무게가 실려야 할 것이다 보육 서비스는 많은 국가들이 자녀의 출산·양육의 지원 시스템 정책의 하나로 중시하고 있다. 일본은 1994년 엔젤플랜을 시작으로 긴급보육대책 5개년 사업, 지방엔젤플랜, 신엔젤플랜의 총활약플랜 등 일련의 시책하에 저연령 아동의 입소 확대, 다양한 보육 욕구에 따른 서비스 추진, 방과 후 보육의 활성화 등을 추진하고 있다.

우리나라는 보육사업 확충 계획에 따라 보육시설이 증가하여 양적인 측면에서는 어느 정도 충족되고 있지만, 질적인 측면에서는 아직도 열악한 상황이다. 보육시설 환경과 보육교사의 질적 향상은 중요한 정책 과제라 할 수 있다. 여기서 중요한 것은 가정 내 자가보육을 받고 있는 아동가정의 양육 지원을 현실화해야 한다는 것이다. 누리과정으로 보육시설을 이용하고 있는 아동에 대한 지원과 가정보육 아동의 지원금액이 달라 보육시설의 비이용자, 비취업모가정인 자가보육 계층이 실감할 수 있는 보육 서비스가 존재하지 않으면 출산율은 상승하지 않을 것이다. 이는 보육 서비스가 기존의 맞벌이 가정의 일과 출산·육아의 양립 지원을 중심으로 전개하던 서비스의 영역에서 비취업모가정까지 포함하는 지역 내 양육 지원을 포함하는 관점으로 방향을 전환해야 한다는 것을 의미한다.

그리고 다양한 형태의 보육료 지원을 통해 보육료 부담을 줄이고 방과 후

장애아동보육 등 특별보육의 지속적인 확중도 필요하다. 또한 보육 서비스의 질적 측면의 향상을 위한 시설 종사자의 전문화, 우수 보육 프로그램의 개발과 보급, 보육기준과 내용의 내실화를 기해야 한다.

④ 아동가정상담 지원사업

아동가정상담 지원사업은 아동이 가진 문제 또는 아동의 욕구, 아동이 처해 있는 환경의 상황 등을 정확히 이해하고, 개별 아동이나 가족에게 가장 효과적인 개입을 통하여 아동의 복지를 도모함과 동시에 아동의 권리를 보장하는 것이다. 상담사업은 아동, 가정, 지역사회 상호의 연계에 의해 지역사회 내의 양육 기능을 강화하여, 실제 아동을 양육하는데 부모들이 겪는 어려움과 갈등을 해소하고 아동양육의 불안이나 스트레스를 감소시켜 원활한 부모 자녀 관계를 확보할 수 있는 체제의 정비를 지원하는 것이다. 또한 학대나 집단따돌림 등의 사회적 문제에 조기 대응하기 위하여 소아과 의사 등에 의한 상담체제를 정비하여 종합적으로 아동의 심신발달과 모친의 육아에 대한 보람을 느낄 수 있도록 하는 것이다.

일본의 경우 아동복지상담소의 기능은 상담, 일시보호, 송치, 지역 주민이나 관계기관으로부터의 통보, 복지사무소나 가정재판소로부터의 송치를 받아 상담 원조를 전개하는 것이며 또한 친권자의 친권 상실선고 청구, 후견인 선임 및 해임의 청구를 가정재판소에 하는 등 아동복지의 중간 기관으로의 기능을 하고 있다. 그리고 이러한 상담, 판정, 지도, 송치, 일시보호 업무의 일환으로 일시가정위탁이나 입양의 알선, 등교거부 아동의 복지 모형 사업, 아동학대 상담 등의 사업을 전개하고 있다. 종합적으로는 아동의 심신 건강을 보장하고 부모의 자녀양육 기능을 지원함으로써 자녀양육 지원 네트워크를 구축하고, 이로써 사회구성원들이 사회적 양육의 지원시스템을 구축해 나간다는 측면에서 유용한 방법이 고려될 수 있다.

⑤ 아동문화 · 전용시설의 정비 및 지역복지 강화

민주화와 지방자치화 시대에 알맞은 아동정책의 기본 방향은 아동복지 전달체계의 확충이며, 아동긴급 보호체계를 확립하여 인간으로서 아동의 복지를 보장하도록 실천하는 것이다. 지금까지 우리나라의 아동복지는 대체로 시설 위주의 서비스에만 중점을 두어 왔지만, 사회의 변동 추이에 맞추어 앞으로는 지역을 거점으로 하는 복지 서비스가 추진되어야 한다. 그리고 산업화, 도시화 과정에서 많은 자연환경이 파괴되어 아동의 놀이 공간도 축소되고 있으며, 학원이나 특기교육 등으로 아동의 생활과 놀이 시간도 많이 부족하다. 아동의 문화와 전용시설은 이러한 아동의 상황을 극복하여, 아동이 안전한 환경에서 자유롭게 놀며 친구들과 창조적 활동을 할 수 있는 지역사회의 시설이다. 또한 아동의 놀이뿐만 아니라 부모와 지역 주민이 협력하고 조직화하여 지역활동을 전개하는 거점으로서의 역할도 한다. 건전한 아동문화, 가족문화의 형성과 부모의 자녀에 대한 애정을 더욱 강화하는 연결고리가 되는 이러한 시설들이 많이 필요하다.

이러한 아동전용시설 규정에는 어린이공원, 어린이놀이터, 아동회관, 체육·연극·영화·과학실험 전시시설, 아동휴게숙박시설, 야영장 등 아동에게 건전한 놀이·오락, 그 밖의 각종 편의를 제공하여 심신의 건강유지와 복지증진에 필요한 서비스를 제공하는 것을 목적으로 하는 시설들이 포함되어 있다. 그러나 이러한 시설의 부족은 물론이고 안전성 문제에 많은 우려를 제기하고 있는 실정이다. 또한 진행 지도원의 상주 여부도 불확실하고 설치기준은 있으나 운영기준에 대한 법적 기준은 갖추어지지 않은 상황이다.

⑥ 보건소 및 건강보건지원센터 사업

지역 내 보건소는 아동, 임산부의 보건에 관한 지식의 보급, 건강상담, 건강진료, 보건생활지도, 건강진단과 조사, 지역 내 보건 위생 등의 사업을 실시하는 곳이다. 저출산시대의 보건소 역할은 가정의 출산·양육 지원의 분담으로 모자보건 서비스 부분(모자 건강수첩, 건강검진, 건강 방문 지도 등을 담당하는 일이라 할 수 있다. 이는 아동, 가정, 지역사회의 상호 연계를 통하여 부모의 자녀 출산·양육의 신체적·정신적 안정의 지지와 육아 불안의 해소를 도모하고, 학대나 왕따 등의 사회적 문제를 조기에 대응할 수 있도록 지원하는 것을 의미한다. 또한 영유아 양육지도를 하거나 모자보건지도 등도 필요하다. 가족 상황에 따라 기본적인 생활 능력 향상을 지원할 필요가 있는 경우 개개의 발달단계나 가정의 상황에 적합한 교육훈련을 지도하는 간호사, 작업치료사 등 전문직원 파견사업도 고려할 필요가 있다.

⑦ 육아휴직제도의 정비

육아휴직제도는 어머니가 갖는 모성적 기능(출산·육아) 보호를 통한 출산정책의 하나이다. 출산·육아에 대한 사회적 배려는 다음 세대를 이을 아동을 낳고 기르는 기능을 단순히 노동자 개인의 책임 문제가 아닌, 사적 노동에서 사회적 노동으로, 즉 육아의 사회화(집단적·사회적 보육)를 발전시키는 기본이 된다. 국제적으로는 1965년 ILO 123호 조약이 가족적 책임을 갖는 여성 노동자의 부담을 경감하는 시책으로 출발하였고, 미국의 경우에는 임신·출산에 대한 법적 보호를, 영국의 경우에는 고용보호법에 의한 출산·육아 이후의 직장 복귀의 권리와 사회보장법에 의한 임신·출산 휴가 중의 소득보장에 관한 권리의 규정으로 가족 책임과 노동의 조화를 도모하는 다양한 휴가제도와 조치를 취하고 있다. 스웨덴의 경우 육아휴업제도로 출산율 증가를 달성하였고, 어머니의 일과 육아의 양립도 가능하게 하였다. 일본의 경우 1991년 육아휴직법을 제정하고, 기존의 모성 휴직에 이어 출산 후 최대 1년까지 모 또는 부에게 육아휴직을 제공하고 있다. 또한 프랑스의 경우 1985년도에 제정된 유급 육아휴직제도는 자녀가 최소한 2명 이상인 조건에서 막내 자녀의 연령이 3세 이하인 경우, 직업활동을 완전히 중단했거나 부분적으로 중단한 부모에게 지급하고 있다(황옥경, 2009).

우리나라의 경우 남녀고용평등법에 의하여 육아휴직제도를 실시하고 있으나 일부 기업과 관공서를 제외하고는 제대로 정착하지 못하고 있다. 이러한 육아휴직제도는 부모의 자녀양육 지원을 통해 저출산을 극복하는 방법으로 지원되고 있으며, 우리나라도 법률상의 조건 정비를 기반으로 기혼 여성의 노동권익 확보와 남녀 차별 철폐의 관점과 함께 일과 출산·육아의 양립을 위한 대책으로 자리매김해야 할 것이다.

(2) 요보호아동을 위한 서비스의 개발

그동안 보호가 필요한 아동, 가정에서 이탈된 아동, 빈곤가정의 아동을 위한 사회적 노력이 집중되어 왔다. 그러나 학대와 방임으로부터 고통받고 있는 아동, 개인적 문제아동 등 새롭게 도움이 필요한 아동들이 증가하는 추세로 보아 아동문제에 대한 관심은 확대되어야 할 것이다. 그리고 현재 보호가 필요한 아동에 대한 아동복지 서비스에 대하여 다음과 같은 관점에서 재검토가 이루어져야 한다. 부부갈등과 이혼, 별거로 인해 고통 받고 있는 아동을 도와줄 수 있는 사회적 대책이 마련되어야 한다. 또한 정서와 행동문제를 가진 아동을 도와줄 사회적 프로그램을 고려해야 한다.

① 입양과 가정위탁제도의 활성화

아동은 가능하면 가정과 같은 환경에서 성장하는 것이 바람직하다. 즉, 가정 우선 아동보호 원칙(원가정보호의 원칙)에 의하여 가정위탁과 입양과 같은 제도를 더욱 활성화할 필요가 있다. 이를 위해서 실천현장에서는 아동복지법에서 명시하였듯이 대리양육을 원하는 연고자에 대하여 그 가정에서 보호, 양육할 수 있도록 조치를 하고, 시설보호에서 가정위탁보호로의 전환을 적극적으로 해나가야 한다. 따라서 국민 의식의 전환과 함께 위탁가정과 입양가정에 대한 국가의 지원을 현실적 수준으로 상향 조정해야 하며, 이를 정책적으로 정착시켜 나가기 위한 노력이 반드시 선행되어야 할 것이다.

② 장애아동을 위한 조기 진단과 치료

아동의 신체, 인지, 정서와 관련한 문제는 조기에 발견하여 개입하는 것이 가장 효과적이다. 이를 위해서 지역사회 내에 주택 서비스와 시설 서비스의 알선, 장애인복지센터나 클럽 운영, 아동진료소 등과 같은 전문시설을 보강하고 사회복지사, 심리치료 전문가, 물리치료사 등 다양한 전문 인력과 의사, 사회복지사, 심리학자, 교육자 등의 팀별 접근을 통해서 이들을 재활케 하며 사회로의 통합을 촉진해야 한다. 무엇보다 정보 제공, 물적 지원과 함께 장애아동을 진단하고 지속적으로 치료할 수 있도록 가정을 지원하는 프로그램이 확충되어야 한다.

③ 정서장애아동을 위한 정신건강 서비스

많은 아동이 행동면에서 공격적·자폐적·신경증적 문제를 지니고 있으며,

심한 경우에는 법적 보호 대상이 되어 가정이나 사회환경에 적응하지 못하는 아동이 된다. 이들을 위해 이미 선진국에서는 지역사회 정신건강증진센터나 아동 진료소, 정서장애자 단기치료센터를 설치하여 문제를 해결하고 있지만, 우리의 경우는 이들에 대한 예방이나 진단 또는 치료조차 매우 미약한 상태에 있다.

이상과 같이 보호가 필요한 아동을 위한 복지대책으로는 전문적 서비스의 강화가 필요하다. 복지 서비스가 아동의 필요에 초점을 맞추어야 하는 것이고, 아동복지가 전통적으로 기아, 고아, 빈곤가정의 아동, 장애아동 등 이른바 '비정상적' 아동에 대한 서비스라는 잔여적 개념의 시각은 아동복지 서비스가 감정적 보호나 물질적 대비에 그치는 경향을 낳게 되었다. 그 결과 그들의 결손과 장애의 치료 및 훈련, 교육 서비스의 지원은 소위 일반아동에게 베풀어지는 수준보다 더 낮은 정도였기 때문에 앞으로 과학적이고, 전문적인 서비스로 아동을 지원할 수 있는 아동복지정책을 확립해야 한다.

3) 아동복지행정의 혁신

(1) 아동복지 전달체계 및 재정

아동복지의 과업을 실천하기 위해서는 현재의 아동복지 전달체계가 재정비되어야 한다. 아동복지의 공적 전달체계, 민간 전달체계, 중간체계 성격인 연합회와 협회, 아동복지 관련학회 등의 조직과 기능이 적절하게 개선되어야 할 것이며 또한 이 조직체들의 일선에서 일하고 있는 아동복지 종사자들의 자질 향상에 대한 노력이 강구되어야 한다. 즉, 우리나라의 아동복지 서비스 전달체계는 공적인 아동복지를 담당하는 중앙부서인 보건복지부, 여성가족부, 교육부, 고용노동부, 법무부 등으로 산재되어 있어 부처 간에도 정책의 일관성이 없고, 심각한 경우에는 극심한 부처 이기주의가 발생한 사례가 적지 않은 실정이기 때문이다. 특수한 경우를 제외하고 공적인 전달체계를 일원화하는 방안이 마련되어야 한다.

또한 사적인 전달체계의 연결하에 민·관이 합동하는 전달체계가 수립되면 서비스의 중복성이나 낭비적 요소를 줄일 수 있을 뿐 아니라, 민간기관의 전문성을 적극 활용하여 보다 효율적인 복지 서비스를 제공할 수 있을 것이다. 그리고 복지에 대한 사명의식을 가진 사람이 운영할 수 있도록 법인의 자유로운 인수인계, 항목 구별 없이 통괄 예산으로 지원하는 등 사회복지법인의 시설 운영에 있어서 자율성을 보장하여 시설의 특성화도 촉진할 수 있도록 해야 한다. 또한 복지사업을 경영하고 있는 각종 민간 법인이나 단체 등의 관심을 자체 수익사업을 개발하는 데 집중시켜 국가나 후원단체의 지원을 최소화하여 재정적으로 자립할 수 있는 활로를 모색하게 해야 한다.

(2) 아동복지시설과 종사자

아동복지시설에 대한 새로운 체제, 개념 및 기능의 적용이 필요한데 이를 위해서는 지금까지의 시설에 대한 수용보호적인 개념에서 정상화, 재활사회통합 등의 시설의 의의를 강조하는 경향으로 나아가야 된다. 또한 전문적인 예방, 치료, 재활, 교육, 상담 등의 기능을 강화하는 방향으로 발전시킴과 동시에 이를 뒷받침할 수 있는 전문 인력의 확보와 활용이 이루어져야 한다. 이용형, 통원한 상담형, 수용형 등 시설의 체계적 분류, 통합 및 세분화 과업이 요청되며, 시설 종별에 따른 위치, 구조, 설비 기구 등을 확보해야 한다. 시설에서도 아동의 보호와 교육을 일반가정 이상으로 보장하여 아동이 건전한 집단생활 환경을 통해 성장할 수 있도록 그 기능을 수행해야 한다. 따라서 앞으로의 아동시설은 아동의 생활공동체로서 그들의 개성을 발전시켜 건전한 성장, 발달을 보장할 수 있는 환경으로 변모시켜야 할 것이다.

2. 아동복지의 전망

아동복지는 보호를 필요로 하는 선별된 아동에게 제공된 서비스에서 전체 아동에게 제공하는 포괄적인 서비스로 발전하고 있다. 따라서 보호를 필요로 하는 아동에게 시설보호 위주의 서비스에서 지역사회를 기반으로 하는 가정중심, 지역사회중심의 복지 서비스로의 개발과 추진이 더욱 요청되며, 아동에 대한 새로운 관점에서 아동복지를 정립시켜 나가야 할 것이다.

우리나라의 아동복지정책은 새로운 관점을 통한 아동복지 서비스 적용이 시작될 것이다. 그리고 다양한 아동복지 프로그램과 전문성을 활용하는 프로그램이 실시될 것이며, 공적 기관과 민간기관 운영의 조화와 중앙 및 지방정부, 지역사회와의 파트너십의 확대가 진행될 것이다. 또한 아동복지에 대한 새로운 실천방법의 접근과 객관적인 욕구개발 및 평가활동이 활성화될 것이다. 그러므로 아동복지를 위한 바람직한 전제 조건은 다음과 같다.

- 아동복지의 보장은 국가가 책임져야 한다.
- 아동복지의 법적 성격은 아동권리로 인정되어야 한다.
- 아동복지의 범위는 모든 생활 영역이 포괄되어야 한다.
- 아동복지의 대상은 모든 아동에게 적용되어야 한다.
- 아동복지의 운영원리는 아동과 보호자의 민주적 참여가 전제되어야 한다.

아동복지에 관한 국가적인 중장기 마스터플랜 수립이 중요하다 그리고 가족관점에서 아동복지 서비스의 통합화가 필요하며, 아동 중심의 아동복지법의 확립이 요구된다. 새로운 아동복지 서비스의 확대와 효율적인 아동복지 서비스전달체계의 확립도 중요하다. 국가체계의 아동복지 서비스 전달체계 확립을 전제로 한 민간참여 유도를 활성화하며, 아동복지 서비스를 위한 민간 영역의 재원확보도 활성화해야 한다. 아동복지연구 및 평가조사 작업의 활성화도 중요한 이슈가 될 것이다.

3. 아동복지의 발전방향

아동복지정책은 아동의 인권강화, 보편적 서비스의 확대, 사회적 안전망의 내실화, 아동정책 추진기반 조성의 목적을 가져야 한다. 보호가 필요한 아동의 발생예방, 사회적 보호의 환경적 변화에 대한 대응, 전문성 강화, 국가의 의무강화가 요구된다. 현대의 아동복지 개념에 걸맞은 복지 서비스를 제공하기 위해 아동권리에 대한 전문적 지식이나 아동복지의 개념을 새롭게 이해할 필요성이 있다. 아동복지 프로그램과 서비스가 아동들의 전인적인 발달을 이끌어낼 수 있도록 방향을 전환하여야 하며, 보편적인 복지 서비스를 통해 모든 아동의 건전한 성장과 발달을 지원해야 한다. 아동복지에 대한 국가의 책임은 물론, 사적인 주체와의 조화가 이루어져야 한다. 가정 중심의 아동복지는 일차적으로는 가족, 친척, 이웃을 통한 비공식적 지원체계를 활용하고, 이차적으로는 전문적인 인적 자원의 참여를 공식화시키는 것이다.

1) 아동복지에 대한 새로운 패러다임의 적용

최근 아동복지의 개념은 과거의 자선적·인도적 사고와는 달리 좀 더 국가 발전에 호응하는 이념, 즉 목적과 가치를 갖는 것으로 그 사업을 위해 전문적 지식이나 개념을 새롭게 해야 한다. 아동복지의 목적은 국가 발전의 원동력, 국가 부강의 기본 및 국가 안정의 바탕이라고 할 수 있다. 한편 아동복지는 인격완성의 기초를 미련해 주며, 아동의 기본권을 보장해 주는 것이라 할 수 있다. 실천적인 면에서도 '아동복지는 사회복지의 한 분야로서 사회복지사의 적극적 활동 분야이다'라는 확신을 가진 좀 더 정규적인 훈련과 경험을 쌓은 아동복지 전문가들에 의해서 사업이 수행되어야 한다.

무엇보다 중요한 점은 아동복지사업에서 잔여적, 보편적 관점의 두 가지 패러다임이 함께 통합되어야 한다는 것이다. 사회복지실천의 발달과정을 살펴볼 때, 잔여적 접근방법인 개별사회복지 이론과 실천의 발달은 사회복지 전문직을 정립하는 계기가 되었으나, 개인의 심리문제나 특정 아동의 보호에 집중함으로써 전제적인 변화를 가져올 수 없었으며, 결과적으로 사회복지 내에 과도한 전문 분화를 야기하였다. 반면 제도적 접근방법은 다양한 요인이 복합적으로 작용하는 실천 영역에 대해서는 효과적으로 대처하지 못한다는 한계를 낳았다. 따라서 이러한 한계를 보완하기 위해서는 아동복지를 개인적인 미시적 혹은 사회환경적인 거시적 차원에서만이 아니라 개인과 집단, 지역에 대한 통합적·시스템적 접근 방법(개인+집단+지역통합적 접근방법)으로 실행되어야 한다.

2) 지역사회 중심의 아동복지

국가가 모든 국민의 요구나 생활을 보장하거나 책임지기 어렵다는 측면에서 일정한 지역사회를 기반으로 자체적으로 지역 주민의 생활권 보장과 지방의 균형적 발전에 기여할 수 있는 복지 시스템을 확립시켜 나가야 한다. 그러한 방향에서 커뮤니티 케어의 중요성이 강조된다. 이 개념은 영국, 미국 등 선진국에서 1960년대 이후부터 발전되어 왔는데, 이는 지역사회를 기반으로 공공기관, 민간기관 및 가족이 함께 참여하는 다원주의적 복지 서비스를 강화하는 것이다. 즉, 가족 중심의 접근과 민간복지 서비스의 강화를 일컫는다. 이러한 커뮤니티 케어는 지역사회의 기초단위인 가족중심적 접근이나 서비스로서 우리나라에서도 재가복지라는 새로운 개념의 서비스가 중요한 정책 과제로 등장하고 있으며, 재가복지의 정책이나 제도가 점차 강조되어 개발되고 있다.

즉, 아동복지에서 가족중심의 접근은 지역사회의 가장 최고 단위인 가정을 기반으로 하여 개별적인 아동과 가족의 욕구 충족을 도모하는 프로그램과 서비스가 개발되어야 한다는 것이다. 이는 지지적 서비스(Supportive Service)의 강화를 통해 아동과 가족의 문제를 사전에 예방하는 효과를 가질 수 있다. 아동의 양육과 보호를 지원하는 프로그램을 개발하고 전문인력이나 자원봉사자를 참여시켜 아동이 원가정 또는 대리가정에서 생활하면서 치료와 서비스를 받을 수 있는 형태가 활성화되어야 하며, 재가아동과 장애아동에 대한 상담, 치료, 교육훈련, 지역사회와의 교류 및 여가활동 등을 지역사회 내에서 총체적으로 지원할 수 있는 방안이 강구되어야 할 것이다.

3) 공공과 민간기관의 협력

아동복지사업이 공적이냐, 사적이냐 하는 문제를 두고 일률적으로 어느 것이 좋다고 규정 짓기는 어려우나 일반적으로 모든 아동이 대상에 포함되는 보편적인 사업의 경우 공공 부문에서 추진되는 것이 바람직하며, 그와 반대인 경우는 민간기관에서 주도할 수 있다. 그러나 현재 공적이어야 하는 아동복지분야가 지나치게 사적 책임으로 전가되고 있거나 반대로 사적이어야 하는 분야가 지나치게 공적인 것에 의하여 좌우되고 있는 것은 문제라고 할 수 있다. 정리하면 일반적으로 국민의 광범위한 대상에 관련되는 사업 내용인 경우와 사적기관에서 할 수 없는 사업 내용일 경우는 공적 사업으로 추진되는 것이 좋고, 그와 반대되는 경우에는 사적 운영이 좋을 것이라는 이론이 성립되겠다(표갑수, 2000).

가장 기본이 되는 아동양육 프로그램은 국가가 사회보장의 형태로 시행할 수 있어야 한다. 2018년부터 도입된 아동수당은 IMF 이후 늘어났던 아동복지시설 보호아동 수의 감소는 물론 아동의 유기와 방임, 학대 등을 예방하는 적극적인 제도적 장치가 될 수 있을 것이다. 나아가 감소 추세에 있는 아동인구의 증가에도 적지 않은 긍정적 효과를 기대할 수 있으리라 생각한다. 또한 민간기관에서 특수 프로그램을 개발하고, 결연 후원과 같은 멘토 연계, 후견인(tutoring)과 같이 지역 내 아동 및 가정을 적극 지원하고 보호하는 사업을 활성해 나갈 수 있도록 민간기관들의 참여를 지원하는 등 민간과 공공부문이 함께 이루어져야 할 것이다.

4) 새로운 실천방법 및 평가활동의 추진

아동은 생리적 인간으로서의 성장, 발달의 과정 보다 사회적 인간으로서의 성장, 발달과정에서 더 많은 문제에 부딪히게 된다. 때문에 아동복지실천가들은 지금까지의 보호가 필요한 아동의 기본적인 생리적 욕구 충족에 대한 활동에서 벗어나 일반 아동의 심리적 욕구 충족에까지 복지 서비스 영역을 확대하기 위해 노력하고 있다.

이제 생활시설은 문제아동치료센터 또는 직업기술학교로 기능을 확대하고 구조도 가정 단위의 공동생활가정으로 바뀌어 종전의 의식주 중심 사업에서 사회적 적응력을 배양해 주기 위한 방향으로 변화되어야 한다. 또한 일반유아 시설의 기능이나 방법도 새로이 검토되어 요보호아동의 보호와 양육 문제 해결 방안으로 활용하거나 특수보호와 같은 종합적 욕구를 고려하여 위탁보호, 입양, 가정상담, 홈메이커 서비스, 강제보호 서비스 등 다양한 프로그램이나 서비스로 개발되어야 한다.

한편 충족되지 않는 욕구 개발과 평가활동의 추진이 필요하다. 우리들이 참된 아동복지를 실천하기 위해서는 다양한 욕구의 개발과 현재 프로그램의 정확한 평가 작업을 통해서 올바른 아동복지 활동에 공헌할 수 있어야 한다.

5) 최근 이슈화되는 아동의 문제에 대한 대안의 필요성 대두

지나친 사교육비는 아동 및 가족의 가장 불안한 문제이다. 특목고나 자사고와 같은 고등학교와 소위 일류대학교의 진학을 위한 가정 재정의 투입은 가속의 질을 떨어뜨리거나 힘들게 하는 원인이 되고 있으므로 이를 위한 대책이 필요하다. 유명브랜드 옷이나 가방, 신발 등을 통한 아동들의 서열화 문화, 외모지상주의에 의한 지나친 다이어트나 화장 등도 최근 아동들의 문제로 부상하고 있으며, 연예인 팬덤과 같이 지나친 동일시의 집단문화, 모바일에 의해 손쉽게 접하는 성적 문화 등에 대한 대책도 심도있게 논의되어야 할 것이다.

부록

1. 아동의 권리에 관한 협약
2. 아동복지법

1. 아동의 권리에 관한 협약

[발효일 1991.12.20.] [다자조약, 제1072호, 1991.12.23.]
채택일 1989. 11. 20./발효일 1990. 9. 2./당사국 수 193/
대한민국 적용일 1991. 12. 20. 단, 제43조제2항 개정(채택일 1995.12.12./
발효일 2002.11.18.)[1]

이 협약의 당사국은, 국제연합헌장에 선언된 원칙에 따라, 인류사회의 모든 구성원의 고유의 존엄성 및 평등하고 양도할 수 없는 권리를 인정하는 것이 세계의 자유, 정의 및 평화의 기초가 됨을 고려하고, 국제연합체제하의 모든 국민들은 기본적인 인권과 인간의 존엄성 및 가치에 대한 신념을 헌장에서 재확인하였고, 확대된 자유속에서 사회진보와 생활수준의 향상을 촉진하기로 결의하였음에 유념하며, 국제연합이 세계인권선언과 국제인권규약에서 모든 사람은 인종, 피부색, 성별, 언어, 종교, 정치적 또는 기타의 의견, 민족적 또는 사회적 출신, 재산, 출생 또는 기타의 신분 등 어떠한 종류 구분에 의한 차별없이 동 선언 및 규약에 규정된 모든 권리와 자유를 누릴 자격이 있음을 선언하고 동의하였음을 인정하고, 국제연합이 세계인권선언에서 아동기에는 특별한 보호와 원조를 받을 권리가 있다고 선언하였음을 상기하며, 사회의 기초집단이며 모든 구성원 특히 아동의 성장과 복지를 위한 자연적 환경으로서 가족에게는 공동체 안에서 그 책임을 충분히 감당할 수 있도록 필요한 보호와 원조가 부여되어야 함을 확신하며, 아동은 완전하고 조화로운 인격 발달을 위하여 가족적 환경과 행복, 사랑 및 이해의 분위기 속에서 성장하여야 함을 인정하고, 아동은 사회에서 한 개인으로서의 삶을 영위할 수 있도록 충분히 준비되어져야 하며, 국제연합헌장에 선언된 이상의 정신과 특히 평화, 존엄, 관용, 자유, 평등, 연대의 정신 속에서 양육되어야 함을 고려하고, 아동에게 특별한 보호를 제공하여야 할 필요성은 1924년 아동권리에 관한 제네바선언과 1959년 11월 20일 총회에 의하여 채택된 아동권리선언에 명시되어 있으며, 세계인권선언, 시민적 및 정치적 권리에 관한 국제규약 (특히 제23조 및 제24조), 경제적, 사회적 및 문화적 권리에 관한 국제 규약(특히 제10조) 및 아동의 복지와 관련된 전문기구와 국제기구의 규정 및 관련문서에서 인정되었음을 유념하고, 아동권리선언에 나타나 있는 바와 같이, "아동은 신체적, 정신적 미성숙으로 인하여 출생 전후를 막론하고 적절한 법적 보호를 포함한 특별한 보호와 배려를 필요로 한다"는 점에 유념하고, "국내적 또는 국제적 양육위탁과 입양을 별도로 규정하는 아동의 보호와 복지에 관한 사회적 및 법적 원칙에 관한 선언"의 제규정, "소년법 운영을 위한 국제연합 최소 표준규칙"(베이징규칙) 및 "비상시 및 무력 충돌 시 부녀자와 아동의 보호에 관한 선언"을 상기하고, 세계 모든 국가에 예외적으로 어려운 여건하에 생활하고 있는 아동들이 있으며, 이 아동들은 특별한 배려를 필요로 함을 인정하고, 아동의 보호와 조화로운 발전을 위하여 각 민족의 전통과 문화적 가치의 중요성을 충분히 고려하고, 모든 국가, 특히 개발도상국가 아동의 생활여건을 향상시키기 위한 국제 협력의 중요성을 인정하면서, 다음과 같이 합의하였다.

제1부

제1조

이 협약의 목적상, "아동"이라함은 아동에게 적용되는 법에 의하여 보다 조기에 성인 연령에 달하지 아니하는 한 18세 미만의 모든 사람을 말한다.

제2조

1. 당사국은 자국의 관할권 안에서 아동 또는 그의 부모나 후견인의 인종, 피부색, 성별, 언어, 종교, 정치적 또는 기타의 의견, 민족적, 인종적 또는 사회적 출신, 재산, 무능력, 출생 또는 기타의 신분에 관계없이 그리고 어떠한 종류의 차별을 함이 없이 이 협약에 규정된 권리를 존중하고, 각 아동에게 보장하여야 한다.
2. 당사국은 아동이 그의 부모나 후견인 또는 가족구성원의 신분, 활동, 표명된 의견 또는 신념을 이유로 하는 모든 형태의 차별이나 처벌로부터 보호되도록 보장하는 모든 적절한 조치를 취하여야 한다.

제3조

1. 공공 또는 민간 사회복지기관, 법원, 행정당국, 또는 입법기관 등에 의하여 실시되는 아동에 관한 모든 활동에 있어서 아동의 최선의 이익이 최우선적으로 고려되어야 한다.
2. 당사국은 아동의 부모, 후견인, 기타 아동에 대하여 법적 책임이 있는 자의 권리와 의무를 고려하여, 아동복지에 필요한 보호와 배려를 아동에게 보장하고, 이를 위하여 모든 적절한 입법적, 행정적 조치를 취하여야 한다.
3. 당사국은 아동에 대한 배려와 보호에 책임있는 기관, 편의 및 시설이 관계당국이 설정한 기준, 특히 안전과 위생분야 그리고 직원의 수 및 적격성은 물론 충분한 감독면에서 기준에 따를 것을 보장하여야 한다.

제4조

당사국은 이 협약에서 인정된 권리를 실현하기 위하여 모든 적절한 입법적, 행정적 및 여타의 조치를 취하여야 한다. 경제적, 사회적 및 문화적 권리에 관하여 당사국은 가용자원의 최대한도까지 그리고 필요한 경우에는 국제협력의 테두리 안에서 이러한 조치를 취하여야 한다.

제5조

아동이 이 협약에서 인정된 권리를 행사함에 있어서 당사국은 부모 또는 적용 가능한 경우 현지 관습에 의하여 인정되는 확대가족이나 공동체의 구성원, 후견인 기타 아동에 대한 법적 책임자들이 아동의 능력발달에 상응하는 방법으로 적절한 감독과 지도를 행할 책임과 권리 및 의무를 가지고 있음을 존중하여야 한다.

제6조

1. 당사국은 모든 아동이 생명에 관한 고유의 권리를 가지고 있음을 인정한다.
2. 당사국은 가능한 한 최대한도로 아동의 생존과 발전을 보장하여야 한다.

제7조

1. 아동은 출생 후 즉시 등록되어야 하며, 출생시부터 성명권과 국적취득권을 가지며, 가능한 한 자신의 부모를 알고 부모에 의하여 양육받을 권리를 가진다.
2. 당사국은 이 분야의 국내법 및 관련국제문서상의 의무에 따라 이러한 권리가 실행되도록 보장하여야 하며, 권리가 실행되지 아니하여 아동이 무국적으로 되는 경우에는 특히 그러하다.

제8조

1. 당사국은 위법한 간섭을 받지 아니하고, 국적, 성명 및 가족관계를 포함하여 법률에 의하여 인정된 신분을 보존할 수 있는 아동의 권리를 존중한다.
2. 아동이 그의 신분요소 중 일부 또는 전부를 불법적으로 박탈당한 경우, 당사국은 그의 신분을 신속하게 회복하기 위하여 적절한 원조와 보호를 제공하여야 한다.

제9조

1. 당사국은 사법적 심사의 구속을 받는 관계당국이 적용가능한 법률 및 절차에 따라서 분리가 아동의 최상의 이익을 위하여 필요하다고 결정 하는 경우 외에는, 아동이 그의 의사에 반하여 부모로부터 분리되지 아니 하도록 보장하여야 한다. 위의 결정은 부모에 의한 아동 학대 또는 유기의 경우나 부모의 별거로 인하여 아동의 거소에 관한 결정이 내려져야 하는 등 특별한 경우에 필요할 수 있다.
2. 제1항의 규정에 의한 어떠한 절차에서도 모든 이해당사자는 그 절차에 참가하여 자신의 견해를 표시할 기회가 부여되어야 한다.
3. 당사국은 아동의 최선의 이익에 반하는 경우 외에는, 부모의 일방 또는 쌍방으로부터 분리된 아동이 정기적으로 부모와 개인적 관계 및 직접적인 면접교섭을 유지할 권리를 가짐을 존중하여야 한다.
4. 그러한 분리가 부모의 일방이나 쌍방 또는 아동의 감금, 투옥, 망명, 강제퇴거 또는 사망(국가가 억류하고 있는 동안 어떠한 원인에 기인한 사망을 포함한다) 등과 같이 당사국에 의하여 취하여진 어떠한 조치의 결과인 경우에는, 당사국은 그 정보의 제공이 아동의 복지에 해롭지 아니하는 한, 요청이 있는 경우, 부모, 아동 또는 적절한 경우 다른 가족구성원에게 부재중인 가족구성원의 소재에 관한 필수적인 정보를 제공하여야 한다. 또한 당사국은 그러한 요청의 제출이 그 자체로 관계인에게 불리한 결과를 초래하지 아니하도록 보장하여야 한다.

제10조

1. 제9조 제1항에 규정된 당사국의 의무에 따라서, 가족의 재결합을 위하여 아동 또는 그 부모가 당사국에 입국하거나 출국하기 위한 신청은 당사국에 의하여 긍정적이며 인도적인 방법으로 그리고 신속하게 취급 되어야 한다. 또한 당사국은 이러한 요청의 제출이 신청자와 그의 가족구성원들에게 불리한 결과를 수반하지 아니하도록 보장하여야 한다.
2. 부모가 타국에 거주하는 아동은 예외적 상황 외에는 정기적으로 부모와 개인적 관계 및 직접적인 면접교섭을 유지할 권리를 가진다. 이러한 목적에 비추어 그리고 제9조 제2항에 규정된 당사국의 의무에 따라서, 당사국은 아동과 그의 부모가 본국을 포함하여 어떠한 국가로부터 출국할 수 있고 또한 본국으로 입국할 수 있는 권리를 존중하여야 한다. 어떠한 국가로부터 출국할 수 있는 권리는 법률에 의하여 규정되고, 국가안보, 공공질서,

공중보건이나 도덕 또는 타인의 권리와 자유를 보호하기 위하여 필요하며 이 협약에서 인정된 그밖의 권리에 부합되는 제한에 의하여만 구속된다.

제11조

1. 당사국은 아동의 불법 해외이송 및 미귀환을 퇴치하기 위한 조치를 취하여야 한다.
2. 이 목적을 위하여 당사국은 양자 또는 다자협정의 체결이나 기존 협정에의 가입을 촉진하여야 한다.

제12조

1. 당사국은 자신의 견해를 형성할 능력이 있는 아동에 대하여 본인에게 영향을 미치는 모든 문제에 있어서 자신의 견해를 자유스럽게 표시할 권리를 보장하며, 아동의 견해에 대하여는 아동의 연령과 성숙도에 따라 정당한 비중이 부여되어야 한다.
2. 이러한 목적을 위하여, 아동에게는 특히 아동에게 영향을 미치는 어떠한 사법적, 행정적 절차에 있어서도 직접 또는 대표자나 적절한 기관을 통하여 진술할 기회가 국내법적 절차에 합치되는 방법으로 주어져야 한다.

제13조

1. 아동은 표현에 대한 자유권을 가진다. 이 권리는 구두, 필기 또는 인쇄, 예술의 형태 또는 아동이 선택하는 기타의 매체를 통하여 모든 종류의 정보와 사상을 국경에 관계없이 추구하고 접수하며 전달하는 자유를 포함한다.
2. 이 권리의 행사는 일정한 제한을 받을 수 있다. 다만, 이 제한은 오직 법률에 의하여 규정되고 또한 다음 사항을 위하여 필요한 것이어야 한다.

가. 타인의 권리 또는 신망의 존중

나. 국가안보, 공공질서, 공중보건 또는 도덕의 보호

제14조

1. 당사국은 아동의 사상, 양심 및 종교의 자유에 대한 권리를 존중하여야 한다.
2. 당사국은 아동이 권리를 행사함에 있어 부모 및 경우에 따라서는, 후견인이 아동의 능력발달에 부합하는 방식으로 그를 감독할 수 있는 권리와 의무를 존중하여야 한다.
3. 종교와 신념을 표현하는 자유는 오직 법률에 의하여 규정되고 공공의 안

전, 질서, 보건이나 도덕 또는 타인의 기본권적 권리와 자유를 보호하기 위하여 필요한 경우에만 제한될 수 있다.

제15조

1. 당사국은 아동의 결사의 자유와 평화적 집회의 자유에 대한 권리를 인정한다.
2. 이 권리의 행사에 대하여는 법률에 따라 부과되고 국가안보 또는 공공의 안전, 공공질서, 공중보건이나 도덕의 보호 또는 타인의 권리와 자유의 보호를 위하여 민주사회에서 필요한 것외의 어떠한 제한도 과하여져서는 아니된다.

제16조

1. 어떠한 아동도 사생활, 가족, 가정 또는 통신에 대하여 자의적 이거나 위법적인 간섭을 받지 아니하며 또한 명예나 신망에 대한 위법적인 공격을 받지 아니한다.
2. 아동은 이러한 간섭 또는 비난으로부터 법의 보호를 받을 권리를 가진다.

제17조

당사국은 대중매체가 수행하는 중요한 기능을 인정하며, 아동이 다양한 국내적 및 국제적 정보원으로부터의 정보와 자료, 특히 아동의 사회적, 정신적, 도덕적 복지와 신체적, 정신적 건강의 향상을 목적으로 하는 정보와 자료에 대한 접근권을 가짐을 보장하여야 한다. 이 목적을 위하여 당사국은,

가. 대중매체가 아동에게 사회적, 문화적으로 유익하고 제29조의 정신에 부합되는 정보와 자료를 보급하도록 장려하여야 한다.

나. 다양한 문화적, 국내적 및 국제적 정보원으로부터의 정보와 자료를 제작, 교환 및 보급하는데 있어서의 국제협력을 장려하여야 한다.

다. 아동도서의 제작과 보급을 장려하여야 한다.

라. 대중매체로 하여금 소수집단에 속하거나 원주민인 아동의 언어상의 곤란에 특별한 관심을 기울이도록 장려하여야 한다.

마. 제13조와 제18조의 규정을 유념하며 아동 복지에 해로운 정보와 자료로부터 아동을 보호하기 위한 적절한 지침의 개발을 장려 하여야 한다.

제18조

1. 당사국은 부모 쌍방이 아동의 양육과 발전에 공동책임을 진다는 원칙이 인정받을 수 있도록 최선의 노력을 기울여야 한다. 부모 또는 경우에 따라서 후견인은 아동의 양육과 발달에 일차적 책임을 진다. 아동의 최선의 이익이 그들의 기본적 관심이 된다.
2. 이 협약에 규정된 권리를 보장하고 촉진시키기 위하여, 당사국은 아동의 양육책임 이행에 있어서 부모와 후견인에게 적절한 지원을 제공하여야 하며, 아동 보호를 위한 기관, 시설 및 편의의 개발을 보장하여야 한다.
3. 당사국은 취업부모의 아동들이 이용할 자격이 있는 아동보호를 위한 편의 및 시설로부터 이익을 향유할 수 있는 권리가 있음을 보장하기 위하여 모든 적절한 조치를 취하여야 한다.

제19조

1. 당사국은 아동이 부모, 후견인 기타 아동양육자의 양육을 받고 있는 동안 모든 형태의 신체적, 정신적 폭력, 상해나 학대, 유기나 유기적 대우, 성적 학대를 포함한 혹사나 착취로부터 아동을 보호하기 위하여 모든 적절한 입법적, 행정적, 사회적 및 교육적 조치를 취하여야 한다.
2. 이러한 보호조치는 아동 및 아동양육자에게 필요한 지원을 제공하기 위한 사회계획의 수립은 물론, 제1항에 규정된 바와 같은 아동학대 사례를 다른 형태로 방지하거나 확인, 보고, 조회, 조사, 처리 및 추적하고 또한 적절한 경우에는 사법적 개입을 가능하게 하는 효과적 절차를 적절히 포함하여야 한다.

제20조

1. 일시적 또는 항구적으로 가정환경을 박탈당하거나 가정환경에 있는 것이 스스로의 최선의 이익을 위하여 허용될 수 없는 아동은 국가로부터 특별한 보호와 원조를 부여받을 권리가 있다.
2. 당사국은 자국의 국내법에 따라 이러한 아동을 위한 보호의 대안을 확보하여야 한다.
3. 이러한 보호는 특히 양육위탁, 회교법의 카팔라, 입양, 또는 필요한 경우 적절한 아동 양육기관에 두는 것을 포함한다. 해결책을 모색하는 경우에는 아동 양육에 있어 계속성의 보장이 바람직하다는 점과 아동의 인종적, 종교적, 문화적 및 언어적 배경에 대하여 정당한 고려가 베풀어져야 한다.

제21조

입양제도를 인정하거나 허용하는 당사국은 아동의 최선의 이익이 최우선적으로 고려되도록 보장하여야 하며, 또한 당사국은

가. 아동의 입양은, 적용 가능한 법률과 절차에 따라서 그리고 적절하고 신빙성 있는 모든 정보에 기초하여, 입양이 부모, 친척 및 후견인에 대한 아동의 신분에 비추어 허용될 수 있음을, 그리고 요구되는 경우 관계자들이 필요한 협의에 의하여 입양에 대한 분별 있는 승낙을 하였음을 결정하는 관계당국에 의하여만 허가되도록 보장하여야 한다.

나. 국제입양은, 아동이 위탁양육자나 입양가족에 두어질 수 없거나 또는 어떠한 적절한 방법으로도 출신국에서 양육되어질 수 없는 경우, 아동 양육의 대체수단으로서 고려될 수 있음을 인정하여야 한다.

다. 국제입양에 관계되는 아동이 국내입양의 경우와 대등한 보호와 기준을 향유하도록 보장하여야 한다.

라. 국제입양에 있어서 양육지정이 관계자들에게 부당한 재정적 이익을 주는 결과가 되지 아니하도록 모든 적절한 조치를 취하여야 한다.

마. 적절한 경우에는 양자 또는 다자약정이나 협정을 체결함으로써 이 조의 목적을 촉진시키며, 이러한 테두리 안에서 아동의 타국 내 양육지정이 관계당국이나 기관에 의하여 실시되는 것을 확보하기 위하여 노력하여야 한다.

제22조

1. 당사국은 난민으로서의 지위를 구하거나 또는 적용 가능한 국제법 및 국내법과 절차에 따라 난민으로 취급되는 아동이, 부모나 기타 다른 사람과의 동반 여부에 관계없이, 이 협약 및 당해 국가가 당사국인 다른 국제 인권 또는 인도주의 관련 문서에 규정된 적용 가능한 권리를 향유함에 있어서 적절한 보호와 인도적 지원을 받을 수 있도록 하기 위하여 적절한 조치를 취하여야 한다.
2. 이 목적을 위하여, 당사국은 국제연합 및 국제연합과 협력하는 그 밖의 권한 있는 정부 간 또는 비정부간 기구들이 그러한 아동을 보호, 원조하고 가족재결합에 필요한 정보를 얻기 위하여 난민 아동의 부모나 다른 가족구성원을 추적하는데 기울이는 모든 노력에 대하여도 적절하다고 판단되는 협조를 제공하여야 한다. 부모나 다른 가족구성원을 발견할 수 없는 경우, 그 아동은 어떠한 이유로 인하여 영구적 또는 일시적으로 가정 환경을

박탈당한 다른 아동과 마찬가지로 이 협약에 규정된 바와 같은 보호를 부여받아야 한다.

제23조

1. 당사국은 정신적 또는 신체적 장애아동이 존엄성이 보장되고 자립이 촉진되며 적극적 사회참여가 조장되는 여건 속에서 충분히 품위 있는 생활을 누려야 함을 인정한다.
2. 당사국은 장애아동의 특별한 보호를 받을 권리를 인정하며, 신청에 의하여 그리고 아동의 여건과 부모나 다른 아동양육자의 사정에 적합한 지원이, 활용 가능한 재원의 범위 안에서, 이를 받을만한 아동과 그의 양육 책임자에게 제공될 것을 장려하고 보장하여야 한다.
3. 장애아동의 특별한 어려움을 인식하며, 제2항에 따라 제공된 지원은 부모나 다른 아동양육자의 재산을 고려하여 가능한 한 무상으로 제공되어야 하며, 장애아동의 가능한 한 전면적인 사회참여와 문화적, 정신적 발전을 포함한 개인적 발전의 달성에 이바지하는 방법으로 그 아동이 교육, 훈련, 건강관리지원, 재활지원, 취업준비 및 오락기회를 효과적으로 이용하고 제공받을 수 있도록 계획되어야 한다.
4. 당사국은 국제협력의 정신에 입각하여, 그리고 당해 분야에서의 능력과 기술을 향상시키고 경험을 확대하기 위하여 재활, 교육 및 직업보도 방법에 관한 정보의 보급 및 이용을 포함하여, 예방의학분야 및 장애아동에 대한 의학적, 심리적, 기능적 처치분야에 있어서의 적절한 정보의 교환을 촉진하여야 한다. 이 문제에 있어서 개발도상국의 필요에 대하여 특별한 고려가 베풀어져야 한다.

제24조

1. 당사국은 도달 가능한 최상의 건강수준을 향유하고, 질병의 치료와 건강의 회복을 위한 시설을 사용할 수 있는 아동의 권리를 인정한다. 당사국은 건강관리지원의 이용에 관한 아동의 권리가 박탈되지 아니하도록 노력하여야 한다.
2. 당사국은 이 권리의 완전한 이행을 추구하여야 하며, 특히 다음과 같은 적절한 조치를 취하여야 한다.

가. 유아와 아동의 사망률을 감소시키기 위한 조치

나. 기초건강관리의 발전에 중점을 두면서 모든 아동에게 필요한 의료지원과

건강관리의 제공을 보장하는 조치

다. 환경오염의 위험과 손해를 감안하면서, 기초건강관리 체계 안에서 무엇보다도 쉽게 이용 가능한 기술의 적용과 충분한 영양식 및 깨끗한 음료수의 제공 등을 통하여 질병과 영양실조를 퇴치하기 위한 조치

라. 산모를 위하여 출산 전후의 적절한 건강관리를 보장하는 조치

마. 모든 사회구성원 특히 부모와 아동은 아동의 건강과 영양, 모유, 수유의 이익, 위생 및 환경정화 그리고 사고예방에 관한 기초 지식의 활용에 있어서 정보를 제공받고 교육을 받으며 지원을 받을 것을 확보하는 조치

바. 예방적 건강관리, 부모를 위한 지도 및 가족계획에 관한 교육과 편의를 발전시키는 조치

3. 당사국은 아동의 건강을 해치는 전통관습을 폐지하기 위하여 모든 효과적이고 적절한 조치를 취하여야 한다.
4. 당사국은 이 조에서 인정된 권리의 완전한 실현을 점진적으로 달성하기 위하여 국제협력을 촉진하고 장려하여야 한다. 이 문제에 있어서 개발도상국의 필요에 대하여 특별한 고려가 베풀어져야 한다.

제25조

당사국은 신체적, 정신적 건강의 관리, 보호 또는 치료의 목적으로 관계당국에 의하여 양육지정 조치된 아동이, 제공되는 치료 및 양육지정과 관련된 그 밖의 모든 사정을 정기적으로 심사받을 권리를 가짐을 인정한다.

제26조

1. 당사국은 모든 아동이 사회보험을 포함한 사회보장제도의 혜택을 받을 권리를 가짐을 인정하며, 자국의 국내법에 따라 이 권리의 완전한 실현을 달성하기 위하여 필요한 조치를 취하여야 한다.
2. 이러한 혜택은 아동 및 아동에 대한 부양책임자의 자력과 주변 사정은 물론 아동에 의하여 직접 행하여지거나 또는 아동을 대신하여 행하여지는 혜택의 신청과 관련된 그밖의 사정을 참작하여 적절한 경우에 부여되어야 한다.

제27조

1. 당사국은 모든 아동이 신체적, 지적, 정신적, 도덕적 및 사회적 발달에 적합한 생활수준을 누릴 권리를 가짐을 인정한다.

2. 부모 또는 기타 아동에 대하여 책임이 있는 자는 능력과 재산의 범위 안에서 아동발달에 필요한 생활여건을 확보할 일차적 책임을 진다.
3. 당사국은 국내 여건과 재정의 범위 안에서 부모 또는 기타 아동에 대하여 책임 있는 자가 이 권리를 실현하는 것을 지원하기 위한 적절한 조치를 취하여야 하며, 필요한 경우에는 특히 영양, 의복 및 주거에 대하여 물질적 보조 및 지원계획을 제공하여야 한다.
4. 당사국은 국내외에 거주하는 부모 또는 기타 아동에 대하여 재정적으로 책임 있는 자로부터 아동양육비의 회부를 확보하기 위한 모든 적절한 조치를 취하여야 한다. 특히 아동에 대하여 재정적으로 책임 있는 자가 아동이 거주하는 국가와 다른 국가에 거주하는 경우, 당사국은 국제협약의 가입이나 그러한 협약의 체결은 물론 다른 적절한 조치의 강구를 촉진하여야 한다.

제28조

1. 당사국은 아동의 교육에 대한 권리를 인정하며, 점진적으로 그리고 기회균등의 기초 위에서 이 권리를 달성하기 위하여 특히 다음의 조치를 취하여야 한다.

가. 초등교육은 의무적이며, 모든 사람에게 무료로 제공되어야 한다.

나. 일반교육 및 직업교육을 포함한 여러 형태의 중등교육의 발전을 장려하고, 이에 대한 모든 아동의 이용 및 접근이 가능하도록 하며, 무료교육의 도입 및 필요한 경우 재정적 지원을 제공하는 등의 적절한 조치를 취하여야 한다.

다. 고등교육의 기회가 모든 사람에게 능력에 입각하여 개방될 수 있도록 모든 적절한 조치를 취하여야 한다.

라. 교육 및 직업에 관한 정보와 지도를 모든 아동이 이용하고 접근할 수 있도록 조치하여야 한다.

마. 학교에의 정기적 출석과 탈락률 감소를 장려하기 위한 조치를 취하여야 한다.

2. 당사국은 학교 규율이 아동의 인간적 존엄성과 합치하고 이 협약에 부합하도록 운영되는 것을 보장하기 위한 모든 적절한 조치를 취하여야 한다.
3. 당사국은, 특히 전 세계의 무지와 문맹의 퇴치에 이바지하고, 과학적, 기술적 지식과 현대적 교육방법에의 접근을 쉽게 하기 위하여, 교육에 관련되는 사항에 있어서 국제협력을 촉진하고 장려하여야 한다. 이 문제에 있어서 개발도상국의 필요에 대하여 특별한 고려가 베풀어져야 한다.

제29조

1. 당사국은 아동교육이 다음의 목표를 지향하여야 한다는데 동의한다.

가. 아동의 인격, 재능 및 정신적, 신체적 능력의 최대한의 계발

나. 인권과 기본적 자유 및 국제연합헌장에 규정된 원칙에 대한 존중의 진전

다. 자신의 부모, 문화적 주체성, 언어 및 가치 그리고 현거주국과 출신국의 국가적 가치 및 이질문명에 대한 존중의 진전

라. 아동이 인종적, 민족적, 종교적 집단 및 원주민 등 모든 사람과의 관계에 있어서 이해, 평화, 관용, 성(性)의 평등 및 우정의 정신에 입각하여 자유 사회에서 책임 있는 삶을 영위하도록 하는 준비

마. 자연환경에 대한 존중의 진전

2. 이 조 또는 제28조의 어떠한 부분도 개인 및 단체가, 언제나 제1항에 규정된 원칙들을 준수하고 당해교육기관에서 실시되는 교육이 국가에 의하여 설정된 최소한의 기준에 부합하여야 한다는 조건하에, 교육기관을 설립하여 운영할 수 있는 자유를 침해하는 것으로 해석되어서는 아니된다.

제30조

인종적, 종교적 또는 언어적 소수자나 원주민이 존재하는 국가에서 이러한 소수자에 속하거나 원주민인 아동은 자기 집단의 다른 구성원과 함께 고유 문화를 향유하고, 고유의 종교를 신앙하고 실천하며, 고유의 언어를 사용할 권리를 부인당하지 아니한다.

제31조

1. 당사국은 휴식과 여가를 즐기고, 자신의 연령에 적합한 놀이와 오락활동에 참여하며, 문화생활과 예술에 자유롭게 참여할 수 있는 아동의 권리를 인정한다.
2. 당사국은 문화적, 예술적 생활에 완전하게 참여할 수 있는 아동의 권리를 존중하고 촉진하며, 문화, 예술, 오락 및 여가활동을 위한 적절하고 균등한 기회의 제공을 장려하여야 한다.

제32조

1. 당사국은 경제적 착취 및 위험하거나, 아동의 교육에 방해되거나, 아동의 건강이나 신체적, 지적, 정신적, 도덕적 또는 사회적 발전에 유해한 여하한 노동의 수행으로부터 보호받을 아동의 권리를 인정한다.

2. 당사국은 이 조의 이행을 보장하기 위한 입법적, 행정적, 사회적 및 교육적 조치를 강구하여야 한다. 이 목적을 위하여 그리고 그 밖의 국제 문서의 관련 규정을 고려하여 당사국은 특히 다음의 조치를 취하여야 한다.
가. 단일 또는 복수의 최저 고용연령의 규정
나. 고용시간 및 조건에 관한 적절한 규정의 마련
다. 이 조의 효과적인 실시를 확보하기 위한 적절한 처벌 또는 기타 제재수단의 규정

제33조

당사국은 관련 국제조약에서 규정하고 있는 마약과 향정신성 물질의 불법적 사용으로부터 아동을 보호하고 이러한 물질의 불법적 생산과 거래에 아동이 이용되는 것을 방지하기 위하여 입법적, 행정적, 사회적, 교육적 조치를 포함한 모든 적절한 조치를 취하여야 한다.

제34조

당사국은 모든 형태의 성적 착취와 성적 학대로부터 아동을 보호할 의무를 진다. 이 목적을 달성하기 위하여 당사국은 특히 다음의 사항을 방지하기 위한 모든 적절한 국내적, 양국간, 다국간 조치를 취하여야 한다.
가. 아동을 모든 위법한 성적 활동에 종사하도록 유인하거나 강제하는 행위
나. 아동을 매음이나 기타 위법한 성적 활동에 착취적으로 이용하는 행위
다. 아동을 외설스러운 공연 및 자료에 착취적으로 이용하는 행위 제35조당사국은 모든 목적과 형태의 아동의 약취유인이나 매매 또는 거래를 방지하기 위한 모든 적절한 국내적, 양국 간, 다국 간 조치를 취하여야 한다.

제36조

당사국은 아동복지의 어떠한 측면에 대하여라도 해로운 기타 모든 형태의 착취로부터 아동을 보호하여야 한다.

제37조

당사국은 다음의 사항을 보장하여야 한다.
가. 어떠한 아동도 고문 또는 기타 잔혹하거나 비인간적이거나 굴욕적인 대우나 처벌을 받지 아니한다. 사형 또는 석방의 가능성이 없는 종신형은 18세 미만의 사람이 범한 범죄에 대하여 과하여져서는 아니된다.

나. 어떠한 아동도 위법적 또는 자의적으로 자유를 박탈당하지 아니 한다. 아동의 체포, 억류 또는 구금은 법률에 따라 행하여져야 하며, 오직 최후의 수단으로서 또한 적절한 최단기간 동안만 사용되어야 한다.

다. 자유를 박탈당한 모든 아동은 인도주의와 인간 고유의 존엄성에 대한 존중에 입각하여 그리고 그들의 연령상의 필요를 고려하여 처우되어야 한다. 특히 자유를 박탈당한 모든 아동은, 성인으로 부터 격리되지 아니하는 것이 아동의 최선의 이익에 합치된다고 생각되는 경우를 제외하고는 성인으로부터 격리되어야 하며, 예외적인 경우를 제외하고는 서신과 방문을 통하여 자기 가족과의 접촉을 유지할 권리를 가진다.

라. 자유를 박탈당한 모든 아동은 법률적 및 기타 적절한 구조에 신속하게 접근할 권리를 가짐은 물론 법원이나 기타 권한 있고 독립적이며 공정한 당국 악에서 자신에 대한 자유박탈의 합법성에 이의를 제기하고 이러한 소송에 대하여 신속한 결정을 받을 권리를 가진다.

제38조

1. 당사국은 아동과 관련이 있는 무력분쟁에 있어서, 당사국에 적용 가능한 국제인도법의 규칙을 존중하고 동 존중을 보장할 의무를 진다.
2. 당사국은 15세에 달하지 아니한 자가 적대행위에 직접 참여하지 아니할 것을 보장하기 위하여 실행가능한 모든 조치를 취하여야 한다.
3. 당사국은 15세에 달하지 아니한 자의 징병을 삼가야 한다. 15세에 달하였으나 18세에 달하지 아니한 자 중에서 징병하는 경우, 당사국은 최연장자에게 우선순위를 두도록 노력하여야 한다.
4. 무력분쟁에 있어서 민간인 보호를 위한 국제인도법상의 의무에 따라서, 당사국은 무력분쟁의 영향을 받는 아동의 보호 및 배려를 확보하기 위하여 실행가능한 모든 조치를 취하여야 한다.

제39조

당사국은 모든 형태의 유기, 착취, 학대, 또는 고문이나 기타 모든 형태의 잔혹하거나 비인간적이거나 굴욕적인 대우나 처벌, 또는 무력분쟁으로 인하여 희생이 된 아동의 신체적, 심리적 회복 및 사회복귀를 촉진시키기 위한 모든 적절한 조치를 취하여야 한다.

제40조

1. 당사국은 형사피의자나 형사피고인 또는 유죄로 인정받은 모든 아동에 대하여, 아동의 연령 그리고 아동의 사회복귀 및 사회에서의 건설적 역할 담당을 촉진하는 것이 바람직스럽다는 점을 고려하고, 인권과 타인의 기본적 자유에 대한 아동의 존중심을 강화시키며, 존엄과 가치에 대한 아동의 지각을 촉진시키는데 부합하도록 처우 받을 권리를 가짐을 인정한다.
2. 이 목적을 위하여 그리고 국제문서의 관련규정을 고려하며, 당사국은 특히 다음 사항을 보장하여야 한다.

가. 모든 아동은 행위 시의 국내법 또는 국제법에 의하여 금지되지 아니한 작위 또는 부작위를 이유로 하여 형사피의자가 되거나 형사 기소되거나 유죄로 인정받지 아니한다.

나. 형사피의자 또는 형사피고인인 모든 아동은 최소한 다음 사항을 보장받는다.

(1) 법률에 따라 유죄가 입증될 때까지는 무죄로 추정받는다.

(2) 피의사실을 신속하게 그리고 직접 또는 적절한 경우, 부모나 후견인을 통하여 통지받으며, 변론의 준비 및 제출시 법률적 또는 기타 적절한 지원을 받는다.

(3) 권한 있고 독립적이며 공평한 기관 또는 사법기관에 의하여 법률적 또는 기타 적당한 지원하에 법률에 따른 공정한 심리를 받아 지체없이 사건이 판결되어야 하며, 아동의 최선의 이익에 반한다고 판단되지 아니하는 경우, 특히 그의 연령이나 주변환경, 부모 또는 후견인 등을 고려하여야 한다.

(4) 증언이나 유죄의 자백을 강요당하지 아니하며, 자신에게 불리한 증인을 신문하거나 또는 신문받도록 하며, 대등한 조건하에 자신을 위한 증인의 출석과 신문을 확보한다.

(5) 형법위반으로 간주되는 경우, 그 판결 및 그에 따라 부과된 여하한 조치는 법률에 따라 권한 있고 독립적이며 공정한 상급당국이나 사법기관에 의하여 심사되어야 한다.

(6) 아동이 사용되는 언어를 이해하지 못하거나 말하지 못하는 경우, 무료로 통역원의 지원을 받는다.

(7) 사법절차의 모든 단계에서 아동의 사생활은 충분히 존중되어야 한다.

3. 당사국은 형사피의자, 형사피고인 또는 유죄로 인정받은 아동에게 특별히 적용될 수 있는 법률, 절차, 기관 및 기구의 설립을 촉진하도록 노력하며, 특히 다음 사항에 노력하여야 한다.

가. 형법위반능력이 없다고 추정되는 최저 연령의 설정

나. 적절하고 바람직스러운 경우, 인권과 법적 보장이 완전히 존중된다는 조건하에 이러한 아동을 사법절차에 의하지 아니하고 다루기 위한 조치

4. 아동이 그들의 복지에 적절하고 그들의 여건 및 범행에 비례하여 취급될 것을 보장하기 위하여 보호, 지도 및 감독명령, 상담, 보호관찰, 보호양육, 교육과 직업훈련계획 및 제도적 보호에 대한 그 밖의 대체방안 등 여러 가지 처분이 이용 가능하여야 한다.

제41조

이 협약의 규정은 다음 사항에 포함되어 있는 아동권리의 실현에 보다 공헌할 수 있는 어떠한 규정에도 영향을 미치지 아니한다.

가. 당사국의 법

나. 당사국에 대하여 효력을 가지는 국제법

제2부

제42조

당사국은 이 협약의 원칙과 규정을 적절하고 적극적인 수단을 통하여 성인과 아동 모두에게 널리 알릴 의무를 진다.

제43조

1. 이 협약상의 의무이행을 달성함에 있어서 당사국이 이룩한 진전 상황을 심사하기 위하여 이하에 규정된 기능을 수행하는 아동권리위원회를 설립한다.
2. 위원회는 고매한 인격을 가지고 이 협약이 대상으로 하는 분야에서 능력이 인정된 10명의 전문가로 구성된다. 위원회의 위원은 형평한 지리적 배분과 주요 법체계를 고려하여 당사국의 국민 중에서 선출되며, 개인적 자격으로 임무를 수행한다.
3. 위원회의 위원은 당사국에 의하여 지명된 자의 명단중에서 비밀투표에 의하여 선출된다. 각 당사국은 자국민 중에서 1인을 지명할 수 있다.
4. 위원회의 최초의 선거는 이 협약의 발효일부터 6월 이내에 실시되며, 그 이후는 매 2년마다 실시된다. 각 선거일의 최소 4월 이전에 국제 연합 사무총장은 당사국에 대하여 2월 이내에 후보자 지명을 제출하라는 서한을 발송하여야 한다. 사무총장은 지명한 당사국의 표시와 함께 알파벳 순으로 지명된 후보들의 명단을 작성하여, 이를 이 협약의 당사국에게 제시하여야 한다.
5. 선거는 국제연합 본부에서 사무총장에 의하여 소집된 당사국 회의에서 실

시된다. 이 회의는 당사국의 3분의 2를 의사정족수로 하고, 출석하고 투표한 당사국 대표의 최대다수표 및 절대다수표를 얻는 자가 위원으로 선출된다.

6. 위원회의 위원은 4년 임기로 선출된다. 위원은 재지명된 경우에는 재선될 수 있다. 최초의 선거에서 선출된 위원 중 5인의 임기는 2년 후에 종료된다. 이들 5인 위원의 명단은 최초선거후 즉시 동 회의의 의장에 의하여 추첨으로 선정된다.
7. 위원회 위원이 사망, 사퇴 또는 본인이 어떠한 이유로 인하여 위원회의 임무를 더 이상 수행할 수 없다고 선언하는 경우, 그 위원을 지명한 당사국은 위원회의 승인을 조건으로 자국민 중에서 잔여 임기를 수행할 다른 전문가를 임명한다.
8. 위원회는 자체의 절차규정을 제정한다.
9. 위원회는 2년 임기의 임원을 선출한다.
10. 위원회의 회의는 통상 국제연합 본부나 위원회가 결정하는 그밖의 편리한 장소에서 개최된다. 위원회는 통상 매년 회의를 한다. 위원회의 회의기간은 필요한 경우 총회의 승인을 조건으로 이 협약 당사국 회의에 의하여 결정되고 재검토된다.
11. 국제연합 사무총장은 이 협약에 의하여 설립된 위원회의 효과적인 기능수행을 위하여 필요한 직원과 편의를 제공한다.
12. 이 협약에 의하여 설립된 위원회의 위원은 총회의 승인을 얻고 총회가 결정하는 기간과 조건에 따라 국제연합의 재원으로부터 보수를 받는다.

제44조

1. 당사국은 이 협약에서 인정된 권리를 실행하기 위하여 그들이 채택한 조치와 동 권리의 향유와 관련하여 이룩한 진전 상황에 관한 보고서를 다음과 같이 국제연합 사무총장을 통하여 위원회에 제출한다.

가. 관계 당사국에 대하여 이 협약이 발효한 후 2년 이내

나. 그 후 5년마다

2. 이 조에 따라 제출되는 보고서는 이 협약상 의무의 이행정도에 영향을 미치는 요소와 장애가 있을 경우 이를 적시하여야 한다. 보고서는 또한 관계국에서의 협약이행에 관한 포괄적인 이해를 위원회에 제공하기 위한 충분한 정보를 포함하여야 한다.
3. 위원회에 포괄적인 최초의 보고서를 제출한 당사국은, 제1항 나호에 의하여

제출하는 후속보고서에 이미 제출된 기초적 정보를 반복할 필요는 없다.

4. 위원회는 당사국으로부터 이 협약의 이행과 관련이 있는 추가정보를 요청할 수 있다.
5. 위원회는 위원회의 활동에 관한 보고서를 2년마다 경제사회 이사회를 통하여 총회에 제출한다.
6. 당사국은 자국의 활동에 관한 보고서를 자국 내 일반에게 널리 활용 가능하도록 하여야 한다.

제45조

이 협약의 효과적인 이행을 촉진하고 이 협약이 대상으로 하는 분야에서의 국제협력을 장려하기 위하여

가. 전문기구, 국제연합아동기금 및 국제연합의 그밖의 기관은 이 협약 중 그들의 권한 범위 안에 속하는 규정의 이행에 관한 논의에 대표를 파견할 권리를 가진다. 위원회는 전문기구, 국제연합 아동기금 및 위원회가 적절하다고 판단하는 그 밖의 권한 있는 기구에 대하여 각 기구의 권한 범위에 속하는 분야에 있어서 이 협약의 이행에 관한 전문적인 자문을 제공하여 줄 것을 요청할 수 있다. 위원회는 전문기구, 국제연합아동기금 및 국제연합의 그 밖의 기관에게 그들의 활동범위에 속하는 분야에서의 이 협약의 이행에 관한 보고서를 제출할 것을 요청할 수 있다.

나. 위원회는 적절하다고 판단되는 경우 기술적 자문이나 지원을 요청하거나 그 필요성을 지적하고 있는 당사국의 모든 보고서를 그러한 요청이나 지적에 대한 위원회의 의견이나 제안이 있으면 동 의견이나 제안과 함께 전문기구, 국제연합아동기금 및 그 밖의 권한 있는 기구에 전달하여야 한다.

다. 위원회는 사무총장이 위원회를 대신하여 아동권리와 관련이 있는 특정 문제를 조사하도록 요청할 것을 총회에 대하여 권고할 수 있다.

라. 위원회는 이 협약 제44조 및 제45조에 의하여 접수한 정보에 기초하여 제안과 일반적 권고를 할 수 있다. 이러한 제안과 일반적 권고는 당사국의 논평이 있으면 그 논평과 함께 모든 관계 당사국에 전달되고 총회에 보고되어야 한다.

제3부

제46조

이 협약은 모든 국가에 의한 서명을 위하여 개방된다.

제47조

이 협약은 비준되어야 한다. 비준서는 국제연합 사무총장에게 기탁되어야 한다.

제48조

이 협약은 모든 국가에 의한 가입을 위하여 개방된다. 가입서는 국제연합 사무총장에게 기탁되어야 한다.

제49조

1. 이 협약은 20번째의 비준서 또는 가입서가 국제연합 사무총장에게 기탁되는 날부터 30일째 되는 날 발효한다.
2. 20번째의 비준서 또는 가입서의 기탁 이후에 이 협약을 비준하거나 가입하는 각 국가에 대하여, 이 협약은 그 국가의 비준서 또는 가입서 기탁 후 30일째 되는 날 발효한다.

제50조

1. 모든 당사국은 개정안을 제안하고 이를 국제연합 사무총장에게 제출할 수 있다. 동 제출에 의하여 사무총장은 당사국에게 동 제안을 심의하고 표결에 붙이기 위한 당사국회의의 개최에 대한 찬성 여부에 관한 의견을 표시하여 줄 것을 요청하는 것과 함께 개정안을 당사국에게 송부하여야 한다. 이러한 통보일부터 4월 이내에 당사 국중 최소 3분의 1이 회의 개최에 찬성하는 경우 사무총장은 국제연합 주관하에 동 회의를 소집하여야 한다. 동 회의에 출석하고 표결한 당사국의 과반수에 의하여 채택된 개정안 은 그 승인을 위하여 국제연합 총회에 제출된다.
2. 제1항에 따라서 채택된 개정안은 국제연합 총회에 의하여 승인되고, 당사국의 3분의 2 이상의 다수가 수락하는 때에 발효한다.
3. 개정안은 발효한 때에 이를 수락한 당사국을 구속하며, 그 밖의 당사국은 계속하여 이 협약의 규정 및 이미 수락한 그 이전의 모든 개정에 구속된다.

제51조

1. 국제연합 사무총장은 비준 또는 가입 시 각국이 행한 유보문을 접수하고 모든 국가에게 이를 배포하여야 한다.
2. 이 협약의 대상 및 목적과 양립할 수 없는 유보는 허용되지 아니한다.
3. 유보는 국제연합 사무총장에게 발송된 통고를 통하여 언제든지 철회될 수 있으며, 사무총장은 이를 모든 국가에게 통보하여야 한다. 그러한 통고는 사무총장에게 접수된 날부터 발효한다.

제52조

당사국은 국제연합 사무총장에 대한 서면통고를 통하여 이 협약을 폐기할 수 있다. 폐기는 사무총장이 통고를 접수한 날부터 1년 후에 발효한다.

제53조

국제연합 사무총장은 이 협약의 수탁자로 지명된다.

제54조

아랍어, 중국어, 영어, 불어, 러시아어 및 서반아어본이 동등하게 정본인 이 협약의 원본은 국제연합 사무총장에게 기탁된다.

이상의 증거로 아래의 서명 전권대표들은 각국 정부에 의하여 정당하게 권한을 위임받아 이 협약에 서명하였다.

2. 아동복지법

[시행 2019.1.1.] [법률 제14925호, 2017.10.24., 일부개정]
보건복지부(아동복지정책과(총괄)) 044-202-3415
보건복지부(아동권리과(아동학대, 취업제한)) 044-202-3440

제1장 총칙

제1조(목적) 이 법은 아동이 건강하게 출생하여 행복하고 안전하게 자랄 수 있도록 아동의 복지를 보장하는 것을 목적으로 한다.

제2조(기본 이념) ① 아동은 자신 또는 부모의 성별, 연령, 종교, 사회적 신분, 재산, 장애유무, 출생지역, 인종 등에 따른 어떠한 종류의 차별도 받지 아니하고 자라나야 한다.

② 아동은 완전하고 조화로운 인격발달을 위하여 안정된 가정환경에서 행복하게 자라나야 한다.

③ 아동에 관한 모든 활동에 있어서 아동의 이익이 최우선적으로 고려되어야 한다.

④ 아동은 아동의 권리보장과 복지증진을 위하여 이 법에 따른 보호와 지원을 받을 권리를 가진다.

제3조(정의) 이 법에서 사용하는 용어의 뜻은 다음과 같다. <개정 2014.1.28.>

1. "아동"이란 18세 미만인 사람을 말한다.
2. "아동복지"란 아동이 행복한 삶을 누릴 수 있는 기본적인 여건을 조성하고 조화롭게 성장·발달할 수 있도록 하기 위한 경제적·사회적·정서적 지원을 말한다.
3. "보호자"란 친권자, 후견인, 아동을 보호·양육·교육하거나 그러한 의무가 있는 자 또는 업무·고용 등의 관계로 사실상 아동을 보호·감독하는 자를 말한다.
4. "보호대상아동"이란 보호자가 없거나 보호자로부터 이탈된 아동 또는 보호자가 아동을 학대하는 경우 등 그 보호자가 아동을 양육하기에 적당하지 아니하거나 양육할 능력이 없는 경우의 아동을 말한다.
5. "지원대상아동"이란 아동이 조화롭고 건강하게 성장하는 데에 필요한 기초적인 조건이 갖추어지지 아니하여 사회적·경제적·정서적 지원이 필요한 아동을 말한다.
6. "가정위탁"이란 보호대상아동의 보호를 위하여 성범죄, 가정폭력, 아동

학대, 정신질환 등의 전력이 없는 보건복지부령으로 정하는 기준에 적합한 가정에 보호대상아동을 일정 기간 위탁하는 것을 말한다.

7. "아동학대"란 보호자를 포함한 성인이 아동의 건강 또는 복지를 해치거나 정상적 발달을 저해할 수 있는 신체적·정신적·성적 폭력이나 가혹행위를 하는 것과 아동의 보호자가 아동을 유기하거나 방임하는 것을 말한다.

7의2. "아동학대관련범죄"란 다음 각 목의 어느 하나에 해당하는 죄를 말한다.

가. 「아동학대범죄의 처벌 등에 관한 특례법」 제2조제4호에 따른 아동학대범죄

나. 아동에 대한 「형법」 제2편제24장 살인의 죄 중 제250조부터 제255조까지의 죄

8. "피해아동"이란 아동학대로 인하여 피해를 입은 아동을 말한다.

9. 삭제 〈2016.3.22.〉

10. "아동복지시설"이란 제50조에 따라 설치된 시설을 말한다.

11. "아동복지시설 종사자"란 아동복지시설에서 아동의 상담·지도·치료·양육, 그 밖에 아동의 복지에 관한 업무를 담당하는 사람을 말한다.

제4조(국가와 지방자치단체의 책무) ① 국가와 지방자치단체는 아동의 안전·건강 및 복지 증진을 위하여 아동과 그 보호자 및 가정을 지원하기 위한 정책을 수립·시행하여야 한다.

② 국가와 지방자치단체는 보호대상아동 및 지원대상아동의 권익을 증진하기 위한 정책을 수립·시행하여야 한다.

③ 국가와 지방자치단체는 아동이 태어난 가정에서 성장할 수 있도록 지원하고, 아동이 태어난 가정에서 성장할 수 없을 때에는 가정과 유사한 환경에서 성장할 수 있도록 조치하며, 아동을 가정에서 분리하여 보호할 경우에는 신속히 가정으로 복귀할 수 있도록 지원하여야 한다. 〈신설 2016.3.22.〉

④ 국가와 지방자치단체는 장애아동의 권익을 보호하기 위하여 필요한 시책을 강구하여야 한다. 〈개정 2016.3.22.〉

⑤ 국가와 지방자치단체는 아동이 자신 또는 부모의 성별, 연령, 종교, 사회적 신분, 재산, 장애유무, 출생지역 또는 인종 등에 따른 어떠한 종류의 차별도 받지 아니하도록 필요한 시책을 강구하여야 한다. 〈개정 2016.3.22.〉

⑥ 국가와 지방자치단체는 「아동의 권리에 관한 협약」에서 규정한 아동의 권리 및 복지 증진 등을 위하여 필요한 시책을 수립·시행하고, 이에 필요

한 교육과 홍보를 하여야 한다. 〈개정 2016.3.22.〉

⑦ 국가와 지방자치단체는 아동의 보호자가 아동을 행복하고 안전하게 양육하기 위하여 필요한 교육을 지원하여야 한다. 〈신설 2014.1.28., 2016.3.22.〉

제5조(보호자 등의 책무) ① 아동의 보호자는 아동을 가정에서 그의 성장시기에 맞추어 건강하고 안전하게 양육하여야 한다.

② 아동의 보호자는 아동에게 신체적 고통이나 폭언 등의 정신적 고통을 가하여서는 아니 된다. 〈신설 2015.3.27.〉

③ 모든 국민은 아동의 권익과 안전을 존중하여야 하며, 아동을 건강하게 양육하여야 한다. 〈개정 2015.3.27.〉

제6조(어린이날 및 어린이주간) 어린이에 대한 사랑과 보호의 정신을 높임으로써 이들을 옳고 아름답고 슬기로우며 씩씩하게 자라나도록 하기 위하여 매년 5월 5일을 어린이날로 하며, 5월 1일부터 5월 7일까지를 어린이주간으로 한다.

제2장 아동복지정책의 수립 및 시행 등

제7조(아동정책기본계획의 수립) ① 보건복지부장관은 아동정책의 효율적인 추진을 위하여 5년마다 아동정책기본계획(이하 "기본계획"이라 한다)을 수립하여야 한다.

② 기본계획은 다음 각 호의 사항을 포함하여야 한다.

1. 이전의 기본계획에 관한 분석·평가
2. 아동정책에 관한 기본방향 및 추진목표
3. 주요 추진과제 및 추진방법
4. 재원조달방안
5. 그 밖에 아동정책을 시행하기 위하여 특히 필요하다고 인정되는 사항

③ 보건복지부장관은 기본계획을 수립할 때에는 미리 관계 중앙행정기관의 장과 협의하여야 한다.

④ 기본계획은 제10조에 따른 아동정책조정위원회의 심의를 거쳐 확정한다. 이 경우 보건복지부장관은 확정된 기본계획을 관계 중앙행정기관의 장 및 특별시장·광역시장·도지사·특별자치도지사(이하 "시·도지사"라 한다)에게 알려야 한다.

제8조(연도별 시행계획의 수립·시행 등) ① 보건복지부장관, 관계 중앙행정기관의 장 및 시·도지사는 매년 기본계획에 따라 연도별 아동정책시행계획(이하 "시행계획"이라 한다)을 수립·시행하여야 한다.

② 관계 중앙행정기관의 장 및 시·도지사는 다음 연도의 시행계획 및 전년도의 시행계획에 따른 추진실적을 대통령령으로 정하는 바에 따라 매년 보건복지부장관에게 제출하고, 보건복지부장관은 매년 시행계획에 따른 추진실적을 평가하여야 한다.

③ 시행계획의 수립·시행 및 추진실적의 평가 등에 필요한 사항은 대통령령으로 정한다.

제9조(계획수립의 협조) ① 보건복지부장관, 관계 중앙행정기관의 장 및 시·도지사는 기본계획 또는 시행계획의 수립·시행을 위하여 필요한 경우에는 관계 기관·단체나 그 밖의 민간기업체의 장에게 협조를 요청할 수 있다.

② 제1항에 따른 요청을 받은 자는 정당한 사유가 없는 한 이에 따라야 한다.

제10조(아동정책조정위원회) ① 아동의 권리증진과 건강한 출생 및 성장을 위하여 종합적인 아동정책을 수립하고 관계 부처의 의견을 조정하며 그 정책의 이행을 감독하고 평가하기 위하여 국무총리 소속으로 아동정책조정위원회(이하 "위원회"라 한다)를 둔다.

② 위원회는 다음 각 호의 사항을 심의·조정한다.

1. 기본계획의 수립에 관한 사항
2. 아동의 권익 및 복지 증진을 위한 기본방향에 관한 사항
3. 아동정책의 개선과 예산지원에 관한 사항
4. 아동 관련 국제조약의 이행 및 평가·조정에 관한 사항
5. 아동정책에 관한 관련 부처 간 협조에 관한 사항
6. 그 밖에 위원장이 부의하는 사항

③ 위원회는 위원장을 포함한 25명 이내의 위원으로 구성하되, 위원장은 국무총리가 되고 위원은 다음 각 호의 사람이 된다. 〈개정 2013.3.23., 2014.11.19., 2017.7.26.〉

1. 기획재정부장관·교육부장관·법무부장관·행정안전부장관·문화체육관광부장관·산업통상자원부장관·보건복지부장관·고용노동부장관·여성가족부장관
2. 아동 관련 단체의 장이나 아동에 대한 학식과 경험이 풍부한 사람 중 위원장이 위촉하는 15명 이내의 위원

④ 위원회는 제2항제4호에 따른 국제조약의 이행확인을 위하여 필요한 업무를 관계 전문기관 또는 단체에게 위탁할 수 있다.

⑤ 위원회는 필요하다고 인정하는 때에는 관계 행정기관에 대하여 그 소

속 직원의 출석·설명과 자료의 제출을 요구할 수 있다.

⑥ 제1항부터 제3항까지의 규정에서 정한 것 외에 위원회의 구성 및 운영 등에 필요한 사항은 대통령령으로 정한다.

제11조(아동종합실태조사) ① 보건복지부장관은 5년마다 아동의 양육 및 생활환경, 언어 및 인지 발달, 정서적·신체적 건강, 아동안전, 아동학대 등 아동의 종합실태를 조사하여 그 결과를 공표하고, 이를 기본계획과 시행계획에 반영하여야 한다. 다만, 보건복지부장관은 필요한 경우 보건복지부령으로 정하는 바에 따라 분야별 실태조사를 할 수 있다.

② 보건복지부장관은 제1항에 따른 실태조사를 위하여 관계 기관·법인·단체·시설의 장에게 필요한 자료의 제출 또는 의견의 진술을 요청할 수 있다. 이 경우 요청을 받은 자는 정당한 사유가 없으면 이에 협조하여야 한다. 〈신설 2016.3.22.〉

③ 제1항에 따른 아동종합실태조사의 내용과 방법 등에 필요한 사항은 보건복지부령으로 정한다. 〈개정 2016.3.22.〉

제12조(아동복지심의위원회) ① 시·도지사, 시장·군수·구청장(자치구의 구청장을 말한다. 이하 같다)은 다음 각 호의 사항을 심의하기 위하여 그 소속으로 아동복지심의위원회(이하 "심의위원회"라 한다)를 각각 둔다.

1. 제8조에 따른 시행계획 수립 및 시행에 관한 사항
2. 제15조에 따른 보호조치에 관한 사항
3. 제16조에 따른 퇴소조치에 관한 사항
4. 제18조에 따른 친권행사의 제한이나 친권상실 선고 청구에 관한 사항
5. 제19조에 따른 아동의 후견인의 선임이나 변경 청구에 관한 사항
6. 지원대상아동의 선정과 그 지원에 관한 사항
7. 그 밖에 아동의 보호 및 지원서비스를 위하여 시·도지사 또는 시장·군수·구청장이 필요하다고 인정하는 사항

② 심의위원회의 조직·구성 및 운영 등에 필요한 사항은 대통령령으로 정하는 기준에 따라 해당 지방자치단체의 조례로 정한다.

③ 시·도지사, 시장·군수·구청장은 대통령령으로 정하는 바에 따라 심의위원회의 구성 및 운영 현황에 관한 사항을 연 1회 보건복지부장관에게 보고하여야 한다. 〈신설 2017.9.19.〉

제13조(아동복지전담공무원) ① 아동복지에 관한 업무를 담당하기 위하여 특별시·광역시·도·특별자치도(이하 "시·도"라 한다) 및 시·군·구(자치구를 말한다. 이하 같다)에 각각 아동복지전담공무원(이하 "전담공무원"이라 한

다)을 둘 수 있다.

② 전담공무원은 「사회복지사업법」 제11조에 따른 사회복지사의 자격을 가진 사람으로 하고 그 임용 등에 필요한 사항은 해당 시·도 및 시·군·구의 조례로 정한다.

③ 전담공무원은 아동에 대한 상담 및 보호조치, 가정환경에 대한 조사, 아동복지시설에 대한 지도·감독, 아동범죄 예방을 위한 현장확인 및 지도·감독 등 지역 단위에서 아동의 복지증진을 위한 업무를 수행한다.

④ 관계 행정기관, 아동복지시설 및 아동복지단체(아동의 권리를 보장하고 복지증진을 목적으로 설립된 기관 및 단체를 말한다. 이하 같다)를 설치·운영하는 자는 전담공무원이 협조를 요청하는 경우 정당한 사유가 없는 한 이에 따라야 한다. 〈개정 2016.3.22.〉

제14조(아동위원) ① 시·군·구에 아동위원을 둔다.

② 아동위원은 그 관할 구역의 아동에 대하여 항상 그 생활상태 및 가정환경을 상세히 파악하고 아동복지에 필요한 원조와 지도를 행하며 전담공무원 및 관계 행정기관과 협력하여야 한다.

③ 아동위원은 그 업무의 원활한 수행을 위하여 적절한 교육을 받을 수 있다.

④ 아동위원은 명예직으로 하되, 아동위원에 대하여는 수당을 지급할 수 있다.

⑤ 그 밖에 아동위원에 관한 사항은 해당 시·군·구의 조례로 정한다.

제3장 아동에 대한 보호서비스 및 아동학대의 예방 및 방지

제1절 아동보호서비스

제15조(보호조치) ① 시·도지사 또는 시장·군수·구청장은 그 관할 구역에서 보호대상아동을 발견하거나 보호자의 의뢰를 받은 때에는 아동의 최상의 이익을 위하여 대통령령으로 정하는 바에 따라 다음 각 호에 해당하는 보호조치를 하여야 한다. 〈개정 2014.1.28.〉

1. 전담공무원 또는 아동위원에게 보호대상아동 또는 그 보호자에 대한 상담·지도를 수행하게 하는 것
2. 보호자 또는 대리양육을 원하는 연고자에 대하여 그 가정에서 아동을 보호·양육할 수 있도록 필요한 조치를 하는 것
3. 아동의 보호를 희망하는 사람에게 가정위탁하는 것
4. 보호대상아동을 그 보호조치에 적합한 아동복지시설에 입소시키는 것

5. 약물 및 알콜 중독, 정서·행동·발달 장애, 성폭력·아동학대 피해 등으로 특수한 치료나 요양 등의 보호를 필요로 하는 아동을 전문치료기관 또는 요양소에 입원 또는 입소시키는 것
6. 「입양특례법」에 따른 입양과 관련하여 필요한 조치를 하는 것
② 시·도지사 또는 시장·군수·구청장은 제1항제1호 및 제2호의 보호조치가 적합하지 아니한 보호대상아동에 대하여 제1항제3호부터 제6호까지의 보호조치를 할 수 있다. 이 경우 제1항제3호부터 제5호까지의 보호조치를 하기 전에 보호대상아동에 대한 상담, 건강검진, 심리검사 및 가정환경에 대한 조사를 실시하여야 한다. 〈개정 2016.3.22.〉
③ 시·도지사 또는 시장·군수·구청장은 제1항에 따른 보호조치를 하려는 경우 보호대상아동의 개별 보호·관리 계획을 세워 보호하여야 하며, 그 계획을 수립할 때 해당 보호대상아동의 보호자를 참여시킬 수 있다. 〈신설 2016.3.22.〉
④ 시·도지사 또는 시장·군수·구청장은 제1항제3호부터 제6호까지의 보호조치를 함에 있어서 해당 보호대상아동의 의사를 존중하여야 하며, 보호자가 있을 때에는 그 의견을 들어야 한다. 다만, 아동의 보호자가 「아동학대범죄의 처벌 등에 관한 특례법」 제2조제5호의 아동학대행위자인 경우에는 그러하지 아니하다. 〈개정 2014.1.28., 2016.3.22.〉
⑤ 시·도지사 또는 시장·군수·구청장은 제1항제3호부터 제6호까지의 보호조치를 할 때까지 필요하면 제52조제1항제2호에 따른 아동일시보호시설에 보호대상아동을 입소시켜 보호하거나, 적합한 위탁가정 또는 적당하다고 인정하는 자에게 일시 위탁하여 보호하게 할 수 있다. 이 경우 보호기간 동안 보호대상아동에 대한 상담, 건강검진, 심리검사 및 가정환경에 대한 조사를 실시하고 그 결과를 보호조치 시에 고려하여야 한다. 〈개정 2016.3.22.〉
⑥ 시·도지사 또는 시장·군수·구청장은 그 관할 구역에서 약물 및 알콜 중독, 정서·행동·발달 장애 등의 문제를 일으킬 가능성이 있는 아동의 가정에 대하여 예방차원의 적절한 조치를 강구하여야 한다. 〈개정 2016.3.22.〉
⑦ 누구든지 제1항에 따른 보호조치와 관련하여 그 대상이 되는 아동복지시설의 종사자를 신체적·정신적으로 위협하는 행위를 하여서는 아니 된다. 〈개정 2016.3.22.〉
⑧ 시·도지사 또는 시장·군수·구청장은 아동의 가정위탁보호를 희망하는 사람에 대하여 범죄경력을 확인하여야 한다. 이 경우 본인의 동의를 받아 관계 기관의 장에게 범죄의 경력 조회를 요청하여야 한다. 〈개정 2016.3.22.〉

⑨ 가정위탁지원센터의 장은 위탁아동, 가정위탁보호를 희망하는 사람, 위탁아동의 부모 등의 신원확인 등의 조치를 시·도지사 또는 시장·군수·구청장에게 협조 요청할 수 있으며, 요청을 받은 시·도지사 또는 시장·군수·구청장은 정당한 사유가 없는 한 이에 응하여야 한다. 〈개정 2016.3.22.〉

⑩ 제2항 및 제5항에 따른 상담, 건강검진, 심리검사 및 가정환경에 대한 조사, 제8항에 따른 범죄경력 조회 및 제9항에 따른 신원확인의 요청 절차·범위 등에 필요한 사항은 대통령령으로 정한다. 〈개정 2016.3.22.〉

제15조의3(보호대상아동의 양육상황 점검) ① 시·도지사 또는 시장·군수·구청장은 제15조제1항제2호부터 제6호까지의 보호조치 중인 보호대상아동의 양육상황을 보건복지부령으로 정하는 바에 따라 매년 점검하여야 한다.

② 시·도지사 또는 시장·군수·구청장은 제1항에 따른 양육상황을 점검한 결과에 따라 보호대상아동의 복리를 보호할 필요가 있거나 해당 보호조치가 적절하지 아니하다고 판단되는 경우에는 지체 없이 보호조치를 변경하여야 한다.

[본조신설 2016. 3. 22.]

제16조(보호대상아동의 퇴소조치 등) ① 제15조제1항제3호부터 제5호까지의 보호조치 중인 보호대상아동의 연령이 18세에 달하였거나, 보호 목적이 달성되었다고 인정되면 해당 시·도지사, 시장·군수·구청장은 대통령령으로 정하는 절차와 방법에 따라 그 보호 중인 아동의 보호조치를 종료하거나 해당 시설에서 퇴소시켜야 한다. 〈개정 2016.3.22.〉

② 제15조제1항제2호부터 제4호까지의 보호조치 중인 보호대상아동의 친권자, 후견인 등 보건복지부령으로 정하는 자는 관할 시·도지사 또는 시장·군수·구청장에게 해당 보호대상아동의 가정 복귀를 신청할 수 있다. 〈신설 2016.3.22.〉

③ 시·도지사 또는 시장·군수·구청장은 제2항에 따른 가정 복귀 신청을 받은 경우에는 아동복지시설의 장의 의견을 들은 후 보호조치의 종료 또는 퇴소조치가 보호대상아동의 복리에 반하지 아니한다고 인정되면 해당 보호대상아동을 가정으로 복귀시킬 수 있다. 〈신설 2016.3.22.〉

④ 제1항에도 불구하고 제15조에 따라 보호조치 중인 아동이 다음 각 호의 어느 하나에 해당하면 시·도지사, 시장·군수·구청장은 해당 아동의 보호기간을 연장할 수 있다. 〈개정 2016.3.22.〉

1. 「고등교육법」 제2조에 따른 대학 이하의 학교(대학원은 제외한다)에 재학 중인 경우

2. 第52조제1항제1호의 아동양육시설 또는 「근로자직업능력 개발법」 제2조 제3호에 따른 직업능력개발훈련시설에서 직업 관련 교육·훈련을 받고 있는 경우

3. 그 밖에 위탁가정 및 각종 아동복지시설에서 해당 아동을 계속하여 보호·양육할 필요가 있다고 대통령령으로 정하는 경우

第16조의2(보호대상아동의 사후관리) 시·도지사 또는 시장·군수·구청장은 전담공무원 등 관계 공무원으로 하여금 보호조치의 종료로 가정으로 복귀한 보호대상아동의 가정을 방문하여 해당 아동의 복지 증진을 위하여 필요한 지도·관리를 제공하게 하여야 한다.

[본조신설 2016. 3. 22.]

第17조(금지행위) 누구든지 다음 각 호의 어느 하나에 해당하는 행위를 하여서는 아니 된다. 〈개정 2014.1.28.〉

1. 아동을 매매하는 행위
2. 아동에게 음란한 행위를 시키거나 이를 매개하는 행위 또는 아동에게 성적 수치심을 주는 성희롱 등의 성적 학대행위
3. 아동의 신체에 손상을 주거나 신체의 건강 및 발달을 해치는 신체적 학대행위
4. 삭제 〈2014.1.28.〉
5. 아동의 정신건강 및 발달에 해를 끼치는 정서적 학대행위
6. 자신의 보호·감독을 받는 아동을 유기하거나 의식주를 포함한 기본적 보호·양육·치료 및 교육을 소홀히 하는 방임행위
7. 장애를 가진 아동을 공중에 관람시키는 행위
8. 아동에게 구걸을 시키거나 아동을 이용하여 구걸하는 행위
9. 공중의 오락 또는 흥행을 목적으로 아동의 건강 또는 안전에 유해한 곡예를 시키는 행위 또는 이를 위하여 아동을 제3자에게 인도하는 행위
10. 정당한 권한을 가진 알선기관 외의 자가 아동의 양육을 알선하고 금품을 취득하거나 금품을 요구 또는 약속하는 행위
11. 아동을 위하여 증여 또는 급여된 금품을 그 목적 외의 용도로 사용하는 행위

第18조(친권상실 선고의 청구 등) ① 시·도지사, 시장·군수·구청장 또는 검사는 아동의 친권자가 그 친권을 남용하거나 현저한 비행이나 아동학대, 그 밖에 친권을 행사할 수 없는 중대한 사유가 있는 것을 발견한 경우 아동의 복지를 위하여 필요하다고 인정할 때에는 법원에 친권행사의 제한 또

는 친권상실의 선고를 청구하여야 한다.

② 아동복지시설의 장 및 「초·중등교육법」에 따른 학교의 장(이하 "학교의 장"이라 한다)은 제1항의 사유에 해당하는 경우 시·도지사, 시장·군수·구청장 또는 검사에게 법원에 친권행사의 제한 또는 친권상실의 선고를 청구하도록 요청할 수 있다. 〈개정 2016.3.22.〉

③ 시·도지사, 시장·군수·구청장 또는 검사는 제1항 및 제2항에 따라 친권행사의 제한 또는 친권상실의 선고 청구를 할 경우 해당 아동의 의견을 존중하여야 한다.

④ 시·도지사, 시장·군수·구청장 또는 검사는 제2항에 따라 친권행사의 제한 또는 친권상실의 선고 청구를 요청받은 경우에는 요청받은 날부터 30일 내에 청구 여부를 결정한 후 해당 요청기관에 청구 또는 미청구 요지 및 이유를 서면으로 알려야 한다.

⑤ 제4항에 따라 처리결과를 통보받은 아동복지시설의 장 및 학교의 장은 그 처리결과에 대하여 이의가 있을 경우 통보받은 날부터 30일 내에 직접 법원에 친권행사의 제한 또는 친권상실의 선고를 청구할 수 있다. 〈개정 2014.1.28., 2016.3.22.〉

제19조(아동의 후견인의 선임 청구 등) ① 시·도지사, 시장·군수·구청장, 아동복지시설의 장 및 학교의 장은 친권자 또는 후견인이 없는 아동을 발견한 경우 그 복지를 위하여 필요하다고 인정할 때에는 법원에 후견인의 선임을 청구하여야 한다. 〈개정 2016.3.22.〉

② 시·도지사, 시장·군수·구청장, 아동복지시설의 장, 학교의 장 또는 검사는 후견인이 해당 아동을 학대하는 등 현저한 비행을 저지른 경우에는 후견인 변경을 법원에 청구하여야 한다. 〈개정 2016.3.22.〉

③ 제1항에 따른 후견인의 선임 및 제2항에 따른 후견인의 변경 청구를 할 때에는 해당 아동의 의견을 존중하여야 한다.

④ 아동복지시설에 입소 중인 보호대상아동에 대하여는 「보호시설에 있는 미성년자의 후견직무에 관한 법률」을 적용한다.

제20조(아동의 후견인 선임) ① 법원은 제19조제1항 및 제2항에 따른 청구에 따라 후견인을 선임하거나 변경할 경우 「민법」 제932조 및 제935조에도 불구하고 해당 아동의 후견에 적합한 사람을 후견인으로 선임할 수 있다.

② 법원은 후견인이 없는 아동에 대하여 제1항에 따라 후견인을 선임하기 전까지 시·도지사, 시장·군수·구청장, 제45조에 따른 아동보호전문기관(이하 "아동보호전문기관"이라 한다)의 장 및 가정위탁지원센터의 장으로

하여금 임시로 그 아동의 후견인 역할을 하게 할 수 있다. 이 경우 해당 아동의 의견을 존중하여야 한다. 〈개정 2016.3.22., 2017.10.24.〉

제21조(보조인의 선임 등) ① 법원의 심리과정에서 변호사, 법정대리인, 직계 친족, 형제자매, 아동보호전문기관의 상담원은 학대아동사건의 심리에 있어서 보조인이 될 수 있다. 다만, 변호사가 아닌 경우에는 법원의 허가를 받아야 한다.

② 법원은 피해아동을 증인으로 신문하는 경우 검사, 피해아동과 그 보호자 또는 아동보호전문기관의 신청이 있는 경우에는 피해아동과 신뢰관계에 있는 사람의 동석을 허가할 수 있다.

③ 수사기관이 피해아동을 조사하는 경우에도 제1항 및 제2항과 같다.

제2절 아동학대의 예방 및 방지

제22조(아동학대의 예방과 방지 의무) ① 국가와 지방자치단체는 아동학대의 예방과 방지를 위하여 다음 각 호의 조치를 취하여야 한다.

1. 아동학대의 예방과 방지를 위한 각종 정책의 수립 및 시행
2. 아동학대의 예방과 방지를 위한 연구·교육·홍보 및 아동학대 실태조사
3. 아동학대에 관한 신고체제의 구축·운영
4. 피해아동의 보호와 치료 및 피해아동의 가정에 대한 지원
5. 그 밖에 대통령령으로 정하는 아동학대의 예방과 방지를 위한 사항

② 지방자치단체는 아동학대를 예방하고 수시로 신고를 받을 수 있도록 긴급전화를 설치하여야 한다. 이 경우 그 설치·운영 등에 필요한 사항은 대통령령으로 정한다. 〈개정 2014.1.28.〉

③ 삭제 〈2015.3.27.〉

④ 삭제 〈2015.3.27.〉

제22조의2(학생등에 대한 학대 예방 및 지원 등) ① 국가와 지방자치단체는 「유아교육법」에 따른 유치원의 유아 및 「초·중등교육법」에 따른 학교의 학생(이하 이 조에서 "학생등"이라 한다)에 대한 아동학대의 조기 발견 체계 및 제45조에 따른 지역아동보호전문기관(이하 "지역아동보호전문기관"이라 한다) 등 관련 기관과의 연계 체계를 구축하고, 학대피해 학생등이 유치원 또는 학교에 안정적으로 적응할 수 있도록 지원하여야 한다.

② 교육부장관은 아동학대의 조기 발견과 신속한 보호조치를 위하여 대통령령으로 정하는 바에 따라 장기결석 학생등의 정보 등을 보건복지부장관과 공유하여야 한다.

③ 제1항에 따른 학교 적응 지원 등 대통령령으로 정하는 업무는 교육부장관 또는 「지방교육자치에 관한 법률」에 따른 교육감이 지정하는 기관에 위탁할 수 있다.

[본조신설 2017.10.24.]

[종전 제22조의2는 제22조의3으로 이동 〈2017.10.24.〉]

제22조의3(피해아동 등에 대한 신분조회 등 조치) ① 아동보호전문기관의 장은 피해아동의 보호, 치료 등을 수행함에 있어서 피해아동, 그 보호자 또는 아동학대행위자에 대한 다음 각 호의 조치를 관계 중앙행정기관의 장, 시·도지사 또는 시장·군수·구청장에게 협조 요청할 수 있으며, 요청을 받은 관계 중앙행정기관의 장, 시·도지사 또는 시장·군수·구청장은 정당한 사유가 없으면 이에 따라야 한다. 〈개정 2018. 12. 11.〉

1. 「출입국관리법」에 따른 외국인등록 사실증명의 열람 및 발급
2. 「가족관계의 등록 등에 관한 법률」 제15조제1항제1호부터 제4호까지에 따른 증명서의 발급
3. 「주민등록법」에 따른 주민등록표 등본、초본의 열람 및 발급
4. 「국민기초생활 보장법」에 따른 수급자 여부의 확인
5. 「장애인복지법」에 따른 장애인등록증의 열람 및 발급

② 제1항에 따라 관계 중앙행정기관의 장, 시·도지사 또는 시장·군수·구청장이 아동보호전문기관의 장에게 발급 등을 하는 서류에 대해서는 수수료를 면제한다. 〈신설 2018. 12. 11.〉

[본조신설 2015. 3. 27.]

[제22조의2에서 이동 〈2017. 10. 24.〉]

제23조(아동학대예방의 날) ① 아동의 건강한 성장을 도모하고, 범국민적으로 아동학대의 예방과 방지에 관한 관심을 높이기 위하여 매년 11월 19일을 아동학대예방의 날로 지정하고, 아동학대예방의 날부터 1주일을 아동학대예방주간으로 한다.

② 국가와 지방자치단체는 아동학대예방의 날의 취지에 맞는 행사와 홍보를 실시하도록 노력하여야 한다.

제24조(홍보영상의 제작·배포·송출) ① 보건복지부장관은 아동학대의 예방과 방지, 위반행위자의 계도를 위한 교육 등에 관한 홍보영상을 제작하여 「방송법」 제2조제23호의 방송편성책임자에게 배포하여야 한다.

② 보건복지부장관은 「방송법」 제2조제3호가목의 지상파방송사업자에게 같은 법 제73조제4항에 따라 대통령령으로 정하는 비상업적 공익광고 편

성비율의 범위에서 제1항의 홍보영상을 채널별로 송출하도록 요청할 수 있다.

③ 제2항에 따른 지상파방송사업자는 제1항의 홍보영상 외에 독자적인 홍보영상을 제작하여 송출할 수 있다. 이 경우 보건복지부장관에게 필요한 협조 및 지원을 요청할 수 있다.

제25조 삭제 〈2014.1.28.〉

제26조(아동학대 신고의무자에 대한 교육) ① 관계 중앙행정기관의 장은 「아동학대범죄의 처벌 등에 관한 특례법」 제10조제2항 각 호의 어느 하나에 해당하는 사람(이하 "아동학대 신고의무자"라 한다)의 자격 취득 과정이나 보수교육 과정에 아동학대 예방 및 신고의무와 관련된 교육 내용을 포함하도록 하여야 한다. 〈개정 2014.1.28., 2015.3.27.〉

② 관계 중앙행정기관의 장 및 시·도지사는 아동학대 신고의무자에게 본인이 아동학대 신고의무자라는 사실을 고지할 수 있고, 아동학대 예방 및 신고의무와 관련한 교육(이하 이 조에서 "신고의무 교육"이라 한다)을 실시할 수 있다. 〈신설 2015.3.27.〉

③ 아동학대 신고의무자가 소속된 기관·시설 등의 장은 소속 아동학대 신고의무자에게 신고의무 교육을 실시하고, 그 결과를 관계 중앙행정기관의 장에게 제출하여야 한다. 〈신설 2015.3.27., 2017.10.24.〉

1. 삭제 〈2017.10.24.〉
2. 삭제 〈2017.10.24.〉
3. 삭제 〈2017.10.24.〉
4. 삭제 〈2017.10.24.〉

④ 제1항부터 제3항까지에 따른 교육 내용·시간 및 방법 등 그 밖에 필요한 사항은 대통령령으로 정한다. 〈개정 2015.3.27.〉

제27조 삭제 〈2014.1.28.〉

제27조의2(아동학대 등의 통보) ① 사법경찰관리는 아동 사망 및 상해사건, 가정폭력 사건 등에 관한 직무를 행하는 경우 아동학대가 있었다고 의심할 만한 사유가 있는 때에는 아동보호전문기관에 그 사실을 통보하여야 한다.

② 사법경찰관 또는 보호관찰관은 「아동학대범죄의 처벌 등에 관한 특례법」 제14조제1항에 따라 임시조치의 청구를 신청하였을 때에는 아동보호전문기관에 그 사실을 통보하여야 한다.

③ 제1항 및 제2항의 통보를 받은 아동보호전문기관은 피해아동 보호조치 등 필요한 조치를 하여야 한다.

[본조신설 2014.1.28.]

제27조의3(피해아동 응급조치에 대한 거부금지) 「아동학대범죄의 처벌 등에 관한 특례법」 제12조제1항제3호 또는 제4호에 따라 사법경찰관리 또는 아동보호전문기관의 직원이 피해아동을 인도하는 경우에는 아동학대 관련 보호시설이나 의료기관은 정당한 사유 없이 이를 거부하여서는 아니 된다.

[본조신설 2014.1.28.]

제28조(사후관리 등) ① 아동보호전문기관의 장은 아동학대가 종료된 이후에도 가정방문, 전화상담 등을 통하여 아동학대의 재발 여부를 확인하여야 한다.

② 아동보호전문기관의 장은 아동학대가 종료된 이후에도 아동학대의 재발 방지 등을 위하여 필요하다고 인정하는 경우 피해아동 및 보호자를 포함한 피해아동의 가족에게 필요한 지원을 제공할 수 있다.

③ 아동보호전문기관이 제1항 및 제2항에 따라 업무를 수행하는 경우 보호자는 정당한 사유 없이 이를 거부하거나 방해하여서는 아니 된다. 〈신설 2016.3.22.〉

제28조의2(국가아동학대정보시스템) ① 보건복지부장관은 아동학대 관련 정보를 공유하고 아동학대를 예방하기 위하여 대통령령으로 정하는 바에 따라 국가아동학대정보시스템을 구축·운영하여야 한다. 〈개정 2016.3.22.〉

② 보건복지부장관은 피해아동, 그 가족 및 아동학대행위자에 관한 정보와 아동학대예방사업에 관한 정보를 제1항에 따른 국가아동학대정보시스템에 입력·관리하여야 한다. 이 경우 보건복지부장관은 관계 중앙행정기관의 장, 시·도지사, 시장·군수·구청장, 아동보호전문기관 등에 필요한 자료를 요청할 수 있다. 〈개정 2016.3.22., 2017.10.24.〉

③ 다음 각 호의 어느 하나에 해당하는 자는 아동의 보호 및 아동학대 발생 방지를 위하여 필요한 경우 국가아동학대정보시스템상의 피해아동, 그 가족 및 아동학대행위자에 관한 정보를 보건복지부장관에게 요청할 수 있다. 이 경우 대통령령으로 정하는 바에 따라 목적과 필요한 정보의 범위를 구체적으로 기재하여야 한다. 〈신설 2017.10.24.〉

1. 시·도지사 및 시장·군수·구청장
2. 판사, 검사 및 경찰관서의 장
3. 「초·중등교육법」에 따른 학교의 장
4. 제29조의7에 따른 아동학대 전담의료기관의 장
5. 제52조제1항제1호부터 제6호까지 및 제9호·제10호에 해당하는 아동복지시설의 장

6. 그 밖에 대통령령으로 정하는 피해아동의 보호 및 지원 관련 기관 또는 단체의 장

④ 보건복지부장관은 제3항에 따른 요청이 있는 경우 국가아동학대정보시스템상의 해당 정보를 제공할 수 있다. 다만, 피해아동의 보호를 위하여 필요한 경우로서 대통령령으로 정하는 경우에는 정보의 제공을 제한할 수 있다. 〈신설 2017.10.24.〉

⑤ 제3항 및 제4항에 따라 피해아동관련 정보를 취득한 사람은 제3항에 따른 요청 목적 외로 해당 정보를 사용하거나 다른 사람에게 제공 또는 누설하여서는 아니 된다. 〈신설 2017.10.24.〉

⑥ 보건복지부장관은 중앙아동보호전문기관에게 제1항에 따른 국가아동학대정보시스템 운영을 위탁할 수 있다. 〈개정 2016.3.22., 2017.10.24.〉

[본조신설 2014.1.28.]

[제목개정 2016.3.22.]

제29조(피해아동 및 그 가족 등에 대한 지원) ① 아동보호전문기관의 장은 아동의 안전 확보와 재학대 방지, 건전한 가정기능의 유지 등을 위하여 피해아동 및 보호자를 포함한 피해아동의 가족에게 상담, 교육 및 의료적·심리적 치료 등의 필요한 지원을 제공하여야 한다.

② 아동보호전문기관의 장은 제1항의 지원을 위하여 관계 기관에 협조를 요청할 수 있다.

③ 보호자를 포함한 피해아동의 가족은 아동보호전문기관이 제1항에 따라 제공하는 지원에 성실하게 참여하여야 한다.

④ 아동보호전문기관의 장은 제1항의 지원 여부의 결정 및 지원의 제공 등 모든 과정에서 피해아동의 이익을 최우선으로 고려하여야 한다.

⑤ 국가와 지방자치단체는 「초·중등교육법」 제2조 각 호의 학교에 재학 중인 피해아동 및 피해아동의 가족이 주소지 외의 지역에서 취학(입학·재입학·전학·편입학을 포함한다. 이하 같다)할 필요가 있을 때에는 그 취학이 원활하게 이루어 질 수 있도록 지원하여야 한다. 〈신설 2014.1.28.〉

⑥ 제5항에 따른 취학에 필요한 사항은 대통령령으로 정한다. 〈신설 2014.1.28.〉

제29조의2(아동학대행위자에 대한 상담·교육 등의 권고) 아동보호전문기관의 장은 아동학대행위자에 대하여 상담·교육 및 심리적 치료 등 필요한 지원을 받을 것을 권고할 수 있다. 이 경우 아동학대행위자는 정당한 사유가 없으면 상담·교육 및 심리적 치료 등에 성실히 참여하여야 한다. 〈개정 2016.3.22.〉

[본조신설 2014.1.28.]

제29조의3(아동관련기관의 취업제한 등) ① 아동학대관련범죄로 형 또는 치료감호를 선고받아 확정된 사람(이하 "아동학대관련범죄전력자"라 한다)은 그 확정된 때부터 형 또는 치료감호의 전부 또는 일부의 집행이 종료(종료된 것으로 보는 경우를 포함한다)되거나 집행을 받지 아니하기로 확정된 후 10년까지의 기간 동안 다음 각 호에 해당하는 시설 또는 기관(이하 "아동관련기관"이라 한다)을 운영하거나 아동관련기관에 취업 또는 사실상 노무를 제공할 수 없다. 〈개정 2016.1.19., 2016.3.22., 2016.5.29., 2017.9.19., 2017.10.24.〉

1. 제37조에 따른 취약계층 아동 통합서비스 수행기관, 아동보호전문기관, 제48조의 가정위탁지원센터 및 제52조의 아동복지시설
2. 「가정폭력방지 및 피해자보호 등에 관한 법률」 제4조의6의 긴급전화센터, 같은 법 제5조의 가정폭력 관련 상담소 및 같은 법 제7조의2의 가정폭력피해자 보호시설
3. 「건강가정기본법」 제35조의 건강가정지원센터
4. 「다문화가족지원법」 제12조의 다문화가족지원센터
5. 「성매매방지 및 피해자보호 등에 관한 법률」 제5조의 성매매피해자등을 위한 지원시설 및 같은 법 제10조의 성매매피해상담소
6. 「성폭력방지 및 피해자보호 등에 관한 법률」 제10조의 성폭력피해상담소 및 같은 법 제12조의 성폭력피해자보호시설 및 같은 법 제18조의 성폭력피해자통합지원센터
7. 「영유아보육법」 제2조제3호의 어린이집
8. 「유아교육법」 제2조제2호의 유치원
9. 「의료법」 제3조의 의료기관(같은 법 제2조의 의료인에 한정한다)
10. 「장애인복지법」 제58조의 장애인복지시설
11. 「정신건강증진 및 정신질환자 복지서비스 지원에 관한 법률」 제3조에 따른 정신건강복지센터, 정신건강증진시설, 정신요양시설 및 정신재활시설
12. 「주택법」 제2조제3호의 공동주택의 관리사무소(경비업무 종사자에 한정한다)
13. 「청소년기본법」 제3조에 따른 청소년시설, 청소년단체
14. 「청소년활동진흥법」 제2조제2호의 청소년활동시설
15. 「청소년복지 지원법」 제29조제1항의 청소년상담복지센터, 같은 법 제30조의 이주배경청소년지원센터 및 같은 법 제31조 각 호의 청소년쉼터,

청소년자립지원관, 청소년치료재활센터

16. 「청소년 보호법」 제35조의 청소년 보호·재활센터

17. 「체육시설의 설치·이용에 관한 법률」 제2조제1호의 체육시설 중 아동의 이용이 제한되지 아니하는 체육시설로서 문화체육관광부장관이 지정하는 체육시설

18. 「초·중등교육법」 제2조 각 호의 학교 및 같은 법 제28조에 따라 학습부진아 등에 대한 교육을 실시하는 기관

19. 「학원의 설립·운영 및 과외교습에 관한 법률」 제2조제1호의 학원 및 같은 조 제2호의 교습소 중 아동의 이용이 제한되지 아니하는 학원과 교습소로서 교육부장관이 지정하는 학원·교습소

20. 「한부모가족지원법」 제19조의 한부모가족복지시설

21. 아동보호전문기관 또는 학대피해아동쉼터를 운영하는 법인

22. 「보호소년 등의 처우에 관한 법률」에 따른 소년원 및 소년분류심사원

② 제1항 각 호(제12호 및 제22호는 제외한다)의 아동관련기관의 설치 또는 설립인가·신고를 관할하는 지방자치단체의 장, 교육감 또는 교육장은 아동관련기관을 운영하려는 자에 대하여 본인의 동의를 받아 관계 기관의 장에게 아동학대관련범죄 전력 조회를 요청하여야 한다. 〈개정 2017.9.19.〉

③ 아동관련기관의 장은 그 기관에 취업 중이거나 사실상 노무를 제공 중인 사람 또는 취업하려 하거나 사실상 노무를 제공하려는 사람에 대하여 아동학대관련범죄 전력을 확인하여야 한다. 이 경우 본인의 동의를 받아 관계 기관의 장에게 아동학대관련범죄 전력 조회를 요청하여야 한다.

④ 제2항 및 제3항에 따라 아동학대관련범죄 전력 조회를 요청받은 관계 기관의 장은 정당한 사유가 없으면 이에 따라야 한다.

⑤ 제2항 및 제3항에 따른 아동학대관련범죄 전력 조회의 요청 절차·범위 등에 관한 사항은 대통령령으로 정한다.

[본조신설 2014.1.28.]

제29조의4(아동학대관련범죄전력자 취업의 점검·확인) ① 보건복지부장관 또는 관계 중앙행정기관의 장은 아동학대관련범죄전력자가 제29조의3제1항을 위반하여 다음 각 호의 아동관련기관에 취업 또는 사실상 노무를 제공하고 있는지를 직접 또는 관계 기관 조회 등의 방법으로 연 1회 이상 점검·확인하여야 한다. 〈개정 2017.9.19.〉

1. 교육부장관: 제29조의3제1항제8호·제18호·제19호에 따른 아동관련기관
2. 문화체육관광부장관: 제29조의3제1항제17호에 따른 아동관련기관

3. 보건복지부장관: 제29조의3제1항제1호·제7호·제9호·제10호·제11호에 따른 아동관련기관

4. 여성가족부장관: 제29조의3제1항제2호·제3호·제4호·제5호·제6호·제13호·제14호·제15호·제16호·제20호에 따른 아동관련기관

5. 국토교통부장관: 제29조의3제1항제12호에 따른 아동관련기관

6. 법무부장관: 제29조의3제1항제22호에 따른 아동관련기관

② 보건복지부장관 또는 관계 중앙행정기관의 장은 제1항에 따른 점검·확인을 위하여 필요한 경우에는 아동관련기관의 장 또는 그 감독기관에 관련 자료의 제출을 요구할 수 있다.

③ 보건복지부장관 또는 관계 중앙행정기관의 장은 제1항에 따른 점검·확인 결과를 대통령령으로 정하는 바에 따라 인터넷 홈페이지 등을 이용하여 공개하여야 한다.

[본조신설 2014.1.28.]

제29조의5(취업자의 해임요구 등) ① 제29조의4제1항 각 호의 중앙행정기관의 장은 제29조의3제1항을 위반하여 취업하거나 사실상 노무를 제공하는 사람에 대하여 아동관련기관의 장에게 그의 해임을 요구하여야 한다.

② 제29조의4제1항 각 호의 중앙행정기관의 장은 아동관련기관의 장에게 제29조의3제1항을 위반하여 운영 중인 아동관련기관의 폐쇄를 요구하여야 한다.

③ 제29조의4제1항 각 호의 중앙행정기관의 장은 아동관련기관의 장이 제2항에 따른 폐쇄요구를 정당한 사유 없이 거부하거나 1개월 이내에 요구사항을 이행하지 아니하는 경우에는 대통령령으로 정하는 바에 따라 해당 아동관련기관을 폐쇄하거나 그 등록·허가 등을 취소하거나 관계 행정기관의 장에게 이를 요구할 수 있다.

[본조신설 2014.1.28.]

제29조의6(아동학대에 대한 법률상담 등) ① 국가는 피해아동을 위한 법률상담과 소송대리(訴訟代理) 등의 지원(이하 이 조에서 "법률상담등"이라 한다)을 할 수 있다.

② 보건복지부장관과 아동보호전문기관의 장은 「법률구조법」 제8조에 따른 대한법률구조공단 또는 대통령령으로 정하는 그 밖의 기관에 법률상담등을 요청할 수 있다.

③ 법률상담등에 소요되는 비용은 대통령령으로 정하는 바에 따라 국가가 부담할 수 있다. 다만, 법률상담등을 받는 자가 다른 법령에 의하여 법률

상담등에 소요되는 비용을 지원받는 경우는 제외한다.
④ 법률상담등의 요건과 내용 및 절차 등은 대통령령으로 정한다.
[본조신설 2017. 10. 24.]

제29조의7(아동학대 전담의료기관의 지정) ① 보건복지부장관, 시·도지사 및 시장·군수·구청장은 국·공립병원, 보건소 또는 민간의료기관을 피해아동의 치료를 위한 전담의료기관(이하 이 조에서 "전담의료기관"이라 한다)으로 지정할 수 있다.
② 전담의료기관은 피해아동·가족·친족, 아동보호전문기관 또는 아동복지시설의 장, 경찰관서의 장, 판사 또는 가정법원 등의 요청이 있는 경우 피해아동에 대하여 다음 각 호의 조치를 하여야 한다.
1. 아동학대 피해에 대한 상담
2. 신체적·정신적 치료
3. 그 밖에 대통령령으로 정하는 의료에 관한 사항
③ 보건복지부장관, 시·도지사 및 시장·군수·구청장은 제1항에 따라 지정한 전담의료기관이 다음 각 호의 어느 하나에 해당하는 경우에는 그 지정을 취소할 수 있다. 다만, 제1호에 해당하는 경우에는 그 지정을 취소하여야 한다.
1. 거짓이나 그 밖의 부정한 방법으로 지정을 받은 경우
2. 정당한 사유 없이 제2항에 따른 의료 지원을 거부한 경우
3. 그 밖에 전담의료기관으로서 적합하지 아니하다고 대통령령으로 정하는 경우
④ 제1항과 제3항에 따른 지정 및 지정 취소의 기준, 절차 등에 필요한 사항은 대통령령으로 정한다.
[본조신설 2017. 10. 24.]

제4장 아동에 대한 지원서비스

제1절 아동 안전 및 건강지원

제30조(안전기준의 설정) 국가는 대통령령으로 정하는 바에 따라 아동복지시설과 아동용품에 대한 안전기준을 정하고 아동용품을 제작·설치·관리하는 자에게 이를 준수하도록 하여야 한다.

제31조(아동의 안전에 대한 교육) ① 아동복지시설의 장, 「영유아보육법」에 따른 어린이집의 원장, 「유아교육법」에 따른 유치원의 원장 및 「초·중등교육법」에 따른 학교의 장은 교육대상 아동의 연령을 고려하여 대통령령으

로 정하는 바에 따라 매년 다음 각 호의 사항에 관한 교육계획을 수립하여 교육을 실시하여야 한다. 〈개정 2015.12.29.〉

1. 성폭력 및 아동학대 예방
2. 실종·유괴의 예방과 방지
3. 감염병 및 약물의 오남용 예방 등 보건위생관리
4. 재난대비 안전
5. 교통안전

② 아동복지시설의 장, 「영유아보육법」에 따른 어린이집의 원장은 제1항에 따른 교육계획 및 교육실시 결과를 관할 시장·군수·구청장에게 매년 1회 보고하여야 한다.

③ 「유아교육법」에 따른 유치원의 원장 및 「초·중등교육법」에 따른 학교의 장은 제1항에 따른 교육계획 및 교육실시 결과를 대통령령으로 정하는 바에 따라 관할 교육감에게 매년 1회 보고하여야 한다.

제32조(아동보호구역에서의 영상정보처리기기 설치 등) ① 국가와 지방자치단체는 유괴 등 범죄의 위험으로부터 아동을 보호하기 위하여 필요하다고 인정하는 경우에는 다음 각 호의 어느 하나에 해당되는 시설의 주변구역을 아동보호구역으로 지정하여 범죄의 예방을 위한 순찰 및 아동지도 업무 등 필요한 조치를 할 수 있다. 〈개정 2012.10.22.〉

1. 「도시공원 및 녹지 등에 관한 법률」 제15조에 따른 도시공원
2. 「영유아보육법」 제10조에 따른 어린이집
3. 「초·중등교육법」 제38조 따른 초등학교 및 같은 법 제55조에 따른 특수학교
4. 「유아교육법」 제2조에 따른 유치원

② 제1항에 따른 아동보호구역의 지정 기준 및 절차 등에 필요한 사항은 대통령령으로 정한다.

③ 국가와 지방자치단체는 제1항에 따라 지정된 아동보호구역에 「개인정보 보호법」 제2조제7호에 따른 영상정보처리기기를 설치하여야 한다. 〈신설 2012.10.22.〉

④ 이 법에서 정한 것 외에 영상정보처리기기의 설치 등에 관한 사항은 「개인정보 보호법」에 따른다. 〈개정 2012.10.22.〉

[제목개정 2012.10.22.]

제33조(아동안전 보호인력의 배치 등) ① 국가와 지방자치단체는 실종 및 유괴 등 아동에 대한 범죄의 예방을 위하여 순찰활동 및 아동지도 업무 등을

수행하는 아동안전 보호인력을 배치·활용할 수 있다.

② 제1항에 따라 순찰활동 및 아동지도 업무 등을 수행하는 아동안전 보호인력은 그 권한을 표시하는 증표를 지니고 이를 관계인에게 내보여야 한다.

③ 국가와 지방자치단체는 아동안전 보호인력으로 배치하고자 하는 사람에 대하여 본인의 동의를 받아 범죄경력을 확인하여야 한다.

④ 제1항에 따른 아동안전 보호인력의 업무범위·활용 및 제2항에 따른 범죄경력 확인의 절차·범위 등에 필요한 사항은 대통령령으로 정한다.

제34조(아동긴급보호소 지정 및 운영) ① 경찰청장은 유괴 등의 위험에 처한 아동을 보호하기 위하여 아동긴급보호소를 지정·운영할 수 있다.

② 경찰청장은 제1항에 따른 아동긴급보호소의 지정을 원하는 자에 대하여 본인의 동의를 받아 범죄경력을 확인하여야 한다.

③ 제1항에 따른 아동긴급보호소의 지정 및 운영, 제2항에 따른 범죄경력 확인의 절차·범위 등에 필요한 사항은 대통령령으로 정한다.

제35조(건강한 심신의 보존) ① 아동의 보호자는 아동의 건강 유지와 향상을 위하여 최선의 주의와 노력을 하여야 한다.

② 국가와 지방자치단체는 아동의 건강 증진과 체력 향상을 위하여 다음 각 호에 해당하는 사항을 지원하여야 한다.

1. 신체적 건강 증진에 관한 사항
2. 자살 및 각종 중독의 예방 등 정신적 건강 증진에 관한 사항
3. 급식지원 등을 통한 결식예방 및 영양개선에 관한 사항
4. 비만 방지 등 체력 및 여가 증진에 관한 사항

③ 국가와 지방자치단체는 아동의 신체적·정신적 문제를 미리 발견하여 아동이 제때에 상담과 치료를 받을 수 있는 기반을 마련하여야 한다.

④ 제2항 및 제3항에 따른 지원서비스의 구체적인 내용은 대통령령으로 정한다. 다만, 제2항제3호에 따른 급식지원의 지원 기준·방법 및 절차 등에 필요한 사항은 대통령령으로 정하는 기준에 따라 해당 지방자치단체의 조례로 정한다.

제36조(보건소) 보건소는 이 법에 따라 다음 각 호의 업무를 행한다.

1. 아동의 전염병 예방조치
2. 아동의 건강상담, 신체검사와 보건위생에 관한 지도
3. 아동의 영양개선

제2절 취약계층 아동 통합서비스지원 및 자립지원 등

제37조(취약계층 아동에 대한 통합서비스지원) ① 국가와 지방자치단체는 아동의 건강한 성장과 발달을 도모하기 위하여 대통령령으로 정하는 바에 따라 아동의 성장 및 복지 여건이 취약한 가정을 선정하여 그 가정의 지원대상아동과 가족을 대상으로 보건, 복지, 보호, 교육, 치료 등을 종합적으로 지원하는 통합서비스를 실시한다.

② 제1항에 따른 통합서비스지원의 대상 선정, 통합서비스의 내용 및 수행기관·수행인력 등에 필요한 사항은 대통령령으로 정한다.

③ 보건복지부장관은 통합서비스지원사업의 운영지원에 관한 업무를 법인, 단체 등에 위탁할 수 있다.

제38조(자립지원) ① 국가와 지방자치단체는 보호대상아동의 위탁보호 종료 또는 아동복지시설 퇴소 이후의 자립을 지원하기 위하여 다음 각 호에 해당하는 조치를 시행하여야 한다.

1. 자립에 필요한 주거·생활·교육·취업 등의 지원
2. 자립에 필요한 자산의 형성 및 관리 지원(이하 "자산형성지원"이라 한다)
3. 자립에 관한 실태조사 및 연구
4. 사후관리체계 구축 및 운영
5. 그 밖에 자립지원에 필요하다고 대통령령으로 정하는 사항

② 제1항에 따른 자립지원의 절차와 방법, 지원이 필요한 아동의 범위 등에 필요한 사항은 대통령령으로 정한다.

제39조(자립지원계획의 수립 등) ① 가정위탁지원센터의 장 및 아동복지시설의 장은 보호하고 있는 15세 이상의 아동을 대상으로 매년 개별 아동에 대한 자립지원계획을 수립하고, 그 계획을 수행하는 종사자를 대상으로 자립지원에 관한 교육을 실시하여야 한다.

② 제1항에 따른 자립지원계획의 수립·시행 등에 필요한 사항은 보건복지부령으로 정한다.

제40조(자립지원전담기관의 설치·운영 등) 국가와 지방자치단체는 자립지원 관련 데이터베이스 구축 및 운영, 자립지원 프로그램의 개발 및 보급, 사례관리 등의 업무를 전담할 기관을 설치·운영하거나, 그 운영의 전부 또는 일부를 법인, 단체 등에 위탁할 수 있다.

제41조(아동자립지원추진협의회) ① 보건복지부장관은 지원대상아동의 자립지원 정책을 효율적으로 수행하기 위하여 관계 행정기관의 공무원으로 구성되는 아동자립지원추진협의회를 둘 수 있다.

② 제1항에 따른 아동자립지원추진협의회의 구체적인 구성·운영 등에 필요한 사항은 대통령령으로 정한다.

제42조(자산형성지원사업) ① 국가와 지방자치단체는 아동이 건전한 사회인으로 성장·발전할 수 있도록 자산형성지원사업을 실시할 수 있다.

② 제1항에 따른 자산형성지원사업을 하여야 할 아동의 범위와 해당 아동의 선정·관리 등에 필요한 사항은 보건복지부령으로 정한다.

제43조(자산형성지원사업 관련 업무) ① 보건복지부장관은 제42조에 따른 자산형성지원사업을 효율적으로 추진하기 위하여 자산형성지원사업 운영업무 및 금융자산관리업무를 하여야 한다.

② 제1항에 따른 자산형성지원사업의 운영업무는 다음 각 호와 같다.

1. 자산형성지원사업 대상 아동의 관리
2. 자산형성지원사업의 후원자 발굴 및 관리
3. 자산형성지원사업에 관한 교육 및 홍보
4. 자산형성지원사업에 관한 조사·연구 및 평가
5. 그 밖에 자산형성지원사업과 관련하여 보건복지부령으로 정하는 사항

③ 제1항에 따른 금융자산관리업무는 다음 각 호와 같다.

1. 자산형성지원사업을 위한 금융상품의 개발 및 관리
2. 자산형성지원사업을 위한 금융상품의 운영에 관한 사항

제44조(자산형성지원사업 관련 업무의 위탁) ① 보건복지부장관은 제43조제2항에 따른 자산형성지원사업의 운영업무를 「사회복지사업법」에 따른 사회복지법인 등 대통령령으로 정하는 법인 또는 단체에 위탁할 수 있다.

② 보건복지부장관은 제43조제3항에 따른 금융자산관리업무를 「은행법」에 따른 은행, 「우체국예금·보험에 관한 법률」에 따른 체신관서, 「농업협동조합법」에 따른 농업협동조합중앙회, 「수산업협동조합법」에 따른 수산업협동조합중앙회 또는 「중소기업은행법」에 따른 중소기업은행에 위탁할 수 있다.

제5장 아동복지시설 〈개정 2016.3.22.〉

제45조(아동보호전문기관의 설치 등) ① 국가는 아동학대예방사업을 활성화하고 지역 간 연계체계를 구축하기 위하여 중앙아동보호전문기관을 둔다.

② 지방자치단체는 학대받은 아동의 발견, 보호, 치료에 대한 신속처리 및 아동학대예방을 담당하는 지역아동보호전문기관을 시·도 및 시·군·구에 1개소 이상 두어야 한다. 다만, 시·도지사는 관할 구역의 아동 수 및 지리적 요건을 고려하여 조례로 정하는 바에 따라 둘 이상의 시·군·구를 통합하여

하나의 지역아동보호전문기관을 설치·운영할 수 있다. 〈개정 2014.1.28.〉

③ 제2항 단서에 따라 지역아동보호전문기관을 통합하여 설치·운영하는 경우 시·도지사는 지역아동보호전문기관의 설치·운영에 필요한 비용을 관할 구역의 아동의 수 등을 고려하여 시장·군수·구청장에게 공동으로 부담하게 할 수 있다.

④ 보건복지부장관, 시·도지사 및 시장·군수·구청장은 아동학대예방사업을 목적으로 하는 비영리법인을 지정하여 제1항에 따른 중앙아동보호전문기관 및 제2항에 따른 지역아동보호전문기관의 운영을 위탁할 수 있다.

⑤ 아동보호전문기관의 설치기준과 운영, 상담원 등 직원의 자격과 배치기준, 제4항에 따른 지정의 요건 등에 필요한 사항은 대통령령으로 정한다.

제46조(아동보호전문기관의 업무) ① 중앙아동보호전문기관은 다음 각 호의 업무를 수행한다. 〈개정 2014.1.28., 2017.10.24.〉

1. 지역아동보호전문기관에 대한 지원
2. 아동학대예방사업과 관련된 연구 및 자료 발간
3. 효율적인 아동학대예방사업을 위한 연계체제 구축
4. 아동학대예방사업을 위한 프로그램 개발 및 평가
5. 아동보호전문기관 및 학대피해아동쉼터 직원 직무교육, 아동학대예방 관련 교육 및 홍보
6. 아동보호전문기관 전산시스템 구축 및 운영

6의2. 제28조의2제6항에 따라 위탁받은 아동학대정보시스템의 운영

7. 그 밖에 대통령령으로 정하는 아동학대예방사업과 관련된 업무

② 지역아동보호전문기관은 다음 각 호의 업무를 수행한다. 〈개정 2014.1.28., 2016.3.22., 2017.10.24.〉

1. 아동학대 신고접수, 현장조사 및 응급보호
2. 피해아동 상담·조사를 위한 진술녹화실 설치·운영
3. 피해아동, 피해아동의 가족 및 아동학대행위자를 위한 상담·치료 및 교육
4. 아동학대예방 교육 및 홍보
5. 피해아동 가정의 사후관리
6. 자체사례회의 운영 및 아동학대사례전문위원회의 설치·운영
7. 그 밖에 대통령령으로 정하는 아동학대예방사업과 관련된 업무

제46조의2(아동학대사례전문위원회의 설치·운영) ① 아동학대 예방 및 피해아동에 대한 지원 등에 관련된 사항을 심의하기 위하여 지역아동보호전문기

관에 아동학대사례전문위원회(이하 "사례전문위원회"라 한다)를 둔다. 이 경우 사례전문위원회의 독립적 구성이 불가하다는 등 대통령령으로 정하는 사유가 있는 경우에는 둘 이상의 지역아동보호전문기관이 공동으로 사례전문위원회를 구성할 수 있다.

② 사례전문위원회는 아동학대 예방 및 피해아동에 대한 지원 등을 위하여 다음 각 호의 사항을 심의한다.

1. 피해아동 및 그 가족 등에 대한 지원
2. 아동학대행위에 대한 개입 방향 및 절차
3. 아동학대행위에 대한 고발 여부
4. 그 밖에 대통령령으로 정하는 사항

③ 사례전문위원회는 위원장 1명을 포함하여 5명 이상 15명 이하의 위원으로 구성하되, 지역아동보호전문기관의 장의 추천을 받아 해당 아동보호전문기관을 설치한 지방자치단체의 장이 위촉한다. 이 경우 해당 지방자치단체의 아동학대 담당 공무원 및 관할 경찰서의 아동학대 담당 경찰관은 당연직 위원으로 위촉하고, 판사·검사 또는 변호사의 직에 3년 이상 재직한 사람을 1명 이상 위원으로 위촉하여야 한다.

④ 사례전문위원회는 해당 지역에서 발생한 아동학대 사건에 대하여 아동보호전문기관의 장 및 관할 경찰서장에게 관련 자료를 요청할 수 있다.

⑤ 사례전문위원회에 참석한 사람은 업무상 알게 된 비밀을 누설하거나 이를 이용하여 부당한 이익을 취하여서는 아니 된다.

⑥ 사례전문위원회의 회의, 사례전문위원회 위원의 명단, 사례전문위원회의 회의록은 공개하지 아니한다. 다만, 피해아동 또는 그 보호자가 요청하는 경우 등 대통령령으로 정하는 공개 사유가 있는 경우에는 위원의 명단, 사례 관련자의 성명, 주민등록번호, 주소 등 개인정보에 관한 사항을 제외하고 사례전문위원회의 의결로 이를 공개할 수 있다.

⑦ 그 밖에 사례전문위원회의 구성ㆍ운영에 필요한 사항은 대통령령으로 정한다.

[본조신설 2017. 10. 24.]

제47조(아동보호전문기관의 성과평가 등) ① 보건복지부장관은 아동보호전문기관의 업무 실적에 대하여 3년마다 성과평가를 실시하여야 한다.

② 성과평가 및 평가결과의 활용 등에 필요한 사항은 대통령령으로 정한다.

제48조(가정위탁지원센터의 설치 등) ① 국가는 가정위탁사업을 활성화하고 지역 간 연계체계를 구축하기 위하여 중앙가정위탁지원센터를 둔다.

② 지방자치단체는 보호대상아동에 대한 가정위탁사업을 활성화하기 위하여 시·도 및 시·군·구에 지역가정위탁지원센터를 둔다. 다만, 시·도지사는 조례로 정하는 바에 따라 둘 이상의 시·군·구를 통합하여 하나의 지역가정위탁지원센터를 설치·운영할 수 있다.

③ 제2항 단서에 따라 지역가정위탁지원센터를 통합하여 설치·운영하는 경우 시·도지사는 지역가정위탁지원센터의 설치·운영에 필요한 비용을 관할 구역의 아동의 수 등을 고려하여 시장·군수·구청장에게 공동으로 부담하게 할 수 있다.

④ 보건복지부장관, 시·도지사 및 시장·군수·구청장은 가정위탁지원을 목적으로 하는 비영리법인을 지정하여 제1항 및 제2항에 따른 중앙가정위탁지원센터 및 지역가정위탁지원센터의 운영을 위탁할 수 있다.

⑤ 가정위탁지원센터의 설치기준과 운영, 상담원 등 직원의 자격과 배치기준, 제4항에 따른 지정의 요건 등에 필요한 사항은 대통령령으로 정한다.

제49조(가정위탁지원센터의 업무) ① 중앙가정위탁지원센터는 다음 각 호의 업무를 수행한다.

1. 지역가정위탁지원센터에 대한 지원
2. 효과적인 가정위탁사업을 위한 연계체계 구축
3. 가정위탁사업과 관련된 연구 및 자료발간
4. 가정위탁사업을 위한 프로그램의 개발 및 평가
5. 상담원에 대한 교육 등 가정위탁에 관한 교육 및 홍보
6. 가정위탁사업을 위한 정보기반 구축 및 정보제공
7. 그 밖에 대통령령으로 정하는 가정위탁사업과 관련된 업무

② 지역가정위탁지원센터는 다음 각 호의 업무를 수행한다.

1. 가정위탁사업의 홍보 및 가정위탁을 하고자 하는 가정의 발굴
2. 가정위탁을 하고자 하는 가정에 대한 조사 및 가정위탁 대상 아동에 대한 상담
3. 가정위탁을 하고자 하는 사람과 위탁가정 부모에 대한 교육
4. 위탁가정의 사례관리
5. 친부모 가정으로의 복귀 지원
6. 가정위탁아동의 자립계획 및 사례 관리
7. 관할 구역 내 가정위탁 관련 정보 제공
8. 그 밖에 대통령령으로 정하는 가정위탁과 관련된 업무

제50조(아동복지시설의 설치) ① 국가 또는 지방자치단체는 아동복지시설을 설

치할 수 있다.

② 국가 또는 지방자치단체 외의 자는 관할 시장·군수·구청장에게 신고하고 아동복지시설을 설치할 수 있다.

③ 아동복지시설의 시설기준 및 설치 등에 필요한 사항은 보건복지부령으로 정한다.

제51조(휴업·폐업 등의 신고) ①제50조제2항에 따라 신고한 아동복지시설을 폐업 또는 휴업하거나 그 운영을 재개하고자 하는 자는 보건복지부령으로 정하는 바에 따라 미리 시장·군수·구청장에게 신고하여야 한다. 〈개정 2016.3.22.〉

② 아동복지시설의 장은 아동복지시설이 폐업 또는 휴업하는 경우에는 대통령령으로 정하는 바에 따라 해당 아동복지시설을 이용하는 아동이 다른 아동복지시설로 옮길 수 있도록 하는 등 보호대상아동의 권익을 보호하기 위한 조치를 취하여야 한다. 〈신설 2016.3.22.〉

③ 시장·군수·구청장은 제1항에 따라 아동복지시설의 폐업 또는 휴업의 신고를 받은 경우 아동복지시설의 장이 제2항에 따른 보호대상아동의 권익을 보호하기 위한 조치를 취하였는지 여부를 확인하는 등 보건복지부령으로 정하는 조치를 하여야 한다. 〈신설 2016.3.22.〉

제52조(아동복지시설의 종류) ① 아동복지시설의 종류는 다음과 같다. 〈개정 2016.3.22., 2017.10.24.〉

1. 아동양육시설: 보호대상아동을 입소시켜 보호, 양육 및 취업훈련, 자립지원 서비스 등을 제공하는 것을 목적으로 하는 시설
2. 아동일시보호시설: 보호대상아동을 일시보호하고 아동에 대한 향후의 양육대책수립 및 보호조치를 행하는 것을 목적으로 하는 시설
3. 아동보호치료시설: 아동에게 보호 및 치료 서비스를 제공하는 다음 각 목의 시설

가. 불량행위를 하거나 불량행위를 할 우려가 있는 아동으로서 보호자가 없거나 친권자나 후견인이 입소를 신청한 아동 또는 가정법원, 지방법원 소년부지원에서 보호위탁된 19세 미만인 사람을 입소시켜 치료와 선도를 통하여 건전한 사회인으로 육성하는 것을 목적으로 하는 시설

나. 정서적·행동적 장애로 인하여 어려움을 겪고 있는 아동 또는 학대로 인하여 부모로부터 일시 격리되어 치료받을 필요가 있는 아동을 보호·치료하는 시설

4. 공동생활가정: 보호대상아동에게 가정과 같은 주거여건과 보호, 양육,

자립지원 서비스를 제공하는 것을 목적으로 하는 시설

5. 자립지원시설: 아동복지시설에서 퇴소한 사람에게 취업준비기간 또는 취업 후 일정 기간 동안 보호함으로써 자립을 지원하는 것을 목적으로 하는 시설

6. 아동상담소: 아동과 그 가족의 문제에 관한 상담, 치료, 예방 및 연구 등을 목적으로 하는 시설

7. 아동전용시설: 어린이공원, 어린이놀이터, 아동회관, 체육·연극·영화·과학실험전시 시설, 아동휴게숙박시설, 야영장 등 아동에게 건전한 놀이·오락, 그 밖의 각종 편의를 제공하여 심신의 건강유지와 복지증진에 필요한 서비스를 제공하는 것을 목적으로 하는 시설

8. 지역아동센터: 지역사회 아동의 보호·교육, 건전한 놀이와 오락의 제공, 보호자와 지역사회의 연계 등 아동의 건전육성을 위하여 종합적인 아동복지서비스를 제공하는 시설

9. 아동보호전문기관

10. 제48조에 따른 가정위탁지원센터

② 제1항에 따른 아동복지시설은 통합하여 설치할 수 있다.

③ 제1항에 따른 아동복지시설은 각 시설 고유의 목적 사업을 해치지 아니하고 각 시설별 설치기준 및 운영기준을 충족하는 경우 다음 각 호의 사업을 추가로 실시할 수 있다.

1. 아동가정지원사업: 지역사회아동의 건전한 발달을 위하여 아동, 가정, 지역주민에게 상담, 조언 및 정보를 제공하여 주는 사업

2. 아동주간보호사업: 부득이한 사유로 가정에서 낮 동안 보호를 받을 수 없는 아동을 대상으로 개별적인 보호와 교육을 통하여 아동의 건전한 성장을 도모하는 사업

3. 아동전문상담사업: 학교부적응아동 등을 대상으로 올바른 인격형성을 위한 상담, 치료 및 학교폭력예방을 실시하는 사업

4. 학대아동보호사업: 학대아동의 발견, 보호, 치료 및 아동학대의 예방 등을 전문적으로 실시하는 사업

5. 공동생활가정사업: 보호대상아동에게 가정과 같은 주거여건과 보호를 제공하는 것을 목적으로 하는 사업

6. 방과 후 아동지도사업: 저소득층 아동을 대상으로 방과 후 개별적인 보호와 교육을 통하여 건전한 인격형성을 목적으로 하는 사업

제53조(아동전용시설의 설치) ① 국가와 지방자치단체는 아동이 항상 이용할

수 있는 아동전용시설을 설치하도록 노력하여야 한다.

② 아동이 이용할 수 있는 문화·오락 시설, 교통시설, 그 밖의 서비스시설 등을 설치·운영하는 자는 대통령령으로 정하는 바에 따라 아동의 이용 편의를 고려한 편익설비를 갖추고 아동에 대한 입장료와 이용료 등을 감면할 수 있다.

③ 아동전용시설의 설치기준 등에 필요한 사항은 보건복지부령으로 정한다.

제53조의2(학대피해아동쉼터의 지정) 시장·군수·구청장은 제52조제1항제4호에 따른 공동생활가정 중에서 피해아동에 대한 보호, 치료, 양육 서비스 등을 제공하는 학대피해아동쉼터를 지정할 수 있다.

[본조신설 2016.3.22.]

제54조(아동복지시설의 종사자) ① 아동복지시설에는 필요한 전문인력을 배치하여야 한다.

② 아동복지시설 종사자의 직종과 수, 그 자격 및 배치기준은 대통령령으로 정한다.

제55조(아동복지시설 종사자의 교육훈련) ① 시·도지사 또는 시장·군수·구청장은 아동복지시설 종사자의 양성 및 자질향상을 위한 교육·훈련을 실시하여야 한다.

② 시·도지사 또는 시장·군수·구청장은 제1항의 교육훈련을 대학(전문대학을 포함한다) 또는 아동복지단체나 그 밖의 교육훈련시설(이하 "교육훈련시설"이라 한다)에 위탁하여 실시할 수 있다.

제56조(시설의 개선, 사업의 정지, 시설의 폐쇄 등) ① 보건복지부장관, 시·도지사 또는 시장·군수·구청장은 아동복지시설과 교육훈련시설(대학 및 전문대학은 제외한다)이 다음 각 호의 어느 하나에 해당하는 경우에는 소관에 따라 그 시설의 개선, 6개월 이내의 사업의 정지, 위탁의 취소 또는 해당 시설의 장의 교체를 명하거나 시설의 폐쇄를 명할 수 있다. 〈개정 2014.1.28., 2016.3.22.〉

1. 시설이 설치기준에 미달하게 된 경우
2. 사회복지법인 또는 비영리법인이 설치·운영하는 시설로서 그 사회복지법인이나 비영리법인의 설립허가가 취소된 경우
3. 설치목적의 달성이나 그 밖의 사유로 계속하여 운영될 필요가 없다고 인정할 때
4. 보호대상아동에 대한 아동학대행위가 확인된 경우
5. 거짓이나 그 밖의 부정한 방법으로 경비의 지원을 받은 경우

6. 아동복지시설의 사업정지기간 중에 사업을 한 경우
7. 그 밖에 이 법 또는 이 법에 따른 명령을 위반한 경우

② 보건복지부장관, 시·도지사 또는 시장·군수·구청장은 아동복지시설과 교육훈련시설(대학 및 전문대학은 제외한다)이 제1항에 따라 사업 정지, 위탁 취소 또는 시설 폐쇄되는 경우에는 해당 시설을 이용하는 아동을 다른 시설로 옮기도록 하는 등 보호대상아동의 권익을 보호하기 위하여 필요한 조치를 하여야 한다. 〈신설 2016.3.22.〉

③ 제1항에 따른 시설의 개선, 사업의 정지, 위탁의 취소 또는 해당 시설의 장의 교체나 시설의 폐쇄 처분의 기준은 위반행위의 유형 및 그 사유와 위반의 정도 등을 고려하여 대통령령으로 정한다. 〈개정 2016.3.22.〉

제57조(아동복지시설의 장의 의무) 아동복지시설의 장은 보호아동의 권리를 최대한 보장하여야 하며, 친권자가 있는 경우 보호아동의 가정복귀를 위하여 적절한 상담과 지도를 병행하여야 한다. 〈개정 2016.3.22.〉
[제목개정 2016.3.22.]

제58조(아동복지단체의 육성) 국가 및 지방자치단체는 아동복지단체를 지도·육성할 수 있다.

제6장 보칙

제59조(비용 보조) 국가 또는 지방자치단체는 대통령령으로 정하는 바에 따라 다음 각 호의 어느 하나에 해당하는 비용의 전부 또는 일부를 보조할 수 있다. 〈개정 2015.3.27., 2017.10.24.〉

1. 아동복지시설의 설치 및 운영과 프로그램의 운용에 필요한 비용 또는 수탁보호 중인 아동의 양육 및 보호관리에 필요한 비용
2. 보호대상아동의 대리양육이나 가정위탁 보호에 따른 비용
3. 아동복지사업의 지도, 감독, 계몽 및 홍보에 필요한 비용
4. 삭제 〈2016.3.22.〉

4의2. 제26조에 따른 신고의무 교육에 소요되는 비용
4의3. 제29조의7제2항 각 호의 조치에 소요되는 비용

5. 제37조에 따른 취약계층 아동에 대한 통합서비스지원에 필요한 비용
6. 제38조에 따른 보호대상아동의 자립지원에 필요한 비용
7. 제42조에 따른 자산형성지원사업에 필요한 비용
8. 제58조에 따른 아동복지단체의 지도·육성에 필요한 비용

제60조(비용 징수) 시·도지사, 시장·군수·구청장 또는 아동복지시설의 장은 제

15조제1항제3호부터 제5호까지 및 같은 조 제5항 및 제6항에 따른 보호조치에 필요한 비용의 전부 또는 일부를 대통령령으로 정하는 바에 따라 각각 그 아동의 부양의무자로부터 징수할 수 있다. 〈개정 2016.3.22.〉

제61조(보조금의 반환명령) 국가 또는 지방자치단체는 아동복지시설의 장 등 보호수탁자, 가정위탁지원센터의 장, 대리양육자 및 아동복지단체의 장이 다음 각 호의 어느 하나에 해당하는 경우에는 이미 교부한 보조금의 전부 또는 일부의 반환을 명할 수 있다. 〈개정 2016.3.22.〉

1. 보조금의 교부조건을 위반한 경우
2. 거짓이나 그 밖의 부정한 방법으로 보조금의 교부를 받은 경우
3. 아동복지시설의 경영에 관하여 개인의 영리를 도모하는 행위를 한 경우
4. 보조금의 사용잔액이 있는 경우
5. 이 법 또는 이 법에 따른 명령을 위반한 경우

제62조(국유·공유 재산의 대부 등) ① 국가 또는 지방자치단체는 아동복지시설의 설치·운영을 위하여 필요하다고 인정하는 경우 「국유재산법」 및 「공유재산 및 물품 관리법」에도 불구하고 국유·공유 재산을 무상으로 대부하거나 사용·수익하게 할 수 있다.

② 제1항에 따른 국유·공유 재산의 대부·사용·수익의 내용 및 조건에 관하여는 해당 재산을 사용·수익하고자 하는 자와 해당 재산의 중앙관서의 장 또는 지방자치단체의 장 간의 계약에 의한다.

제63조(면세) 아동복지시설에서 그 보호아동을 위하여 사용하는 건물 및 토지, 시설설치 및 운영에 소요되는 비용에 대하여는 「조세특례제한법」, 그 밖의 관계 법령에서 정하는 바에 따라 조세, 그 밖의 공과금을 면제할 수 있다.

제64조(압류 금지) 이 법에 따라 지급된 금품과 이를 받을 권리는 압류하지 못한다.

제65조(비밀 유지의 의무) 아동복지사업을 포함하여 아동복지업무에 종사하였거나 종사하는 자는 그 직무상 알게 된 비밀을 누설하여서는 아니된다. 〈개정 2016.3.22.〉

제66조(조사 등) ① 보건복지부장관, 시·도지사 또는 시장·군수·구청장은 필요하다고 인정할 때에는 관계 공무원이나 전담공무원으로 하여금 아동복지시설과 아동의 주소·거소, 아동의 고용장소 또는 제17조의 금지행위를 위반할 우려가 있는 장소에 출입하여 아동 또는 관계인에 대하여 필요한 조사를 하거나 질문을 하게 할 수 있다.

② 제1항의 경우 관계 공무원 또는 전담공무원은 그 권한을 표시하는 증표를 지니고 이를 관계인에게 내보여야 한다.

제67조(청문) 보건복지부장관, 시·도지사 또는 시장·군수·구청장은 제29조의7에 따른 지정의 취소, 제56조에 따른 위탁의 취소 또는 시설의 폐쇄명령을 하고자 하는 경우에는 청문을 하여야 한다. <개정 2017.10.24.>

제68조(권한의 위임) 이 법에 따른 보건복지부장관의 권한은 그 일부를 대통령령으로 정하는 바에 따라 시·도지사 또는 시장·군수·구청장에게, 시·도지사의 권한은 그 일부를 대통령령으로 정하는 바에 따라 시장·군수·구청장에게 위임할 수 있다. 다만, 제26조, 제29조의4, 제29조의5, 제75조에 따른 교육부장관, 문화체육관광부장관, 여성가족부장관, 국토교통부장관, 소방청장의 권한은 그 일부를 대통령령으로 정하는 바에 따라 시·도지사, 시장·군수·구청장 또는 교육감·교육장에게 위임할 수 있다. 〈개정 2015.3.27., 2017.7.26.〉

[전문개정 2014.1.28.]

제69조(유사명칭의 사용금지) 이 법에 따른 아동복지시설이 아니면 아동복지시설이라는 명칭을 사용하지 못한다. <개정 2016.3.22.>

제70조(벌칙 적용에서의 공무원 의제) 아동복지시설의 장과 그 종사자는 「형법」 제129조부터 제132조까지를 적용할 때에는 공무원으로 본다. 〈개정 2016.3.22.〉

제7장 벌칙

제71조(벌칙) ① 제17조를 위반한 자는 다음 각 호의 구분에 따라 처벌한다. 〈개정 2012.12.18., 2014.1.28., 2017.10.24.〉

1. 제1호(「아동·청소년의 성보호에 관한 법률」 제12조에 따른 매매는 제외한다)에 해당하는 행위를 한 자는 10년 이하의 징역에 처한다.

1의2. 제2호에 해당하는 행위를 한 자는 10년 이하의 징역 또는 1억원 이하의 벌금에 처한다.

2. 제3호부터 제8호까지의 규정에 해당하는 행위를 한 자는 5년 이하의 징역 또는 5천만 원 이하의 벌금에 처한다.

3. 제10호 또는 제11호에 해당하는 행위를 한 자는 3년 이하의 징역 또는 3천만 원 이하의 벌금에 처한다.

4. 제9호에 해당하는 행위를 한 자는 1년 이하의 징역 또는 1천만 원 이하의 벌금에 처한다.

② 다음 각 호의 어느 하나에 해당하는 자는 1년 이하의 징역 또는 1천만원 이하의 벌금에 처한다. 〈개정 2014.1.28., 2016.3.22., 2017.10.24.〉

1. 정당한 사유 없이 제51조제2항에 따라 다른 아동복지시설로 옮기는 권익보호조치를 하지 아니한 사람
2. 삭제 〈2014.1.28.〉
2의2. 제28조의2제5항을 위반하여 피해아동관련 정보를 요청 목적 외로 사용하거나 다른 사람에게 제공 또는 누설한 사람
2의3. 제46조의2제5항을 위반하여 비밀을 누설하거나 부당한 이익을 취한 사람
3. 제50조제2항에 따른 신고를 하지 아니하고 아동복지시설을 설치한 자
4. 거짓으로 서류를 작성하여 제54조제1항에 따른 아동복지시설 전문인력의 자격을 인정받은 자
5. 제56조에 따른 사업의 정지, 위탁의 취소 또는 시설의 폐쇄명령을 받고도 그 시설을 운영하거나 사업을 한 자
6. 제65조를 위반하여 비밀을 누설한 자
7. 제66조제1항에 따른 조사를 거부·방해 또는 기피하거나 질문에 대하여 답변을 거부·기피 또는 거짓 답변을 하거나, 아동에게 답변을 거부·기피 또는 거짓 답변을 하게 하거나 그 답변을 방해한 자

제72조(상습범) 상습적으로 제71조제1항 각 호의 죄를 범한 자는 그 죄에 정한 형의 2분의 1까지 가중한다.

제73조(미수범) 제71조제1항제1호의 미수범은 처벌한다.

제74조(양벌규정) 법인의 대표자나 법인 또는 개인의 대리인, 사용인, 그 밖의 종업원이 그 법인 또는 개인의 업무에 관하여 제71조의 위반행위를 하면 그 행위자를 벌하는 외에 그 법인 또는 개인에게도 해당 조문의 벌금형을 과(科)한다. 다만, 법인 또는 개인이 그 위반행위를 방지하기 위하여 해당 업무에 관하여 상당한 주의와 감독을 게을리하지 아니한 경우에는 그러하지 아니하다.

제75조(과태료) ① 다음 각 호의 어느 하나에 해당하는 자에게는 1천만 원 이하의 과태료를 부과한다. 〈신설 2014.1.28.〉
1. 제27조의3을 위반하여 피해아동의 인수를 거부한 아동학대 관련 보호시설의 장
2. 제29조의5제1항에 따른 해임요구를 정당한 사유 없이 거부하거나 1개월 이내에 이행하지 아니한 아동관련기관의 장

② 아동관련기관의 장이 제29조의3제3항을 위반하여 아동학대관련범죄 전력을 확인하지 아니하는 경우에는 500만원 이하의 과태료를 부과한다.

〈신설 2014.1.28.〉

③ 다음 각 호의 어느 하나에 해당하는 자에게는 300만원 이하의 과태료를 부과한다. 〈개정 2012.10.22., 2014.1.28., 2015.3.27., 2016.3.22.〉

1. 삭제 〈2014.1.28.〉

1의2. 제26조제3항을 위반하여 신고의무 교육을 실시하지 아니한 자

2. 제31조를 위반하여 교육을 실시하지 아니한 자

3. 제51조를 위반하여 아동복지시설의 휴업·폐업 또는 운영 재개 신고를 하지 아니한 자

4. 제69조를 위반하여 아동복지시설이라는 명칭을 사용한 자

④ 제1항부터 제3항까지에 따른 과태료는 대통령령으로 정하는 바에 따라 교육부장관, 문화체육관광부장관, 보건복지부장관, 여성가족부장관, 국토교통부장관, 시·도지사, 특별시·광역시·특별자치도 및 도의 교육감 또는 시장·군수·구청장이 부과·징수한다. 〈개정 2012.10.22., 2014.1.28.〉

참고문헌

강란혜(2016). **아동발달**. 서울: 창지사.

강복정(2002). 시설청소년을 위한 자립준비교육프로그램의 효과에 관한 연구: 사회적응 및 건강가정형성교육을 중심으로, 대한가정학회지, 40(10), 3348.

고인숙, 류현수(2017). **아동권리와 복지**. 서울: 동문사.

고재욱, 전선영, 황선영(2013). **사회복지행정론**. 경기: 정민사.

공계순, 박현선, 오승환, 이상균, 이현주(2016). **아동복지론**. 서울: 학지사.

교육부(2015). 2015년 다문화학생 교육지원계획.

교육부(2016). 2015 교육기본통계.

교육부(2017). 초중고교과(학교)교육과정과 7대 안전교육 표준안의 연계 운영방안.

구인회, 박현선, 정익중(2006). 빈곤과 아동의 사회정서적 발달 간의 관계: 성인역 부담의 역할을 중심으로 한국사회복지학, 58(2), 303-330.

구혜영(2012) **인간행동과 사회환경**. 서울: 도서출판 신정.

구혜영(2012). **자원봉사론**. 서울: 도서출판 신정.

구혜영(2013). **청소년복지론**. 서울: 도서출판 신정.

국가인권위원회(2011). 유엔아동권리협약 제34차 국가보고서 및 권고사항 자료집.

굿네이버스 아동학대문제연구소(2003). 아동학대예방교육(CES, PAPCM). 교육강사 양성 과정 워크숍 자료집.

권기성, 강영욱(2006). 영유아 보육정책 및 평가에 관한 연구 21세기사회복지연구, 3(1), 27-53.

권중돈(2014). **인간행동과 사회 환경**. 서울: 학지사.

권지성, 정익중, 민성혜, 신혜원(2012). 위탁 아동 입양부모의 양육경험에 관한 질적 사례 연구, 한국아동복지학, 43(3), 73-107.

길귀숙, 강희숙, 이재호, 천덕희, 김상곤, 오영훈, 현영렬, 임승희(2012). **사회복지실천론**. 경기: 양서원.

김경희, 문혁준, 김선영, 김신영, 김지은, 김혜금, 서소정, 안선희, 안효진, 이희경, 정선아, 황혜원(2013). **보육하가개론(제3판)**. 서울: 창지사.

김경희, 이재연(1994). **부모교육**. 경기: 양서원.

김기태 외(1999). **사회복지의 이해**. 서울: 박영사.

김도현(2012). 장애인당사자주의의 비판적 이해를 위하여. 진보평론, 2012년 여름호.
김도현(2014). **당신은 장애를 아는가**. 서울: 승가원.
김동배, 권중돈(2006). **인간행동이론과 사회복지실천**. 서울: 학지사.
김동춘, 홍강의(1995). 유아학대 및 반영실태에 대한 교사의 인식. 제13회 한국아동학대예방협회 세미나.
김명희(2006). **아동복지론**. 경기: 교문사.
김미숙(2005). 한국의 이혼실태와 이혼가족 지원정책 연구. 한국보건사회연구원.
김미숙, 김정숙(2012). 아동·청소년 학교폭력 실태와 정책과제. 한국보건사회연구원.
김미숙(2006). 방과후 아동보육서비스 전달체계 효율성 제고에 관한 연구, 보건사회연구, 26(2), 3-36.
김배현(2001). 아동복지시설 내 청소년의 사회성 차이 연구: 대규모시설과 소규모(GH)시설의 비교를 중심으로, 연세대학교 행정대학원 석사학위논문.
김범수(2010). **다문화사회 십계명**. 서울: 리북.
김범수(2010). **지역사회복지론**. 경기: 공동체.
김석준, 김현호, 박주현, 시옥진, 오선영, 이범석, 이화명, 정미현(2018). **아동권리와 복지**. 경기: 양서원.
김성경(2005). **아동복지론**. 경기: 양서원.
김성경, 최현미, 김혜영(2013). **아동복지론**. 경기: 양서원.
김수진(2005). 아동복지관련법제의 개선방안 연구. 한국법제연구원.
김순옥, 박은주, 배은영, 원명순, 주현경, 최종구(2014). **아동복지론**. 서울: 동문사.
김승권(2008). 드림스타트사업을 통한 어린이가 행복한 나라 만들기 2008년 제4회 어린이주간 심포지엄 자료집. 한국방과후아동지도학회.
김영종(2004). **사회복지행정**. 서울: 학지사.
김유심(2008). 빈곤층 여성한부모의 생활사건 스트레스와 우울에 관한 대처자원 연구. 연세대학교 대학원 박사학위논문.
김윤재, 강영숙, 김진환, 박주은(2015). **아동복지론**. 서울: 동문사.
김은정(2014). 사회서비스 재정의 지방화에 따른 지역의 대응방안, 지방정부연구, 18(1) 19-241.
김이영, 김운삼, 김소윤, 이은희, 최윤희, 헌영렬(2017). **아동권리와 복지**. 경기: 양성원.
김익균(2011). **아동복지론**. 경기: 교문사.
김주아, 류현수, 최용득(2012). **아동복지론**. 서울: 동문사.
김준호, 노성호, 이성식, 곽대경, 박정선(2009). **청소년 비행론**. 서울: 청옥출판사.
김진숙(2009). 조손가족 청소년의 생활세계에 대한 현상학적 연구. 청소년학연구, 16(9),

223-248.
김춘경(2004). **아동상담 이론과 실제**. 서울: 학지사.
김태천(1996). '아동권리협약' 국제인권법. 제1호. 국제인권법학회.
김현자(2008). 아동의 안전보호 책무성 강화를 위한 과제 고찰. 아동복지연구, 제6권 제3호.
김혜영, 김은지, 최인희, 김영란(2011). 조손가족지원방안연구. 한국여성정책연구원.
김호년(2011). **아동의 권리와 복지**. 경기: 양서원.
김호년, 김성재, 김현정, 박윤, 양진희(2011). **아동복지론**. 경기: 양서원.
노충래, 김원희(2004). 시설거주 미혼모의 입양 결정요인에 관한 연구, 한국아동복지학 17, 49-79.
노충래, 박근혜, 서지원(2009). 위탁아동의 가정위탁만족도에 관한 연구-가정위탁유형의 개인, 위탁부모 및 서비스 요인을 중심으로. 한국아동복지학, 29, 155-185.
노충래, 홍진주(2006). 이주노동자 자녀의 한국사회 적용실태 연구. 한국아동복지학, 22, 128-159.
노혜련, 김미원, 조호연(2016). **예방과 동합의 관점에서 본 아동복지론**. 서울: 학지사.
대구대학교 사회복지연구소(1995). **사회복지사전**. 서울: 경진사.
도미향(2014). **아동복지론**. 경기: 공동체.
도미향, 김영희, 이소희(2004). **계부모의 아이들**. 경기: 양서원.
도미향, 남연희, 이무영, 변미희(2014). **아동복지론**. 경기: 공동체.
류연규, 최현수(2003). 우리나라 아동빈곤율 수준과 변화경향: 1982-2002년 도시근로자가구를 중심으로 한국아동복지학, 16, 135-165.
모경환, 이미리, 김명정(2014). **청소년문제와 보호**. 경기: 교육과학사.
미래창조부, 한국정보화진흥원(2016). 2015년 스마트폰과 의존 실태 조사.
미래창조부, 한국정보화진흥원(2017). 2016년 스마트폰과 의존 실태 조사.
박경순(2010). 존 보울비(Gohn Bowlby)와 애착이론, 한국심리치료학회지 2(1), 109-119.
박명윤(1995). 아동학대현황 실태조사. 제14회 한국아동학대 예방협회 세미나.
박아청(2003). **성격심리학**. 서울: 교학사.
박영애, 유가효, 최영희, 박인전, 문현주, 이미경 역(2001). **인지행동놀이치료**. 서울: 나눔의 집. susan, M. knell(1993).Cognitive-behavioral play therapy.
박옥임, 서선희, 김경신, 옥경희, 박준섭(2008). **가족복지론**. 서울: 청목출판사.
박은경(1998). 아동학대의 실태와 대책에 관한 연구. 국민대학교 대학원 석사학위논문.
박정란, 서홍란(2010). **아동복지론**. 경기: 양서원.
박정란, 서홍란, 장수한(2016). **청소년복지론**(개정판). 경기: 양서원.
박정호(2001). **사회복지정책론**. 서울: 학지사.

박진아(2017). 영유아 가구의 양육비 지출 현황과 육아물가 체감 추이. 육아정책연구소.
박형원(2004). 가정폭력노출아동의 공격행동 감소를 위한 프로그램 개발 및 평가 연구. 이화여자대학교 대학원 박사학위논문.
박희자(2001). 학교 훈육문제의 실태와 개선방향. 한국교육생산성연구소.
배태순(1998). 현대사회에서의 입양의 이해와 입양의 성공. 경남대학교출판부.
백선희, 장하진, 이옥(2017). **한국의 보육정책**. 경기: 공동체.
백은령(2010). 장애아동·청소년의 삶의 질 향상을 위한 지원방안연구 LI: 장애아동 청소년의 가족지원 서비스 개선방안 연구. 한국청소년정책연구원.
백종만, 양난주, 최균, 장영신(2015). 사회복지시설평가제도 분석과 개선방안 연구. 전북대학교 사회과학연구소 사회과학연구, 39(2), 281-314.
법무부(2013). 중앙행정기관 외국인정책 시행 계획.
법무부(2015). 중앙행정기관 외국인정책 시행 계획.
법무연구원(2015). 2014 범죄백서.
변미희, 도미향, 남연희, 이무영(2014). **아동복지론**. 경기: 공동체.
보건복지부(2015a). 2014년 전국아동학대 현황보고서.
보건복지부(2015b). 보육통계.
보건복지부(2015c). 아동의 삶과 대한민국의 미래를 바꾸는 제1차 아동정책 기본계획(2015~2019).
보건복지부(2015d). 2015년 드림스타트 사업안내.
보건복지부(2015e). 2015년 정신건강 사업안내.
보건복지부(2013). 제2차 중장기보육 기본계획.
보건복지부(2014). 2014 장애인실태조사.
보건복지부(2015). 2015 보건복지백서.
보건복지부(2015). 2015 중독관리통합지원센터 현황.
보건복지부(2017). 2017년 이동복지사업안내.
보건복지부(2017). 도움 필요한 조손가정, 빨리 발견하고 세심하게 깨려. 보도자료(2월 28일자).
보건복지부(2017). 조손가족 제도개선. 보도자료(2월 28일자).
보건복지부, 중앙아동보호전문기관(2015) 전국아동학대보고서.
보건복지부, 중앙아동보호전문기관(2018). 2017 전국아동학대현황보고서.
보건복지부(2006a). 2005년 전국아동학대현황보고서.
보건복지부(2006b). 한국의 유엔아동권리협약이행 모니터링.
보건복지부(2014). 2014 아동복지사업안내.

부스러기 아산사회복지사업재단(1997). 아동복지편람.

부스러기사랑나눔회 지역사회복지사(2005). **찾아가는 사례관리 매뉴얼**. 서울: 도서출판 부스러기.

사회복지교육연구센터(2016). **인간행동과 사회환경**. 서울: 나눔의집.

서문희(2013). 보육정책의 성과와 과제. 유아정책연구소.

서보준, 김우호, 박선태, 이정미(2013). **아동복지론**. 경기: 공동체.

서봉연, 이순형(1986). **발달심리학**. 서울: 중앙적성출판사.

서영숙, 서혜전, 김영명, 채혜선, 김진숙(2013). **보육학 개론**. 경기: 양서원.

설동훈(2006). 결혼이민자가족 실태조사 및 중장기 지원정책 방안연구보고서. 여성가족부.

성남시(2016). 2016 아동학대 신고의무자 교육 자료집.

성영혜, 김영진(1997). **아동복지**. 서울: 동문사.

성혜영(2001). **영유아 발달의 이론과 실제**. 서울: 동문사.

송근원, 김태성(2004). **사회복지정책론**. 서울: 나남출판.

송명준, 권정혜(2006). 대학생의 인터넷 중독현황 및 인터넷 중독이 대학생활 적용에 미치는 영향. 2006년 하계임상심리학회 발표논문집.

송성자(2004). **가족과 가족 치료(제2관)**. 경기: 법문사.

송정애(2016). **아동복지론**. 경기: 양서원.

송현종(2006). 아동안전사고의 현황 및 정책과정. 보건복지포럼. 116, 89-98.

신선인, 박영준(2013). **아동복지론**. 서울: 도서출판 신정.

신화식(2007). **개별화 교육을 위한 몬테소리 이론과 실제**. 경기: 양서원.

아동복지연구(2008). 제6권 제3호.

아영아, 이명희, 이화명, 김진영, 고영희, 최미숙(2017). **아동복지론**. 경기: 양서원.

안영진(2001). **교육심리학**. 서울: 창지사.

양옥경(2015). **가족과 사회복지**. 서울: 이화여자대학교출판부.

양원경, 도현심(1999). 또래수용성 및 또래 괴롭힘과 청소년의 자아존중감 간의 관계 아동학회지, 20(1), 223-238.

양정하, 임광수, 황인옥, 신현석, 박미정, 윤성호(2008). **사회복지정책론**. 경기: 양서원.

엄미연(2004). 집단놀이 치료가 한부모가정 아동의 사회적 능력 증진에 미치는 효과. 서울여자대학교 대학원 석사학위논문.

여성가족부(2013). 2013-2017년 다문화가족정책. 보도자료(4월 15일자).

여성가족부(2015). 2014 다문화가족 실태조사.

여성가족부(2015). 2015 청소년백서.

여성가족부(2015). 한부모 가족실태조사.

여성가족부(2017). 2017년 한부모가족지원사업안내.

여성가족부, 한국여성정책연구원(2015). 2015년 한부모가족실태조사.

오성배, 김현철, 모상현(2015). 다문화 청소년 종단조사 및 정책방안 연구 3(총괄 보고서), 한국청소년정책연구원.

오은순, 이재숙(2015). **보육학개론**. 경기: 양서원.

오정수, 정익중(2013). **아동복지론**. 서울: 학지사.

오주, 이덕희(2012). **아동복지론**. 서울: 동문사.

원성희(1997). 아동학대의 예방과 개입을 위한 학교 사회사업의 적용. 부산대학교 대학원 석사학위논문.

유효순(2006). **아동발달**. 서울: 한국방송대학교출판부.

윤매자, 신혜경, 주정현(2012). **아동복지론**. 경기: 양서원.

윤미현(2000). 10대 미혼모의 임신 및 유아입양 관련요인들에 관한 연구. 숙명여자대학교 대학원 박사학위논문.

윤미현, 이재연(2001). 10대 미혼모의 임신관련 요인에 관한 연구, 아동학회지, 21(4), 105-121.

윤선화(2006). 우리나라 어린이 놀이터 안전실태 및 당면과제. 어린이놀이터 안전성확보를 위한 제1차 국제심포지엄. 140-149.

윤혜미 외(2005). **아동복지론**. 서울: 청목출판사.

윤혜미, 김혜래(2013). **아동복지론**. 서울: 청목출판사.

이경림(2016). 이동복지의 정책발전방향. 제6회 한양사이버대학교 사회복지학부 학술제 자료집.

이경상, 박현수(2012). 청소년 폭력피해의 종단적 변화 유형과 영향요인, 한국교육, 39(1), 119-142.

이덕희, 윤춘모, 조경자, 한현지, 홍인혜(2018). **아동권리와 복지**. 서울: 동문사.

이론과 실제. 서울: 시그마프레스. C. L. Thompson & L. B. Rudolph(2000). Counseling children.

이미선, 강기정, 김연화, 박미급, 송말희(2010). **건강가정론(개정판)**. 경기: 양서원.

이부덕 외 역(1996). **아동치료의 새로운 접근**. 서울: 인간과 복지. S. Speigel(1989).

이상욱, 정희영, 김종명, 김미애(2016). **아동의 행복한 생활을 드높이는 아동권리와 복지**. 경기: 파워북.

이성구(2000). **비행청소년의 이해**. 서울: 제3공간.

이소희 외(2004). **사회복지개론**. 서울: 현학사.

이소희(2003). **아동복지론**. 서울: 양지.

이소희, 김영희, 최남례, 윤지영, 이송이(2004). **영유아복지론**. 서울: 현학사.

이순자, 나성식, 김현경, 이효숙(2012). **아동복지론**. 경기: 정민사.

이순형(2005). **아동복지이론과 실천**. 서울: 학지사.

이순형(2009). **한국 아동의 일상생활문화**. 서울: 서울대학교출판부.

이신영(2016). **아동복지론**. 서울: 청목출판사.

이영실, 나임순, 정명희, 황희숙, 최정자(2011). **사회복지실천론**. 경기: 양서원.

이옥형(200). **교육심리학**. 서울: 집문당.

이용주, 조숙영, 김정희(2016). **아동권리와 복지**. 경기: 공동체.

이유미(1999). 아동의 학대경험이 학교 부적응에 미치는 영향. 대구대학교 대학원 석사학위 논문.

이은주 외(2013). 아동청소년 복지사업 심층 분석. 보건복지부.

이은화, 이정환, 여경우, 이기숙, 홍영희, 박은혜, 김희진(2001). **유아교육개론**. 서울: 이화여자대학교출판부.

이재연, 김정희(1994). **부모교육**. 경기: 양서원.

이정상(2007). 청소년 비행의 발전 형태에 관한 연구. 한국청소년정책연구원.

이정희, 박정논(2010). 복지포괄보조금 제도의 도입에 관한 연구. 한국행정연구원 연구.

이종복, 이배근(1997). **아동학대의 원인과 대책**. 서울: 홍익제.

이지애(2008). 다문화가정 아동과 일반가정 아동의 학교적응에 관한 비교연구: 자아존중감을 중심으로. 고려대학교 대학원 석사학위논문.

이진숙, 박은숙, 한유미, 오연주, 이영환(2004). 스웨덴의 아동 안전을 위한 정책. 스칸디나비아연구 5. 397-416.

이한우, 정정란(2012). **아동복지론**. 경기: 양서원.

이해영 외(1999). **사회복지 개론**. 서울: 유풍출판사.

이혜경(1993). 경제성장과 아동복지정책의 변용: 한국의 경험, 한국아동복지학.

이효선, Garz, D(2012). **인간행동과 사회 환경(인간발달과 사회구조)**. 경기: 정민사.

임선영, 김선우(2010). **청소년문제와 보호(개정판)**. 서울: 구상.

임종호(2016). **장애인복지론**. 서울: 학지사.

장동일(1996). **사회복지법의 이해**. 서울: 학문사.

장영인, 최영신, 백선희, 임유경(2006). **아동복지론**. 서울: 나눔의집.

장영인(1997). 한국 아동복지관련법제의 가족주의 이데올로기에 관한 연구. 가족학논집, 9, 81-106.

장옥주(2000). 아동복지법의 주요 개정내용. 사회복지관련법 설명회 자료집.

장인협, 오정수(2002). **아동, 청소년복지론**. 서울: 서울대학교출판부.

장인협, 이혜경, 오정수(2001). **사회복지학**. 서울: 서울대학교출판부.

장진희, 허청아(2015). 대규모 아동복지 시설의 공동생활가정(그룹홈) 전환비용에 관한 연구. 서울시여성가족재단.

전남련(2011). **아동복지**. 경기: 형설출판사.

전재일, 이경은, 이성국, 이성희(2011). **학교사회복지론**. 경기: 양서원.

정미현(2014). **아동복지론**. 서울: 창지사.

정선욱(2004). 시설보호아동의 애착유형과 심리사회적 적응. 아동과 권리8(1), 1-15.

정순둘, 김경미, 박선영, 박형원, 최혜지, 이현아(2007). **사회복지와 임파워먼트**. 서울: 학지사.

정옥분(2006). **발달심리학**. 서울: 학지사.

정익중, 박현선, 구인회(2006). 피학대아동의 비행에 이르는 발달경로. 한국사회복지학 58(3), 223-244.

정익중, 박현선, 오승환, 임정기(2009). **아동청소년 방과후 서비스의 현황과 과제: 지역아동센터를 중심으로**. 경기: 공동체.

정하성(2010). **다문화 청소년개론**. 경기: 이담북스.

정현숙(2011). **가족관계**. 서울: 도서출판 신정.

조미숙 외(2014). 아동복지실천과 사례관리. 한국보건복지인력개발원.

조학래(2016). **사회복지실천론**. 서울: 도서출판 신정.

주정일, 이소희(2012). **아동복지실천론**. 경기: 교문사.

주정일, 이소희, 전게서(1992). **아동복지실천론**. 경기: 교문사.

지성애, 홍혜경(2001). **영유아생활지도**. 경기: 양서원.

진소현(1997). 편부모 가정내 피학대아를 위한 사회사업적 개입에 관한 사례연구. 숭실대학교 대학원 석사학위논문.

천성문, 송재홍, 윤치현, 윤호열, 이영순, 박천식, 김경일, 하영자, 김원희, 원요한 역(2001). **아동상담의 이론과 실제**. 서울: 시그마프레스. C. L. Thompson & L. B. Rudolph(2000). Counseling children.

최선희(2003). 교육복지투자 우선지역 아동·청소년 실태조사. 강북·노원지역사업담당자 워크숍 자료집, 서울특별시성북교육청·강북지역복지협의회. 노원교육복지협의회.

최성재, 남기민(2016). **사회복지행정론**. 경기: 나남출판.

최옥채(2016). **한국사회복지통론**. 경기: 양서원.

최옥채, 박미은, 서미경, 전석균(2015). **인간행동과 사회 환경**. 경기: 양서원.

최은영(2005). **청소년 비행 및 약물중독 상담**. 서울: 학지사.

최일섭(1989). 사회복지전달체계의 개선: 사회복지전달체계와 사회복지사의 역할. 한국사회복지사업(복지)대학협의회편. 한국사회복지정책 연구소 출판부.

충청남도(2015). 충남보육발전 5개년 계획(2016-2020년).

통계청(2015). 인구주택총조사.

통계청(2015). 경제활동인구조사.

통계청(2015). 인구주택총조사.

표갑수(1993). 아동학대의 원인과 대처방안. 한국아동복지학 창간호.

표갑수(1994). **아동청소년복지론**. 충남: 청주대학교출판부.

표갑수(2000). **아동청소년복지론**. 서울: 나남출판.

표갑수(2002). **아동청소년복지론**. 서울: 나남출판.

한국교육개발원(2015). 교육통계분석자료집.

한국보건사회연구원(2016). 2016년 빈곤통계연보.

한국보건사회연구원(2010). 국내입양실태의 정책방안 연구, 연구보고서 2010-30-11.

한국소비자보호원(2006). 학교어린이 안전실태 및 예방대책.

한국이웃사랑회 사업연구집 2호(1999). 아동학대 상담 사례연구.

한국청소년정책연구원(2014). 가출청소년보호지원 실태 및 정책과제 연구.

한미현, 문혁준, 강희경, 공인숙, 김상회 외(2016). **아동복지**. 서울: 창지사.

한미현, 문혁준, 강희경, 공인숙, 김상희, 안선희, 안효진, 양성은, 이경열, 이경옥, 이진숙, 천희영(2016). **아동권리와 복지**. 서울: 창지사.

한성심, 송주미(2014). **아동복지론**. 서울: 창지사.

한승희(1998). 학교안전사고 연구의 동향-한국과 일본을 중심으로. 교육문제연구. 10(2). 271-290

한인영 외(2011). **사회복지개론**. 서울: 학지사.

한인영(2014). **가족복지론**. 서울: 학지사.

행정안전부(2015). 재한외국인 통계.

허남순, 문선화, 정영순, 김현용, 김미혜, 이배근, 배태순, 조흥식, 황성철, 김재엽(2002). 한국아동복지법 개정과제. 한국의 아동복지법. 한림과학원총서.

허남순, 이혜원(2006). 유엔 아동권리협약의 원칙과 국내 가정위탁보호의 현황분석, 한국아동복지학 22, 95-126.

현경순(2008). 국제결혼 부부자녀의 학교생활부적응에 미치는 영향. 성균관대학교 사회복지대학원 석사학위논문.

현외성(2001). **한국사회복지법제론**. 경기: 양서원.

현은민, 최외선, 이기숙, 김득성, 전귀연(2008). **결혼과 가족**. 대구: 정림사.

현정환(2009). **아동상담**. 서울: 창지사.

홍봉선(2010). **청소년복지론**. 경기: 공동체.

홍봉선, 남미애(2011). **학교사회복지론**. 경기: 공동체.

황성하(1996). 부모의 자녀관과 양육태도가 자녀에게 미치는 영향. 사회복지개발연구 제2권 제2호, 사회복지개발연구원.

황옥경 외(2014). 아동통합서비스 지원강화를 위한 사업체계 개선방안. 보건복지부.

황옥정(2000). **사회 속의 아동**. 서울: 창지사.

황은숙(2013). 부모와 교사를 위한 한부모가정 아동교육. 한국한부모가정사랑회.

황은숙, 서영숙(2007). 이혼가정 부모교육 프로그램의 개발과 효과연구. 한부모가정연구원.

황해익, 남미경, 서보순, 김병만(2016). **아동권리와 복지**. 경기: 정민사.

A. Kadushin(1980). *Child Welfare Services*. N.Y.: Macmillan, pp. 9~13.

Alanen, L.(1994). *Gender and generation: Feminism and the children question.* In J. Qvortrup, M. Bardy, G. sgritta & H. Wintersberger(Eds.) Childhood. matters(pp.27-42). England, Avebury: Aldershot. Andrews, Arelene.

An interpersonal approach to child therapy. New York: Columbia University press.

Anderson, R, E., & Carter, E. I,(1997). **인간행동과 사회환경**. 서울: 집문당.

B. & Freeman & Miriam,L.(1997). *The congruence of international children's right and feminest principles as a foundation gor theraphy with young people.* Woman & Thrapy, 20(2), 7-18. Berk, L, E.(2008). **아동발달(제7판)**. 이종숙, 이옥, 신은수, 안선희 공역. 서울: 시그마프레스.

Bertalanffy, L.,(1968). *General System Theoryuan Relations*. New York: Bra-ziller.

Black, N.(1994). *Monitoring the rights of children: Innocenti Global Seminar: summary report.* Florence, Italy :UNICEF.

Briggs, F.(1991). Child protection programs: Can they protect children? Early Child Development and Care, 67, 61-72.

Briggs, F., & Hawkins, M. M.(1994). Follow-up study of children of 5-8 years using child protection programs in Australia and NewZealand. Early Child Development and Care, 100, 111-117.

Bronfenbrenner(1986). Ecology of the Family as a context for Human Development: Research Perspectives. *Developmental Psychology*, 22(6), 723-742.

Campbell, S.(1990). *Behavior problems in perschool children.* New York: Guilford.

Conoley, J. C. & Larsen(Eds.) Ethical decision making in therapy: Feminist(pp.202-222). New york: The Guilford press.

Costin, L. B., Karger, H. J., & Stoesz, D.(1996). The Politics of Child Abuse in America. New York: Oxford University Press.

Dickerson, V. & Zimmerman, J.(1992). Families with adolescents: Escaping problem lifestyles. Family Process, 31, 341-353.

Dickerson, V. & Zimmerman, J.(1993). A narrative approach to families with adolescents. In S.Friends(Eds.) *The news language of change*(pp.226-250). New York: The Guilford Press.

Downs, s, w., Costin, I. B. & McFadden, E. J.(1995). *Chid Welfare and Family Ser-vices: Policies and Practice*. White Plains, N.J: Longman.

Downs, S, W., Moore, E., NcFadden, E. J. & Costin, L. B.(2000). *Child Welfare and Family Services: Policies and Practice*. Allyn and Bacon.

Freidlander, W. A., & Apte, R. Z.(1980). *Introduction to social welfare*(5th Ed.), New Jersey: Prentice Hall.

Fridlander, Walter A.(1974). *Introduction to Social Welfare, Englewood Cliffs*. N.J.: Prentice-Hall, Inc.

Gil, D.(1970). *Violence against children*. Carmbridge, MA: Harvard University Press, 2(2), 23-64.

Gilbert, N., & Terrell, P.,(2012). *Dimensions of Social Welfare Policy*(8th Ed.). Pearson.

Harding, L. F.(1996). *Family, State and Social Policy*. Basingstoke and London.

Hargar, R. L.(1989) Empowerment-based practice with children. *Social Service Review*, 63, 372-383.

Hart, S. N.(1991). From property to person status: Historical perspective on children's rights. *American Psychologist*. 46(1), 53-59.

Havighurst, R. J.(1953). Human Development and Education, New York: Ngmans, Green & co.

Horst, E. A.(1995). Reexamining gender issues in Erikson's stages of identity and intimacy. *Journal of Counseling & Development*, 73, 271-278.

James, A. & Prout A.(1990). *Constructing and reconstructing childhood, contemporary issues. In the socialogical study of childhood*. London: Falmer Press.

Kadushin, A. & Martin, J. A.(1988). *Child Welfare Services*. N.Y.: Macmillan.

Kadushin, A.(1984). Child Welfare Services. New York, NY: Macmillan Publish, p. 67.

Kadushin, A., & Martin, J. A.(1988). *Child welfare service*(4th Ed.). N.Y.: Macmillan Publishing Co.

Kaufman, J & Zigler. E.(1987). Do abused children become abusive parents? American *Journal of Orthopsychiatry*, 57. 186-192.

McKenzie, B.(2004). **캐나다 원주민 지역의 아동 및 가족 서비스에서의 역량강화: 지역사회 구축과정. 사회복지에서의 역량강화실천**(이경아 외 역). 경기: 양서원(원서1999년 발행).

Melton, G.(1990). Promoting the dignity of the child through mental health services. In C. P. Cohen & H. A. Davidson(Eds.), Children's right in America: U.N. convention on the rights of the child compared with United States law.(pp.239-258). Washington D.C.: American Bar Seen.

Michael S.(1997). Sharing power: Participatory public health research with California teens. *Social Justice*, 24(3), 11-22

Miller, N. B., Cowan, P. A. Cowan, C. P, & Hetherington, E. M.(1993). Externalizing in Preschoolers and Early Adolescents: A Cross-Study Replication of a Family Model. *Developmental Psychology*, 29(1), 3-18.

Milley, K. K., O' Melia, M. & DuBois, B. L.(1995). *Generalist social work practice: An empowering approach.* Allyne & Bacon.

O'Connor, K.(1991). *The play therapy primer.* N.Y.: John Wiley & Sons.

Parsons(1999). Assessing helping process and client outcomes in empowerment ,W., & Wells, L. M.(1999), *Empowerment practice in social work.* Canadian Scholar's Press Inc.

Pcora, P. J, J. K. Whittaker, A. N. Maluccio, R. P. Barth and R. D. Plotnick.(1992). *The child welfare challenge: policy, practice, and research.* N.Y.: ALDIN DEGRUTER.

Pcora, P. J, J. K. Whittaker, A. N. Maluccio, R. P. Barth and R. D. Plotnick.(1992). *The child welfare challenge: policy, practice, and research.* NY: ALDIN DEGRUTER.

Pecora, P.(1995). Assessing the Impact of family -based services. In J. Hudson & B. Galaway(Eds), Child welfare in Canada: Research and policy implications(pp.139-145). CA: Brooks/Cole Publishing Company.

Pumphrey, R.(1971). Social Welfare: History. Encyclopedia of Social Work, Vol. II, Robert Morris. ed. New york: National Association of social Workers.

Richmond, M.(1917). *Social Diagnasis.* Kessinger Publishing.

Saleebey, D.(2002). *The strength perspective in social work practice*(3rd ed.). New York:

Longman.

Schaefer, C. E.(2015), 2015 **놀이치료의 기초**. 김은정 역, 서울: 시그마프레스.

Shera, W. & Wells, L. M.(1999). Empowerment practice in social work Canadian Scholar's press Inc.

Shireman, J.(2003). *Critical issues in child welfare*. New York: Columbia University Press.

Thorne, B.(1987). Re-visioning women and social change: Where are the children. *Gender & Society*, 1(1), 85-109.

Tolman, D. l.(1994). Listening for crieses of connection: Some implications of research with adolscent girls for feminist psychotherapy. *Woman & Therapy*, 15(2), 85-100.

Tremper, C.r. & Kelly, m.p.(1987). The mental health rationale for policies fostering minor's autonomy. *International Journal of Law and psychiatry*, 10, 11-27.

UN(1989). UN 아동권리에 대한 협약.

UNICEF(1999). The Convention on the Rights of the Child, New York: UNICER.

UNICEF(2005). Press Release, http://www.unicef,org/sowco6/press/releacs,php.

UNICEF(2006). Child Protection Information Sheets. New York: UNICEF.

UNICEF(2007). What Are Children's Right?, http://www,unicef.org/videoaudio

UNICET(2006). The State of the World's Chidren 2007: Executive Summary. New York: UNICEF.

Urquiza, A, J., & Winn, C.(2007). **학대와 방임 피해아동의 치료, 노래, 춤**. 서울: 학지사.

Wadsworth, B.(1989). *Piaget's theory of cognitive and affective development*. N.Y.: Longman.

WHO(1980). International Classification of Impairments, Disabilities, and Handicaps, Geneva.

WHO(1997), ICIDH-2: International Classification of Impairments, activities, and participation. A manual of disablement and functioning, BETA-1 draft for field trial. Geneva: Author.

WHO(2001). ICF: International Classification of Impairments, activities, disablement and health. Geneva: Author.

Wight, D.(1999). Limits to empowerment-based sex education. *Health Education*, 99(6), 233-244.

Zastrow, C., & Kirst-Ashman, K.(2001). *Understanding Human Behavior and the Social Environment*. Thomson Brooks/Cole.

Zastrow, C., & Kirst-Ashman, K.(2011). *Understanding Generalist Practice. in Stock A.*

Kadushin, child Welfare Services. Macmillan, N.Y., 1980, pp. 9~13.
Zastrow, C., & Kirst-Ashman, K.(2011). Understanding Generalist Practice. in Stock.
Zastrow, C., & Kirst-Ashman, K.(2012). *Understanding Human Betavior and the Social Environment*. Thomson Brooks/Cole.
Zimmerman, S. L.(1995). *Understanding Family Policy*. SAGE Publications.
Zuckerman, E.(1983). *Child welfare*. N.Y.: The Free Press.

〈인터넷 사이트 및 기사〉
http://www.mopas.go.kr/
http://www.mw.go.kr/front/main.jsp
http://www.newsprimeco.kr에서 인출.
section-1&category-88&no=51284에서 인출.
국가법령정보센터. http://www.law.go.kr/main.html
동아일보(2001. 2. 6.). 한국 어린이사망률 OECD국 중 최고.
라파음악치료. https://www.rapha.nrnt.com
세이브더칠드런. https://www.sc.or.kr
연합뉴스(2006. 4. 14.) 학교폭력 중 '왕따' 가장 많아.
왓치데일리(2014, 7. S). 장애등록 안한 만 6세 이하 어린이, 발달 재활서비스 지원강화 돼야. http://www.watcherdaly.con news view, hanl section-1&category-88&no=51284
위스타트운동본부. https://ko.m.wikipedia.org
위스타트(Wesart). http://westart.joins.com.
유니세프한국위원회. http://www.unicef.or.kr
윤선화(2008). 한국교육신문 3면.
정수정(독일통신원). http://if-blog.tistory.com/4298 [아이디어 팩토리]
주정아(2011, 4. 11.). 복음화의 구심점, 본당: 서울 명동본당 가톨릭신문 http://www.catholictmes,org
통계청. http://www.kostat.go.kr
프라임경제 http://www.newsprimeco.kr에서 인출. 보육시설 어떤지 보니.
프라임경제(2013. 4. 29.). 외국 보육시설 어떤지 보니. 이보배. 외국
홍천군장애인복지관. http://www.hcwelfare.org
희망아동가족 상담센터. http://heemam,or.kr/심리 검사

찾아보기

● ㅂ

● ㅅ

● ㅇ

● ㅈ

● ㅊ

● ㅋ

● ㅌ

● ㅍ

● ㅎ

● 기타

저자소개

■ 박언하

연세대학교 사회복지학과 박사(Ph.D)
New York University 임상사회복지학과 석사(M.S.W)
Syracuse University 아동가족학과 학사(B.S)
현 대동대학교 사회복지학과 부교수

■ 조미숙

서울여자대학교 대학원 사회복지학 박사
미국 University of Washington 교환교수
독일 Friedensau대학 교환교수
독일 VoithSchule & OstSchule 학교사회사업담당관
현 삼육대학교 사회복지학과 교수
한국임상사회사업학회 수석부회장
글로컬사회공헌연구소 소장

■ 하경표

일본 명성대학 교육학 박사
일본 동경학예대학 교육학 석사
현 대림대학교 유아교육과 부교수

아동권리와 복지

초판 1쇄 인쇄 / 2019년 2월 20일
초판 1쇄 발행 / 2019년 2월 25일

•

공저자 / 박언하 · 조미숙 · 하경표
발행인 / 이 중 수
발행처 / **동 문 사**

•

서울특별시 서대문구 홍제원 1길 12
(홍제동 137-8)
Tel : 02)736-3718(대), 736-3710, 3720
Fax : 02)736-3719
등록번호 : 1974.04.27. 제9-17호
가격 : 20,000원

•

ISBN : 979-11-6328-080-4(93370)
E-mail : dong736@naver.com
www.dongmunsa.com